VERSUS

Adrian Dätwyler
Andreas Enz
Stefan Lenz
Markus Sulzberger
(Hrsg.)

Selbstorganisation macht Sinn

Ein Leitfaden zu zeitgemässer Zusammenarbeit in KMU

Versus · Zürich

Bibliografische Information der Deutschen Nationalbibliothek
Die Deutsche Nationalbibliothek verzeichnet diese Publikation in der Deutschen Nationalbibliografie; detaillierte bibliografische Daten sind im Internet über http://dnb.dnb.de abrufbar.

Satz und Herstellung: Versus Verlag · Zürich
Druck: Westermann Druck Zwickau GmbH · Zwickau
Printed in Germany

ISBN 978-3-03909-340-3

Inhaltsverzeichnis

Selbstorganisation in der Praxis

Andri Silberschmidt, Unternehmer
und Nationalrat FDP.Die Liberalen

Geleitwort

In unserer Arbeitswelt, die sich laufend weiterentwickelt und in der die Grenzen zwischen physischer und digitaler Realität zunehmend verschwimmen, ist es von entscheidender Bedeutung, dass wir die Prinzipien des Unternehmertums, der Bildung und der Digitalisierung verstehen, leben und anwenden. Insbesondere die Vernetzung dieser Prinzipien ist für mich ein wesentlicher Erfolgsfaktor.

- Unternehmertum und insbesondere die KMU sind das Rückgrat unserer Wirtschaft und der Schlüssel zu Innovation und Wachstum. Unternehmer zu sein, erfordert Mut, Vision und die Bereitschaft, Risiken einzugehen – auch in Bezug auf Arbeitsformen wie die Selbstorganisation. Dieser Ansatz lässt die aktuellen Bedürfnisse von Unternehmern und Mitarbeitenden erfüllen.
- Bildung ist das Fundament, auf dem wir unsere Gesellschaft aufbauen. Sie ermöglicht die Auseinandersetzung mit neuen Herausforderungen und bietet Chancen, uns neue Kompetenzen anzueignen und so unser volles Potenzial auszuschöpfen. Im Schweizer Bildungssystem muss das Unternehmertum früher und stärker gefördert werden, denn lebenslanges Lernen ist unerlässlich.
- Digitalisierung ist der Motor, der Innovation antreibt und neue Möglichkeiten eröffnet. Sie verändert die Art und Weise, wie wir arbeiten, lernen und miteinander interagieren. Die Transformation in die digitale Arbeitswelt erfordert neue Arbeitsformen – dies in Kombination mit vorhandenen Erfolgsrezepten.

Als Unternehmer ist für mich die Einführung und Anwendung von Selbstorganisation keine Selbstverständlichkeit. Denn sie erfordert eine geschickte Kombination von Unternehmertum, Bildung und Digitalisierung. Dabei gilt es Führungskräfte und Mitarbeitende einzubeziehen, sie müssen die Strategie und die Entwicklung der Organisation unterstützen und auch Verantwortung in der Umsetzung übernehmen.

Diese Kombination Unternehmertum, Bildung und Digitalisierung greift auch das Buch «Selbstorganisation macht Sinn» auf. Es bietet wertvolle Beiträge und praktische Anleitungen, wie die Vernetzung dieser Prinzipien in Einklang gebracht werden können, um eine zukunftsfähige und sinnstiftende Arbeitswelt zu schaffen. Es ist ein unverzichtbarer Leitfaden für alle, die in der heutigen dynamischen Welt erfolgreich sein wollen.

Dr. Markus Sulzberger

Selbstorganisation – warum?

Selbstorganisation ist eine vielfältige, sonderbare Erscheinung im heutigen Arbeits- und Gesellschaftsleben. Ein oft diskutiertes, aber wenig erforschtes, noch ergründetes, von umfangreichen Chancen und Risiken geprägtes Phänomen in der Praxis und Wissenschaft. Selbstorganisation ist nicht nur eine Organisationsform, nicht nur ein «existentielles Ordnungs- und Handlungsmuster in sozialen Systemen» (vgl. Gloger, Rösner, 2014) und nicht nur ein «Vehikel zum Erreichen von Zwecken» (vgl. Kühl, Sue-Ngam-Iam, 2023). Mit der Idee, dem Ansatz Selbstorganisation wird versucht, in/mit einem sozialen System **übergeordnete Ziele und Werte** zu finden – einen sogenannten «Higher Purpose» –, sowie Sinn und erweiterte Zwecke gemeinsam zu erfüllen. Und dies in einer Umwelt, die sich rasch und fundamental wandelt und von Widersprüchen sowie Unsicherheit geprägt ist. «Higher Purpose» meint, dass gegenüber einer engeren Ausrichtung einer Institution auf Effizienz und finanzielle Ergebnisse, neue Dimensionen und weiterentwickelte Inhalte vermehrt in verpflichtender Form Beachtung erfahren.

Die Ansprüche von Mitarbeitenden und Führungsverantwortlichen haben sich in den vergangenen Jahren stark gewandelt und werden in der Wirtschaft und Gesellschaft deutlicher und breiter abgestützt eingefordert. Vermehrt steht u. a. die Frage nach dem Sinn der Arbeit oder dem Nutzen von Regeln im Vordergrund. Inspiration zu erfahren und Begeisterung zu erleben sind nicht mehr nur Wünsche, sondern Erwartungen, welche mit konkreten Anforderungen und entsprechenden Zielen verknüpft daherkommen. Es gilt dementsprechend, **organisatorische Konstrukte und sinnstiftende Rahmenbedingungen** zu gestalten und zu pflegen, in denen ein nicht selbst hergestellter Zustand des Ergriffen- und Bewegtseins möglich ist, der die Involvierten dazu veranlasst, Ungewohntes zu tun, Neues zu erproben und ihr Bestes zu geben, um dabei Freude, Spass und Leichtigkeit zu erleben. Dazu gehören auch tragfähige Formen der Zusammenarbeit im Umgang mit Risiken oder möglichem Scheitern. Mit selbstorganisiertem Arbeiten, sei dies im Team, in der Fachgruppe, der Abteilung oder in der gesamten Institution, ist es besser möglich, solche Anforderungen in Richtung «Higher Purpose» der Beteiligten und der Institution als Ganzes zu erfüllen, als dies in einer traditionellen Aufbaustruktur der Fall ist. Denn solche Ansätze basieren zum einen auf mehr verbindlicher Mitsprache und Mitwirkung, was zum andern den einzelnen Beteiligten einen angemessenen und zugesicherten Freiraum zur Realisierung eigener Vorstellungen einräumt. Es gehört heute in den Verantwortungsbereich einer Geschäftsleitung, auf solche Herausforderungen einzugehen, konkrete Lösungen bereitzustellen und bei Bedarf anzupassen.

Welches sind solche neuen Dimensionen und weiterentwickelten Inhalte? Was sind **Komponenten dieses Paradigmenwechsels?** Es geht unter anderem um:

- die Nutzung dezentraler Intelligenz aus der Überzeugung heraus, dass Akteure in einer Gemeinschaft bessere Entscheidungen treffen können und dem Innovationsdruck gemeinsam besser entsprochen werden kann (Potenzial des verteilten Wissens, höhere Ausbildung der Beteiligten, Individualisierung als Megatrend);
- neu definierte Kompetenzzuordnungen und Entscheidungsprozesse (erweiterte Mitsprache und Verantwortungsübernahme der Mitarbeitenden; Anwendungsformen des Konsent-Prinzips u. a.);
- teamdynamische Aspekte (die «neue Nähe im Team, im Arbeitsleben», angepasste Fehlerkultur, psychologische Sicherheit, Konfliktmanagement, kollegiale Beziehungsgestaltung, Toleranz und Vertrauen);
- Offenheit gegenüber einer neuen Partnerin, der zum Teil als mysteriöse Mitspielerin empfundenen «künstlichen Intelligenz» (Digitalisierung und Automatisierung durch Roboter im weitesten Sinn);
- neue Begriffe und Modelle rund um das Thema Arbeit (u. a. Anywhere Organization; Arbeit 4.0);
- ein besseres Verständnis, höhere Wertigkeit und Beachtung der Life Domain Balance aller Beteiligten (fundierte Selbstmanagement-Kompetenzen, Sinn der Arbeit, Diversity and Inclusion, erweiterte Mündigkeit der Menschen, betriebliches Gesundheitsmanagement u. a.);
- Antworten auf härtere Wettbewerbssituationen und nachhaltige Lösungen für komplexere, finanzielle Herausforderungen;
- die geordnete Erfüllung externer und interner Regelungen und Vorschriften (Einflüsse der Politik, Governance, Compliance, Globalisierung u. a.);
- eine gesunde Balance zwischen Stabilität und Flexibilität, dies speziell unter Beachtung der – durch Technik und Globalisierung angetriebenen – rasanten Beschleunigung im Arbeits- und Gesellschaftsleben.

An dieser Stelle sollen diese Aspekte nur einen groben Überblick über wichtige Inhalte und Dimensionen vermitteln. Im vorliegenden Buch wird Selbstorganisation aus verschiedenen Blickrichtungen beleuchtet und anhand zahlreicher zusätzlicher Aspekte, konkreten Herausforderungen, Erfahrungen und fallspezifischen Lösungen diskutiert.

Selbstorganisation braucht das Engagement aller Involvierter, aller Akteure über den persönlichen Arbeitsbereich hinaus für das Ganze, für die Gemeinschaft und die «eigene Institution». Der Purpose muss allen bekannt und klar sein. Selbstorganisation braucht Strukturen und Prozesse u.a. mit entsprechenden IT-Applikationen zur Sicherstellung der Koordination, Kommunikation und Orientierung. Selbstorganisation braucht Führung, um gemeinsame Werte zu erkunden und zu leben und um die mittel- und langfristige Entwicklung einer Institution zu garantieren. Es geht um ein **neues, zeitgemässes Führungsverständnis,** teilweise ohne umfassende Weisungsbefugnisse. Selbstorganisation braucht praktikable Lösungen für die immer schnelleren und drängenderen Veränderungen und damit für neue Ansätze im Projekt-, Krisen- und Prozessmanagement. Stichworte dazu sind etwa Agiles Management, Resiliente Organisation, Improvisation, methodische Ansätze wie Scrum, Design Thinking u.a. Also Elemente und Begriffe klassischer, traditioneller Organisationsformen, jedoch mit deutlich verschiedenen, neuartigen und anderen Inhalten. Gleichwohl wäre es falsch, das Vergangene unbesehen zu verurteilen und wegzuwerfen. Vielmehr geht es darum, weiterhin Gültiges, Bewährtes und Brauchbares mitzunehmen und gleichzeitig Überholtes, Unzeitgemässes und Falsches konsequent zu entsorgen. Letzteres ist erfahrungsgemäss nicht immer einfach.

Ein funktionierendes Zusammenleben in oder mit einer Selbstorganisation ist aufgrund der Erfahrungen für alle Beteiligten anspruchsvoller als dasjenige in einer streng hierarchisch aufgestellten und geregelten Institution oder Gemeinschaft. Vermehrte Mitwirkung, erweitertes Engagement für das Ganze und umfassendere Mit- und Selbstverantwortung sind dabei nicht nur erwünscht, sondern zwingend notwendig. Mit der Enthierarchisierung sind die allmächtigen, teils direktiv agierenden, umsorgenden bis hin zu narzisstischen Chefs mehrheitlich verschwunden. Damit gibt es auch die prädestinierte Person nicht mehr, die für alle Missstände verantwortlich gemacht werden kann. Der weitgehende Einbezug und die Beteiligung aller in Entscheidungsvorbereitungen, Situationsbeurteilungen, Entschlussfassungen und entsprechende Entscheidungen führen unweigerlich zu einem schwieriger zu durchschauenden Beziehungsgefüge der Akteure, zu Ungewissheit, Meinungsverschiedenheiten, möglicher Zwietracht und Konflikten. Solche ergeben sich auf natürliche Weise aus unterschiedlichem Erleben gemeinsamer Wirklichkeit, diverser kultureller Herkünfte, aus verschiedenen Berufsgattungen, aus dem Erfahrungspotenzial und aus persönlichen Einschätzungen einer aktuellen Lage oder eines Problems. Überdies zeigt sich ein genauso beliebtes wie wenig zielführendes Verhalten darin, Konflikte zu verdrängen, statt sie zu behandeln. In einem selbstorganisierten Team ist es zwingend, solche **Konflikte als normal, als in der Regel positiv und notwendig einzustufen** und nicht zu versuchen, diese mit beachtlichem Aufwand zu eliminieren und aus dem Weg zu schaffen. Dazu braucht es, neben den fachlichen Kompetenzen von allen, das Überfachliche wie Offenheit, Bereitschaft zum Dialog, Wohlwollen, Fähigkeit und Wille zum Vergeben, Toleranz und Akzeptanz unterschiedlicher Wertvorstellungen, Vertrauen, Mündigkeit, Mut und Wille zur Veränderung sowie intellektuelle Bescheidenheit. Es geht damit um gelebte Verhaltensmuster und gegenseitigen Respekt vor gemeinschaftlichen Werten und Bezugsgrössen. Die Bereitschaft dafür und diese Kompetenzen bringen nicht alle Betroffenen in gleichem Umfang mit. Sie sind oftmals Mangelware, sei es infolge fehlender Ausbildung oder Erfahrung, sei es aufgrund schwieriger Lebenssituationen oder selbstauferlegter, künstlicher Beschränkung der Involvierten. Überlange Diskussionen bis hin zu Streitigkeiten führen zu Verzögerungen, Einbussen in der Effektivität und der Effizienz sowie zu negativen Eintragungen in der Gefühls- und Empathie-Bilanz der Mitspielerinnen und Mitspieler.

DIE Selbstorganisation gibt es nicht. Die wenigen bekannten und in der Praxis angewandten Modelle wie Holakratie, Soziokratie, agile oder hybride Organisationsformen u. a. weichen in ihren Ausprägungen zum Teil stark voneinander ab. So bezüglich Stellenwert und Durchdringung der unterstützenden Informatik, der Strukturelemente wie Gruppen oder Kreise, der Prozesse bei Meinungsverschiedenheiten, dem Einfluss und den Kompetenzabgrenzungen zur obersten Geschäftsleitung, der Ausprägung der Führung und der damit einhergehenden Komplexität an Regeln und Vorschriften. Zusätzlich unterscheiden sich entsprechende Lösungen in Grossfirmen und in KMU deutlich voneinander. Oftmals sind in grossen Institutionen Insellösungen – also nur in einzelnen Bereichen verwendete Modelle – sinnvoll, wogegen **in KMU umfassende, ganzheitliche Lösungsansätze** verfolgt werden können. Weitere Einflussfaktoren sind die Branchen, die Art der Arbeit und der Leistungserstellung. So eignet sich der Ansatz «Selbstorganisation» besser in der Wissensarbeit und in den Dienstleitungsbranchen als in standardisierten, mengenorientierten Verarbeitungstätigkeiten. Lösungsansätze für selbstorganisierte Zusammenarbeit müssen mit dem spezifischen Zweck, der Vision und der Strategie einer Institution kompatibel sein und der gelebten Kultur möglichst entsprechen.

Selbstorganisation ist aus organisationstheoretischer und -praktischer Perspektive eine **Weiterentwicklung klassischer Ansätze,** welche primär zu hierarchischen Ausprägungen führen. Die optimale Organisationsform mit dem Anspruch auf Erfüllung aller Anforderungen der Menschen, der Technik und der Gesellschaft wird es nie geben. Damit ist Selbstorganisation eine zeitgemässe (Zwischen-)Lösung auf organisationalen Entwicklungspfaden. In diesem Buch werden zahlreiche praktische Beispiele vorgestellt und besprochen.

Die Wege zu tragenden und anpassungsfähigen Formen der Selbstorganisation sind so vielfältig wie die vielen Wege nach Rom. Abschliessende Rezepte existieren nicht, können nicht existieren. Jede Gemeinschaft, jede Institution braucht ihren eigenen Fit. Eine passende Lösung steht in vielerlei Abhängigkeiten wie des Zweckes, des Produkte- und Leistungsprogramms, der gelebten Kultur, des Standes im Unternehmensentwicklungsprozess, der Dringlichkeit von Veränderungen, von Marktstrategien oder des Gestaltungswillens der Verantwortlichen für die Organisation oder die Gemeinschaft. In zahlreichen Situationen gilt es auch, auf Werteentwicklungen bezüglich aufkommender, immer deutlich hörbarer Anliegen der Mitarbeitenden bottom-up offen, frühzeitig und verbindlich zu reagieren. Wilfried Krüger hat in seinem Buch «Excellence in Change» drei wichtige Komponenten, **Voraussetzungen für einen erfolgreichen Wandel** genannt: «Wandlungsbedarf, Wandlungsfähigkeit und Wandlungsbereitschaft» (vgl. Krüger, Bach, 2014). Die Beachtung dieser drei Komponenten auf dem Weg zu selbstorganisiertem Arbeiten mit dem entsprechenden Verhalten aller Involvierten garantiert noch keinen Erfolg, dient aber als erprobte Basis eines erfolgsorientierten, ganzheitlichen Vorgehens. Frédéric Laloux zieht gar eine Rundumerneuerung der Organisation («Reinventing Organizations») in Betracht und führt «Selbstführung», «evolutionärer Sinn» und «Ganzheit» als Aspekte eines Durchbruchs auf (vgl. Laloux, 2014). In vielen Fällen ist es sinnvoll, gezielte Experimente in kleinen, abgegrenzten Einheiten einer Institution durchzuführen, um anschliessend aufgrund der gemachten Erfahrungen skalieren zu können. Damit kann die Bereitschaft aller Involvierten zur Veränderung gesteigert werden, ja, es ist durchaus möglich, dass sogar Begeisterung für die neue Arbeitsweise aufkommen kann. Zusätzlich fällt der Abschied von «geliebten Mustern» schmerzloser aus. Im vorliegenden Leitfaden sind zahlreiche Beispiele von erfolgreich abgeschlossenen Transformationen zur Selbstorganisation und von laufenden Projekten enthalten.

Was will das Herausgeberteam mit diesem Buch, mit diesem Leitfaden erreichen?

- Für ein nicht neues, aber inhaltlich stark verändertes, organisations- und führungsbezogenes Thema sensibilisieren
- Ausschnitte eines breiten Spektrums praktikabler Ansätze, spezifischer Lösungen, unterschiedlicher Erfahrungen zu selbstorganisiertem Arbeiten in KMU präsentieren
- Selbstorganisation als zeitgemässe Form der Zusammenarbeit darstellen, den Wandel von der Fremdbestimmung zur Selbstorganisation als relevantes Thema der Organisationstheorie und -praxis positionieren
- Akzeptanz und das Verständnis des Ansatzes Selbstorganisation in Unternehmen, Institutionen, Gemeinschaften und der Gesellschaft erhöhen
- Einsicht und Überzeugung fördern, dass die heutige Wirtschafts- und Arbeitswelt sowie die Gesellschaft weiterentwickelte Lösungen der Zusammenarbeit und anpassungsfähiges Verhalten der Akteure erfordern

Selbstorganisation ist ein faszinierendes Phänomen, weit über rein organisatorische Aspekte hinaus. Es geht im Wesentlichen darum, die Zusammenarbeit von Menschen in einer sich rasant verändernden Umwelt und Technik interessanter, sinnvoller und ergiebiger zu machen. Einen **«Higher Purpose» realisieren** zu können, hat einen hohen Preis, erfordert ein proaktives «Sich-selbst-darum-Bemühen» und lässt sich nicht einfach kaufen oder von Beratern mundgerecht zubereiten. Wer sich auf diese Gedanken, Ansätze, Vorschläge und damit auf ein solches Abenteuer der Veränderung, der Entwicklung und Innovation einlassen will, sollte sich bewusst sein, dass die entsprechenden Anforderungen an alle, die Mitarbeitenden und die Führung, in Richtung Verantwortung für das Ganze und der Selbstverantwortung deutlich höher sind. Entsprechende Initiativen und Projekte sind als Antworten auf rasche Veränderungen in der aktuellen Arbeitswelt notwendig und geeignet. Der Aufwand lohnt sich, wie die zahlreichen Beispiele in diesem Buch überzeugend aufzeigen. In Bestehendem oder mit Erreichtem zu verharren, sind hingegen keine valablen Alternativen.

In diesem Leitfaden finden Sie eine Vielfalt von wissenschaftlich fundierten, praxis- und umsetzungsorientierten Beiträgen, die Wege aufzeigen und Orientierungspunkte bieten, um Selbstorganisation in KMU einzuführen und zu leben. Die Autorinnen und Autoren bieten ein breit gefächertes Spektrum aus Wissen und Erfahrung – sei dies aus der Unternehmensführung oder von Transformationsprojekten.

Die **Übersicht in ▶ Abbildung 1** ermöglicht den Leserinnen und Lesern die Orientierung, wie sie den Leitfaden für ihre Situation und ihr Umfeld nutzen können.

Die Weiterentwicklung von Unternehmen, Institutionen und anderen Organisationen ist anspruchsvoll, auf dem Weg liegen Stolpersteine und locken neue Perspektiven – sie erfordert in jedem Fall Ausdauer. Als Herausgeberteam ist es uns wichtig, die Leserinnen und Leser zu ermutigen und ihnen mit unterschiedlichen Perspektiven und gangbaren Wegbeschreibungen zur Selbstorganisation eine praxisorientierte Unterstützung zu bieten.

Literaturverzeichnis

Gloger, Boris; Rösner, Dieter (2014): Selbst-Organisation braucht Führung: Die einfachen Geheimnisse agilen Managements, Hanser, München 2014.

Kühl, Stefan; Sue-Ngam-Iam, Phanmika (2023): Holacracy: Funktionen und Folgen eines Managementmodells, Springer Gabler, Wiesbaden 2023.

Laloux, Frderic (2014): Reinventing Organizations: Ein Leitfaden zur Gestaltung sinnstiftender Formen der Zusammenarbeit, Vahlen, München 2014.

Krüger, Wilfried; Bach, Norbert (2014): Excellence in Change: Wege zur strategischen Erneuerung, 5. Auflage, Springer Gabler, Wiesbaden 2014.

▲ Abb. 1 Überblick über die Beiträge aus Wissenschaft und Praxis

Selbstorganisation und Führung

Prof. Dr. Robert J. Zaugg

Leadership in der Selbstorganisation

Was bedeutet Selbstorganisation für KMU? Wie lassen sich KMU selbstorganisiert gestalten? Welches Führungsverständnis begünstigt alternative Organisationsmodelle? Die Ausführungen zu Leadership in der Selbstorganisation wenden sich diesen Fragen zu. Es wird deutlich, dass es keine eindeutigen Rezepte gibt und Unternehmen einen eigenen Weg suchen müssen. Bausteine der Selbstorganisation und eine neue Art der Führung steigern die Erfolgsaussichten.

Selbstorganisation erfordert mehr Leadership – nicht weniger!

Agilität und Selbstorganisation dürften die in den Jahren 2021 und 2022 wohl am häufigsten verwendeten Management-Buzzwords sein. Es gibt praktisch keine Branche und Funktion, die nicht agil ausgerichtet und – zumindest teilweise – selbstorganisiert gestaltet wird. Dabei handelt es sich bei der Selbstorganisation weder um ein neues noch um ein primär betriebswirtschaftliches Konzept. In der Biologie, der Kybernetik, der Physik, der Psychologie und der Philosophie (um nur einige Disziplinen zu nennen) ist die Selbstorganisation schon lange ein Thema (vgl. Probst 1992, Sp. 2255). Adam Smith könnte mit seinen Ausführungen zur «unsichtbaren Hand», die er bereits 1776 publiziert hat, als einer der Vordenker der Selbstorganisation gelten. Es ging dabei u. a. um unsichtbare und spontane Ordnungsprozesse.

Der vorliegende Beitrag soll aber nicht die vorhandene Literatur zur Selbstorganisation wissenschaftlich aufarbeiten. Das wäre für Unternehmer und Unternehmerinnen in KMU wohl von begrenzter Relevanz. Es soll darum gehen, den Nutzen von Selbstorganisation für KMU deutlich zu machen und aufzuzeigen, wie KMU vorgehen können, um aus Selbstorganisation mehr zu machen als die blosse Wiederholung eines Schlagwortes. Schliesslich sollen die Aspekte der Führung bzw. von Leadership im Kontext von Selbstorganisation beleuchtet werden. Ein häufiges Missverständnis besteht darin zu glauben, dass Selbstorganisation wenig oder keine Führung im Sinne von Leadership erfordert. Das Gegenteil ist der Fall: Selbstorganisation braucht mehr Leadership, um das Potential zu nutzen, das diesem Konzept innewohnt.

Im Idealfall entsteht auf diese Weise ein praxisorientiertes Essay, das Vertreter und Vertreterinnen von KMU inspiriert, in der Selbstorganisation eigene Wege zu gehen, um diesen durchaus nützlichen Ansatz umzusetzen. Dabei soll insbesondere die Führung im Vordergrund stehen. Das ist auch deshalb sinnvoll, weil KMU häufig deutlich weniger regelbasiert funktionieren als grössere Unternehmungen und Institutionen. Sie leben eine Kultur der Zusammenarbeit und führen über Werte. Dabei trifft es sich gut, dass erfolgreiche Umsetzungen von Elementen der Selbstorganisation nicht selten in kleinräumigen Strukturen als Pilotversuche – oder wie es Hans Wüthrich nennt – in Experimenten stattfinden. Im Sinne einer systematischen Erarbeitung wird zuerst aufgezeigt, was Selbstorganisation im Kontext von KMU bedeutet. Dann erläutert der Beitrag, welches Führungsverständnis in diesem Zusammenhang hilfreich ist. Die Ausführungen zum Paradigma-Wechsel in der Führung zeigen schliesslich auf, was KMU ganz konkret tun können, um nicht nur über Selbstorganisation zu reden, sondern sie zu leben. Denn: Wie sagte Erich Kästner: Es gibt nichts Gutes, ausser: Man tut es!

Bausteine der Selbstorganisation

Die aktuelle Literatur zu alternativen Organisationsmodellen ist sehr umfangreich. An dieser Stelle sollen exemplarisch vier Quellen erwähnt werden: Frédéric Laloux (2014) behandelt in «Reinventing Organizations» sinnvermittelnde, evolutionäre Organisationen mit Mitarbeitenden, die sich selbst führen. Salim Ismail (2014) thematisiert in «Exponential Organizations» digitale, informationsbasierte Plattformunternehmen, die als Netzwerke funktionieren und praktisch keine eigenen Assets haben. Brian J. Robertson (2015) hat das Konzept der Holacracy erdacht. Er bezeichnet es als revolutionäres Managementsystem, das Hierarchien abschafft. Die Verantwortung geht von Managern an Rollen und Kreise, die von Mitarbeitenden übernommen werden. John P. Kotter (2015) beschreibt in seinem Buch «Accelerate» ein duales Organisationsmodell, das erlaubt, gleichzeitig bewährte Leistungen effizient mit hoher Qualität zu produzieren («Run the Business») und neue Produkte/Marktleistungen («Change the Business») zu entwickeln (vgl. Abb. 1). Anhand dieser Beispiele zeigt sich, dass es nicht ein Konzept der Selbstorganisation, sondern deren viele gibt. Unternehmen und insbesondere KMU sind gut beraten, ihren eigenen Weg in der Selbstorganisation zu suchen und zu finden. Dabei können sie verschiedene Bausteine miteinander kombinieren und anhand der bereits erwähnten Experimente herausfinden, was funktioniert und was nicht. Das buchstabengetreue «Nachbauen» von Konzepten ist selten erfolgversprechend.

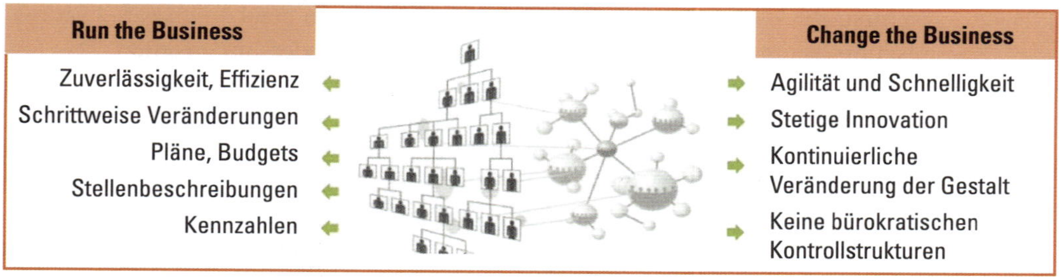

▲ Abb. 1 Das duale Betriebssystem (Kotter 2015, S. 16)

Neben dem Begriff der Selbstorganisation ist derjenige der Agilität zu klären. Es handelt sich hierbei um ein noch prominenteres Schlagwort und beschreibt die Fähigkeit von Organisationen und Personen, flexibel auf unerwartete Ereignisse und neue Anforderungen zu reagieren oder diese im Idealfall zu antizipieren. In einer VUCA-Welt, die von Volatilität, Unvorhersehbarkeit, Komplexität und Ambiguität gekennzeichnet ist, werden Agilität und – allenfalls noch wichtiger – Resilienz zu zentralen Überlebensstrategien. Wüthrich et al. (2006, S. 53 ff.) verwenden in diesem Zusammenhang das schöne Paradoxon «Nicht-Steuerbarkeit steuern».

Bei der Agilität gilt es, einerseits die Gestaltung von Strukturen, Rollen und Prozessen sowie andererseits Methoden wie SCRUM oder die agile Softwareentwicklung zu unterscheiden. Selbstverständlich sind beide Betrachtungsweisen miteinander verknüpft. Im vorliegenden Beitrag geht es aber primär um Agilität als Haltung oder Mindset. Aus agilem Denken und Handeln können sinnstiftende Verantwortlichkeiten, Prozesse und Strukturen sowie Vorgehensweisen (Methoden) entstehen. Auch wenn es die Lösung betreffend Selbstorganisation nicht gibt, lassen sich dennoch einige Gemeinsamkeiten und Ansatzpunkte für die Implementierung alternativer Organisationsmodelle identifizieren (vgl. auch Wenger 2019).

Vertrauen als Dreh- und Angelpunkt verinnerlichen.
Verantwortung und Kompetenzen an Mitarbeitende delegieren.
Kleine, übersichtliche Organisationseinheiten schaffen.
Das Unternehmen vom Kunden her denken.
Dynamische Anpassungen an Veränderungen fördern.
Hohe Transparenz und kontinuierlichen Dialog ermöglichen.
Technologie und Digitalisierung als wichtige «Enabler» nutzen.
Sinnfrage als Kern der Organisation positionieren.

▲ Abb. 2 Ansatzpunkte für die Implementierung alternativer Organisationsmodelle (eigene Darstellung)

Vertrauen als Dreh- und Angelpunkt verinnerlichen.

Ohne Vertrauen kann Selbstorganisation nicht funktionieren. Damit ist das Vertrauen in die Fähigkeiten der Mitarbeitenden und das Selbstvertrauen jedes Individuums in die eigenen Potentiale gemeint. Dass es hierfür ein entsprechendes Menschenbild des sich selbst verwirklichenden Menschen braucht, scheint offensichtlich. Selbstverständlich geht es dabei nicht um blindes Vertrauen, sondern um ein bewusstes Vertrauen, das von einer Zusammenarbeit auf Augenhöhe und Entwicklung geprägt ist. Je rascher sich Führungskräfte von der Illusion einer umfassenden Steuerbarkeit verabschieden und den Mut aufbringen, den Vertrauenssprung zu wagen, ist ein wichtiger Schritt auf dem Weg zu Selbstorganisation getan.

Verantwortung und Kompetenzen an Mitarbeitende delegieren.

Eng mit der Frage des Vertrauens ist die Übertragung von Verantwortung und Kompetenzen (im Sinne von Befugnissen) verknüpft. Der Aspekt, dass Kompetenzen (im Sinne von Fähigkeiten) wichtige Voraussetzungen für die erfolgreiche Bewältigung von Aufgaben sind, ist unbestritten, steht an dieser Stelle aber nicht im Vordergrund. Mitarbeitende können häufig mehr, als ihnen Vorgesetzte und auch sie sich selbst zutrauen. Es gilt, diese dezentrale Intelligenz zu nutzen. Natürlich sind Wissen und Erfahrung bei der Delegation zu beachten, aber Mitarbeitende wissen meistens selbst, was sie können und was nicht. Dadurch wird die Führungskraft vom Befehlsausgebenden zum Coach.

Kleine, übersichtliche Organisationseinheiten schaffen.

Obwohl es Beispiele grosser Unternehmen gibt, in welchen Elemente der Selbstorganisation gut funktionieren (Netflix, Die Post, SBB, Roche, W. L. Gore), empfiehlt es sich, in überschaubaren Organisationseinheiten mit der Umsetzung zu starten. Die Firmen Freitag, Liip und Unic sind beispielsweise holokratisch organisiert. Mit jeweils rund 250 Mitarbeitenden lässt sich dieses Konzept gut umsetzen. Sobald eine Organisation grösser wird, kann sie sich im Sinne einer «Zellteilung» in kleinere Einheiten aufteilen. Abstimmung und Kommunikation zwischen diesen unabhängigen Einheiten erfolgen in Netzwerken. So gesehen eignen sich KMU aufgrund ihrer Grösse sehr gut für das Experimentieren mit Selbstorganisation. Autonome und teilautonome Arbeitsgruppen, die schon seit vielen Jahren erfolgreich funktionieren, belegen diesen Gedankengang.

Das Unternehmen vom Kunden her denken.

Design Thinking, Customer Experience Design und kundenzentrierte Prozessgestaltung stellen die Kundschaft ins Zentrum und gestalten Strukturen und Prozesse entsprechend. Die kontinuierliche Orientierung an den Bedürfnissen der Kundschaft stellt sicher, dass Organisationen auf dem Weg zur Selbstorganisation nicht den Fokus verlieren und sich zu stark mit sich selbst beschäftigen. Die Fragen «Wie können wir unsere Kundschaft noch besser unterstützen?» und «Was ist nötig, dass unsere Kundschaft mit unseren Leistungen nicht nur zufrieden, sondern davon begeistert ist?» schaffen Orientierung und Sinn.

Dynamische Anpassung an Veränderungen fördern.

Je besser es Unternehmen gelingt, Veränderungen in ihren In- und Umsystemen laufend zu verarbeiten, umso besser sind sie für die Zukunft gerüstet. Im Sinne der kontinuierlichen Verbesserung sollten Mitarbeitende befähigt und willens sein, Herausforderungen kontinuierlich im Team anzupacken und in ihrem Verantwortungsbereich Lösungen umzusetzen. Das funktioniert allerdings nur mit qualifizierten und motivierten Mitarbeitenden, die handeln dürfen und in ihre Fähigkeiten vertrauen. Regelmässig wiederkehrende Grossprojekte, die lange dauern und viel Unruhe zur Folge haben können, scheinen wesentlich weniger attraktiv. Veränderung ist kein Projekt, sondern eine Haltung und Daueraufgabe.

Hohe Transparenz und kontinuierlichen Dialog ermöglichen.

Mitarbeitende, die in selbstorganisierten Settings Verantwortung übernehmen sollen, benötigen neben Motivation und Kompetenz auch den Zugang zu relevanten Informationen. Es kann sich hierbei um Finanz-, Kunden-, Markt- und Organisationsdaten handeln. Nicht das «Need-to-Know-Prinzip», sondern die einfache Verfügbarkeit von Informationen steht im Vordergrund. Transparenz bedeutet auch den offenen Austausch über Leistung und Entlöhnung. Wenn Mitarbeitende es gewohnt sind, im Team über Leistung zu sprechen und sich gegenseitig konstruktiv Feedback zu geben, ist eine wichtige Voraussetzung für Entwicklung gegeben. Der kontinuierliche Dialog darüber, wie sich die einzelnen Teammitglieder und das Team als Ganzes weiterentwickeln können, ist ein zentrales Element der Selbstorganisation.

Technologie und Digitalisierung als «Enabler» nutzen.

Effiziente Kommunikationskanäle und Kollaborationsplattformen begünstigen die Selbstorganisation. Technologien sind aber nur Mittel zum Zweck. Sie erlauben es den Mitarbeitenden, orts- und zeitunabhängig zusammenzuarbeiten. Damit die technologischen Möglichkeiten effektiv genutzt werden können, ist eine neue Arbeitsweise erforderlich. Im Zusammenhang mit den Schlagworten «New Work» oder «Arbeitswelt 4.0» (vgl. Peter 2020) wird erörtert, wie die Faktoren Ort, Menschen und Technologie zusammenspielen müssen, damit leistungsfördernde und inspirierende Arbeitswelten entstehen. Es zeigt sich, dass dem Faktor Mensch eine wesentlich wichtigere Rolle zukommt als den Arbeitsorten oder der Technologie. Es geht hier u.a. um Selbstverantwortung, ergebnisorientierte Führung und teamorientiertes Arbeiten. Trotzdem sind nutzerfreundliche Systeme erforderlich, die diese Zusammenarbeit erleichtern.

Sinnfrage (Purpose) als Kern der Organisation positionieren.

Der Golden Circle von Simon Sinek oder das japanische Konzept des IKIGAI stellen schon länger die Fragen nach dem «Warum?» in den Fokus. Die aktuelle Diskussion zu «Purpose Driven Organizations» (PDO) nimmt diese Gedanken auf und behandelt u.a. die folgenden Fragen: «Was muss ich tun, damit in meiner Unternehmung agile Strukturen funktionieren?», «Wie fördere ich in meiner Unternehmung Vertrauen und Selbstvertrauen?» und «Welchen Sinn finde ich in meiner Tätigkeit für mich selbst?»

Sinn kann in Unternehmen grundsätzlich zwei Funktionen übernehmen. Die Motivationsfunktion gibt Mitarbeitenden die Energie, das zu tun, was notwendig ist, um einen übergeordneten Unternehmenzweck zu erreichen. Sinn stellt einen zentralen Treiber intrinsischer Motivation dar. Empirische Studien zeigen, dass die Sinnhaftigkeit einer Tätigkeit stark positiv mit Leistung, Zufriedenheit und Identifikation korreliert.

Die Orientierungsfunktion erleichtert es Mitarbeitenden, Antworten auf Fragen zu finden, die in dynamischen Zeiten immer häufiger auftreten: «Wie passen wir unsere Organisation an sich verändernde Rahmenbedingungen an?» oder «Wie verhalten wir uns in unbekannten Situationen?» Wer sich am Sinn und an den daraus abgeleiteten Werten einer Unternehmung orientieren kann, braucht weniger Hierarchie und weiss mit der Zeit intuitiv, was die richtigen Vorgehensweisen sind. So erstaunt es nicht, dass agile und auf Selbstorganisation basierende Organisationsmodelle den Unternehmenssinn als zentrale Entscheidungsprämisse postulieren. PDO gelingt es zudem deutlich besser, Talente anzusprechen und Kunden zu gewinnen sowie zu binden. Solche Organisationen weisen viele Vorteile auf und stiften vielfältigen Nutzen. Wie lässt sich eine Unternehmung mit konkreten Massnahmen entsprechend ausrichten?

1. Durch Mitarbeitendenbefragungen die eigene Unternehmung kennen lernen und wissen, was die Mitarbeitenden motiviert sowie ihnen Orientierung bietet.
2. Die Zusammenhänge zwischen Sinnhaftigkeit einerseits sowie Mitarbeitenden- und Kunden/innen-Bindung andererseits verstehen.
3. Sinnhaftigkeit als Dreh- und Angelpunkt von Kultur und Strategie positionieren.
4. Transformationale Führung leben und Modelle der Selbstorganisation zulassen.
5. Mit Vertrauen, Wertschätzung und Förderung die Mitarbeitenden ermutigen, Verantwortung zu übernehmen.
6. Den Mut haben, Neues zu wagen (z. B. im Rahmen von Pilotprojekten und Experimenten), um sich als Unternehmung kontinuierlich weiterzuentwickeln.

Der Aufbau einer Purpose Driven Organization ist kein Sprint, sondern eine Wanderung mit vielen Etappen – allenfalls sogar mit Phasen der Verwirrung.

Es dürfte bereits jetzt deutlich geworden sein, dass Schritte zur Selbstorganisation viel mit der Art und Weise zu tun haben, wie in Unternehmen geführt wird und wie sie ihre Kultur gestalten. Aus diesem Grund widmet sich der nächste Abschnitt dem Thema Leadership.

Leadership als Voraussetzung und Schmiermittel der Selbstorganisation

Headlines aus einigen aktuellen Zeitungen und Zeitschriften: «Die Chefs zittern vor Autoritätsverlust» (Blick), «Swisscom schafft die Chefs ab» (Blick), «Alle Macht den Angestellten» (NZZ), «Arbeiten ohne Chef und Hierarchie» (NZZ), «Unboss your Company: Die Novartis Revolution» (Bilanz). Nach der Lektüre dieser Überschriften könnte fast der Eindruck entstehen, nicht nur die Chefs würden abgeschafft, sondern auch die Führung an sich. Eine absolut falsche Schlussfolgerung. Weder die Chefs noch die Führung werden abgeschafft. Richtig ist vielmehr, dass Selbstorganisation mehr Führung erfordert als traditionelle Modelle, weil nicht nur einige wenige Personen führen, sondern jede einzelne Person im Unternehmen. Leadership beinhaltet nicht nur die Führung von «oben» nach «unten», sondern Führung «in alle Richtungen». Bernard M. Bass (1990, S. 19) definiert Leadership als «… interaction between two or more members of a group that often involves a structuring of the situation and the perceptions and expectations of the members». Gary Yukl (2006, S. 8) spricht von Leadership als «… process of influencing others to understand and agree about what needs to be done and how to do it, and the process of facilitation individual and collective effort to accomplish shared objectives». Beide Definitionen, die auf Arbeiten in den 1960er und 1980er Jahren zurückgehen, stellen nicht die hierarchische Führung, sondern die Interaktion zwischen Personen und den gemeinsamen Zweck in den Vordergrund.

Vermutlich gibt es fast so viele Leadership-Theorien wie Autoren, die sich mit diesem Thema beschäftigen. Daher kann es nicht darum gehen, die ganze Bandbreite der Literatur zu reflektieren. Es werden vielmehr bewusst Theorien ausgewählt, welche die Erfordernisse der Selbstorganisation aufnehmen und diesbezügliche Lösungen anbieten.

Transformationale Führung als Chance für die Selbstorganisation

Als Gegenentwurf zur transaktionalen Führung, welche auf Belohnung und Bestrafung sowie hierarchischer Führung basiert, haben Bass/Avolio (1990) die Grundidee zur transformationalen Führung entwickelt, die darauf ausgerichtet ist, die Mitarbeitenden zu verändern und dadurch ihre Potenziale freizusetzen. Sie identifizieren vier Wege, wie Mitarbeitende aktiviert und damit von «Angestellten» zu «Mitunternehmern und Mitunternehmerinnen» werden können.

Transformationale Führung

Idealisierter Einfluss	Inspiration	Geistige Anregung	Individuelle Behandlung
▪ Als Vorbild wirken ▪ Hohe moralische Standards setzen ▪ Wahrnehmung von Vision/Mission entwickeln	▪ Über eine fesselnde Zukunftsvision Ansporn erzeugen ▪ Zukunftsvision, die zu Beiträgen für das Wohl der Gruppe motiviert ▪ Emotional begeistern	▪ Mitarbeiter anhalten, Arbeit aus neuen Perspektiven anzusehen ▪ Vertraute Probleme in neuem Licht betrachten	▪ Fähigkeiten und Potenziale der Mitarbeiter auf neues Niveau heben ▪ Mitarbeiter individuell beachten und fördern

▲ Abb. 3 Dimensionen der Transformational Führung (Bruch/Vogel 2005, S. 129)

Idealisierter Einfluss

Dieser auch als Charisma bezeichnete Aspekt der transformationalen Führung stellt die Vorbildfunktion (von Vorgesetzten und Mitarbeitenden) in den Vordergrund. Indem sie hohe ethisch-moralische Standards vorleben, gelingt es ihnen, dieses Verhalten auch bei Kolleginnen und Kollegen zu aktivieren. Wenn Mitarbeitende sehen, dass andere Personen enthusiastisch und energetisch auf gemeinsame Ziele hinarbeiten, werden sie ihr eigenes Potential auch vermehrt einbringen. Das u. a. hat mit Identifikation und Commitment zu tun.

Inspirierende Motivation

«Wer vom Ziel nicht weiss, kann den Weg nicht haben.» (Christian Morgenstern) Inspiration beginnt mit einer fesselnden Vision, die Begeisterung erzeugt. Zukunftsbilder, die emotional berühren, schaffen die Grundlage für zielorientiertes Handeln. Es kann sich hierbei auch um den bereits erwähnten Unternehmenszweck (Purpose) handeln. Besonders wichtig ist dabei, dass die Vision nicht generell und abgehoben formuliert ist, sondern sich auf den Arbeitsalltag jeder Mitarbeiterin bzw. jedes Mitarbeiters herunterbrechen lässt. Diese Konkretisierung schafft Verbindlichkeit, weil sie den Mitarbeitenden erlaubt, ihren individuellen Beitrag im Gesamtzusammenhang zu sehen.

Geistige Anregung

Ausgehend vom Menschenbild des sich selbst verwirklichenden Menschen (Theorie Y) streben Mitarbeitende grundsätzlich danach, sich zu entwickeln, und sind primär intrinsisch motiviert. Identifizieren sie sich mit den Zielen der Organisation, sind externe Kontrollen oder eine hierarchische Führung nicht mehr ausgeprägt notwendig. Das sind ideale Voraussetzungen für Selbstverantwortung, Eigeninitiative und Kreativität. Unternehmen, denen es gelingt, diese Tugenden zu wecken und Mitarbeitenden dabei zu helfen, Denkmuster zu durchbrechen, sind für die Selbstorganisation gut gerüstet.

Individuelle Behandlung

Die Wahrnehmung von Mitarbeitenden als ganzheitliche Personen macht rasch deutlich, dass unterschiedliche Menschen unterschiedliche Erfahrungen und Fähigkeiten in den Prozess der Unternehmensentwicklung einbringen. Daraus ergibt sich die Notwendigkeit, Mitarbeitende individuell zu betrachten und zu fördern. Diversität in einem umfassenden Sinn wird so zur Chance, ja sogar zum Wettbewerbsvorteil. Diese Haltung deckt sich gut mit der Positionierung von Führungskräften und Peers als Coaches. Es versteht sich, dass diese Art der Führung andere Fähigkeiten erfordert als ein klassisches, transaktionales Verständnis von Leadership. Sozialkompetenz, Kommunikationsfähigkeit und das Talent zur Beratung gewinnen an Bedeutung.

Neue Paradigmen in der Führung

Welches Leadership-Verständnis ermöglicht und fördert Selbstorganisation im KMU? Auch hier gilt: Jede Organisation sollte ihren eigenen Weg betreffend Leadership in der Selbstorganisation finden. Dennoch lassen sich einige Eckwerte identifizieren, die ein höheres Erfolgspotential aufweisen als traditionelle Führungsmodelle. Diese «neuen Paradigmen» sind bewusst polarisierend dargestellt, um die Unterschiede deutlich zu machen. Selbstverständlich handelt es sich hierbei um eine erfahrungsbasierte und subjektiv gefärbte Auswahl des Verfassers.

Altes Paradigma	Neues Paradigma
Misstrauen	Vertrauen
Kontrolle	Selbstorganisation
Uniformität	Vielfalt
Reagieren	Agieren
Top-down	Bottom-up
Optimieren	Entwickeln
Struktur und Strategie	Kultur
Information	Dialog

▲ Abb. 4 Neue Paradigmen in der Führung (eigene Darstellung)

Führungskräfte brechen aus dem Teufelskreis des Misstrauens aus und treten in den Verstärkungskreis des Vertrauens ein. Das erfordert Mut («Vertrauenssprung»), lohnt sich aber. Die Illusion der umfassenden Steuerbarkeit wird durch die Zuversicht ersetzt, dass kompetente und motivierte Mitarbeitende wissen, was notwendig ist, um ihren Beitrag zur Erreichung des Unternehmenszwecks zu erbringen. Sie dürfen sich dabei auf die Unterstützung von Coaches (Führungskräfte sowie Kolleginnen und Kollegen) abstützen. Vor diesem Hintergrund entwickelt sich Vielfalt zum Wettbewerbs- und Innovationsfaktor und nicht zur Bedrohung. Eine auf Selbstverantwortung basierende Führung erlaubt es zu agieren anstelle von reagieren. Mitarbeitende, die nahe am Markt und den Bedürfnissen der Kundschaft sind, erkennen frühzeitig Handlungsbedarf und ergreifen rechtzeitig Massnahmen. Gute Ideen werden nicht mehr durch die «Lehmschicht des Managements» blockiert, sondern fortlaufend umgesetzt. Das führt zu kontinuierlichen Verbesserungen im Sinne des Optimierens aber gleichzeitig auch zu disruptiven Fortschritten, um Grössenordnungen im Sinne der Entwicklung. Die Aussage «Culture eats strategy for breakfast», die Peter Drucker zugeschrieben wird, macht deutlich, dass es bei der Selbstorganisation vorerst weniger um Strukturen, Prozesse und Strategien geht, sondern um die Gestaltung von Werten und Kultur. Wenn es Unternehmen gelingt, das Mindset der Mitarbeitenden zu verändern, ergeben sich viele strategische und strukturelle Entscheidungen quasi automatisch.

Der Mut, eigene Wege zu gehen

Es hat sich gezeigt, dass es keinen Königs- bzw. Königinnenweg in der Selbstorganisation gibt. Unternehmen und insbesondere KMU sind gut beraten, den Mut aufzubringen, eigene Wege zu gehen. Experimente und Pilotversuche reduzieren das Risiko des Scheiterns und schaffen Raum für organisationales Lernen. Wenn es zudem gelingt, schrittweise ein neues Leadership-Paradigma zu verankern, das auf Vertrauen, Förderung, geteilten Zielen und Werten sowie selbstverantwortlichem Handeln basiert, sind die Chancen intakt, dass Selbstorganisation mehr als ein Schlagwort ist, sondern sich zum echten Wettbewerbsvorteil entwickelt.

Literaturverzeichnis

Bass, Bernard M.; Avolio, Bruce J. (1990): Transformational Leadership Development. Manual for the Multifactor Leadership Questionnaire, Consulting Psychologist Press, Palo Alto CA. 1990.

Bass, Bernard M. (1990): BASS & STOGDILL'S Handbook of Leadership, 3rd edition, The Free Press, New York et al. 1990.

Bruch, Heike; Vogel, Bernd (2005): Organisationale Energie. Wie Sie das Potenzial Ihres Unternehmens ausschöpfen, Gabler, Wiesbaden 2005.

Ismail, Salim (2014): Why New Organizations are Ten Times Better, Faster, and Cheaper Than Yours (and What to Do About it), Diversion Books, New York 2014.

Kotter, John P. (2015): Accelerate. Strategische Herausforderungen schnell, agil und kreativ begegnen, Vahlen, München 2015.

Laloux, Frederic (2016): Reinventing Organizations visuell: Ein illustrierter Leitfaden sinnstiftender Formen der Zusammenarbeit, Vahlen, München 2016.

Peter, Marc K. (Hrsg.) (2020): Arbeitswelt 4.0. Als KMU die Arbeitswelt der Zukunft erfolgreich gestalten, FHNW Hochschule für Wirtschaft, Olten 2020.

Probst, Gilbert J. B. (1992): Selbstorganisation. In: Handwörterbuch der Organisation, 3. Auflage, hrsg. von Erich Frese, C. E. Poeschel, Stuttgart 1992, Sp. 2255–2269.

Robertson, Brian J. (2016): Holacracy: Ein revolutionäres Management-System für eine volatile Welt, Vahlen, München 2016.

Sinek, Simon (2022): Frag immer erst: Warum? – Wie Führungskräfte zum Erfolg inspirieren, 10. Auflage, Redline Verlag, München 2022.

Wenger, Andreas (2019): Die optimale Organisationsform, Vortrag im HSG Alumni Forum vom 6.6.2019.

Wüthrich, Hans A.; Osmetz, Dirk; Kaduk, Stefan (2006): Musterbrecher – Führung neu leben, Springer Gabler, Wiesbaden 2006.

Yukl, Gary A. (2006): Leadership in Organizations, 6th edition, Pearsons, Upper Saddle River 2006.

Prof. Dr. Olaf Geramanis

Das «arbeitsfähige Team» der fünfte Produktionsfaktor – Wie sich die Gruppe selbst organisiert

«Es geht nicht um verstehen von aussen, sondern von innen.»

Peter Heintel 2010

1. Das ideale Hochleistungsteam

Nehmen wir einmal an, innerhalb eines Unternehmens würde ein Top-Hochleistungsteam existieren. Vermutlich würde man es wie folgt beschreiben:

- Die Mitglieder entfalten jeweils ihre individuellen Kräfte und Stärken und fügen sich zugleich zu einem harmonischen Ganzen zusammen.
- Jedes Mitglied ist in seiner Einzigartigkeit individuell sichtbar und zugleich folgt das Team einer gemeinsamen, sinnstiftenden Vision, die vom Team selbst sowie aus der Kundenperspektive formuliert ist.
- Die Einzelnen sind in ihren Rollen flexibel und anpassungsbereit und zugleich bieten sie gegenseitig eine hohe Erwartungssicherheit.
- Alle Teammitglieder vertrauen einander und fühlen sich zueinander verpflichtet und zugleich sind sie maximal zielorientiert.
- Sie agieren voller intrinsischer Motivation und stellen die eigenen Interessen im Sinne des Ganzen sowie der Kundeninteressen zurück.

So oder ähnlich lauten die Positivbeschreibungen, und es ist eine Tatsache, dass solche Teams existieren und einen komparativen Vorteil bieten. Allerdings macht ein zweiter und genauerer Blick deutlich, dass jeder einzelne dieser Spiegelstriche mit prinzipiellen Unvereinbarkeiten gespickt ist: Wenn auf der einen

Seite das Individuum absolut gesetzt wird, weil jedes Mitglied individuell wertgeschätzt und gesehen sein will, dann stellt sich die Frage, wie auf der anderen Seite ein gemeinsames Ganzes daraus werden kann. Muss es dazu nicht zu einer zwangsläufigen Begrenzung und notwendigen Aufhebung der ausschliesslich individuellen Fokussierung kommen? Oder wie gestaltet sich das Verhältnis von Dauer und Wechsel? Damit in Gruppen das Gefühl der psychologischen Sicherheit entsteht und die Mitglieder bereit sind, sich aufeinander einzulassen, braucht es Aufgehobenheit, Verlässlichkeit, Dauer und die Bestätigung gegenseitiger Erwartungen. Wenn demgegenüber ausschliesslich «Werte» wie Wechsel, Flexibilität und Aussenorientierung forciert werden, dann wird gegenseitiges Vertrauen eher unwahrscheinlich.

Allerdings geht es gerade nicht um einen gegenseitigen Ausschluss. Stattdessen befindet sich ein arbeitsfähiges Team immer in einem Balanceakt: Es ist der real organisierte Widerspruch zwischen der Forderung nach individueller Autonomie und dem Anspruch der Gruppe auf kollektive Selbstorganisation. Es ist der Wunsch nach individueller Sichtbarkeit und Wirksamkeit und die Aufforderung, die eigenen Ansprüche im Sinne eines kollektiven Ganzen zurückzustellen. All diese Widersprüche stellen die «unauflösbaren Spannungsfelder der Gruppendynamik» dar (Geramanis 2020/1, 24), weil beide Seiten ihre Berechtigung und Notwendigkeit haben. Von daher wäre es fatal, nach einer «Auf-Lösung» zu suchen. Im Gegenteil – diese Widersprüche sind die Bedingung der Möglichkeit, damit eine Gruppe überhaupt zu einem «Hochleistungsteam» oder – in unserer Nomenklatur – zu einer «arbeitsfähigen Gruppe» werden kann.

In diesem Beitrag geht es um die Gruppe als Mikrokosmos der Organisation: Es geht um die Frage, wie Gruppen unter dem Fokus der Selbstorganisation zu arbeitsfähigen Gruppen werden können. Die These lautet, dass dies überhaupt erst möglich ist, wenn die unauflösbaren Spannungsfelder zwischen Individuum und Gruppe nicht entschieden oder zugunsten einer Seite aufgelöst, sondern in ihrer Spannung erhalten bleiben sowie balanciert und ausagiert werden. Das bedeutet für die Zusammenarbeit in Gruppen, dass es nicht allein auf das Wollen und Können der Mitglieder ankommt, sondern zusätzlich darauf, wie die Dynamik der Gruppe ist und wie die Gruppe als Ganzes ihre Zusammenarbeit organisiert.

2. Kooperation lohnt sich

Zu Beginn der Analyse sei die Frage erlaubt, warum sich überhaupt etwas organisieren soll und nicht einfach unorganisiert bleiben kann. Die Antwort darauf ist relativ einfach: «Weil sich Kooperation lohnt.» Charles Darwin hat mit seiner Evolutionstheorie, die genau genommen «Entwicklungstheorie» heissen müsste, bereits die Grundlagen moderner systemischer Selbstorganisationstheorien und des Konstruktivismus gelegt (von Foerster 1985, von Glasersfeld 1985): «Survival of the fittest» bedeutet nicht, dass diejenigen mit den stärksten Muskeln überleben, sondern diejenigen, die sich am besten an die variablen Umweltbedingungen anpassen, welche die Gegebenheiten der Umwelt aufnehmen und sie in etwas Eigenes umwandeln.

Überträgt man dies auf soziale Systeme, lässt sich beobachten, dass es deutliche Vorteile bringt, sich zu organisieren, d.h. das eigene Verhalten in erwartbaren Bahnen festzulegen und zu strukturieren: Eine Herde Büffel ist nicht so schutzlos wie ein einzelnes Tier. Wo ein einsamer Wolf machtlos und sehr schnell erschöpft wäre, schafft es das Rudel, rasch und effizient Beute zu machen. (vgl. Menning 2020)

Wenn individuelles «Durchwursteln» nicht mehr reicht, besteht nach Yuval Noah Harari (2017) der entscheidende Faktor für die Eroberung der Welt in der Fähigkeit, sich zu organisieren, d.h. viele Menschen miteinander in Verbindung zu bringen – oder wie man heute sagen würde «zu vernetzen». Der Homo sapiens ist die einzige Art, die in grosser Zahl ohne Verwandtschaftsverhältnis flexibel kooperieren kann. Und so stellt Harari fest, dass die Römer die Griechen besiegten, weil sie effektiver kooperierten. Je disziplinierter eine Armee war, desto leichter fiel es ihr, unorganisierte Horden zu schlagen, und kleine geeinte Eliten herrschen (nach wie vor) über die ungeordneten Massen.

3. Die Organisation der Kooperation

Um mithilfe einer Jagdbande eine Beute zu erlegen, braucht es erstens ein bestimmtes Mass an Koordination und Führung. So handelt es sich bei den beschriebenen Beispielen um sehr funktionale Organisationsformen, d.h. die Art und Weise wie das Verhalten der einzelnen Elemente aufeinander abgestimmt ist, folgt einem klaren und nachvollziehbaren Koordinationskonzept. Dies bedeutet zweitens, dass jeder, der im Rudel unterwegs ist, wissen muss, wie er sich selbst zu verhalten hat. Und zugleich müssen alle anderen von allen anderen wissen, wie sich diese verhalten werden, damit das gemeinsame Tun aufeinander abgestimmt ablaufen kann.

Wenn eine Gruppe von Menschen zielgerichtet etwas miteinander tun will, dann ist es notwendig, dieses Tun dahingehend zu koordinieren, dass die gegenseitigen Erwartungen geklärt sind sowie verlässlich erfüllt werden. Zwei der bekanntesten «zwischenmenschlichen Koordinationssysteme» lauten «Familie» und «Bürokratie» (Geramanis 2020/2, 9). Als Stereotyp funktioniert die Familie genealogisch-hierarchisch im Sinne der Geburtenfolge. Mit Unterstützung von Tradition, Religion und Ritualen verfolgt(e) sie den Zweck des Selbsterhalts und ist dabei matriarchal oder patriarchal organisiert bzw. weiblich oder männlich dominiert. Die bürokratische Koordination verläuft ebenfalls hierarchisch, allerdings über rationale Herrschaft, Spezifizierung der Rollen, Loyalität und Pflichterfüllung sowie über die Trennung von Planung und Ausführung im Sinne der Arbeitsteilung.

Ein Grossteil der dort stattfindenden Kooperationen findet mehr oder weniger routiniert und unhinterfragt «von selbst», im Sinne einer vorgegebenen Choreografie ab. Individualität ist kein Wert an sich, was zählt ist das Zusammenspiel der Mitglieder. Wie voraussetzungsreich all das ist, wird zumeist erst dann bewusst, wenn Einzelne beginnen, unerwartet zu agieren oder das routinierte Verhalten in Frage zu stellen: «Warum tust du eigentlich das, was deine Eltern oder deine Vorgesetzten von dir verlangen?» oder «Du könntest dich doch auch ganz anders verhalten.» Wenn wir kooperieren, sind wir uns selten bewusst, dass die jeweils ablaufenden Koordinationen zwischen Individuum und Gruppe bereits komplexe Leistungen sind.

Dieses System zwischenmenschlicher Koordination lässt sich gut mit dem Betriebssystem eines Computers vergleichen. Diese Geräte verfügen über eine Anzahl an Programmen, die den Betrieb des Computers erst möglich machen. Ein Betriebssystem (englisch: Operating System) ist eine Software, die die Operationen eines Computers steuert. Es ist eine Vermittlungsinstanz zwischen der vorhandenen Hardware, Software und dem User. Vergleichbar zu einem solchen Betriebssystem braucht es zwischen den Menschen – also der Hardware – ebenfalls eine Software, die das Tun vermittelnd koordiniert. Konkret heisst das, die einzelnen Mitglieder müssen wissen, was sie zu tun haben und welche Erwartungen sie aneinander richten können, um ein koordiniertes Handeln zu erreichen.

In dieser Logik ist die bürokratische Organisation «perfekt organisiert». Im besten Fall sind die zu erledigenden Aufgaben detailliert beschrieben und optimal aufeinander abgestimmt. Alle wissen, was zu tun ist, was richtig und was falsch ist. Auch Gruppenarbeit lässt sich auf diese Art als Kausalmodell organisieren: Durch detailliertes Planen und Zuordnen aller zur Zielerreichung notwendigen Aktivitäten und Aufgaben sowie Kompetenzen und Verantwortlichkeiten kann eine möglichst effiziente Ordnungsstruktur im Unternehmen erzielt werden. Allerdings sind in diesem Modell die Instanzen der Planung und Ausführung nicht identisch. Die Planung erfolgt durch übergeordnete Organisatoren und Organisatorinnen, welche über entsprechende Entscheidungskompetenzen verfügen. Die Ausführung dagegen obliegt den hierarchisch untergeordneten Mitarbeitenden, welche angehalten sind, diese Planungsvorgaben zu übernehmen und somit fremdorganisiert zu arbeiten.

Dieses Rationalmodell von Arbeit ist ausgesprochen effektiv. Solange Personen an unterschiedlichen Teilen eines Gesamtergebnisses arbeiten und nicht an der Entstehung aller Teile beteiligt sind, weil diese anderen Teile von anderen geliefert werden, kann die Arbeit an unterschiedlichen Orten parallel erfolgen, und es können relativ viele Personen in grossen Gruppen mitarbeiten. In dieser Form der Koordination von Arbeit wird ein gemeinsames Werk arbeitsteilig gefertigt. Diese Zusammenarbeit ist dann zweckmäßig, wenn die Aufteilung der Arbeit nach Rollen und Qualifikationen erfolgen kann (zum Beispiel Führungskräfte und Spezialist:innen) und wenn ein unabhängiges, paralleles oder zeitversetztes Arbeiten möglich oder notwendig ist.

In diesen Organisationsformen spielt die Individualität der Beteiligten nur eine marginale Rolle – die Mitarbeitenden verfügen über begrenzte Spielräume, in denen nur wenig Raum für eigene Kreativität oder Entfaltung einer besonderen Persönlichkeit bleibt. Es gilt die Pflicht zu erfüllen und einen definierten Plot von fixen Erwartungen abzuarbeiten. Wer in ein bürokratisches Unternehmen kommt, tut gut daran, schnell zu begreifen, welche Erwartungen an sie oder ihn geknüpft sind.

4. Gruppen lassen sich von aussen organisieren

Derart organisierte Gruppen sind effizient, indem sie durch Programmierung von aussen gesteuert werden. Die Programmierung beinhaltet für jede Position eine detaillierte Beschreibung der entsprechenden Rolleneinheit, z. B. in Form einer genauen Stellenbeschreibung. Ist die Aufgabe vorbei oder sollte sie sich ändern, muss die Gruppe von aussen neu programmiert werden. Sei es, indem man die Personen austauscht, neu «formatiert» oder weiterbildet.

Das «Betriebssystem» solcher aufgabenzentrierten Gruppen ist zwangsläufig nach innen blind. Die Mitglieder können einander auch fremd bleiben. Sie müssen sich nicht persönlich differenziert haben, sei es, weil die Privatheit innerhalb einer Unternehmung keine Rolle spielt oder weil die Individuen es selbst nicht für notwendig, angebracht oder wünschenswert finden, sich «zu persönlich» einzubringen. Was nicht heissen soll, dass es innerhalb solcher Gruppen nicht auch privaten oder persönlichen Austausch gibt, aber dieser spielt für die eigentliche Koordination der Arbeit keine Rolle und ist zumeist nur punktuell und zufällig.

Dennoch lässt sich «das Persönliche» nicht vollkommen ausklammern: Kommt es in schwach differenzierten Gruppen zu internen Konflikten, dann liegt die Ursache selten darin, dass die «Programmierung» nicht stimmt, sondern weil es «menschelt», weil es um Persönliches, um Befindlichkeiten oder sonstige Animositäten geht. Da aber das Persönliche kein offizielles Thema ist, lässt sich zumeist nur ein defensiver Umgang mit derartigen Ungereimtheiten beobachten. Schweigen, Blockieren, Ausweichen, Hilflosigkeit und Angst sind die Konsequenzen. Der Grund für dieses defensive Verhalten besteht darin, dass die Gruppe in ihrem Betriebssystem nicht genügend Fähigkeiten besitzt, selbst das Bedürfnis nach Persönlichkeit, Individualität und Bezogenheit zu thematisieren, zu reflektieren oder auszubalancieren. Daher sind in schwach differenzierten Gruppen die folgenden Beobachtungen keine Überraschungen, sondern vielmehr schlüssige Verhaltensweisen:

- Formen von Andersartigkeit (sowohl die eigene als auch des Gegenübers) lösen eher Angst aus und werden durch das Propagieren von starken Harmonieerwartungen kontrolliert: «Wir sind alle gleich und sitzen im selben Boot!», «Wir sind eine homogene Gruppe!», «Wir ziehen alle am selben Strang!».
- Es herrscht eine allgemeine Konfliktvermeidung vor, d.h. schwierige Themen werden nur schwer bis gar nicht angesprochen, was zugleich einer Sichtbarkeit von Individualität entgegensteht, weil man keinen eigenen Standpunkt einnimmt: «Da halte ich mich lieber raus». «Das hat schon früher nichts gebracht!», «Damit will ich nichts zu tun haben!».
- Die Beziehungsgestaltung stagniert längerfristig, es kommt zu subtiler Diskriminierung oder zum vollständigen Beziehungsabbruch, um die eigene Individualität zu retten. Man geht sich aus dem Weg, redet nur das Nötigste und ignoriert sich. «Ich bin schliesslich zum Arbeiten hier, nicht weil ich Freundschaften suche!», «Das muss ich mir nicht gefallen lassen!».
- Eine weitere typische Verhaltensweise schwach differenzierter Gruppen ist die Neigung zur Aussenfeindbildung. Nach wie vor eint der gemeinsame Feind nicht nur die Nation, sondern ebenfalls das eigene Team: «Habt ihr gesehen, was die Nachbarabteilung schon wieder gemacht hat!?», «Von denen da oben ist sowieso nichts mehr zu erwarten!».
- Schliesslich lassen sich auch forcierte Deklarationen von individuellen Unabhängigkeitsbestrebungen unter dieser Perspektive erklären. Wenn in Gruppen vermehrt Äusserungen kommen wie: «Ich lasse mich doch nicht einsperren!», «Ich muss auf mich selbst achten!», «Ich brauche meinen Raum!», dann weisen diese weniger auf ein souveränes Selbst hin als auf Angst aufgrund schwacher Differenzierung.

All das muss nicht zwangsläufig vorkommen. Aber wenn sich diese Phänomene zeigen, können sie als Zeichen einer solch schwachen Differenzierung nach innen gedeutet werden.

5. Die Grenzen der Bürokratie und die Alternativen

Die bürokratische Form von Arbeit trifft allerdings auf immer weniger Organisationsformen zu. Mehr noch, wo dies der Fall ist, läuft die Arbeit Gefahr, an Computer abgegeben zu werden. Demgegenüber kann es für Aufgaben aus dem Dienstleistungs-, Wissens- und Innovationsbereich im Vorfeld keine detaillierte Arbeitsaufteilung mehr geben, weil die Aufgabe, um erledigt werden zu können, erst in und durch die Gruppe erfasst werden muss. Der Grundgedanke besteht darin, wegzukommen von der Vorab-Programmierung und stattdessen eine flexible prozessorientierte Unternehmensstruktur zu etablieren. Die Erwartung ist, durch die Delegation von Entscheidungskompetenz und Verantwortung grössere Aufgabenkomplexe schneller und effizienter bearbeiten zu können, und durch all dies, eine höhere intrinsische Motivation seitens der Mitarbeitenden zu erreichen.

Verfahren, die in dieser Logik einen höheren Grad an Selbstorganisation ermöglichen sollen, gibt es bereits seit den 1980er Jahren. Konzepte wie teilautonome Arbeitsgruppen, Projektgruppen, Teamarbeit und verschiedene Center-Konzepte gehen in diese Richtung. Bereits damals ging der Weg zur Zusammenarbeit weg von blosser Koordination und Programmierung hin zu einer vertrauensvollen Kooperation in arbeitsfähigen Gruppen. Gelingt dies, kann gemeinsam an einem Werk gearbeitet werden. Allerdings kommt nun wiederum dem internen Abstimmungsprozess eine besondere Bedeutung zu. Die Personen in der Gruppe arbeiten zur selben Zeit gemeinsam und ganzheitlich am Ergebnis, was dazu führt, dass der genaue Beitrag einer Person zum Ergebnis nicht mehr spezifisch nachvollziehbar oder nachweisbar ist.

Diese Art von Kooperation in Gruppen, bietet sich dann an,

- wenn fachübergreifende Zusammenarbeit von Spezialist:innen Vorteile verspricht,
- wenn sich mehrere Personen in ein neues Thema einarbeiten sollen, und
- wenn Ideen neu entstehen, ausgetauscht oder gesammelt werden sollen.

Um diese Kooperation zu ermöglichen, ist es notwendig, dass innerhalb der Gruppe kreative, kommunikative und kooperative Kompetenzen zum Tragen kommen. Diese Kompetenzen lassen sich allerdings weder standardisieren noch formalisieren noch von aussen erzwingen. Damit sie wirksam werden, müssen sie freiwillig von den Mitgliedern zur Verfügung gestellt werden, und die Wahrscheinlichkeit, dass dies gelingt, ist im Rahmen und mithilfe selbstorganisierter Gruppen deutlich höher.

6. Die Entwicklung arbeitsfähiger Gruppen

Nochmals: Nach Innen undifferenzierte Gruppen sind so lange arbeitsfähig, solange die Koordination der Handlungen von aussen vorgegeben ist. Sie sind undifferenziert in dem Sinne, dass die (persönlichen) Erwartungen der Mitglieder zueinander jenseits der Positionen und Rollen weder thematisiert noch geklärt sind. Nach Peter Heintel (2008) herrscht in diesen Gruppen ein «diffuses Wir-Gefühl» – es macht zwar nach aussen stark, ist aber als «unaufgeklärtes Einigkeitsgefühl» schwach nach innen und sich selbst gegenüber blind. Mit blind ist gemeint, dass in Hierarchien eingebettete Gruppen selbstreflexionsfeindlich sind. Solche Gruppen sind darauf angewiesen, mithilfe eines Regel- und Normenwerks Sicherheit herzustellen, und sind nur insoweit bereit einander zu vertrauen, solange sich alle diesem Regeldiktat unterwerfen.

Was bedeutet demgegenüber Selbstorganisation in Gruppen? Aus dem bislang Gesagten sollte deutlich geworden sein, dass Selbstorganisation nicht bedeuten kann, einer Gruppe jegliche Form von organisationaler Unterstützung zu entziehen, sie einfach nur sich selbst zu überlassen und darauf zu hoffen, dass sie sich – gleich einem Rudel – irgendwie schon selbst organisieren wird. Allein dieses Irgendwie kann nicht im Interesse der Organisation sein. Organisationen brauchen Gruppen, die ihre kooperativen Anforderungen mitdenken und handhaben gelernt haben. Sie brauchen Gruppen, die als autonomer Sozialkörper innerhalb der Organisation stehen und bestehen. Das Ziel ist folglich, dass in der Gruppe eine geordnete Struktur von innen heraus entsteht. Die real vorhandenen Personen, mit ihren Kompetenzen und Stärken aber auch Schwächen und Unzulänglichkeiten sind Ursache und Grund für das Betriebssystem. Durch das Zusammenwirken eben dieser konkreten Gruppenmitglieder bildet sich selbstorganisiert ein Ordnungszustand aus, ohne dass dieser von externen Instanzen, wie dem Management, vorgegeben oder geplant wird.

Idealerweise sieht das so aus, dass die Mitarbeitenden über ausreichende Entscheidungskompetenzen sowie Raum und Zeit verfügen, sodass sie sich nicht nur der Aufgabe widmen, sondern gleichzeitig die notwendigen Rollen formen und als ausführende Instanzen ihre Aufgabenbereiche selbst definieren und übernehmen. Sie wirken aktiv an der sie betreffenden Ordnungsstruktur mit und organisieren sich infolgedessen zugleich selbst. Seitens der Organisation gilt es, die Art der Aufgabenbearbeitung und ggf. Methoden der Problemlösung im Allgemeinen vorzugeben. Die konkrete Planung und Ausführung der Aufgaben sowie die interne Koordination obliegt den Mitarbeitenden.

Seitens der Organisation gibt es dabei folgende Fragen zu berücksichtigen:

- Unternehmen sind sozio-technische Zwecksysteme. Aufgrund dieser Zweckorientierung kann es nicht darum gehen, die Illusion einer «totalen Selbstorganisation» zu vermitteln. Ist der Mitarbeiterschaft klar und transparent kommuniziert, wie weit bzw. eng diese Grenzen gesteckt sind?
- Schafft die Führungsebene innerhalb fremdorganisierter Unternehmensstrukturen für die betreffenden Gruppen einen hinreichend weiten Handlungs- und Entscheidungsspielraum für die Selbstorganisation zur Verfügung zu stellen?
- Sind die Mitarbeitenden formell in Gruppen organisiert und den Gruppen zugehörig? Haben sie Aufgaben zu bewältigen, deren Komplexität eine gemeinsame Kooperation erfordern, und sind sie willens und in der Lage, selbst Führungsaufgaben innerhalb der Gruppe zu übernehmen?

Wie kann dies erreicht werden? Nach Richard J. Hackman (2012) ist jeder Versuch, ein Team dazu zu bewegen erfolgreich zu sein, von Anfang an zum Scheitern verurteilt. Er macht damit deutlich, dass Selbstorganisation nicht von aussen implementiert werden kann, ebenso wenig wie «extrinsische Motivation» existiert. Jede Methode fokussiert immer von aussen auf etwas Bestimmtes und strukturiert dieses in einer vorgegebenen Art und Weise – und damit nimmt sie dem autonomen Prozess der Gruppe immer etwas weg.

Die Philosophie der Gruppendynamik bzw. eine gruppendynamische Haltung im Rahmen eines Teamentwicklungsprozesses besteht darin,

- die Gruppen in die Lage zu versetzen, sich über sich selbst Klarheit zu verschaffen,
- ihren Standort selbst bestimmen zu lernen und
- sich dadurch ihre eigene soziale Wahrheit zu geben.

Diese Anforderungen an Arbeitsgruppen in Organisationen zu stellen, sind keineswegs selbstverständlich! Das, was geschieht, soll nicht (mehr) unreflektiert ablaufen. Das, was geschieht, soll erkannt, benannt und reflektiert werden, und zwar gemeinsam in und mit der Gruppe. Das Ziel ist ein Akt der Selbstvergewisserung. Die Gruppe soll sich ihrer eigenen kollektiven Kooperations-Dynamik bewusstwerden, als Bedingung für die weitere Selbstorganisation schlechthin.

Derartige Reflexionen mochten in Therapie-, ERFA- oder Supervisionsgruppen ein probates Mittel sein. Die Komplexität, die sie mit sich bringen, darf nicht unterschätzt werden, wenn sie nun auch in Unternehmen Einzug halten. Womit wir bei der Einstiegsthese angekommen sind, dass es in selbstorganisierter Zusammenarbeit in Gruppen nicht nur darauf ankommt, was seitens der Mitglieder zu tun ist, sondern zusätzlich wie die Gruppe als Ganzes ihre Zusammenarbeit organisiert. Um die Tätigkeit dieses «WIE» bewusst auszuführen, braucht es die folgenden spezifischen Fähigkeiten:

- Auf individueller Ebene brauchen die Mitglieder die Kompetenzen, Gruppenprozesse zu beobachten, zu erkennen und sie zur rechten Zeit zu benennen.
- Auf Gruppenebene muss es gelingen, diese je individuellen Wahrnehmungen mit den Wahrnehmungen der anderen zu einer gemeinsamen Sichtweise zu verdichten, damit daraus ein kollektives Selbstbewusstsein entsteht.

Nicht ein einzelnes Individuum, diffuse Autoritäten, spezifische Situationen, bewusstlos gehaltene Normen, Muster, Affekte etc. sollen die Gruppe implizit und unbewusst bestimmen, sondern diese sich selbst und insgesamt aus dem jeweils erworbenen Bewusstsein dessen, was sie als Gruppe sind. Die Losung lautet «Selbstorganisation vollzieht sich durch Selbstdiagnose»: Wo stehen wir, was bestimmt uns, was treibt uns an? Was lässt uns zögern und starrer werden? Was davon wollen wir, dass es so bleibt, wie es ist, und was wollen wir verändern?

7. Gruppendynamik ist schwer und komplex

Was in der ganzen Diskussion bislang noch nicht explizit angesprochen wurde, ist die Tatsache, dass das Beziehungsgefüge für die beteiligten Personen nicht lediglich einen «koordinativen» Charakter hat, sondern immer auch affektiv und emotional wirksam ist. Zwischenmenschliche Beziehungen sind niemals ausschliesslich sachlicher Natur, sondern immer auch mit Gefühlen besetzt!

Nach Bernhard Pesendorfer (1993) sind alle Unterschiedlichkeiten in Gruppen Autoritäts- und Bedrohungspotenziale zugleich. Denn in dem Augenblick, da Menschen ernsthaft aufeinander angewiesen sind und miteinander etwas tun müssen, können die Unterschiede, die zwischen ihnen bestehen, bedrohlich werden, und mit der aufkommenden Wahrnehmung von Fremdheit können sie Angst machen. Hinzukommt, dass Gruppenentwicklungsstufen immer verbunden sind mit einem schrittweisen Prozess von Ausschluss und Integration von Aussenseiter:innen; wobei erst die Bearbeitung dieser Aussenseiterrolle und Aussenseitersituation es ermöglicht, die Unterschiede der einzelnen Individuen in die Gruppe zu integrieren.

Solche Bedrohungspotenziale gibt es selbstverständlich auch in Beziehungsmustern, die von aussen vorgegeben sind. Allerdings kann man für sich selbst immer noch eine Trennung, zwischen der von aussen oktroyierten, organisationalen Rolle und dem emotionalen Selbst machen. Wenn nun die Voraussetzung für das Erreichen der Selbstorganisation lautet, den Zusammenhang zwischen der sozialen Situation und dem persönlichen Empfinden selbst herzustellen, kann sich die Person nicht mehr rausziehen. Die Gruppenmitglieder werden sich trauen müssen, ihre Gefühle zu äussern, damit sich die Gruppe ein Bewusstsein über sich und ihre jeweilige Konstellation verschaffen kann. Beides ist nicht einfach! Einerseits, weil wir nach wie vor wenig Übung darin haben, über Privates, Subjektives und Individuelles zu sprechen. Es ist noch nicht «ewig» her, dass es für Führungskräfte undenkbar war, sich über Gefühle wie Angst zu äussern. Und auch wenn es heute durch Weiterbildungsboom, Outing und «individualistische Wende» eher erlaubt ist, darüber zu sprechen, so gilt es umso mehr darauf zu achten, dass es kein Sentimentalismus, «Psychosprech» oder lediglich eine unechte Inszenierung wird.

Andererseits ist es ebenso schwer, die Gruppe als eine eigene Einheit, als einen «kollektiven Sozialkörper» zu begreifen, an dem man selbst Teil hat, und an dessen Entstehen und Werden man Mitverantwortung trägt, der aber über die Zeit hinweg eine emergente Eigenlogik entwickelt und seinerseits auf die einzelnen zurückwirkt.

Aber darin steckt zugleich die Chance auf eine geglückte Gruppenentwicklung. Die Gruppe entwickelt über die individuellen Einzigartigkeiten hinweg eine eigene Identität und Kraft, ein «Wir-Gefühl» im Sinne eines sehenden Einigkeitsgefühls, das nicht gängelt, sondern sich selbst gegenüber frei macht.

Reife, arbeitsfähige Gruppen verfügen über eine Kultur, in der individuelle Unterschiede und qualitative Differenzen anerkannt werden, was nichts anderes bedeutet als «starke Differenzierung». Diese starke Differenzierung führt nicht zu einer Entfremdung oder Trennung, sondern im Gegenteil zu einer stärkeren Zusammengehörigkeit.

In stark differenzierten Gruppen kann …

- Andersartigkeit als Bereicherung und Chance für die Beziehungsgestaltung erlebt werden,
- eine differenzierte Person ihrem Gegenüber zustimmen, ohne das Gefühl zu haben, sich selbst zu verlieren,
- ein Mitglied widersprechen, ohne das Gefühl von Verbitterung oder Entfremdung zu spüren,
- mutiger gesagt werden, dass man sich selbst unsicher ist, ob man alle Erwartungen erfüllen kann – weil man damit das Gegenüber nicht mehr schont und sich selbst nicht verleugnet.

Indem das einzelne Mitglied ein mitbestimmender Teil der Gruppe ist, kann es sich sowohl als einzigartig als auch als zugehörig erleben! Um dies zu erreichen, braucht es differenzierte Personen, die zur Selbstreflexion in der Lage sind.

In Anlehnung als David Schnarch (2012) verfügen sie über

- ein klares Selbstbewusstsein bei gleichzeitiger emotionaler Nähe zu anderen Personen;
- ein durchlässiges Selbst, das sich auf andere bezieht, aber sich nicht vorrangig durch andere definiert;
- die Fähigkeit zu eigener Angstregulation, ohne das Gegenüber zur eigenen Angstregulation zu manipulieren;
- die Fähigkeit, sich selbst nicht durch die Unsicherheit des Gegenübers manipulieren zu lassen, ohne gegenüber der Unsicherheit der anderen indifferent zu sein;
- die Bereitschaft, die Anstrengungen anzuerkennen, die es für diese persönliche Entwicklung bedarf.

8. Vier Schritte zur selbstorganisierten Gruppe

All das ist voraussetzungsreich und muss erlernt werden, ohne dass es einfach so gelehrt oder von der Organisation implementiert werden kann. Insofern sind die folgenden vier Schritte nach Peter Heintel (2008) nicht als Anleitung misszuverstehen, sondern als «Reflexions-Geländer». Es stellt ein prozesshaftes zirkuläres Programm dar, das in Schleifen abläuft.

1 Die Anerkennung des Individuums als autonome Instanz
Auch wenn weder die Organisation als Ganzes noch die Gruppe selbst an einer allzu dominanten Autonomie des Individuums interessiert sind, ausser wenn sie angepasst deren Standards vertritt und verteidigt, muss sowohl die individuelle Autonomie (als Ort der Selbstdifferenz) akzeptiert als auch das Individuum in seiner Autonomie wahrgenommen und akzeptiert werden.

2 Institutionalisierte Situations- und Prozessanalyse
In Scrum-Teams mag die Scrum-Retrospektive zu einem selbstverständlichen «Begleitinstrument» geworden sein, dennoch ist es anderenorts nach wie vor schwierig, derartige Situationsanalysen durchzuführen. Weder ist man sich der unterschiedlichen Ebenen bewusst, noch glaubt man, dass die fortwährende Thematisierung von Prozessen «etwas bringt». Selten genug findet es statt, dass bei Konflikten alle zusammen innehalten, emotionale Distanz beziehen und gemeinsam analysieren, was gerade vorgefallen ist. Stattdessen streitet man lieber auf individueller Ebene als gemeinsam nach möglichen Ursachen auf Gruppenebene nachzugehen. Damit kollektive Autonomie wahrgenommen werden kann, muss in kritischen und heiklen Situationen, wie beispielsweise Anfangs- und Übergangssituationen, die Prozessanalyse institutionalisiert werden.

3 Entscheidungen über gemeinsame Sichtweisen der Situation
Wird eine solche Analyse regelmässig durchgeführt, so ist das der erste Schritt. Der zweite ist es, die nun offensichtlich gewordenen unterschiedlichen Sichtweisen zu vergemeinschaften, um darüber eine «soziale Wahrheit» zu konstituieren. Das lässt sich nicht schematisch durch wohl-strukturierte Entscheidungs-Verfahren oder Konsent-Regelungen abhandeln. Kollektive Autonomie ist nur über Konsens erreichbar. Das Kollektiv ist nur dann autonom (als sich selbst reflektierend und steuernd), wenn alle Gruppenmitglieder in ihm zur gemeinsamen Selbstbestimmung beitragen.

4 Gemeinsame Steuerung der weiteren Prozesse
Jeder erreichte Konsens stärkt die Gruppe in ihrer Fähigkeit, ihre weiteren Prozesse selbst zu gestalten, und zugleich ist der Gruppenprozess ständig gefährdet: Einmal, weil sich die Rahmen- und Umweltbedingungen permanent verändern und zum anderen, weil die Individuen unterschiedlich sind und bleiben und sich ebenfalls entwickeln und verändern – womit wir wieder bei Punkt «1» stehen.

Wenn die Gruppe mithilfe dieser Schritte die unauflösbaren Spannungsfelder zwischen Individuum und Gruppe, Nähe und Distanz, Differenzierung und Integration, Rationalität und Emotionalität balancieren kann, dann wird sich in ihr eine hohe und produktive Arbeitsfähigkeit einstellen. Durch gelingende Kooperation werden Informationen und Perspektiven in den Lösungsprozess nicht nur eingebracht, sondern auch neu erzeugt, und durch die dadurch entstehende breitere Wissensbasis wird die Gruppe als Ganzes tragfähige und nachhaltigere Entscheidungen treffen. Damit wären wir beim Titel dieses Artikels angekommen und der Behauptung, dass eine arbeitsfähige Gruppe neben Arbeit, Boden, Kapital und Wissen als fünfter Faktor in die Reihe der Produktionsfaktoren gehört. Produktionsfaktoren sind solche materiellen oder immateriellen Güter, deren Einsatz zur Herstellung anderer Güter oder Dienstleistungen erforderlich ist. Die für den Produktionsprozess notwendigen Einsatzmittel können technischer oder wirtschaftlicher Art sein – aber eben auch sozialer Art sein – wie bei Wissen oder «arbeitsfähigen Gruppen».

9. Literatur

Foerster, H. v. (1985): Sicht und Einsicht, Braunschweig

Geramanis Olaf (2020/1): mini-handbuch Gruppendynamik, Weinheim Basel

Geramanis Olaf (2020/2): Zusammenarbeit 5.0 – die kooperative Dimension der neuen Arbeitswelt. In: O. Geramanis und S. Hutmacher (Hrsg.), Der Mensch in der Selbstorganisation, uniscope. Publikationen der SGO Stiftung, Wiesbaden

Glasersfeld, E. v. (1987): Wissen, Sprache und Wirklichkeit, Braunschweig

Hackman, Richard J. (2012): From causes to conditions. In groupresearch. Journal of Organizational Behavior, 33, S. 434—439.

Harari Yuval Noah (2018): Homo Deus eine Geschichte von Morgen, München

Heintel Peter (2008): Über drei Paradoxien der T-Gruppe: Agieren versus Analysieren Gefühl versus Begriff Intensität versus Ende. In: betrifft: TEAM Dynamische Prozesse in Gruppen (s. 191 – 250), Wiesbaden

Heintel Peter (2010): Über Philosophie und Gruppendynamik. In: Bernhard Pesendorfer (Hrsg.) Wissenschaft – Freiheit – Konsens; Festschrift Gerhard Schwarz zum 70. Geburtstag, Wien

Menning Hans (2020): Selbstorganisation in sozialen Systemen. In: K. Viol et al. (Hrsg.), Selbstorganisation – ein Paradigma für die Humanwissenschaften, Wiesbaden

Pesendorfer Bernhard (1993): Organisationsdynamik. In: Schwarz, G., Heintel, P., Weyrer, M., Stattler, H. (Hrsg.): Gruppendynamik. Geschichte und Zukunft, Wien

Schnarch David (2012): Die Psychologie sexueller Leidenschaft. München, Zürich

Dr. Reto Wegmann

Führung und Selbstorganisation in Krisen

Krisen bedeuten häufig Zeitdruck, und unter Zeitdruck tendieren Menschen dazu, hierarchisch und straff zu führen. Dieser Beitrag beleuchtet die Rolle von Selbstorganisation im Kontext von Krisen und nimmt sich der Frage an, ob und wie auch KMU mit Stabsstrukturen Krisen erfolgreich bewältigen können.

Prozesse, Phrasen und Personen

«Ich habe keine Zeit für Covid.» Noch im Frühling 2022, nach immerhin zwei Jahren Erfahrung mit der Pandemie, war dieser Satz die Antwort auf eine Nachfrage nach den notwendigen vorbereitenden Massnahmen für eine Geschäftsreise einer mittleren Organisation. Man kann schmunzeln oder den Urheber lächerlich machen, aber das greift für viele kleinere und mittlere Organisationen zu kurz.

Die Aussage war nämlich nicht begründet in mangelnder Sorgfalt oder persönlichen Schwächen, sondern vielmehr in einer strukturellen Schwäche, welche viele kleine und mittlere Organisationen teilen: Die Grösse reicht nicht, um Reserven zu bilden, für jedes Szenario eine Eventualplanung zu haben oder aber auch überhaupt alle Entwicklungen vorwegzunehmen. Häufig drängt die Zeit, fast immer die Kosten, und Verzicht oder Verzögerung können dramatische Auswirkungen auf die ganze Organisation haben.

Tatsächlich ist es so, dass dieses Jahrzehnt eine Dichte an potenziellen Risiken und Gefahren aufweist, welche wir so lange nicht mehr erlebt haben. Unsere Zeit kennt nicht nur eine oder mehrere Pandemien, es herrscht auch Krieg in Europa, Energieträger sind knapp, Zinsen und Inflation zeugen von Unsicherheiten auf den Finanzmärkten, und es ist unrealistisch, dass wir als Verantwortliche eines KMU all diese Gefahren abschliessend dahingehend beurteilen können, ob sie uns betreffen werden oder nicht.

Wir müssen uns also damit abfinden, dass auch wir reagieren können müssen. Alle von uns müssen, unabhängig von unserer Grösse, auf Krisen oder andere einschneidende Ereignisse reagieren können.

Um dies zu tun, widmet sich dieser Artikel folgenden Themen: Erstens versucht er, Begrifflichkeiten zu klären und dabei wenig hilfreiche und lästige Phrasen zu entlarven. Zweitens beschreibt er die Eigenheiten von KMUs im Zusammenhang mit Krisen und schafft insbesondere Klarheit darüber, warum und wie sich Krisenmanagement von KMUs von Krisenmanagement von Grossorganisationen unterscheidet. Drittens zeigt der Artikel auf, wie Elemente der Selbstorganisation in Krisen Grundsteine von erfolgreichem Krisenmanagement sein können. Zu guter Letzt werden Lehren aus der Praxis zu Empfehlungen für die Praxis zusammengeführt, um dem oder der Lesenden zu helfen, die Erkenntnisse auf die eigene Situation und das eigene Personal zu adaptieren.

Was ist eigentlich eine Krise?

Was ist denn aber nun eine Krise? Während das Wort – vor allem in den Jahren von Pandemie, Krieg und Energieknappheit – leichtfüssig und alltäglich benutzt wird, ist die genaue Bedeutung nicht immer völlig klar. Ist eine Krise dasselbe wie ein Notfall? Dasselbe gar wie eine Katastrophe? Oder einfach die robustere Form eines Vorfalls? Literatur und Praxis tun sich gleichermassen schwer mit der genauen Abgrenzung, obwohl oder gerade weil viele Institutionen und Menschen die für sich richtige Definition zu wissen glauben. Diese Definitionen sind aber teilweise überlappend, teilweise auch widersprüchlich und häufig in der Praxis sowieso beiseitegeschoben[1]. «I know it when I see it»[2] scheint häufig ein absolut genügender Grundsatz für die Praxis.

«I know it when I see it» ist aber nur dann hilfreich, wenn es erstens tatsächlich stimmt (wenn ich eine Krise also tatsächlich als solche erkenne, wenn sie da ist), wenn ich zweitens den Krisen trotzdem Merkmale zuordnen kann und wenn drittens alle beteiligten Personen ein ähnliches Verständnis davon haben. Dieser dritte Punkt bringt uns zu einer Unsitte, von der Abstand genommen werden sollte. Viele Unternehmen, Beratungsfirmen aber auch Einzelpersonen machen es sich heute sehr einfach und benutzen allgegenwärtig Modeworte, ohne dass genau klar wird, was gemeint wird oder was die Bedeutung für mein Unternehmen sein soll. Alles scheint «schnelllebiger» und «komplexer» als früher, überall benötige ich offenbar «Agilität» und natürlich steht «die Gesundheit immer an erster Stelle»[3]. Was das für meine Firma aber bedeuten und wie es handlungsrelevant sein soll, bleibt dabei unklar. Lassen wir uns nicht von Sprachfaulheit verführen. Phrasen nützen nichts. Phrasen und unklare Formulierungen im Allgemeinen sind im Falle von Situationen unter Zeitdruck – also beispielsweise Krisen – sogar schädlich und unter Umständen katastrophal.

Für Praktiker und Praktikerinnen sind aber trotzdem nicht feinsinnige Unterscheidungen wichtig, wie sie in wissenschaftlicher Literatur vorgenommen werden. Zentraler sind Eigenschaften einer Situation. In diesem Fall, was prägt denn Krisen oder Krisensituationen, und was beeinflusst direkt meine Geschäftstätigkeiten? Die Literatur benennt hierfür unter Anderem diese Eigenschaften[4]:

a) Krisen sind einzigartig oder neuartig, also gibt es keine vorgefertigten Lösungen – ich muss diese zuerst entwickeln.
b) Krisen sind durch die bereits existierenden Strukturen und Prozesse nicht zu lösen – sie brauchen Anpassung.
c) Krisen beinhalten ein Element des Zeitdrucks – Lösungen müssen also rasch her beziehungsweise rasch genug. Brauchbar zur Zeit ist besser als Perfektion zu spät.
d) Krisen führen zu erhöhter Beanspruchung der Mitarbeiter und Mitarbeiterinnen und bedeuten darum höhere Ansprüche an Führungskräfte.

All die hierfür notwendigen Ressourcen – namentlich Zeit- und Kapitalreserven – finden wir in KMU üblicherweise nicht im Überfluss. Obschon die Krisen der Grosskonzerne und Behörden häufig spektakulär sind und darum ein breites Medienecho erwirken, gibt es keinen Grund anzunehmen, dass KMU weniger davon betroffen sein sollten. Grund genug, uns die spezifischen Bedingungen von KMU im nächsten Abschnitt anzuschauen.

KMU als Hauptbetroffene

Das Bundesamt für Statistik bezeichnet Unternehmen mit weniger als 250 Beschäftigten als KMU. Sie machen 99 % aller Schweizer Unternehmen aus und generieren dabei mehr als zwei Drittel der Gesamtbeschäftigung der Schweiz[5]. KMU haben in diversen Aspekten eine andere Ausgangslage als Grossunternehmen oder gar Behörden. Liquidität, Abhängigkeiten von einzelnen Zulieferern oder Kunden, absolut und anteilsmässige kleinere Reserven und diverse andere Grössen unterscheiden sich teilweise markant. Dieser Beitrag will sich aber vor allem mit den organisatorischen Herausforderungen und damit mit den organisatorischen Lösungen befassen, und in diesem Bereich gibt es einen für die Krisenbewältigung wesentlichen Unterschied von KMU zu Grossunternehmen:

Grossunternehmen haben häufig institutionalisierte, teilweise auch trainierte und vorbereitete Gremien, welche genau für Krisensituationen geschaffen wurden. Sie heissen manchmal Krisenstäbe und manchmal Arbeitsgruppen, finden sich manchmal als Task Forces oder fallweise auch als anders benannte Sonderlösung im Organigramm wieder. Die Essenz ist aber häufig dieselbe: qualifiziertes Personal bereitet sich individuell und als Team auf die Bewältigung von Ereignissen vor. Je nach Unternehmensgrösse und Spezialisierungsgrad sind dies Vollzeitbeschäftigungen oder Nebenämter, welche durch geeignete Personen besetzt werden.

KMUs haben hiermit aber zwei Probleme: Einerseits die bereits erwähnten limitierten Ressourcen, welches es erschweren, solche temporären Gremien zu bilden. Andererseits sind es die Linienchefs und -chefinnen in KMU, welche durch zusätzliche Aufgaben in Krisenstäben häufig einer enormen Doppelbelastung ausgesetzt sind, weil sie gleichzeitig ihre eigentlichen Funktionen weiter erfüllen müssen[6]. Zusammen mit der oben bereits festgehaltenen Bemerkung, dass es in der Natur von Krisen liegt, Führungspersonen ohnehin mehr zu belasten, sind das also keine günstigen Voraussetzungen. Überlastete Linienchefs oder andere, durch Stress ausgelösten Hindernisse für die Effektivität dieser Führungspersonen sind das letzte, was KMU in einer Krise brauchen können.

Es gibt zwei wesentliche Ansätze, welche uns aber mögliche Lösungen anbieten: Erstens hilft es, die Linienchefs und -chefinnen von dieser Überlastung zu entbinden. Das geschieht in erster Linie, indem möglichst viele Kompetenzen nach «unten» delegiert werden. Hier stossen wir dann auch auf Konzepte der Selbstorganisation. Zweitens, diese Kompetenzdelegation und die Umstellung in eine Art «Krisenmodus» im Allgemeinen gelingt dann besser, wenn ein Unternehmen auch in seinem «normalen Modus» möglichst nah an der Krisenorganisation ist. Je mehr eine Organisation für einen Krisenfall umgestellt werden muss, seien es Informationswege oder Entscheidungsstrukturen oder aber sogar organisationskulturelle Anpassungen, desto schwieriger oder sogar unmöglich wird es. Die Fähigkeit, sich an veränderte Umweltbedingungen anpassen zu können, kann für KMU ein zentrales Erfolgskriterium sein.

Die folgenden Abschnitte befassen sich also mit diesen Lösungsansätzen und beschreiben Möglichkeiten aber durchaus auch Limiten für KMU.

Selbstorganisation ist nicht die Absenz von Führung

Das Prinzip der Selbstorganisation meint im Sinne der Organisationslehre eine Organisationsform, in der von klassischen Hierarchien Abstand genommen wird und den einzelnen Personen oder Teilorganisationen mehr Handlungsspielraum für die Gestaltung der eigenen Arbeit und der eigenen Interaktionen eingeräumt wird. Dies ist allgemein eine erfolgversprechende Philosophie, doch die Erfüllung dieser Versprechen in Krisen ist damit nicht automatisch gegeben. Wir wollen uns im Folgenden auf diese, in Krisenzeiten besonders relevanten Versprechen fokussieren[7]:

1. raschere Anpassungsfähigkeit auf veränderte Umweltbedingungen und Störungen;
2. weniger Reibung zwischen hierarchischen Ebenen;
3. weniger Kommunikationskosten.

Zunächst untersuchen wir, worin die Aufgaben der Führungspersonen liegen, damit eine Organisation diese Versprechen auch tatsächlich einlösen kann.

Die raschere Anpassungsfähigkeit gelingt dann, wenn möglichst viele Kompetenzen möglichst weit nach unten delegiert werden. Je selbständiger eine Organisationsebene oder eine Person eigene Probleme selber lösen darf und kann, desto schneller und agiler wird eine Organisation[8]. Diese Delegation von Kompetenz funktioniert aber nur dann, wenn diese unterstellten Ebenen tatsächlich über die Möglichkeit verfügen, die Probleme zu lösen. Wenn ich der Philosophie der «Führung mit Zielvorgaben» auch im Tagesgeschäft folge, es also Teil der Organisationskultur ist, dann gelingt das besser. Das «was» wird vorgegeben im Sinne eines Zieles oder eines Endzustands, das «wie» überlassen Führungspersonen aber der ausführenden Person. Das schafft nicht nur Handlungsfreiheit, sondern auch Motivation und generiert nicht zuletzt häufig bessere Lösungen, weil nämlich die mit dem Problem konfrontierte Person auch eine eigene und damit zweckmässige Lösung entwickeln kann. Dafür brauchen diese Personen unter anderem Informationen (welche entsprechend auch weitergegeben werden müssen), sie brauchen zudem bestimmte Fähigkeiten (welche durch Personalselektion und -ausbildung erreicht werden können) und sie brauchen Vertrauen.

Vertrauen entsteht kaum durch hehre Leitbilder und Visionen, sondern vor allem im persönlichen Kontakt. Fehler müssen erlaubt sein, natürlich, aber gleichzeitig muss der Zugang zueinander zwischen den verschiedenen Führungsebenen und horizontal zwischen Abteilungen auch persönlich gegeben sein. Dieses Vertrauen schafft man beispielsweise mit gegenseitigen Arbeitsaustauschen, Anlässen, Stages und allen anderen Massnahmen welche dazu führen, dass persönliche Beziehungen aufgebaut und andere Sichtweisen angeeignet werden können. Es hilft, wenn die Fertigung die Probleme der Logistik versteht und der Verkauf weiss, warum Personalprozesse aufwändiger sind als sie scheinen. Vertrauen ist nicht das Resultat von Zufall und von glücklichen Personalkonstellationen, sondern von gezielter Führungsarbeit. Selbstorganisation geschieht also nicht als Resultat von zurückgezogenen Führungskräften, sondern sie gelingt vor allem dann, wenn diese die Voraussetzungen für das Gelingen schaffen – mit Massnahmen, um sich gegenseitig besser kennenzulernen und um die Arbeitsfelder der jeweiligen Gegenüber besser zu verstehen.

Weniger Reibung zwischen den Hierarchieebenen ist auch kein Automatismus. Beim Abbau von Hierarchien ist es insbesondere zentral, dass Mechanismen für die Konfliktlösung geplant sind. Abbau von Hierarchien und damit Regelwerken funktioniert nicht, indem sich Führungspersonen zurückziehen.

Es funktioniert nur, wenn Führungspersonen einerseits anwesend und verfügbar sind, um als Moderatoren und Konfliktlöser aufzutreten, und andererseits nur, wenn die Konfliktlösung prozedural auf soliden Füssen steht. Wenn ich erwarte, dass ein Team in meiner Organisation selber Entscheidungen trifft und wenn ich weiter erwarte, dass es nicht zu allen Fragen Rücksprache mit mir nimmt, dann muss ich Mechanismen für den Fall vorsehen, wenn das Team etwas macht, was nicht in meinem Sinne ist, oder wenn die getroffene Entscheidung in anderen Teams negative Effekte entfaltet. Die Mitarbeiterinnen und Mitarbeiter können mit weniger starken Hierarchien auch Probleme weniger gut oder gar nicht eskalieren oder delegieren. Also müssen sie über andere Konfliktlösungsmethoden verfügen. Dies kann geschehen mit Plattformen, welche das gegenseitige Ansprechen von Friktionen ermöglichen. Dies können Arbeitskreise zwischen den Teams oder quasi unabhängige gegenseitige Konfliktlösungsgremien sein. Gerade in Krisensituationen habe ich aber möglicherweise weder Zeit noch Musse für solch aufwändige Ideen. Die Frage stellt sich also automatisch, ob ich nicht für die Konfliktlösung eine quasi-konventionelle Struktur beibehalten möchte. Die Aufgabenfelder der Führungspersonen reduzieren, aber die Entscheidungskompetenz und damit die Möglichkeit zur Konfliktlösung beibehalten? Wir kommen weiter unten darauf zurück.

Selbstorganisation bedeutet häufig weniger Kommunikationskosten. Was sie nicht bedeutet, ist weniger Kommunikation. Die Reduktion der Kosten kommt daher, dass zentrale Instanzen wegfallen, über die kommuniziert werden muss. Weniger Dienstwege und weniger Wartezeit, bis Inhalte «freigegeben» oder «abgesegnet» werden. Schnellerer Austausch an die richtigen Adressen ist das Ziel. Die Annahme, dass weniger kommuniziert werden müsste, wäre eine fehlerhafte Folgerung. Insbesondere ein Kommunikationsinhalt gewinnt für die Führungspersonen an Wichtigkeit: die Orientierung.

Krisen sind unübersichtlich und komplex. Weitere Lageentwicklungen sowie Wirkung der getroffenen Massnahmen sind häufig unsicher. Eine zentrale Aufgabe für Führungspersonen in diesem Umfeld ist das Bieten von Orientierung, und zwar im doppelten Sinne: Erstens ist Orientierung richtungsweisend, also die Vermittlung einer gemeinsamen Vision oder eines erstrebenswerten Zieles, sodass allen Beteiligten klar ist, wie sie sich innerhalb der gesamten Situation auszurichten haben. Dies ist besonders bedeutsam, weil die Organisation von allen Beteiligten eigene Anteilnahme, eigene Entscheidungen und eigene Lösungsfindung erwartet und gelingt nur in sinnvollem Mass, wenn durch eine Orientierung ein Fernziel oder eine gemeinsame Absicht klar ist. Zweitens ist Orientierung eine Tätigkeit. Führungspersonen müssen orientieren. Sie müssen laufend und möglichst zeitverzugslos ihr Verständnis des Lagebildes und der anstehenden Aufgaben teilen. Nur was geteilt wird, kann umgesetzt werden und nur was geteilt wird, kann kritisiert werden. Je mehr Verantwortung ich delegieren möchte, desto wichtiger wird regelmässige und gegenseitige Orientierung.

Nicht «need to know» im Sinne der restriktiven Informationspolitik wie das häufig bei Behörden angewandt wird, sondern eben «need to share»[9]. Nur was geteilt wird, entfaltet Wirkung.

Konzepte der Selbstorganisation für die Bewältigung von Krisen sind daher erfolgsversprechend, aber nur innerhalb gewisser Limiten. Führungspersonen werden dabei nicht von ihren Aufgaben entbunden, sondern haben insbesondere diese drei Hauptaufgaben: Erstens Vertrauen geben und schaffen, zweitens entscheiden und damit Konflikte lösen und vorbeugen und drittens Informationen verbreiten und orientieren.

Krisenstäbe

Neben diesen Aufgaben für die Führungspersonen gilt es noch auf die Krisenstäbe einzugehen, ein Instrument welches sich in vielerlei Organisationen immer wieder bewährt hat[10].

Stäbe bezeichnen im klassischen Sinne Organisationseinheiten, welche nicht direkt in der Linie sind, sondern Querschnittsaufgaben in der jeweiligen Organisation wahrnehmen. Für Hardliner entsprechen sie natürlich nicht den Grundsätzen der Selbstorganisation, sie sind ja schliesslich organisatorisch und prozedural vorgegeben. Im Sinne der oben beschriebenen Herausforderungen decken sie aber eine Vielzahl davon ab, deshalb sind sie – gerade in der Spezialform der Krisenstäbe – durchaus eine Form von Best Practice der Krisenbewältigung. Die Gründe dafür sind diese:

1. Stäbe bereiten Entschlüsse vor (entwickeln Handlungsoptionen und bewerten diese) und setzen diese Entschlüsse um (Feinkonzepte und Implementierungsplanung). Damit trennen sie die vorbereitenden Arbeiten von der Entscheidungsfindung und lösen mehrere der oben genannten Probleme. Die Führungspersonen in der Linie können auf von anderen Personen gemachten Fachanalysen basierende solide Entscheidungen treffen, sie können Konflikte lösen und orientieren, und trotzdem werden die Führungspersonen von Arbeitslast bei Analyse und Umsetzung entbunden.
2. Funktionierende Krisenstäbe sind interdisziplinär. Sie durchbrechen damit automatisch bestehende organisatorische Silos, weil die Stabsmitarbeiter und -mitarbeiterinnen ihre jeweiligen Fachgebiete personell und inhaltlich vertreten. Der HR-Chef redet so mit der Leiterin der Informatik und die Kommunikationsstelle mit der Fertigung. Ideale Voraussetzungen für geteilte Informationen.
3. Stäbe arbeiten mit klaren Prozessen und dafür je nach Situation massgeschneidert zusammengestelltem Personal. Nicht in jeder Situation brauche ich dieselben Spezialisten und Spezialistinnen. Klare Prozesse dienen dazu,

> mit immer wechselndem Personal arbeiten zu können und ich kann diese Personen entlang dieser Prozesse auch auf ihre Stabstätigkeiten vorbereiten, und sie darin schulen. Idealerweise kann ich diese Prozesse sogar so ansetzen, dass sie auch im Tagesgeschäft in angelehnter Form benutzt werden.

Organisationen, welche häufig damit konfrontiert sind, komplexe Probleme zu lösen, arbeiten darum standardmässig mit Stäben mit strukturierten Prozessen. Wir finden darum Stäbe bei der Regierungsführung, in Streitkräften und bei humanitären Organisationen. KMU tun gut daran, auch mit Krisenstäben durch Krisensituationen zu navigieren. Die erwähnten Vorteile liegen auf der Hand.

Für das eingangs erwähnte Ressourcenproblem und damit die Fragestellung, wie bei begrenzten personellen und zeitlichen Möglichkeiten solche Gremien überhaupt gebildet und trainiert werden können, haben verschiedene Organisationen eine Lösung gefunden. In der Schweiz ist die Mittelland Transport AG mit ihrer Lösung bestens dokumentiert[11]. Die Mittelland Transport AG bewältigt Ereignisse und Krisen mit einem Stab, welcher sich ebenfalls im Tagesgeschäft sowohl in Struktur als auch Abläufen an mögliche Krisenstrukturen anlehnt. Abläufe und Produkte sind klar, Mitarbeiter und Mitarbeiterinnen durch die tägliche Arbeit geschult und die Umstellung auf einen «Krisenmodus» ist eine verhältnismässig einfache Angelegenheit.

Krisenstäbe sind keine Resultate von Selbstorganisation, weil ihre Strukturen gegeben sind, was dem Zeitdruck der Krisensituationen geschuldet ist. Aber echte interdisziplinäre Stäbe erreichen viele der erwünschten Effekte von Selbstorganisation und können viele der kulturellen Stärken von selbstorganisierten Kollektiven entfalten. Es liegt an den einzelnen Organisationen, zu entscheiden, inwiefern man das Tagesgeschäft an solchen Strukturen ausrichten kann.

Fazit für KMU

KMU haben limitierte Ressourcen, insbesondere limitierte Reserven. Sogar wenn es unrealistisch scheint, mit diesen limitierten Ressourcen vollständig selbstorganisierte Krisenbewältigung zu betreiben, so gibt es doch einzelne Punkte, welche relativ einfach umzusetzen sind und die sich an diversen Orten in der Praxis bereits bewähren:

Erstens, das angewandte und damit trainierte Arbeiten mit Stäben, welche sich dann relativ einfach in Krisenstäbe umwandeln lassen. Dies bedeutet, mit allen wesentlichen Fachspezialisten und Fachspezialistinnen ein interdisziplinäres Gremium zu bilden, um Entscheide für die Linien vorzubereiten – also Handlungsoptionen zu kreieren und zu bewerten – und die getroffenen Entscheide dann zu implementieren. Die konsequente Trennung von Vorbereitung und Entscheidung kann auch im Tagesgeschäft betrieben werden und führt üblicherweise auch ausserhalb von Krisen zu besseren Resultaten, da das Silodenken überwunden werden kann. Die Anwendung im Tagesgeschäft schlussendlich ist für KMU die effizienteste Form des Stabstrainings mit nur geringen initialen Zusatzkosten.

Zweitens, das Ermutigen und auf keinen Fall verhindern von freier Kommunikation. Freie Kommunikation zwischen Organisationseinheiten soll nicht kritisiert werden. Technische und organisatorische Massnahmen, beispielsweise gemeinsame Büros, gemeinsame Anlässe, Stages oder Austäusche schaffen die Voraussetzungen, damit das überhaupt stattfinden kann.

Drittens, auf allen Stufen konsequente und permanente Orientierungen. Wenn die Führungspersonen möglichst viele Informationen aktiv weitergeben oder sonst zur Verfügung stellen, schaffen sie Orientierung, damit sich alle Mitarbeiter und Mitarbeiterinnen innerhalb dieses Gesamtrahmens ausrichten können. Damit schaffen Führungspersonen Klarheit über das «was» und lassen das «wie» offen, was wiederum zu besseren Entscheidungen der Beteiligten führt und die Motivation erhöht.

Viertens, der Verzicht auf Phrasen und unklare Begriffe. Worte ohne Inhalt nützen auch im Tagesgeschäft nicht. Wenn ich stetig darauf hinwirken kann, dass kürzere Aussagen wertvoller und Worthülsen kontraproduktiv sind, dann schaffe ich die Voraussetzungen, um mit Klarheit und weniger Verzettelung durch die Krise zu navigieren.

Die Umsetzung ist nicht kompliziert, aber passiert nicht von selbst. Sie lohnt sich aber auch im Tagesgeschäft. Denn die nächste Krisensituation wird kommen, egal in welcher Branche oder in welchem Unternehmen.

Anmerkungen

1. Vgl. auch Ausführungen über den «Treibsand» der Definitionen (Jaques, 2009)
2. Vgl. auch die Herkunft des Zitats und die Rechtfertigung der juristisch belastbaren Nutzung vor Gerichten (Gewirtz, 1995)
3. Vgl. auch Artikel zu Worthülsen (Grimm, 2021; Töpfer & Fischer, 2022) und zur Wichtigkeit von präziser Sprache («Language Matters in a Pandemic», 2020; Pinker, 2014)
4. Vgl. auch Definitionen und Charakteristiken (Al-Dahash, Menaha, & Udayangani, 2016; Wegmann, 2021)
5. Vgl. auch die aktuellsten Werte (BFS, 2022)
6. Vgl. auch Artikel zu Krisenstäben in KMUs (Schärrer & Wegmann, 2021; Sharma, 2020)
7. Vgl. auch diverse Literatur zum Thema (Gazizulina, Eskina, Vasilieva, & Valeeva, 2017; Gloger & Rösner, 2022; Griffin, 2001; von Foerster, 1984)
8. Vgl. auch wie General (ret.) McChrystal mit der Komplexität innerhalb der US-Streitkräfte umging (McChrystal, Silverman, Collins, & Fussell, 2015)
9. Vgl auch Gedanken zur Teambildung und «need to share» bei (Blaber, 2010)
10. Vgl auch (Wegmann & Schärrer, 2020)
11. Vgl. auch das beschriebene Fallbeispiel (auf Englisch) bei (Schärrer & Wegmann, 2021)

Referenzen und Quellen

Al-Dahash, H., Menaha, T., & Udayangani, K. (2016). Understanding the terminologies: Disaster, crisis and emergency. Proceedings of the 32nd Annual ARCOM Conference, ARCOM. London, UK: London South Bank University.

BFS. (2022). Kleine und mittlere Unternehmen. Neuenburg, CHE.

Blaber, P. (2010). The Mission, The Men, and Me. Boston, MA: Dutton Caliber.

Gazizulina, A., Eskina, E., Vasilieva, I., & Valeeva, O. (2017). The reasons for the increase in self-organization in companies. International Journal of Reliability, Quality and Safety Engineering, 24(6).

Gewirtz, P. (1995). On «I know it when I see it». Yale Law Journal, 105(4), 1023–1047.

Gloger, B., & Rösner, D. (2022). Selbstorganisation braucht Führung: Die einfachen Geheimnisse agilen Managements. Carl Hanser Verlag GmbH & Co. KG.

Griffin, D. (2001). The Emergence of Leadership: Linking Self-Organization and Ethics (Complexity and Emergence in Organisations). Milton Park, UK: Routledge.

Grimm, I. (2021, February 4). Die ewige Lockdownlitanei: Das sind die sieben anstrengendsten Corona-Floskeln. RedaktionsNetzwerk Deutschland. Retrieved from https://www.rnd.de/kultur/corona-floskeln-ein-kritischer-blick-auf-das-krisenvokabular-PNSYHLGKTFBDDI4LZ6MA-SOW3TI.html

Jaques, T. (2009). Issue and crisis management: Quicksand in the definitional landscape. Public Relations Review, 35(3), 280–286.

Language matters in a pandemic. (2020). Nature Microbiology, 5, 1309–1310.

McChrystal, S., Silverman, D., Collins, T., & Fussell, C. (2015). Team of Teams. New York: Penguin.

Pinker, S. (2014). The Sense of Style: The Thinking Person's Guide to Writing in the 21st Century. New York, NY: Viking.

Schärrer, L., & Wegmann, R. M. (2021). Task Forces as Silver Bullets for Crisis Management: A Case Study of an SME During COVID-19. In E. Al-Aali & M. Masmoudi (Eds.), Global Perspectives on Change Management and Leadership in the Post-COVID-19 Era (p. 374). IGI Global.

Sharma, N. (2020). COVID-19: Challenges and Opportunities for Small and Medium Enterprises (SMEs). SSRN 3650473.

Töpfer, C., & Fischer, A. T. (2022). Begriffe aus der Bürosprache und ihre Übersetzung. Retrieved March 14, 2023, from Channel Partner website: https://www.channelpartner.de/a/begriffe-aus-der-buerosprache-und-ihre-uebersetzung,298228

von Foerster, H. (1984). Principles of Self-Organization - In a Socio-Managerial Context. In Self-organization and management of social systems (pp. 2–24).

Wegmann, R. M. (2021). Disease, Disasters and Decisions – A Multi-Method Analysis of Temporary Response Organizations. Göttingen (GER): Cuvillier Verlag.

Wegmann, R. M., & Schärrer, L. (2020). Outpacing the pandemic? A factorial survey on decision speed of COVID-19 task forces. Journal of Organizational Effectiveness: People and Performance, 7(2), 191–202.

Prof. em. Dr. oec. Hans A. Wüthrich

Haltung entscheidet – Ohne Selbstmanagement keine Selbstorganisation!

Die organisationale Realität folgt eher der Graswurzelstrategie als dem Treibhausmodell. Das heisst, jede Organisation organisiert sich selbst und Mitarbeitende und Teams übernehmen oft Verantwortung in einem Ausmass, welches seitens der Führung und Organisation nicht intendiert ist. Wie gut Führungspersonen mit dieser sich selbst organisierenden Selbstorganisation umgehen können, ist eine Frage ihrer persönlichen Haltung. Der Text richtet sich an Unternehmer:innen und Führungskräfte, die sich fragen, mit welcher inneren Einstellung sie die Ausbildung passender und mehrwertstiftender Formen der autonomen[1] Selbstorganisation unterstützen und ermöglichen können. Entscheidend dabei ist die Haltung. Wirksam wird Selbstorganisation nur, wenn sich Führungskräfte vom Habitus der Ich-Zentrierung, der Deutungshoheit, der Omnikompetenz und des Erklärungseifers emanzipieren. Vorgestellt werden dazu geeignete Denk- und Reflexionsangebote.

Auf Blaupausen verzichten und mutig eigene Wege gehen

Beim Finden passender Formen von Selbstorganisation gilt es der Versuchung zu widerstehen, eines der trendigen Strukturkonzepte mit teilweise stark verregelten Kommunikationswegen, wie zum Beispiel Holokratie[2], Soziokratie[3], kollegiale Führung[4] oder Unboss-Organization[5] unkritisch zu kopieren. Normativität und Dogmatismus sind abzulehnen und jede Organisation ist gut beraten, auf experimenteller Basis den eigenen passenden Weg zu finden. Entscheidend dabei ist, mit welcher Haltung die Führung der Selbstorganisation gegenübersteht. Werden die ungenutzten Potenziale der Mitarbeitenden gesehen? Traut man ihnen zu, dass sie intrinsisch motiviert Gestaltungsspielräume verantwortungsvoll ausnutzen und sich selbst organisieren können? Ist man wirklich davon überzeugt, dass sich die Qualität unternehmerischer Entscheide durch die Nutzung der Intelligenz im Kollektiv verbessern lässt und ein hoher Grad an Selbstorganisation die Anpassungs- und Wandlungsfähigkeit einer Institution erhöht? Entscheidende Prämissen für das ergebnisoffene Experimentieren mit Ansätzen der Selbstorganisation.

Ausgeprägte Personenzentrierung hat auch dysfunktionale Effekte

Gerade im KMU-Umfeld sind es vielfach starke Persönlichkeiten, die als Gründer, Erfinder, Pacemaker und Investoren die Unternehmensentwicklung massgeblich prägen. Mit ihrer visionären Sicht, ihrem ausserordentlichen Engagement, ihrer risikofreudigen Haltung und ihrem pionierhaften Instinkt gelingt es ihnen oft, aussergewöhnliche unternehmerische Leistungen zu vollbringen. Nebst den vielfältigen positiven Wirkungen ergeben sich aus der starken Personenzentrierung – gerade im Kontext der Einführung von Ansätzen der Selbstorganisation – aber auch dysfunktionale Effekte. Viele dieser Persönlichkeiten leiden unter einer chronischen Überlast, sie unterliegen der Kaskade der Selbstausbeutung. Nicht primär der Narzissmus, sondern oft sind es die positiv konnotierten Persönlichkeitsmerkmale, die zum Raubbau an der eigenen Person und nicht selten auch zum Mikromanagement führen. Viele Unternehmer:innen und Führungskräfte zeichnen sich durch ein ausgeprägtes Pflichtgefühl, ein hohes Verantwortungsbewusstsein und einen ehrgeizigen Eigenanspruch aus. Sie identifizieren sich

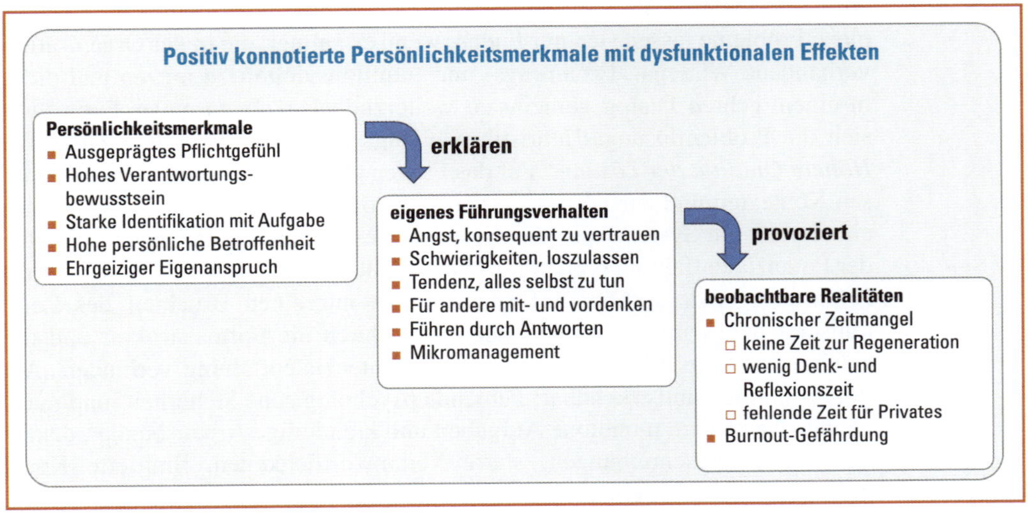

▲ Abb. 1 Kaskade der Selbstausbeutung

stark mit ihrer Organisation, der Aufgabe und Funktion und denken gerne für andere mit und vor. Diese Eigenschaften wiederum führen dazu, dass Loslassen, Delegieren und Vertrauen schwerfallen. Es besteht die Gefahr, dass die Führungskraft selbst zum Nadelöhr der Organisation wird. Als Ergebnis resultiert eine permanente Überlast, fehlende Zeit für Privates, Beziehungen und das kreative (Weiter-)Denken.

Gerade für KMU-Unternehmer:innen und Führungskräfte sind deshalb die nachfolgenden **Reflexionsfragen** lohnend:

1. *Wie stark unterliege ich als Führungskraft der Kaskade der Selbstausbeutung und welches sind dysfunktionale, die Selbstorganisationsfähigkeit blockierende Nebeneffekte meines Handelns?*
   Je stärker Führungskräfte für andere mit- und vordenken, je weniger sie bereit sind zu delegieren und loszulassen, desto geringer ist die Wahrscheinlichkeit, dass Mitarbeitende ihre Potenziale einbringen, Eigenverantwortung übernehmen und die Intelligenz im Kollektiv nutzbar wird. Dieses Führungsverhalten führt in der Tendenz zu einer «Entantwortlichung» und fördert bei den Mitarbeitenden eine Haltung der Problemrückdelegation. Für Mitarbeitende kann es bequem und einfach sein, wenn sie Vorgesetzte haben, die ihnen ihre Probleme lösen und auf alle Fragen Antworten geben. Mit diesem Verhalten kultiviert Führung ungewollt ein Umfeld der Fremdbestimmtheit und Fremdverantwortung statt der Selbstorganisation und Eigenverantwortung.
2. *Wo ist die Hebelwirkung der eigenen (Führungs-)Zeit am grössten?*
   Der Überlast ausgesetzt, stellt sich für Führungskräfte immer wieder die Frage nach einer sinnvollen Priorisierung des eigenen Zeit- und Ressourceneinsatzes. Im Kontext der Selbstorganisation bildet die Nutzung der dezentralen Intelligenz eine zentrale Gelingensvoraussetzung. Passende Lösungen für komplexe Probleme lassen sich nur finden, wenn es gelingt, die in der Organisation vorhandene Wissens-, Erfahrungs- und Intuitionsvielfalt zu nutzen und diese in einem echten Dialog gemeinsam weiterzudenken. In formaler Form lässt sich die Problemlösungs-Heuristik wie folgt darstellen: *Vielfalt × Dialog = Höhere Qualität der Lösung.*[6] Für das Finden passender Lösungen in ungewissen Kontexten und zur Förderung der Selbstorganisationsfähigkeit ist deshalb eine Arbeit am System, also das Gestalten des Kontexts und von einer Kultur der Potenzialentfaltung ergiebig. Denn Verhältnisse bestimmen das Verhalten.[7]
   Erfahrungsgemäss schöpfen Organisationen nur einen Bruchteil des Leistungspotenzials ihrer Mitarbeitenden aus. Durch die Formalstruktur und die gelebte Führungskultur wird nicht selten Potenzialentfaltung verhindert. Als Potenzialkiller sind erkennbar: Fehlende psychologische Sicherheit[8] und mangelndes Vertrauen, monotone Aufgaben und kleinteilige Arbeitsbündel, detaillierte Stellenbeschreibungen, starre Verantwortlichkeiten, limitierte Kompetenzen, wenig Möglichkeiten für den internen und externen Austausch etc.

Als zentrale Treiber für die Potenzialentfaltung erweisen sich Sinn, Autonomie, Selbstwirksamkeit und Zugehörigkeit. Wer sein Tun als sinnvoll erlebt, bei der Aufgabenerfüllung über Gestaltungsfreiräume verfügt oder durch die Erfüllung der Aufgabe das Gefühl empfindet, Teil eines grösseren Ganzen zu sein, wird sein Leistungspotenzial abrufen und einbringen. Für die Potenzialentfaltung ist der nachfolgende Wirkmechanismus zentral: *Vertrauen und Zutrauen bilden die Basis für das eigene Loslassen.* Wenn ich als Führungskraft loslasse, können Mitarbeitende ihr Leistungsvermögen ausleben. Dadurch werden die dezentralen Potenziale sichtbar und die Führung erhält die Möglichkeit, Mehrwert und Mächtigkeit von Drittintelligenz zu erleben. Bevormundung und Misstrauen jedoch verhindern die Potenzialentfaltung.

3. *Woran lohnt die Arbeit, welches sind für mich als Führungskraft die zu entwickelnden, sensitiven Selbstmanagement-Kompetenzen?*
   Wollen Organisationen die Möglichkeiten der Selbstorganisation ausschöpfen, müssen sie die dezentrale Intelligenz nutzen, von einem positiven und mündigen Menschenbild ausgehen und unterstellen, dass die Mehrheit der Angestellten bereit ist, Verantwortung zu übernehmen. Es gilt also, Mitarbeitende tendenziell zu über- statt fortwährend zu unterschätzen.[9] Ansätze der Selbstorganisation stellen das heroische und machtbasierte Rollenbild von Führung in Frage, bedingen die Bereitschaft, der kontrollorientierten Steuerung zu entsagen sowie den Mut zur konsequenten Delegation und Involvierung. Gelingensvoraussetzungen, die hohe Ansprüche an die Haltungsdisposition von unternehmerischen Führungskräften stellen. Gerade für sie als starke Persönlichkeiten ist deshalb eine bewusste Arbeit an der eigenen Haltung erforderlich. Zu entwickeln gilt es eine Form der inneren Souveränität, die es erlaubt, sich vom Habitus der Ich-Zentrierung, der Deutungshoheit, der Omnikompetenz und des Erklärungseifers zu befreien. Gefordert ist eine spezielle Qualität der **intellektuellen Bescheidenheit.**

Bescheidenheit wagen – Nukleus der Selbstmanagement-Kompetenzen

Es beginnt bei mir als Führungskraft! Selbstorganisation in KMU wird nur gelingen, wenn die Führungspersönlichkeiten bereit sind, ihre Haltung auf den Prüfstand zu stellen und gegebenenfalls zu (ver)ändern. Selbstorganisation zulassen und die intrinsische Motivation zu nutzen, erfordert den Mut zur Bescheidenheit. Fünf bedeutsame Haltungsdispositionen lassen sich erkennen, die es zu entwickeln lohnt: *Nicht-Rechthaben müssen, Vielfalt als Mehrwert begreifen, gemeinsam klüger werden, Nichtwissen eingestehen und sich experimentell annähern.* Haltungsmuster, die teilweise im Widerspruch zu den Erwartungen stehen, die Dritte an Führungspersönlichkeiten stellen. Ihnen wird eine entsprechende Fachexpertise zugemutet und von ihnen werden dezidierte Antworten auf offene Fragen erwartet sowie klare orientierungs- und sicherheitsgebende Entscheide und Anweisungen. Die postulierten Bescheidenheitsformen sind also eher unvertraut und es gilt deshalb, ein Vertrauen in das Unvertraute zu entwickeln. Dies kann nur durch Handeln gelingen. Hilfreich dabei sind eigene, das Vertrauen in das Unvertraute stärkende konkrete Erfahrungen. Idealerweise in der Form persönlicher Erlebnisse, die die Mächtigkeit des Unvertrauten emotional erlebbar machen. Nur das Erfahrbare kann helfen, Zutrauen in das Fremdartige zu gewinnen und die grundlegende Sicherheit und Souveränität in die postulierte Bescheidenheit zu erlangen.

Im Einzelnen lassen sich die Haltungsdispositionen wie folgt veranschaulichen:[10]

Nicht Rechthaben müssen

Rechthaberische Welterklärende finden wir nicht nur in der Wirtschaft, und Rechthaben wirkt wie ein Selbstwert-Booster.[11] Welterklärende setzen oft das Überzeugt-sein von der persönlichen Meinung mit dem Anspruch auf Richtigkeit des eigenen Standpunktes gleich. Sie reden nicht, sondern verkünden und verlautbaren. Mit dem Recht-haben-Müssen ist tendenziell auch eine Dehumanisierung und Abwertung Andersdenkender verbunden.[12] Das Beobachtbare darf uns nicht überraschen, es hat seine Logik. Erziehung und Bildung zielen auf die Befähigung zur eigenständigen Meinung. Verbunden mit diesem angelernten Anspruch, individuelle Ansichten leidenschaftlich zu vertreten, ist auch die Ambition, Recht haben zu müssen. Das Kritische am Recht-haben-Müssen ist: Je ausgeprägter und rechthaberischer der Meinungswettbewerb geführt wird, desto stärker befinden wir uns in der Differenzlogik. Das heisst, wir versuchen uns mit unseren Aussagen von den Standpunkten anderer zu differenzieren, abzugrenzen und abzuheben. Wir operieren im Replik- und Duplik-Modus. Polarisierungen und Verhärtungen sind die Folge und das Verbindende, Integrative bleibt auf der Strecke. Der Mehrwert der Perspektivenvielfalt wird nicht erkannt, und ein gemeinsames Ringen um bessere Lösungen findet nicht statt. Für gelingende Selbstorganisationsprozesse ein No-Go.

Nicht Rechthaben zu müssen erfordert gerade von Führungspersönlichkeiten eine besondere Form der Souveränität und gelebter Demut: Ich verzichte auf das Abgrenzende und Polarisierende als Mittel für den Kompetenznachweis und zur Markierung eigener Deutungshoheit. Ich begegne Dritten mit wertschätzender Empathie, Achtsamkeit und auf Augenhöhe und bemühe mich um ein faires Miteinander. Ich kommuniziere in der Haltung eines Lernenden und bin nicht bloss tolerant, sondern differenzzugewandt.

Im Sinn einer Arbeit an der eigenen Haltung bin ich gewillt, das eigene Ego zu disziplinieren, dem missionarischen Erklärungseifer zu widerstehen und die

Ideenwelt des Gegenübers ernst zu nehmen und durch dialogisches (Weiter-)Denken etwas Neues, über das Selbstangedachte Hinausgehende entstehen zu lassen. Ich setze mich dem Risiko aus, durch den Dialog klüger zu werden.[13]

Vielfalt als Mehrwert begreifen

Die an einer Problemlösung beteiligten Personen repräsentieren mit ihrer Individualität (Persönlichkeits- und Gendervielfalt), ihrem Ausbildungshintergrund, ihren Sichtprämissen (Fähigkeits-, Fertigkeits-, Wissens-, Erfahrungsvielfalt und Denkdiversität) und ihren einzigartigen Lebensbiografien (kulturelle, ethnische und haltungsbezogene Vielfalt) die so wertvolle Varietät und Multiperspektivität. Das Zulassen von Vielfalt jedoch ist anstrengend. Primär erhöht wird die Komplexität und Diversität alleine garantiert noch keine bessere Problemlösung. Eine performantere Lösungsqualität kann nur entstehen, wenn alle an einer Problemlösung Beteiligten bereit sind, die verschiedenen Sichtweisen als Bereicherung zu sehen und diese im Dialog zu einer passenden Lösung zu verdichten.

Vielfalt als Mehrwert zu begreifen, bedingt eine gelebte Bescheidenheit: Als Verantwortungsträger:in bin ich bereit, die Pluralität der Anschauungen zu billigen, die abweichenden Wirklichkeitskonstrukte nicht als Bedrohung, sondern als Bereicherung zu verstehen, sie wertzuschätzen und als gleichberechtigt anzuerkennen. Ich bin fähig, die eigene Weltsicht nicht als Referenz zu verstehen und ohne Anspruch auf Allgemeingültigkeit meine Sicht der Realität als eine unter vielen zu verstehen und diese auch anderen zur Verfügung zu stellen.

Im Sinne einer Arbeit an der eigenen Haltung widerstehe ich in Interaktionen dem Reflex, die eigene Wirklichkeit als Referenz zu sehen. Ich halte die Spannungen des Andersseins aus und fokussiere meine Energie und Aufmerksamkeit auf das Verstehen derjenigen Blickwinkel, Sichtweisen und Argumente, die im Widerspruch zur eigenen Gewissheit stehen. In diesen alternativen Sichthypothesen erkenne und nutze ich das Potenzial für neue Erkenntnisse und Lösungszugänge.

Nichtwissen eingestehen

In der Akzeptanz und im Aushalten von Nichtwissen tut sich unsere Wissensgesellschaft schwer. Mit dem Anerkennen von Unwissen droht die Gefahr, Ansehen, Status und allenfalls auch Glaubwürdigkeit zu verlieren. Das Eingestehen des eigenen Nichtwissens stellt insbesondere für Führungskräfte eine Herausforderung dar. Auch das uns alle prägende Bildungssystem ist auf den Wissenserwerb ausgelegt. Kaum geschult sind wir in der Kenntnis der eigenen Unkenntnis und im intelligenten Umgang mit dem Nichtwissen. Sich des Nichtwissens bewusst zu sein, wirkt stark haltungsprägend und erleichtert das Zulassen sich selbst organisierender Prozesse.

Nichtwissen eingestehen erfordert eine gelebte Bescheidenheit: Ich anerkenne, dass die Mehrzahl der wirklich relevanten Fragen prinzipiell unbeantwortbar und Zweifel wichtiger als mutmassliche Fakten sind. Ich akzeptiere Unwissen und das unbekannte Unbekannte[14] und die eigene Unkenntnis als Realität und erkenne das grosse Delta zwischen dem, was ich glaube zu wissen, und dem, was ich wirklich weiss. Ich bin mir bewusst, dass uns das umfassende Wissen über die systemischen Zusammenhänge in dieser Welt nicht zugänglich ist.

Im Sinn einer Arbeit an der eigenen Haltung bin ich bereit, Inkompetenz nicht mit Selbstbewusstsein zu kompensieren, die eigene Fehlbarkeit anzunehmen und zur Prävention vor Selbstüberschätzung zu nutzen. Ich misstraue vereinfachenden Interpretationen und ich bin in der Lage, durch die Unterstellung des Nichtwissens Fragen offenzulassen und mannigfaltige Deutungen zuzulassen. Dank der Akzeptanz eines unvollständigen Wissens kann ich ehrlich mit mir selbst sein, authentisch handeln und mich verletzbar zeigen. In Dialogen traue ich mich zu sagen, «ich weiss es nicht». Die beste Prävention gegen die Selbstüberschätzung ist das Wissen, wie man mit Unwissen umgeht.

Sich experimentell annähern

Wir leben in einer hochvernetzten und stark rückgekoppelten Welt. Alles was wir tun oder nicht tun, hat Auswirkungen auf das Ganze. Deshalb ist es wichtiger, das Problem zu erkennen als die Lösung zu finden, denn erst die Darstellung des Problems führt zur Lösung. Offensichtlich verhalten wir uns oft entgegengesetzt. Nur kurze Zeit, wenn überhaupt, beschäftigen wir uns mit dem Verstehen des Problems und der vernetzten Zusammenhänge. Gerade Führungskräfte neigen dazu, sich schnell der erfahrungsgeleiteten Lösungsfindung zuzuwenden. Und diese erweist sich nicht selten als das eigentliche Problem. Weshalb aber gelingt es uns nur selten, das Problem, auf das die Lösung eine Antwort geben soll, überhaupt zu erkennen? Selbst mit grossem analytischem Aufwand sind wir bei anspruchsvollen Problemstellungen nie in der Lage, die Ursachen-Wirkungs-Zusammenhänge allesamt zu verstehen und zu beschreiben. Im Bewusstsein, dass sich die systemischen Logiken nie vollständig analytisch offenlegen lassen, bleibt als einzige Alternative die experimentelle Annäherung, um handelnd ins Verstehen zu kommen.

Sich experimentell annähern und emporirren bedingt eine Haltung der Bescheidenheit: Ich befreie mich von trivialisierenden Interpretationen und akzeptiere die Kontingenz, Mehrdeutigkeit und die rückgekoppelte Eigendynamik von Systemen. Ich konzentriere mich auf das Verstehen und widerstehe dem Reflex, unter Rückgriff auf die eigene Erfahrungswelt sofort Lösungen postulieren und vertreten zu müssen. Ich erkenne, dass gerade im Kontext zunehmender Unsicherheit der Wert von Erfahrung abnimmt und explorative Experimente den alternativlosen Zugang für das Verstehen der oft verborgenen Zusammenhänge darstellen.

Im Sinn einer Arbeit an der eigenen Haltung kapituliere ich nicht vor der Komplexität, sondern fokussiere die Aufmerksamkeit auf das sukzessive Erkennen und Verstehen der kontextbezogenen Zusammenhänge. Dabei orientiere ich mich am Faktum, dass Systeme ihre Geheimnisse nur offenlegen, wenn wir sie durch konkretes Handeln dazu verleiten. Das heisst, ich interveniere, lasse mich von einer experimentell-erkundenden Haltung leiten und komme dadurch handelnd ins Verstehen. Ich wage Safe-to-fail-Experimente, um verborgene Zusammenhänge aufzudecken. Dem vordergründig Plausiblen misstraue ich.

Intellektuelle Bescheidenheit – das unbescheidene Postulat

Das Gelingen von Selbstorganisation hängt massgeblich von der Haltungsdisposition der Führungskräfte ab. Je ausgeprägter deren intellektuelle Bescheidenheit, desto einfacher wird das Vertrauen in die Urteilskraft und die Mündigkeit der Mitarbeitenden, das mutige Loslassen und konsequente Involvieren sowie die Zuversicht, dass sich durch die Nutzung der Intelligenz im Kollektiv bessere Entscheidungen finden lassen: Zentrale Gelingensvoraussetzungen für das vorbehaltlose Testen eines allfälligen Mehrwerts selbstorganisierter Prozesse und das Finden einer für die Organisation passenden Lösung. Die idealtypische Form der Selbstorganisation bleibt eine diffuse und nicht erreichbare Utopie, die aber in eine Richtung weist, in der es lohnt weiterzudenken. Denn der Verzicht auf die Potenzialentfaltung und die konsequente Nutzung der dezentralen Intelligenz kann sich keine Institution leisten. Für die Potenzialentfaltung stellen Ansätze der Selbstorganisation den zentralen Treiber dar.

Ich bin mir bewusst, dass die adressierten Haltungsgrundsätze nicht für alle anschlussfähig sind und von vielen als weltfremd und naiv bewertet werden. Trotzdem bin ich überzeugt, dass wir alle gut beraten sind, durch eine bewusste Reflexion und Selbst-Bildung immer wieder an den uns lenkenden Haltungsmustern zu arbeiten. Diese Bemühung stellt eine äusserst anspruchsvolle Aufgabe dar, die bei einem selbst beginnt, einem aber gleichzeitig auch zu überfordern droht. Aufgrund der bisherigen Ausführungen hoffe ich, dass Sie als Leserin oder Leser den eigenen Beitrag zum Gelingen der autonomen Selbstorganisation mit anderen Augen sehen und die Neigung verspüren, die individuellen Denk- und Haltungsprämissen in Frage zu stellen und die persönliche Haltung in Richtung der postulierten intellektuellen Bescheidenheit zu entwickeln. Eine lohnende, mit Sicherheit aber auch fordernde Aufgabe.

Anmerkungen

1. Im wissenschaftlichen Diskurs wird zwischen autogener und autonomer Selbstorganisation unterschieden. Die autogene Selbstorganisation ist nicht absichtlich herbeigeführt, wird also nicht im Sinne einer Planung von einzelnen Personen in der Organisation initiiert. Sie steckt in unseren Genen. Die autonome Selbstorganisation ist absichtlich. Sie geschieht von den Organisierten selbst und ist dabei selbstbestimmt. Die Organisationsmitglieder bekommen einen angemessenen Handlungsspielraum innerhalb dessen sie an der Ordnung mitwirken, die sie selbst betrifft. Vgl. Göbel, E.: Theorie und Gestaltung der Selbstorganisation, Berlin 1998, S. 102
2. Robertson, B.J.: Holacracy: Ein revolutionäres Management-System für eine volatile Welt, München 2016
3. Strauch, B. | Reijmer, A.: Soziokratie: Kreisstrukturen als Organisationsprinzip zur Stärkung der Mitverantwortung des Einzelnen, München 2018
4. Oestereich, B. | Schröder, C.: Das kollegial geführte Unternehmen, Ideen und Praktiken für die agile Organisation von morgen, 1. Aufl., München 2017
5. Kolind, L. | Botter, J.: Unboss, Copenhagen, 2012
6. Wüthrich, H.A.: Manifest der intellektuellen Bescheidenheit – Problemlösung neu denken, Zürich/München 2022, S. 18
7. Matthiesen, K. | Muster, J. | Laudenbach, P.: Die Humanisierung der Organisation: Wie man dem Menschen gerecht wird, indem man den Grossteil seines Wesens ignoriert, München 2022, S. 87
8. Edmondson, A.C.: Die angstfreie Organisation – Wie Sie psychologische Sicherheit am Arbeitsplatz für mehr Entwicklung, Lernen und Innovation schaffen, München 2020
9. Wüthrich, H.A.: Capriccio – Ein Plädoyer für die ver-rückte und experimentelle Führung, Zürich/München 2020, S. 64
10. Nachfolgende Ausführungen sind teilweise entnommen aus: Wüthrich, H.A.: Manifest der intellektuellen Bescheidenheit – Problemlösung neu denken, Zürich/München 2022
11. Kastner, H.: Mächtige machen dumme Dinge, in: NZZ am Sonntag vom 06.02.22, S. 18
12. Brown, B.: Words, Actions, Dehumanization, and Accountability. https://brenebrown.com/podcast/ brene-on-words-actions-dehumanization-and-accountability/
13. Juul, J.: Pubertät – Wenn Erziehen nicht mehr geht, 6. Aufl., München 2011
14. Kaeser E.: Was sich dieser Tage als «Corona-Skepsis» äussert, ist grösstenteils nicht Skepsis, sondern Besserwisserei, Borniertheit und Misstrauen, in: NZZ vom 26.06.21, S. 54

Literaturempfehlung

Wüthrich, Hans A. (2022): Manifest der intellektuellen Bescheidenheit – Problemlösung neu denken, Versus, Zürich/München 2022.

Wüthrich, Hans A. (2020): Capriccio – Ein Plädoyer für die verrückte und experimentelle Führung, Versus, Zürich/München 2020.

Modelle und Methoden der Selbstorganisation

Barbara Küchler und
André Wermelinger

Selbstorganisation im Kontext der Stufenentwicklung

In volatilen, unsicheren und komplexer werdenden Zeiten wird Stufenentwicklung für Menschen und Organisationen zu einem relevanten Wettbewerbsfaktor. Mit jeder Entwicklungsstufe werden neue Kompetenzen erlangt und das unternehmerische Potenzial wächst. Die Kenntnis über die Reife- und Entwicklungsstufen erlaubt einen gezielten und phasenbasierten Ansatz auf dem Weg hin zu einer immer performanteren Selbstorganisation.

Einleitung

Die Selbstorganisation in einem Unternehmen oder über Unternehmensgrenzen hinweg besteht unter anderem aus aufeinander aufbauenden Kompetenzen von Menschen und Teams. Wer diese Aufbaulogik anwendet, kann die Selbstorganisation in verkraftbaren Schritten einfach und zuverlässig in der Organisation entwickeln und verankern. Diese Einordnung beruht auf psychologischen Stufenmodellen, die aufzeigen, in welchen Schritten sich Menschen, Teams und Organisationen entwickeln. Deren Berücksichtigung in der Organisationsentwicklung beeinflusst erheblich den unternehmerischen Erfolg und die Zielerreichung von Transformationen und Entwicklungsbegleitungen.

Wie Menschen sich entwickeln

In unserem Beitrag vertreten wir die These, dass die Selbstorganisationsfähigkeit einer Firma oder Organisation massgeblich von der persönlichen Reife der in die Entwicklung der Selbstorganisation involvierten bzw. betroffenen Personen abhängt. Mit «Reife» meinen wir nicht einfach, dass ein Mensch im Verlaufe des Lebens erfahrener und klüger wird. Sondern wir gehen davon aus, dass sich das menschliche Wahrnehmen, Denken und Handeln strukturell immer wieder transformiert.

Nach jeder Transformation kann der Mensch sich und seine Umwelt differenzierter wahrnehmen, das Wahrgenommene komplexer verarbeiten und flexibler kommunizieren und handeln. Verschiedene psychologische Studien (siehe Quellenverweise) zeigen, dass diese Transformationen in einer Abfolge von klar definierten Stufen erfolgen. Dabei kann keine Entwicklungsstufe übersprungen werden. Möglich sind jedoch Stagnation und Regression. Die Resultate einer vorwärtsgerichteten Transformation lassen sich unter anderem an der Entwicklung von Charakter, Kooperationsfähigkeit, Bewusstsein, Denkfähigkeit und Aufgabenkompetenz ablesen.

Die Stufenentwicklung umfasst in unserer Sichtweise folgende sieben Stufen:

1 Intuitive, sensomotorische Menschen (Neugeborene)
2 Impulsive Menschen (Kleinkinder)
3 Selbstorientierte Menschen
4 Gemeinschaftsbestimmte Menschen
5 Rationalistische Menschen
6 Eigenbestimmte Menschen
7 Relativierende Menschen

Die Handlungslogik eines Neugeborenen (Stufe 1, intuitiv, sensomotorisch) ist noch äusserst einfach. Motorik und Sensorik sind eng gekoppelt. Auch die Verarbeitung ist simpel: Was sich gut anfühlt, wird wiederholt, was sich nicht gut anfühlt, wird vermieden. Aber bereits diese simple Handlungslogik ermöglicht dem Baby grossartige Lernschritte. Es lernt, sich im sensomotorischen Experimentieren immer besser und koordinierter zu bewegen und mit Menschen in seinem Umfeld in Kontakt zu treten. Es lernt, Objekte zu erkennen und zu unterscheiden und unter anderem entsteht auch eine erste Idee von «Mein Körper» im Unterschied zum «Rest der Welt».

Kleinkinder (Stufe 2, impulsiv, magisch-animistisch) verfügen über eine erste Form von Ich und Du. Ihr Lernen ist primär auf das Erlangen von Selbständigkeit (sich selbst ankleiden, selbst essen usw.) im Familienkreis ausgerichtet. Sie erleben sich als Mittelpunkt und Ausgangspunkt von allem, was passiert. Kleinkinder denken magisch-animistisch und können Wahrnehmungsfehler noch nicht erkennen. Die Kleinkinder-Logik gibt uns Erwachsenen immer wieder Anlass zum Schmunzeln. Ein Kleinkind kann beispielsweise bemerken, dass ihm der Mond überall hin folgt, denn immer wo es sich selbst aufhält, ist auch der Mond zu sehen. Das ändert sich im Schulalter (Stufe 3, selbstorientiert, konkret logisch). Schulkinder sind erstmals in der Lage über Wahrnehmungsprobleme nachzudenken. Sie sehen, dass ihnen der Mond immer folgt, sie wissen aber auch, dass andere Menschen an anderen Orten der Welt ihn sehen können und sie fragen nun, wie das möglich sein könnte. Schulkinder beginnen also damit, die sichtbare Welt logisch zu erfassen und zu durchdringen. Gleichzeitig ändert sich die Wahrnehmung ihrer Position zu ihren Mitmenschen.

Selbstorientierte Menschen auf Stufe 3 erachten andere Menschen vor allem als Mittel zur Bedürfnisbefriedigung. Mit einem sehr opportunistischen und einem wenig gewissenhaften Verhalten versuchen Selbstorientierte, so viel als möglich für sich selbst aus jeder Situation herauszuholen. Selbstorientierte sind auch in unserem Arbeitsleben zu finden, 5 bis 8 Prozent der Erwachsenen sind auf dieser Entwicklungsstufe stehengeblieben.

Die meisten Menschen erreichen bis zum jungen Erwachsenenalter mindestens Stufe 4 (gemeinschaftsbestimmt, abstrakte Logik). Gemeinschaftsbestimmte orientieren sich mit ihrem Verhalten stark an den Erwartungen des Umfeldes. Man möchte in den Augen der relevanten Anderen ein guter Mensch sein. Sie handeln sehr gewissenhaft und sind darum meistens gut in der Lage, wiederkehrende Aufgaben zuverlässig zu erledigen. Mit schlecht strukturierten Aufgaben (komplexen Problemlösungen, Projekten usw.) tun sie sich hingegen schwer.

Das können Menschen mit einer rationalistischen Handlungslogik (Stufe 5) hingegen sehr gut. Rationalistische Menschen entwickeln eine Metaperspektive auf die eigene Arbeit. Sie orientieren sich an Methoden, Standards und anderen Systematiken, um komplizierte Herausforderungen zu bewältigen und um Ideen zu entwickeln, wie man die Arbeit noch effizienter als bisher erledigen könnte. Mit ihrer klaren Sicht auf die Dinge wirken sie sehr viel selbstbewusster als Gemeinschaftsbestimmte (Stufe 4). Das Verständnis für andere Sichtweisen fällt ihnen noch schwer, was erklärt, warum sie sich oft rechthaberisch verhalten. Innerhalb der Organisation «bunkern» sich die Fachexpertinnen und Fachexperten gerne in ihren Silos «ein» und bekämpfen andere Fachbereiche, statt mit ihnen zu kooperieren.

Dieses Verhalten ändert sich ab der eigenbestimmten Stufe 6. Leistungs- und ergebnisorientierte fühlen sich erstmals unabhängiger von anderen Menschen und Meinungen. Diese Eigenständigkeit ist die Voraussetzung für bessere kooperative Fähigkeiten. Weil diese Menschen ihre eigenen Werte und Ziele kennen, können sie sich gefahrloser auf abweichende Meinungen einlassen. Eigenbestimmte verfügen erstmals über eine Gegenseitigkeit in der Perspektive. Sie sind sich bewusst, dass die Sicht auf die Dinge von der Beobachterperspektive abhängt, sie können gut zuhören und verstehen, ohne unbedingt einverstanden zu sein und sie entwickeln ein Bild vom grösseren Ganzen. Sie versuchen, mit ihrem Handeln nicht nur die eigenen Ziele zu verfolgen, sondern immer auch gleichzeitig zum Erfolg des grösseren Ganzen beizutragen. Diese Menschen planen die eigene Arbeit sehr zuverlässig und auf ihre Ergebniszusagen ist entsprechend Verlass. Schwer tun sie sich allerdings mit Situationen, die sich schlecht kontrollieren lassen, beispielsweise, wenn absolutes Neuland betreten wird, wenn bestimmte Lösungsversuche immer wieder scheitern oder wenn sich die Selbstorganisation auf eine grössere organisatorische Einheit ausweitet.

Diesen Herausforderungen sind Menschen mit einer relativierenden Handlungslogik (Stufe 7) besser gewachsen. Menschen der Stufe 7 sind nach unserer Einschätzung in der Gesellschaft mit einem Anteil von 5 bis 10 Prozent noch rar.

Zusammenfassend betrachten wir die Entwicklung von **Charakter bzw. Verhalten, Kooperationsfähigkeit, Bewusstsein, Denkfähigkeit und Aufgabenkompetenz:**

Die frühere Reife zeigt sich im selbstorientierten, impulsiven und unreflektierten **Charakter.** Auf einer mittleren Stufe der Reife orientieren sich Menschen an Werten und Zielen, die sie selbst für richtig beurteilen. Menschen mit einer späteren Reife sind weniger kontrolliert und in ihrem Verhalten viel authentischer als in früheren Phasen ihrer Entwicklung. Zudem nehmen sie sich selbst nicht so wichtig.

Bezogen auf **Kooperation** nehmen Menschen in einer früheren Reifephase vor allem die eigenen Impulse und Bedürfnisse wahr. Sie verhalten sich oft manipulativ, ausnützend und machtorientiert. Menschen mit einer mittleren kooperativen Reife erkennen und respektieren auch die Autonomie und Bedürfnisse anderer Menschen. Menschen einer späteren kooperativen Reife sind in der Lage, ein Umfeld zu schaffen, in welchem sie sich selbst, wie auch ihre Kolleginnen und Kollegen und die Organisation als Ganzes transformieren können.

In einer frühen Stufe der Reife achten Menschen mehr auf Äusserlichkeiten und Oberflächlichkeiten. Beobachtungen interpretieren sie vor allem nach dem Muster: «Was nützt mir, was schadet mir?» Mit einer mittleren Reife beginnen sich Menschen mehr für innere Vorgänge zu interessieren. Dabei geht es sowohl um die eigenen und zunehmend auch die Vorgänge bei anderen Personen. Menschen mit einem reiferen **Bewusstsein** achten zusätzlich auf die individuellen Unterschiede und das Entwicklungspotenzial von Individuen, Organisationen und Gesellschaften.

Im Laufe der Reifeentwicklung sind die **Denkstrukturen** zuerst einfach, undifferenziert und oft sehr plakativ. Mit zunehmender Reife werden die Denkstrukturen immer differenzierter und komplexer. Reife Menschen sind in der Lage, die Realität aus unterschiedlichen Perspektiven gleichzeitig zu betrachten und verschiedenste Formen von Vernetzung zu berücksichtigen. Sie können mit Ambiguitäten und anderen uneindeutigen Situationen umgehen und sind fähig, gesellschaftlich geprägte Annahmen immer mehr systematisch zu hinterfragen.

Selbstorientierte Menschen (Stufe 3) erledigen **Aufgaben** auf Anweisung. Regelmässige Kontrollen durch die vorgesetzte Person sind wichtig. Gemeinschaftsbestimmte (Stufe 4) führen wiederkehrende Aufgaben nach tradierten Regeln sehr gewissenhaft aus. Ist eine gemeinschaftsbestimmte Person erst einmal gut eingearbeitet, erledigt sie diese Form von Aufgaben weitgehend selbständig. Stichprobenkontrollen sind aber trotzdem ratsam. Rationalistische Menschen

(Stufe 5) gehen kompliziertere Herausforderungen systematisch an. Sie orientieren sich bei ihrer Arbeit an selbst gesetzten Zielen und engagieren sich für mehr Effizienz in der Aufgabenerledigung. Eine regelmässige Abstimmung mit der vorgesetzten Person sorgt für einen besseren Ressourceneinsatz dieser eher einzelkämpferischen Menschen untereinander. Leistungs- und ergebnisorientiere Menschen (Stufe 6) sind in der Lage, im Team gemeinsam gut koordinierte Ergebnisse zu entwickeln und sich dabei an übergeordneten Zielen zu orientieren. Erst relativierende Menschen (Stufe 7) sind in der Lage, ein Umfeld zu schaffen, in welchem sich Selbstorganisation über grössere Organisationsteile hinaus entfalten kann.

Verschiedene Forschungen zur menschlichen Stufenentwicklung

Die Idee der schrittweisen Entwicklung wird seit Urzeiten in Überlieferungen beschrieben. Moderne wissenschaftliche Forschungsarbeiten haben unterschiedliche Modelle hervorgebracht (vgl. ▶ Abb. 1).

Der vorliegende Beitrag basiert auf dem strukturorientierten Ich-Entwicklungs-Modell von Jane Loevinger mit den weiterführenden Aspekten der Handlungslogik von Führungskräften nach Bill Torbert und der Führungsagilität nach Bill Joiner und Stephen Josephs. Zusammengeführt und weiterentwickelt wurde der Ansatz als Rahmenwerk der stufenbasierten Organisationsentwicklung durch Barbara Küchler.

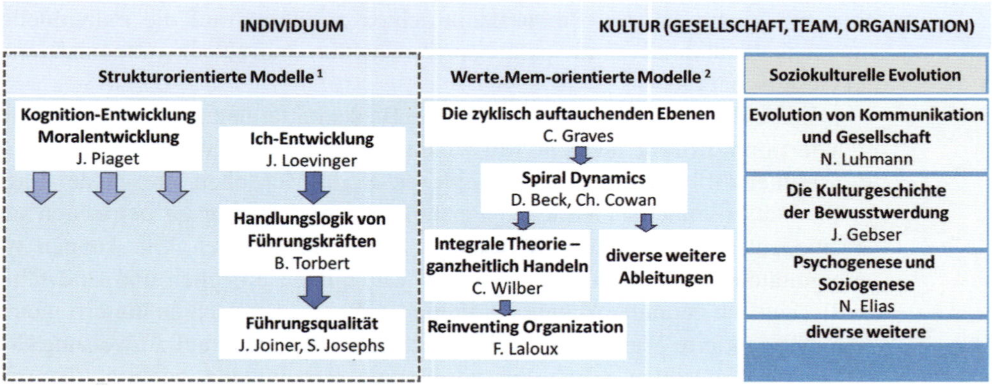

1 dieser Beitrag basiert auf den strukturorientierten Modellen
2 das Mem wird in der Stufenentwicklung als kulturelles Pendant zum biologischen Gen verstanden.

▲ Abb. 1 Überblick über die Entwicklungsmodelle

In den strukturorientierten Modellen gehen die Forscher davon aus, dass sich verändernde Umweltbedingungen die Psyche zum Lernen und Entwickeln anregen. Zuerst versucht die Psyche, die Probleme «mit mehr vom Selben» zu lösen. Das wird als **horizontale** Entwicklung bezeichnet. Stösst diese Lernform an Grenzen, kann es zu einem **vertikalen** Entwicklungssprung kommen, oft verbunden mit grösseren Turbulenzen und «Schmerzen». Im Rahmen eines vertikalen Entwicklungssprungs findet die Psyche für sich eine **neuartige Problemlösung.** In unterschiedlichsten Längsschnittanalysen zeigt sich dabei immer wieder ein analoges Phänomen: Diese Entwicklungssprünge folgen einer Logik von aufeinander aufbauenden Stufen.

Zusammenspiel von individueller und organisatorischer Entwicklung

Die individuelle Entwicklung findet immer im Kontext von Beziehungen, Gruppen, Organisationen und Gesellschaften statt. Das Individuum wird einerseits durch diesen Kontext geprägt, nimmt gleichzeitig aber auch Einfluss auf die Ausgestaltung des Kontextes. Die Entwicklung des Menschen ist folglich eng verzahnt mit der Entwicklung der Organisation, beide Prozesse sind auf das Engste miteinander verwoben. Sie können sich gegenseitig unterstützen und fördern, oder auch hindern und hemmen.

Es ist wichtig zu betonen, dass in den Reifestufen selbst keine Wertung liegt. Eine höhere Reifestufe ist nicht zwingend besser als eine frühere. Viele Aufgaben und Herausforderungen unserer Gesellschaft und Wirtschaft lassen sich auch mittels früherer Reifestufen erfolgreich lösen. Allerdings nehmen die Fähigkeiten auf jeder neuen Reifestufe zu. ▶ Abb. 2 gibt einen ersten Überblick über die sich pro Stufe ausweitenden Kompetenzen zur Lösung zugehöriger Aufgaben.

Stufe	Sich pro Stufe ausweitende Kompetenzen							
	Arbeitskompetenzen				Sozialkompetenzen			
7	Experimentierendes Lernen; ganz neue Wege finden; ganzheitliches Denken und Handeln.							Co-kreatives Arbeiten; Einfühlungsvermögen; Mitverantwortung für den Gruppenprozess
6		Fokus auf das was wichtig ist; Denken in Zielen und Zusammenhängen, Effektivität verbessern					Gut zuhören und den eigenen Standpunkt gut vertreten können; echte Gegenseitigkeit	
5			Prozedurale Fachkompetenz (wie funktionieren Dinge), Fokus auf Details; Sich selbst gut organisieren können, Effizienz verbessern			Eine eigenständige Meinung entwickeln und vertreten; Systematisch argumentieren		
4				Deklarative Fachkompetenz, Gewissenhaftigkeit	Erwartungen erfüllen, Hilfsbereitschaft			
3				Sich für die eigenen Bedürfnisse gut einsetzen können				

▲ Abb. 2 Mit jeder Stufe erhalten Menschen weitere Kompetenzen, die der Lösung komplexerer Aufgaben dienen

Wichtig und für einen nachhaltigen Erfolg unerlässlich ist der stufengerechte Aufbau einer Organisation. Das bedeutet:

- Führungskräfte und Mitarbeitende verfügen über die zur Lösung ihrer Aufgabe passende Reifestufe
- Es gibt einen «organisatorischen Rahmen», der die Arbeitsbedingungen stufengerecht regelt

Eine stufengerecht aufgebaute Organisation ist in der Regel erfolgreicher, kreativer und anpassungsfähiger als eine Organisation, in der stufenspezifische Aspekte wild durcheinander gewürfelt werden. Die Menschen in der Organisation fühlen sich wohler und befinden sich in einem optimalen Lern- und Entwicklungsumfeld. Sie sind weder über- noch unterfordert. Die ▶ Abb. 3 zeigt diesen Sachverhalt exemplarisch für die Stufen vier bis sieben.

Der stufengerechte Aufbau, die Leitung und die Weiterentwicklung einer Organisation erfordert von den Führungskräften eine höhere Reifestufe. Wissenschaftliche Studien zeigen, dass Führungskräfte mit ihrer Persönlichkeitsentwicklung im Sinne der Stufenentwicklung immer wirksamer werden.

Auf jeder neuen Reifestufe sind die Mitarbeitenden in der Lage, mehr Verantwortung übernehmen zu können. Deren Entwicklung ist aber auch mit neuen Herausforderungen für Führungskräfte verbunden. Es wird zunehmend anspruchsvoller, die immer grösseren «Spielwiesen» der Mitarbeiterinnen und Mitarbeiter mit klaren Rahmensetzungen so aufeinander abzustimmen, dass das übergreifende Zusammenwirken eine optimale Wirkung erzeugt. Eine weitere wichtige Führungsaufgabe ist die Entwicklungsunterstützung. Die Führungskraft bringt optimalerweise eine spätere Reife mit, als die Mitarbeitenden.

Stufe	Ideale Aufgaben	Wichtige organisatorische Rahmensetzungen
7	▪ Innovation ▪ Wege gehen, die noch niemand gegangen ist	▪ Gemeinsame Vision ▪ klare Rahmensetzung pro Kreis ▪ übergreifende Lernprozesse
6	▪ Übergreifende Problemlösungen	▪ Gesamtmanagementsystem, das alle Zusammenhänge sichtbar macht; ▪ Zielvorgaben, die mit dem Managementsystem verknüpft sind; ▪ klare Grundlagen, was darf nicht hinterfragt werden
5	▪ Schlecht strukturierte Probleme	▪ Klare Aufträge, Prozesse, Rollen ▪ vorgegebene Verfahren/Methoden ▪ vorgegebenes Planungsvorgehen
4	▪ Wiederkehrende Aufgaben	▪ Gut erklären, wie die Aufgaben zu erledigen sind

▲ Abb. 3 Stufengerechte Aufgaben und Rahmenbedingungen

Wechselwirkungen zwischen den organisatorischen Aspekten

Bei der Einführung verschiedener Reifegrade an Selbstorganisation in einem Arbeitsumfeld sollten folgende Entwicklungsaspekte betrachtet werden:

1. Menschen, Teams und Organisationen zur Selbstorganisation zu befähigen, erfordert von der Führungskraft sehr viel mehr, als klare Anweisungen zu geben, Prozesse und Standards zu definieren und Ziele zu vereinbaren. Eine entsprechende persönliche Reife der beteiligten Führungskräfte ist eine zentrale Voraussetzung für das Gelingen des Selbstorganisationsprojektes.
2. Die Mitarbeitenden und Teams müssen über eine zum Reifegrad der Selbstorganisation passende Entwicklungsstufe erreicht haben, respektive sich bereits nahe dieser Stufe bewegen. Das Stufenmodell zeigt, wie sich die Kompetenzen Stufe um Stufe weiterentwickeln. Das Erlangen einer neuen Kompetenzstufe baut in der Regel auf der Erreichung der vorangehenden Stufe auf. In einem bewusst geschaffenen, stufengerechten Entwicklungsumfeld kann eine neue Stufe durchschnittlich in rund eineinhalb Jahren nachhaltig erreicht werden.

Die fünf Wesenselemente einer Organisation erfordern in Bezug auf die Selbstorganisation eine stufengerecht aufeinander abgestimmte Entwicklung. Die Zusammenhänge und Wechselwirkungen für die fünf Aspekte werden in ▶ Abb. 4 dargestellt. So wirkt beispielswiese die Reife der Organisationsinstrumente direkt auf die Reife des Führungssystems ein, die Komplexität der Aufgabe stellt Anforderungen an die Reife der Organisationsinstrumente usw.

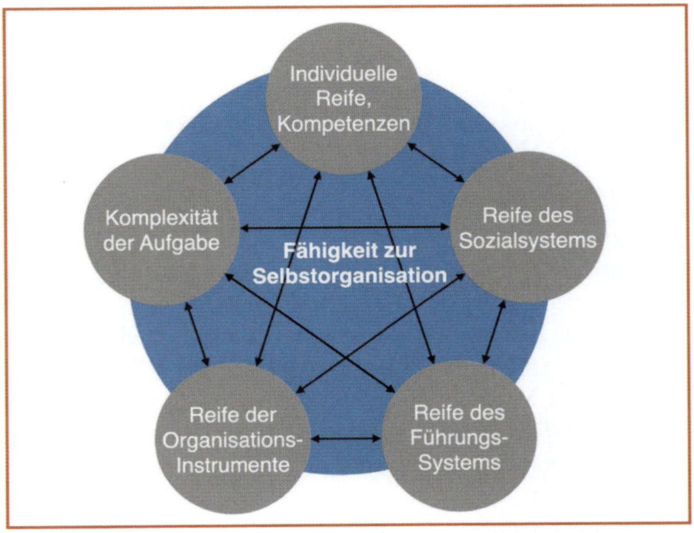

▲ Abb. 4 Die fünf Wesenselemente einer Organisation nach Küchler/Klein (2021)

Flow-Kanal in der Entwicklung

Der Psychologe Mihály Csikszentmihalyi hat bei der Erforschung von Lernbedingungen die Flow-Theorie entwickelt, siehe dazu ▶ Abb. 5. Diese besagt, dass Menschen am besten lernen und sich am schnellsten entwickeln, wenn sie weder überfordert noch unterfordert sind. Knapp an der Überforderungsgrenze lernen die Menschen am effektivsten.

Das Stufenentwicklungskonzept lässt sich nutzen, um diese Grenze für Menschen, Teams und Organisationen zu bestimmen. In den folgenden Beschreibungen erhalten Sie vielfältige Hinweise zu diesen Grenzen. Am deutlichsten zeigt sich die Grenze im Graubereich der Überforderung, in dem, was die Mitarbeitenden und Teams noch nicht können. Und genau hier können Führungskräfte mit passgenauen Lern- und Entwicklungsangeboten ansetzen.

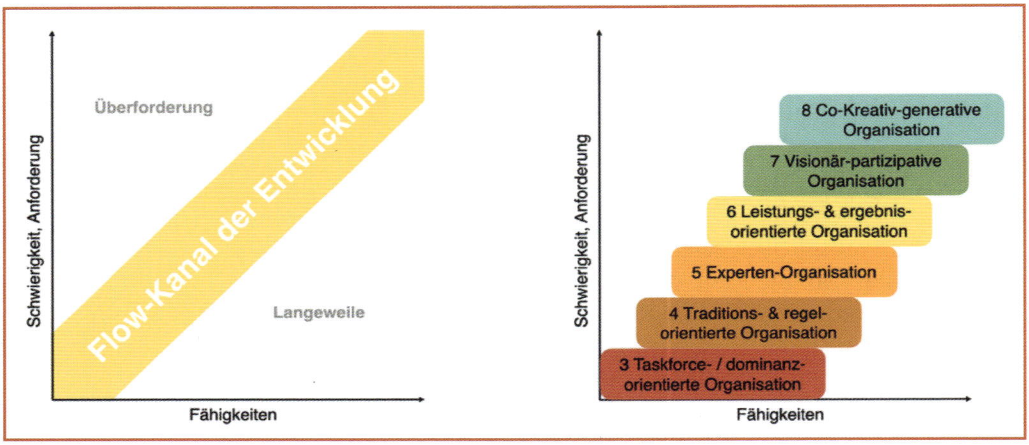

▲ Abb. 5 Flow-Kanal nach Mihály Csikszentmihalyi in Verbindung mit den organisatorischen Entwicklungsstufen.

Selbstorganisationsfähigkeiten von Menschen, Teams und Organisationen

Wenn Menschen von Selbstorganisation reden, dann verstehen sie darunter ganz unterschiedliche Dinge. Die einen denken dabei an das selbständige Arbeiten der Mitarbeiterinnen und Mitarbeiter, andere haben ein sich selbst organisierendes Team vor Augen und wiederum andere legen dies als eine ganze Organisation aus, die nach den Prinzipien der Selbstorganisation funktioniert.

Diese verschiedenen Vorstellungen von Selbstorganisation sind nicht widersprüchlich. Vielmehr bauen die verschiedenen Selbstorganisationsformen aufeinander auf.

Wir empfehlen, diese sich schrittweise ausweitende Selbstorganisation in Phasen anzugehen:

1. **Individuell:** In der ersten Phase bauen die Mitarbeitenden ihre persönliche Selbstorganisationsfähigkeiten auf und aus.
2. **Teamorientiert:** In der zweiten Phase entwickeln die Teams die Fähigkeit sich selbst zu organisieren und Spannungen, Feedbacks, Konflikte, Meinungsverschiedenheiten, Entscheidungen, Lernen usw. selbstorganisiert zu bewältigen.
3. **Teamübergreifend:** Wer diese zweite Phase gut bewältigt hat, wird sich vielleicht auch noch an die dritte Phase heranwagen, die Selbstorganisation eines kleineren Unternehmens respektive einer grösseren organisatorischen Einheit innerhalb eines mittelständigen Unternehmens.

Diese drei Phasen lassen sich mit der in den vorangehenden Abschnitten vorgestellten individuellen und organisatorischen Stufenentwicklung kombinieren, siehe dazu ▶ Abb. 6.

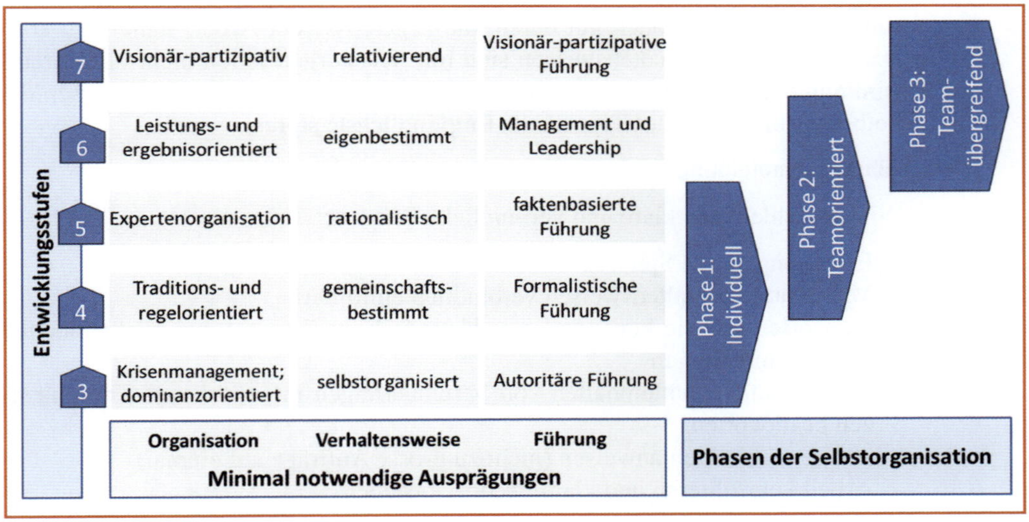

▲ Abb. 6 Mögliche Phasen der Selbstorganisation, aufbauend auf minimal notwendigen Entwicklungsstufen von Menschen und Teams.

Individuell selbstorganisiertes Verhalten

Stufe 3: Selbstorientierte Menschen – das kaum selbstorganisierte Verhalten

Selbstorientierte verfolgen primär die eigenen Interessen. Sie haben noch kaum einen Blick für die Erwartungen des Umfelds entwickelt und verhalten sich entsprechend unselbständig. Um einigermassen befriedigende Arbeitsergebnisse zu erhalten, müssen Selbstorientierte sehr eng geführt werden. In der Regel muss die vorgesetzte Person jede Arbeit einzeln anweisen und die korrekte Ausführung kontrollieren. Auch selbstverständliche Regeln wie Pünktlichkeit, Sauberkeit, Höflichkeit sind auf dieser Stufe meistens noch schwach ausgeprägt. Führungskräfte müssen die Einhaltung solcher Regeln sehr konsequent einfordern, damit eine grundlegende Arbeitsfähigkeit gegeben ist. Nach unserer Einschätzung gehören 5 % bis 8 % der Erwachsenen dieser Stufe an.

Diese Mitarbeitenden arbeiten sehr unselbständig, sie erwarten klare Anweisungen und man tut auch gut daran, die Ergebnisse der Arbeit ständig zu kontrollieren. Beide Verhaltensweisen sind mit Selbstorganisation nicht in Übereinstimmung zu bringen. Solche Menschen können mit ihren Verhaltensweisen die Selbstorganisation eines Teams aufs Empfindlichste stören.

Führungsempfehlung

Wir empfehlen eine klare und verbindliche Führung:

- Erwartungen und Spielregeln klar kommunizieren
- Vereinbarte Verhaltensweisen verbindlich einfordern
- Hinweisen auf die kurz- und langfristigen Konsequenzen bei Nichteinhalten von Vereinbarungen
- Wiederholtes Nichteinhalten von Vereinbarungen mit spürbaren Konsequenzen beantworten
- Arbeit verbindlich anweisen (nicht zu grosse Aufträge auf einmal)
- Arbeit kontrollieren und klare Feedbacks geben

Bei jüngeren Mitarbeitenden (z. B. Lernende) kann diese konsequente Führung dazu beitragen, eine Entwicklung in die gemeinschaftsbestimmte Stufe zu fördern.

Stufe 4: Gemeinschaftsbestimmte Menschen – die individuellen Selbstorganisationsfähigkeiten

Im Unterschied zur vorangehenden Stufe kann man sich bei gemeinschaftsbestimmten Menschen weitgehend auf die Einhaltung von gesellschaftlich verankerten Regeln verlassen. Diese Menschen wollen die Erwartungen des Umfeldes erfüllen und können sich entsprechend gut anpassen. Die meisten Gemeinschaftsbestimmten arbeiten sehr gewissenhaft. Sobald sie verstanden haben, wie eine bestimmte, wiederkehrende Aufgabe zu erledigen ist, werden sie diese Arbeit mit hoher Wahrscheinlichkeit zur Zufriedenheit der vorgesetzten Person erfüllen. Echte Selbstorganisation ist auf dieser Stufe aber noch kaum möglich. Gemeinschaftsbestimmte wollen das in der Regel auch nicht. Sie möchten gerne, dass die vorgesetzte Person klar führt, Aufgabenstellungen präzise formuliert und auch alle organisatorischen Entscheidungen im Team übernimmt. Nach unserer Einschätzung gehören heute rund 12 % der Erwachsenen dieser Stufe an.

Wie die Entwicklung der nächsten Stufe gefördert werden kann

Für Mitarbeitende, die sich in die rationalistische Stufe hinein entwickeln sollen, ist es wichtig, dass sie ihren Arbeitsfokus auf die Perspektive der Effizienz ausweiten. Sie sollen sich also immer wieder mit der Frage befassen «wie organisiere ich meine Arbeit am sinnvollsten».

- Weiterbildungen im Bereich persönlicher Arbeitstechnik, Arbeitsplanung
- Erstellen von persönlichen Tages-, Wochen, Monatsplänen inklusive Überprüfung
- Anspruchsvollere Aufgaben übertragen (in verkraftbaren Schritten)
- Zu einer fachlichen Weiterbildung möglichst mit einem anerkannten Abschluss motivieren
- Diskussionen rund um Methoden und Standards führen und alle Mitarbeitenden zu einer persönlichen Stellungnahme auffordern
- Ursache-Wirkungs-Denken trainieren
- immer wieder aktiv die eigene persönliche Meinung erkunden
- Mitarbeit in einem Qualitätsmanagementprojekt oder einem Prozessmodellierungsprojekt
- Konstruktive Auseinandersetzung mit Feedback
- Lernen, Störungen so anzusprechen, dass das Gegenüber gut zuhören kann

Stufe 5: Rationalistisch – die individuellen Selbstorganisationsfähigkeiten

Rationalistische Menschen beachten nicht nur die eigentlichen Arbeitsinhalte, sondern auch das Arbeitsvorgehen. Entsprechend sind sie in der Lage, ihre Arbeit selbständig zu strukturieren, zu planen und auch ihr Arbeitsvorgehen immer wieder zu hinterfragen und zu verbessern. Rationalistische Menschen schätzen das selbständige Arbeiten und man kann davon ausgehen, dass sie sich bei ihrer Arbeit an Prozessvorgaben und Standards orientieren. Rationalistische Menschen besitzen als «Einzelkämpfer» gute Fähigkeiten, schlecht strukturierte Probleme selbstorganisiert zu lösen.

Teamorientierte Selbstorganisationsfähigkeiten

Erstmals können auf dieser Stufe auch agile Werkzeuge ansatzweise eingesetzt werden. Die agilen Grundsätze werden verstanden, wenn auch, meist noch holprig, gelebt. Faktisch führt das zu einer Art Kochen-nach-Rezept. Insbesondere der in der Agilität verlangte Grad an Team- und Kooperationsfähigkeit ist noch nicht verinnerlicht. Immer wieder prallen Teaminteressen gegen Eigeninteressen. Mit 38 % bilden Menschen der Stufe 5 den grössten Anteil in der aktuellen Gesellschaft.

Entwicklung der nächsten Stufe fördern

Mit folgenden Massnahmen können Sie rationalistische Menschen dabei unterstützen, sich in Richtung Leistungs- und Ergebnisorientierung zu entwickeln:

- Die Mitarbeitenden sollen sich vor Beginn der Arbeit immer zuerst die Frage stellen «Was ist das Ziel? Was ist wichtig?» bevor sie sich mit der Frage befassen, wie die Arbeit am besten anzupacken ist. Dieser Perspektivenwechsel fördert die Entwicklung von Effektivität.
- Die persönliche Arbeitsplanung weiter in Richtung «Prioritäten setzen» und flexibel mit Unvorhergesehenem umgehen zu können ausbauen. Eine hohe Arbeitsbelastung kann das Verlassen der Detailebene und das Setzen von sinnvollen Prioritäten fördern.
- Wenn die Mitarbeitenden ihren Standpunkt «als absolute Wahrheit» verkaufen, sie immer wieder darauf aufmerksam machen, dass ihre Sichtweise zwar nachvollziehbar und richtig ist, aber jeweils immer nur einen Teil der Wahrheit beinhaltet. Sie dazu auffordern, das Thema auch aus anderen Blickwinkeln zu betrachten.
- Mitarbeitende dabei unterstützen, Gegenseitigkeit zu entwickeln. Das bedeutet, sie darauf hinzuweisen, dass sie selbst nicht nur Unterstützung einfordern können, sondern dass sie mit mehr Unterstützung rechnen können, wenn sie im Gegenzug auch Unterstützung anbieten. Das bedeutet unter anderem, dass die «Experten» nicht nur Verständnis vom Management fordern, sondern ihrerseits auch versuchen, das Management zu verstehen.
- Mit Präsentationstrainings, in denen die Experten lernen, Vorträge empfängergerecht zu strukturieren, auf Fragen eingehen und für ihren Standpunkt argumentieren.
- Die Förderung von T-Shape-Kompetenz (= Detailwissen wird mit Generalistenwissen ergänzt) ist von hoher Wichtigkeit bei diesem Stufenübergang. Ebenso kann die Mitarbeit in einem fach- oder bereichsübergreifenden Projekt entwicklungsfördernd wirken.
- Den Mut zum Experimentieren inklusive eines möglichen Scheiterns fördern. Fehlertoleranz fördern.
- Die Perfektionierungstendenzen der Stufe 5 mit eng gesetzten Zeitlimiten in Bedrängnis bringen. Iteratives Vorgehen fördern und zulassen, dass «nicht perfekte» Ergebnisse abgeliefert werden: «gut ist gut genug».

Stufe 6: Eigenbestimmte Menschen – individuelle Selbstorganisationsfähigkeit

Eigenbestimmte Personen orientieren sich an selbstdefinierten Werten und Zielen. Sie sind damit unabhängiger von anderen Menschen. Diese Unabhängigkeit lässt sie gelassener mit Meinungsverschiedenheiten und Zusammenarbeitsproblemen umgehen. Sie verfügen auch über echte Gegenseitigkeit und erkennen, dass sie bei der eigenen Arbeit auf die Unterstützung durch andere angewiesen sind und dass andere ihrerseits auf ihre Unterstützung angewiesen sind. Sie lernen, dass es sinnvoll ist, nicht nur Unterstützung einzufordern, sondern diese auch selbst anzubieten. Dies sind Fähigkeiten, die die Selbstorganisationsfähigkeit im Team massgeblich fördern.

Daneben verfügen Menschen dieser Stufe meistens über eine so genannte T-Shape-Kompetenz. Während sich Experten der vorausgehenden Stufe tendenziell in Details verlieren, können Eigenbestimmte die grösseren Zusammenhänge besser erkennen. Dadurch sind diese Menschen gut in der Lage, fachübergreifende Aufgabenstellungen zu lösen.

Die leistungs- und ergebnisorientierte Organisation (Stufe 6) hat erstmals auf Teamebene einen natürlichen Zugang zu Selbstorganisation, Kooperation und Agilität. Die Selbstorganisation entspricht in hohem Masse dem Autonomiestreben, im Verbund mit einer hohen Verantwortungsübernahme von eigenbestimmten Menschen (Stufe 6). Nach unserer Einschätzung haben bereits 30 % der Menschen die Stufe 6 erreicht.

Eine Entwicklung über die eigenbestimmte Stufe hinaus wird in unserer Gesellschaft aktuell kaum gefördert. Das Arbeiten in selbstorganisierten Teams ist allerdings dafür geeignet, genau diese Entwicklung zu ermöglichen.

Selbstorganisation im Team

Leistungs- und ergebnisorientierte Teams sind erstmals zu echter Selbstorganisation fähig. Die Führungskräfte müssen die Rahmenbedingungen so setzen, dass sich das Team eigenständig, faktenbasiert und optimal auslastet (weder Überlast noch Unterlast) und strategiekonform im Sinne der Gesamtorganisation priorisieren kann.

Für die Ergebnisorientierung sind gemeinsam definierte Ziele wichtig. Mittels der Methodik der sogenannten «Objectives and Key Results» (OKR) können sich Teams auf Stufe 6 gewinnbringend ihre eigenen Ziele verordnen und diese insbesondere auch agil an sich verändernde Rahmenbedingungen anpassen. Stufe-6-Teams sind nicht länger in ihre starre Aufbauorganisation und Hierarchie eingebunden, sie sind in der Lage, Wertflüsse in Wertschöpfungsketten bereichsübergreifend in virtuellen Teams zu führen. Als Beispiel weisen wir in diesem Zusammenhang auf das «Flight-Level-Konzept» nach Klaus Leopold hin, mit welchem operative Flusssteuersysteme als Flight Level I auf Teamebene, mit Vertretern aus den jeweiligen Teams auf Flight Level II koordinativ und auf Flight Level III strategisch geführt werden. Die ganze Ablauf- und Umsetzungsorganisation kann in virtuellen Gefässen unabhängig von der Aufbauorganisation stattfinden.

Auch wenn eigenbestimmte Menschen über sehr viel bessere zwischenmenschliche Fähigkeiten verfügen als Menschen der vorangehenden Stufen, gestaltet sich die Bewältigung von zwischenmenschlichen Problemen immer wieder schwierig. Die Lösung von «Buurtzorg» (Laloux 2014), einer Organisation für ambulante Pflege in Holland, beurteilen wir als sehr sinnvoll: In einer grösseren Organisation gibt es einen Pool von Teamentwicklern, die vom Team im Bedarfsfall zur Unterstützung beigezogen werden können.

Stufe 7: Relativierende Menschen

Relativierende Menschen der Stufe 7 sind in der Lage, differenzierter und ganzheitlicher wahrzunehmen und zu verarbeiten. Sie hinterfragen Annahmen, Vorgehensweisen, Prozesse und Ziele. Widersprüche und Ambiguitäten werden nicht mehr eliminiert, sondern wahrgenommen und ausgehalten. Neben fachlichen und prozesstechnischen Aspekten beziehen sie auch die sozialen Aspekte stark in ihre Analyse ein. Sie können sich selbst und das Beziehungsgeschehen um sich herum mit mehr Distanz und Objektivität betrachten und kritischer hinterfragen als vorangehende Stufen. Immer längere Zeiträume und grössere Zusammenhänge werden für diese Menschen überblickbar, beispielsweise längerfristige erzeugte unerwünschte Nebeneffekte. Die persönliche Weiterentwicklung wird zu einem wichtigen Lebensinhalt.

Die Menschen der Stufe 7 richten ihre Prioritäten an der übergreifenden Vision der Organisation aus und sind in der Lage, sich dieser Stufe selbstverantwortlich Schritt für Schritt anzunähern. Bei Bedarf werden die zur Erreichung der Vision notwendigen Zwischenziele hinterfragt und angepasst.

Agile Prinzipien, Methoden und Werkzeuge können Menschen der Stufe 7 verstehen, authentisch und intrinsisch motiviert vorleben. Visionär-partizipative Organisationen (Stufe 7) tragen nicht nur die Teamorientierung, sondern auch die Selbstorganisation und die Agilität in ihrer DNA. Nach unserer Erfahrung ist diese Stufe die erste Stufe, in welcher Selbstorganisation nicht nur innerhalb eines Teams und teamübergreifend möglich ist – auch die ganze Organisation oder sogar ein Netz von Organisationen kann auf Stufe 7 selbstorganisiert abgestimmte Ergebnisse erzeugen.

Nach unserer Einschätzung sind Menschen der Stufe 7 mit 5 % bis 10 % noch gering in der aktuellen Gesellschaft vertreten. Entsprechend herausfordernd gestaltet sich die Umsetzung einer echten Stufe-7-Selbstorganisation.

Rolle der Führungskräfte im Entwicklungsprozess

Der wichtigste Beitrag zur Etablierung von Selbstorganisation geht von den Führungskräften aus. Unsere Erfahrung zeigt, dass die **Reife der Führungskraft** an der Spitze die **Reifeentwicklung der gesamten Organisation limitiert.**

Egal wie viele Entwicklungsimpulse Sie in der Organisation durch erfahrene Organisationsentwickler und Organisationsentwicklerinnen setzen lassen, **wenn die Führungskräfte nicht mit der Entwicklung vorangehen,** dann stagniert der organisatorische Entwicklungsprozess. Diesen Zusammenhang können wir nicht nur regelmässig im Rahmen unserer organisatorischen Entwicklungsprojekte beobachten. Verschiedene Forschungsarbeiten untersuchen die Wechselwirkung von Reifeentwicklung und Change-Erfolg. Eigel und Kuhnert (2005) zeigten, dass CEOs der höchsten Reifestufe mit ihren Organisationstransformationen zu 100 Prozent erfolgreich waren, im Unterschied zu Kollegen mit einer mittleren Reife, die nur in rund der Hälfte aller Fälle Erfolge vorweisen konnten (vgl. ▶ Abb. 7).

Auch Rooke und Torbert (1998) kommen zum Schluss, dass reifere Führungskräfte Unternehmenstransformationen sehr viel erfolgreicher über die Bühne bringen als weniger reife Kollegen oder Kolleginnen. In seinem Buch «Reinventing Organizations» beschreibt Laloux (2014) Organisationen, die von einer sinnstiftenden Zusammenarbeit geprägt sind. Seine Schlüsselerkenntnis: An der Spitze einer solchen reifen Organisation ist immer auch eine sehr reife Führungskraft zu finden.

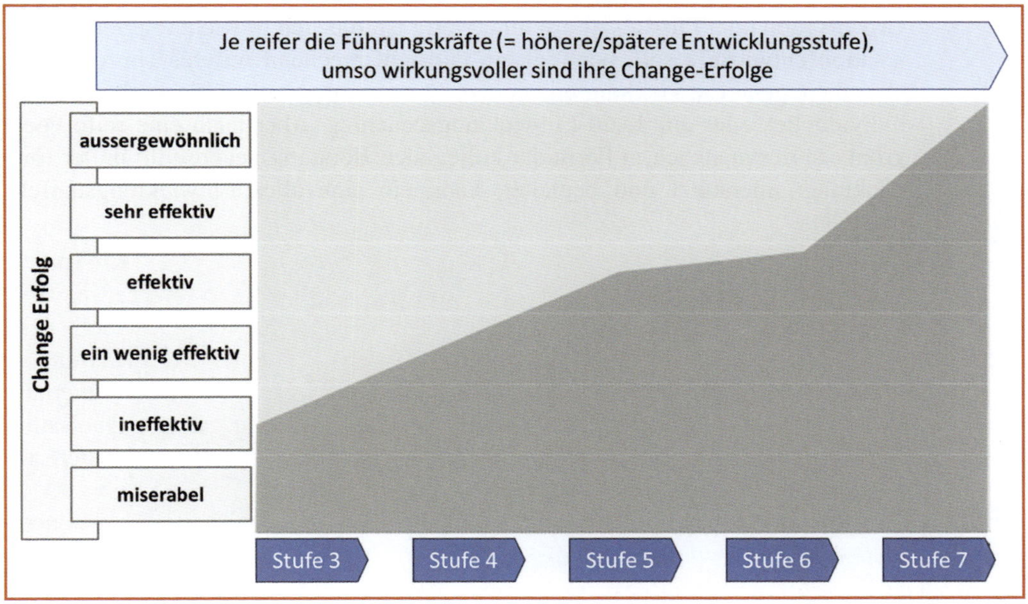

▲ Abb. 7 Die Wirksamkeit von Führungskräften steigt mit zunehmender Reife- und Entwicklungsstufe.

Selbstreflexion

Abschliessend stellt sich die Frage, was eine Führungskraft tun kann, um sich in Ihrer Reife weiterentwickeln zu können.

Ein guter erster Entwicklungsimpuls geht von einer realistischen Einschätzung der eigenen Reife aus. Das Ich-Entwicklungsprofil (I-E-Profil) ist ein wissenschaftlich validiertes Instrument, das Ihnen nicht nur einen präzisen Einblick in Ihr aktuelles Reifeprofil liefert, sondern ergänzend auch noch die aus Sicht der Stufenentwicklung nächsten konkreten Entwicklungsschritte aufzeigt. Weitere Informationen dazu sind auf unserer Webseite zur Stufenentwicklung publiziert (https://stufenentwicklung.com/). Auf der Website ist auch ein Fragebogen verfügbar, mit dessen Hilfe eine grobe Selbsteinschätzung der eigenen Persönlichkeitsentwicklung möglich ist. Wer die notwendige Ehrlichkeit mit sich selbst mitbringt, kann mit dieser Analyse einen ziemlich verlässlichen Anhaltspunkt über die eigene Reife und die nächsten Entwicklungsschritte erhalten.

Wer weiss, wo er in seiner Entwicklung steht und welche nächsten Entwicklungen sinnvoll sind, stellt sich die Frage, wie diese Schritte konkret angegangen werden sollen. Stufenentwicklung ist ein interaktives Geschehen. Entwicklung findet fast immer in einem sozialen Kontext statt und einen solchen benötigen auch Führungskräfte, um sich weiterentwickeln zu können.

Wer das Glück hat, dass sein Vorgesetzter oder seine Vorgesetzte über eine spätere Reife verfügt als sie selbst, dann kann mit dieser Person zusammen viel gelernt und weiterentwickelt werden. Wer selbst als Führungsperson für eine Organisation oder Organisationseinheit tätig ist, die sich in Richtung Selbstorganisation entwickeln soll, benötigt ein dem entsprechend reiferes Umfeld, welches die eigene Entwicklung unterstützt. Die wirkungsvollste Massnahme ist ein individuelles oder ein Team-Entwicklungscoaching. Aber auch eine reife Peergroup, in der man sich in Form der kollegialen Beratung gegenseitig in der Entwicklung unterstützt und begleitet, kann ein sinnvolles Entwicklungsumfeld darstellen.

Modelle und Quellenverweise

7-Stufen-Modell der Ich-Entwicklung:
Stufen der Persönlichkeitsentwicklung, entwickelt in den 1960er-Jahren von Prof. Jane Loevinger, Washington University in St. Louis
Handlungslogik von Führungskräften:
Torbert, W. R., & Associates. (2004). Action inquiry: The secret of timely and transforming leadership. San Francisco, CA: Berrett-Koehler 2004.
Führungsagilität:
Joiner, W. B.; Josephs, St. A. (2006). «Leadership Agility – Five Levels of Mastery for Anticipating and Initiating Change», John Wiley & Sons, Hoboken 2006.
Flow-Kanal:
Flow-Theorie zur Förderung von Autonomie, Gemeinschaft und Motivation, entwickelt in den 1970er-Jahren vom ungarischen Glücksforscher Mihály Csikszentmihalyi.
Flight-Level-Konzept:
Denk- und Gestaltungsmodell von Klaus Leopold, publiziert 2023. Mit den Flight Levels wird die Entwicklung einer Organisation vorangetrieben und es werden rasch messbare Verbesserungen erzielt.
Laloux, F. (2017): Reinventing Organizations visuell: Ein illustrierter Leitfaden sinnstiftender Formen der Zusammenarbeit. Vahlen, München 2014.
Stufenentwicklung in der Praxis:
Die Auseinandersetzung mit dem Konzept der Stufenentwicklung von Barbara Küchler und Gerhard Klein (2021) ermöglicht erstaunliche Einsichten in organisatorische sowie zwischenmenschliche Probleme.
Wirksamkeit von Führungskräften:
Eigel. K.; Kuhnert, K (2005). Authentic development: Leadership development level and executive effictiveness

Mario Peverelli

Einfluss von flexiblen Arbeitsmodellen auf die Selbstorganisation in einem KMU

Dieser Beitrag versucht die Frage kritisch zu hinterfragen und zu beantworten, was der Einfluss von flexiblen Arbeitsmodellen auf die Selbstorganisation in einem KMU ist. Die Veränderungen der Arbeitswelt der letzten 200 Jahre werden beleuchtet und daraus Management-Trends, Merkmale und ihre kritischen Erfolgsfaktoren abgeleitet. Ein Abstecher in die Thematik rund um flexible Arbeitsmodelle, kontextspezifische und hybride Führung sowie Merkmale von erfolgreichen und autonomen Hochleistungsteams beleuchten die Voraussetzungen für Autonomie und erfolgreiche Selbstorganisation. Die Beantwortung der Frage, ob Selbstorganisation als Organisationsmodell in einem KMU notwendig ist, sowie ein Fazit und eine persönliche Empfehlung runden diesen Beitrag ab. Das Ziel des Autors ist es, dass sich die Leser:innen dieses Beitrags die Frage für ihre individuelle Situation selber beantworten können und einen Leitfaden für die Praxis erhalten.

1 Einleitung

Der Autor möchte in seinem Beitrag den Einfluss von flexiblen Arbeitsmodellen auf Selbstorganisation in einem KMU aufzeigen und damit klarstellen, dass oft irrtümlicherweise die Annahme besteht, dass die Führung in selbstorganisierten Unternehmen abgeschafft wird und dass Arbeiten in selbstorganisierten Teams ohne Regeln stattfinden kann. Ganz im Gegenteil benötigt eine erfolgreiche Zusammenarbeit in (geführter) Selbstorganisation gemeinsame Wertvorstellungen und eine klare Ausrichtung. Auch die oberste Führungsebene soll bestehen bleiben. Zudem sind sowohl Aufgabenerfüllung als auch Abläufe der Kommunikation einiges strukturierter als in herkömmlichen Modellen. Es geht hauptsächlich darum, Potentiale und Motivation der Mitarbeitenden zu stärken, ihr Engagement zu erhöhen und sie emotional stärker ins Unternehmen einzubinden.

1.1 Ausgangslage und Problemstellung

Wir leben in der 4. Industriellen Revolution, der Digitalen Transformation. Die Herausforderungen und Problemstellungen der Arbeitswelt 4.0 benötigen neue Lösungsansätze. Im Industriezeitalter stand die Frage im Zentrum, wie man effizienter wird (Effizienzdruck). In der heutigen und vor allem der zukünftigen Arbeitswelt geht es um die Frage, wie wir mit der Komplexität umgehen und innovativ sein können (Innovationsdruck).

Obwohl sich die Arbeitswelt verändert hat, versuchen Firmen immer noch, neue Herausforderungen mit alten Führungs-, Organisations- und Arbeitsmodellen zu lösen.

Eine Problemverschiebung benötigt aber auch eine Lösungsverschiebung und demzufolge neue Führungs- und Organisationsmodelle (▶ Abb. 1; Quelle: Initialisierung musterbrechender Managementinnovationen. Röösli, 2015, S. 21).

Zukünftig gilt es also, nicht Menschen, sondern das System zu managen. Es liegt an den Führungskräften, ein Umfeld mit guten Rahmenbedingungen zu schaffen, wo kompetente Menschen mit eigenverantwortlichen Entscheidungsspielräumen in kurzen Abstimmungsschlaufen gemeinsam tragbare Lösungen erarbeiten und umsetzen dürfen.

Zudem heizt der demographische Wandel den Wettkampf um qualifizierte Mitarbeitende weiter an. Fachkräfte zu gewinnen und zu binden, wird für Unternehmen zum entscheidenden Erfolgsfaktor. Flexible Arbeitsmodelle sind ein Schlüssel dazu (Zölch, 2020). Um den Wandel hin zu einer agilen und lernenden (Selbst-)Organisation zu schaffen, braucht es lernfähige Führungskräfte, welche nebst den notwendigen fachlichen Qualifikationen vor allem die Erfahrung und die Haltung (agiles Mindset) für den Wandel zu New Work mitbringen.

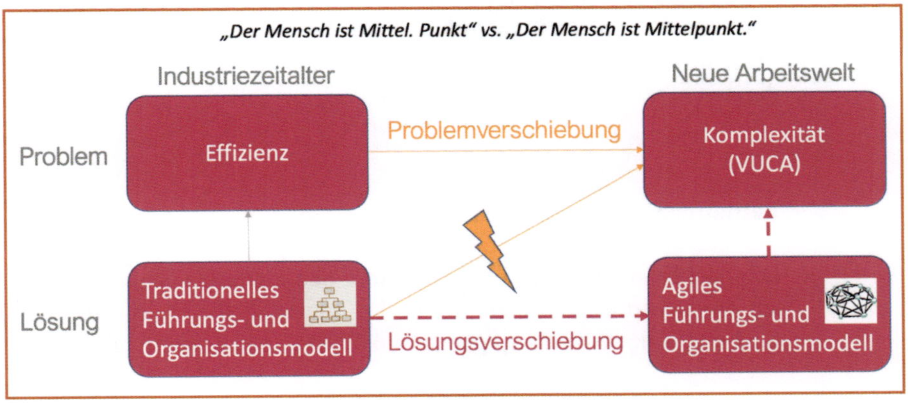

▲ Abb. 1 Neue Führungs- und Organisationsmodelle in der Arbeitswelt der Zukunft

1.2 Relevanz für die Praxis in KMU

Gemäss Bundesamt für Statistik sind über 99 % aller Unternehmen in der Schweiz KMU (Firmen mit weniger als 250 Mitarbeitenden). Dies zeigt die hohe Relevanz des Themas. Die Arbeitswelt der Zukunft mit dem Megatrend New Work, der digitalen Transformation und dem Bedürfnis nach mobil-flexibler Arbeit und mehr selbstorganisiertem Arbeiten werden auch vor den Toren der KMU nicht haltmachen. Durch die Digitalisierung und Automatisierung verändern sich einerseits die Ansprüche sowohl bei den Kundinnen und Kunden als auch den Mitarbeitenden. Andererseits bieten sich daraus neue Möglichkeiten der Kollaboration, Kommunikation und der Beschaffung und Verarbeitung von Daten und Informationen. Die veränderten Lebensgewohnheiten haben Einfluss auf die Bedürfnisse der Kundinnen und Kunden und der Mitarbeitenden. Qualifizierte Fachkräfte zu gewinnen und zu binden, wird für KMU zum entscheidenden Erfolgsfaktor (Zölch, 2020). Nicht zuletzt auch wegen dem demographischen Wandel und dem sich abzeichnenden Fachkräftemangel in der Schweiz. Den positiven Einfluss von zeitlicher und örtlicher Flexibilität auf die Leistung und das Wohlbefinden von Beschäftigten unterschiedlicher Altersgruppen werden in diversen aktuellen Studien aufgezeigt (Streuli, E., Gottschalk, K., Jordi, C., Engler, M., 2019, Loretto & Vickerstaff, 2015, Weichbrodt & Berset, 2017). Das Bedürfnis und die Notwendigkeit nach zeit- und ortsunabhängigem sowie selbstorganisiertem Arbeiten werden demzufolge immer grösser. Bereits 2016, also noch vor Covid-19, war gemäss dem FlexWork Survey für zwei Drittel der Schweizer Erwerbstätigen die Möglichkeit des mobilen Arbeitens mindestens teilweise relevant (Weichbrodt et al., 2016). KMU sollten sich Gedanken über neue Arbeits- und Organisationsformen machen. Einerseits, um die Arbeitgeberattraktivität und das Engagement der Mitarbeitenden zu sichern, um auch zukünftig auf genügend qualifizierte Mitarbeitende zählen zu können. Andererseits, um den Ansprüchen der Kundinnen und Kunden gerecht zu werden und die Arbeitgeberattraktivität hochzuhalten.

2 Aktueller Stand und Trends

Die nachfolgenden Ausführungen über den aktuellen Stand und die Trends sollen einen vertiefteren Einblick in die Thematik bieten. Sie dienen als Rahmen für FlexWork und Selbstorganisation als Organisationsmodell in einem KMU.

2.1 Arbeitswelt der Zukunft

Gemäss Metz-Kleine (2018) ist die Arbeitswelt der Zukunft flexibel und die 40-Stunden-Woche vor dem Ende. Sie führt aus, dass sich unsere (Arbeits-)Welt verändert und täglich komplexer wird. Dies u. a. wegen dem demographischen Wandel, der Branchendynamik, der Digitalisierung und der Individualisierung. Aufgrund der erhöhten Mobilität, der ständigen Erreichbarkeit und den unzähligen Medien wachsen die Anforderungen und verlangen von jedem von uns eine hohe Flexibilität. Als Folge der Digitalisierung ergeben sich neue technische Möglichkeiten, die uns ortsunabhängig kommunizieren und arbeiten lassen. Dies führt dazu, dass zeitnah auf Veränderungen reagiert werden muss. Die fortschreitende Digitalisierung und Automatisierung werden die Arbeitswelt erheblich verändern. So werden Wissens- und Produktionsprozesse automatisiert, organisationale Grenzen aufgelöst, neue Kooperations- und Arbeitsformen entstehen, Berufe verschwinden oder neue Anforderungsprofile entstehen (Zölch, Oertig, Calabrò, 2017). Obwohl Fachkenntnisse auch zukünftig noch wichtig sind, werden immer mehr die Fähigkeit vernetzt zu denken, die Kreativität sowie unternehmerische Skills verstärkt gefragt sein (Telekom Shareground/Universität St. Gallen, 2015).

Viele Unternehmen haben im Frühjahr 2020 durch die COVID-19-Pandemie eine deutliche Beschleunigung der Digitalisierung erfahren. Das hat einen Investitionsschub in der Arbeitswelt 4.0, speziell im Bereich ortsunabhängiges Arbeiten (mobile office) freigesetzt. Dies ist eine von fünf Arten der Flexibilisierung der Arbeit. Metz-Kleine (2018) erwähnt zudem, dass Grenzen zwischen Arbeit und Privatleben zusehends verschwinden. Umso wichtiger ist es, dass man in diesen Zeiten eine eigene Balance findet, um Arbeit, Familienleben und Freizeit vereinbaren zu können. Für Unternehmen heisst dies, dass sie mit neuen Fragen konfrontiert werden. Der demographische Wandel ist verantwortlich, dass bisher wenig genutzte Potenziale verstärkt mobilisiert werden müssen. Dies vor allem bei Frauen, älteren Fachkräften und Wiedereinsteigern. Diese Zielgruppen haben auf Grund ihrer unterschiedlichen Rahmenbedingungen und Lebensphasen andere Ansprüche auf die Arbeitszeitgestaltung. Für Unternehmen gilt es also, für Wünsche offen zu sein und auf die individuellen Bedürfnisse abgestimmte, flexible Arbeitsmodelle anzubieten, wenn sie auch zukünftig wettbewerbsfähig bleiben wollen. Die Studie des Bundesministeriums für Familie, Senioren, Frauen und Jugend (BMFSFJ) (2016) zeigt, dass für 87,8 % der Beschäftigten mit pflegebedürftigen Angehörigen und 96,1 % der Beschäftigten mit Kindern familienfreundliche Angebote zu den wichtigsten Kriterien für einen attraktiven Arbeitgeber zählen.

2.2 Flexible Arbeitsmodelle

Im Rahmen der Debatte um die Arbeitswelt 4.0 wird Flexibilität als Schlüssel zum Erfolg deklariert. Bereits 2016 wurde am WEF in einem UBS White Paper prognostiziert, dass Ökonomien mit den flexibelsten Arbeitsmärkten, Rechts- und Bildungssystemen sowie guten Infrastrukturen zu den Gewinnern der neuen Arbeitswelt gehören werden. Die Pandemie hat die Einführung von flexiblen Arbeitsmodellen beschleunigt (Peter et. al, 2021, S. 4). Dabei stand vorwiegend die räumliche Flexibilisierung der Arbeit (Homeoffice) im Fokus. Die räumliche Flexibilisierung ist aber nicht die einzige Möglichkeit. Es gibt verschiedene Definitionen und Modelle von flexibler Arbeit.

Gemäss Reilly (1998) können auf der Mikroebene folgende Dimensionen der Flexibilisierung von Arbeit unterschieden werden (▶ Abb. 2; Quelle: eigene Darstellung, in Anlehnung an Reilly, 1998).

In den letzten 30 Jahren standen vor allem die funktionale, zeitliche sowie die finanzielle Dimension im Zentrum (Zölch, 2020). Diverse Megatrends und die Arbeitswelten der Zukunft rücken die räumliche, zeitliche und numerische Flexibilisierung verstärkt in den Mittelpunkt. Mit der Covid-19-Pandemie hat vorwiegend die räumliche Dimension eine neue, wichtige Bedeutung erlangt. Die Folgen der Pandemie haben leider für viele Unternehmen unfreiwillig auch die numerische und finanzielle Dimension zur Herausforderung gemacht. Zölch et al. (2017, S. 18) haben festgestellt, dass im Rahmen der prognostizierten Megatrends der Flexibilisierung der Arbeit ein besonderer Stellenwert zukommt. Für

Art der Flexibilisierung	Kurzbeschrieb	Beispiele
Numerisch	Variierung der Zahl der Mitarbeitenden nach den Bedürfnissen der Arbeitgebenden	Befristete Arbeitsverträge, Temporärarbeit, Saisonarbeit, Gelegenheitsarbeit
Funktional	Effizientere Zuteilung der Arbeit durch einen optimierten Personaleinsatz	Flexibilität bezüglich Rollen, Aufgaben und Funktionen der Mitarbeitenden (Polyvalenz)
Zeitlich	Verbesserte Passung zwischen Service- oder Produktionszeiten und dem Einsatz der Mitarbeitenden	Überzeit, Schichtarbeit, gleitende Arbeitszeit, Jahresarbeitszeit
Räumlich	Alle Arbeitsformen, bei welchen die Mitarbeitenden ausserhalb des normalen Arbeitsplatzes tätig sind	Telearbeit, (Teil-)Homeoffice, Mobile Office und Work abroad (Auslandeinsätze, Einsätze an anderen Standorten etc.)
Finanziell	Anpassung der Lohnkosten und Arbeitgeberleistungen an Wirtschaftslage und Geschäftserfolg	Gewinnbeteiligung, Leistungslohn

▲ Abb. 2 Dimensionen der Flexibilisierung der Arbeit

selbstorganisiertes Arbeiten sind vor allem die funktionale, zeitliche und räumliche Flexibilisierung der Arbeit relevant. Aus diesem Grund wird nachfolgend auf diese drei Aspekte näher eingegangen.

Funktionale Flexibilisierung: Mit der funktionalen Flexibilisierung möchte man die Arbeit durch einen optimierten und situativen Personaleinsatz effizienter zuteilen. Die zunehmende Komplexität von Aufgaben und Projekten, Kundenmärkte mit Variantenvielfalt, reduzierten Lieferzeiten und kundenspezifischen Lösungen leiten einen tiefgreifenden organisatorischen Wandel ein. Unternehmen müssen zukünftig schneller und flexibler sein und sofort auf neue Herausforderungen und dynamische Umwelt- und Marktveränderungen reagieren. Um die organisationale Anpassungsfähigkeit zu entwickeln und die Flexibilität und die Innovationsfähigkeit zu steigern, kamen neue Konzepte wie z. B. Lean Management, Kanban, Kaizen, Scrum bis hin zu teilautonomen Teams zum Einsatz. Man spricht von schlanken und agilen Unternehmensstrukturen, flachen Hierarchien und selbstorganisierten Teams (Zölch et al., 2017, S. 21). Um die organisatorische Flexibilität zu erhöhen, ist auch eine funktionale Flexibilität der Personalressourcen entscheidend. Die Qualifikationsanforderungen sind aber nicht nur technischer, sondern auch aufgabenbezogener Art. Dies, weil eine effizientere Zuteilung der Arbeit durch einen optimierten Personaleinsatz durchaus mit der Variierung der Zahl und Skills der Mitarbeitenden zu tun haben kann. Unsere oftmals noch historisch tayloristischen Organisationen, welche auf Effizienz getrimmt und für Stabilität ausgelegt wurden, sind für das immer dynamischere und komplexere Umfeld nicht mehr geschaffen und viele Unternehmen sind oftmals überfordert in Krisen (Oestereich & Schröder, 2020, S. 6).

Zeitliche Flexibilisierung: Um Schwankungen im Auftragsverlauf abzudecken, die Infrastruktur besser auszulasten und um den Mitarbeitenden das Bedürfnis nach Zeitautonomie zu ermöglichen, wurden in den letzten zwei Jahrzehnten flexible Arbeitsmodelle eingeführt (Zölch et al., 2017, S. 19). Heutzutage ist dies

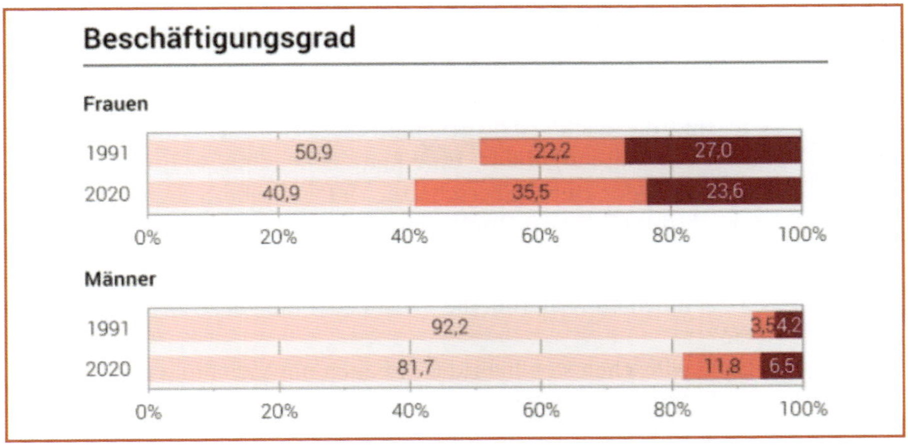

▲ Abb. 3 Beschäftigungsgrad Schweiz gemäss BfS

für viele Unternehmen bereits eine gängige Praxis. Dabei werden Jahresarbeitszeit, Teilzeitarbeit, Gleitzeit, Schichtarbeit, Langzeitkonten, bezahlte und unbezahlte Urlaube (Sabbaticals) zu den gängigsten flexiblen Arbeitszeitmodellen gezählt. Gemäss Arbeitskräfteerhebung des BfS (2021b) gehen zurzeit 6 von 10 erwerbstätigen Frauen, aber lediglich 1.8 von 10 Männern einer Teilzeitarbeit nach (◀ Abb. 3).

Somit ist die Teilzeitarbeit ein typisches Merkmal der weiblichen Erwerbsarbeit, welche sowohl Vor- als auch Nachteile bietet. Gemäss BfS (2021b) liegen die Nachteile häufig bei den ungesicherten Arbeitsverhältnissen, geringeren Karrierechancen und Weiterbildungsmöglichkeiten sowie einer schlechteren sozialen Absicherung (z. B. Pensionskasse). Die Vorteile liegen darin, dass sich Möglichkeiten bieten, nebst der Erwerbsarbeit noch andere Arbeiten zu übernehmen (z. B. Kinderbetreuung, Hilfeleistungen, Hausarbeit), Arbeit und Familie besser unter einen Hut zu bringen, eine bessere Work-Life-Balance zu erlangen oder die Zeit für Weiterbildungen zu investieren. Auf Grund der zunehmenden Digitalisierung und der damit verbundenen Möglichkeiten von ortsunabhängigem Arbeiten ist davon auszugehen, dass die Flexibilisierung der Arbeitszeiten weiter zunehmen wird (Zölch et al., 2017, S. 21).

Räumliche Flexibilisierung: Die räumliche oder auch örtliche Flexibilisierung führt zu einer Auflösung von traditionellen Arbeitsorten (und Arbeitszeiten) und können gemäss Zölch (2020, S. 24) ebenfalls zu einer besseren Vereinbarkeit von Familie und Beruf führen. Dabei führen die beiden Megatrends Globalisierung und Konnektivität zu mehr dezentralen Arbeitsformen. Temporäre Projektteams mit mobilen Arbeitsnomaden arbeiten rund um die Welt, wobei der Ort der Auftragserfüllung grundsätzlich keine Rolle mehr spielt. Die steigende Mobilität von Menschen in der Kreativökonomie lassen neue Arbeitsorte entstehen, wie zum Beispiel Co-Working Spaces zum Teilen von Wissen und zum gemeinsamen Arbeiten (Zukunftsinstitut, 2021). Wie im Abschnitt der funktionalen Flexibilisierung der Arbeit bereits beschrieben wurde, sind Freelancer die treibenden Kräfte in der Zunahme flexibler Arbeitsplätze.

Eine Citrix-Studie (2021) hat aufgezeigt, dass die heutigen Führungskräfte oftmals nicht verstehen, was die jüngeren Arbeitnehmenden motiviert. Nachfolgend sind die wichtigsten Erkenntnisse aus dieser Studie zum Thema örtliche Flexibilisierung aufgeführt. Eine klare Erkenntnis war, dass Führungskräfte die Attraktivität des Büros überschätzen. 90 % der born digital Mitarbeitenden wollen nach der Covid-19-Pandemie nicht mehr in die Vollzeit-Büroarbeit zurück, sondern bevorzugen eines der folgenden Hybridmodelle:

- 51 % möchten weiterhin die meiste oder die ganze Zeit von zuhause aus arbeiten
- 21 % wünschen sich hybrides Arbeiten mit gleichmässiger Aufteilung der Zeit im Büro oder zuhause
- 18 % wünschen sich hybrides Arbeiten mit mehr Zeit im Büro

Demzufolge möchten nur noch 10 % die ganze Zeit im Büro sein. Das Problem ist gemäss Studienresultat, dass aber immer noch 58 % der Führungskräfte glauben, dass die jungen Arbeitnehmenden, die meiste oder ganze Zeit im Büro sein möchten. Interessant ist dabei, dass 68 % der born digitals Arbeitenden erkennen, dass eine soziale Interaktion im geschäftlichen Kontext entscheidend ist, auch wenn sie es vorziehen, remote zu arbeiten. Wie können Organisationen mit diesem Dilemma umgehen?

Die räumliche oder örtliche Flexibilisierung soll demzufolge stets aus der Optik des Aufgaben- und Auftragsmanagements betrachtet werden, da die Aufgabe- und die Auftragserfüllung und nicht primär der Ort der Ausführung im Zentrum stehen. Wo und wie das gelöst wird, ist situativ und vom Kontext abhängig und hat einen Einfluss ob und in welchem Umfang Selbstorganisation möglich ist. Dies wird den Trend zum hybriden Arbeiten in gewissen Branchen, aber in jeder Organisation individuell, in Zukunft noch beschleunigen. Arbeiten «anywhere, anytime, any device» wird in der Wissensarbeit auf Grund der Digitalisierung der Arbeit und der Covid-19-Pandemie gemäss den aktuellen Umfragen weiterhin stark zunehmen. Diese Art von Arbeiten bietet aber auch Ambivalenzen. So können die bessere Vereinbarkeit von Beruf und Freizeit für die Familie eine zunehmende Belastung sein. Dies, wegen der zunehmenden Aufhebung der Grenzen zwischen Beruf und Freizeit und einem allfälligen Verlust an Austausch mit dem Team. Demzufolge ist es wichtig, dass mobil-flexibles Arbeiten in den Werten von Gesellschaft, Unternehmen und Individuen verankert ist (Zölch et. al, 2017, S. 28). Auch Zölch ist überzeugt, dass die jüngere Generation, die born digitals, diesen Wandel massgeblich vorantreiben werden. Für Unternehmen ist es wichtig, dass gemeinsame Werte, Vorstellungen und Regeln definiert werden, welche vom Team verabschiedet, eingehalten und periodisch überprüft und allenfalls angepasst werden. Dies ist wichtig, damit die zeitliche und örtliche Flexibilisierung der Arbeit für alle Beteiligten ein Mehrwert bietet und nicht zur Last wird.

2.3 Wie verändert sich unsere Arbeitswelt und welche Bedeutung hat dies auf flexible Arbeitsmodelle und die Führung in KMU?

Auch wenn (noch) nicht alle Branchen bei KMU gleich stark vom Fachkräftemangel betroffen sind, stossen sie auf Grund der steigenden Komplexität und Anforderungen früher oder später an ihre Grenzen. Primär auf Grund von stark hierarchischen Organisationsmodellen, die oftmals wenig Flexibilität zulassen. Es ist erwiesen, dass Hierarchie nicht mit Komplexität umgehen kann (Laloux, 2017, S. 59). Eine Pyramidenstruktur kann gut funktionieren in einer Umgebung mit niedriger Komplexität. Sie ist aber nicht mehr funktionsfähig, wenn sich die Komplexität erhöht (Laloux, 2017, S. 58). So wird die Struktur zu einem Engpass, auch wenn Führungspersonen noch zusätzliche Zeit investieren. Was ist also die Alternative für dieses strukturelle Problem, das durch mehr Arbeitszeit nicht gelöst werden kann? Die komplexen Ökosysteme der Natur machen es uns vor. Kein einziges komplexes System arbeitet mit einer Pyramidenhierarchie. Sie arbeiten alle nach einer Struktur der verteilten Autorität. Laloux (2017, S. 60f.) vergleicht dies unter anderem mit dem menschlichen Gehirn, einem Vogelschwarm oder dem Ökosystem eines Waldes.

Haupterkenntnisse über Veränderung der Arbeitswelt: Hierarchieebenen bringen Ordnung und Stabilität in Organisationen. Die Zeichen häufen sich aber, dass die Komplexität auch in KMU zunimmt und Pyramidenstrukturen damit an ihre Grenzen stossen. Es geht darum, sich Gedanken zu machen, wie man neue Strukturen der verteilten Autorität und der kontextspezifischen Führung und Arbeit entwickeln kann. Dazu sollten die Mitarbeitenden miteinbezogen und nach ihren individuellen Bedürfnissen gefragt werden. Entscheidungen sollten gemeinsam im Team (an der Front, wo es passiert) getroffen werden. Dazu benötigt es gemeinsam definierte Regeln (vgl. genannte Beispiele der Natur) und eine Unternehmenskultur, die von psychologischer Sicherheit, Vertrauen, Wertschätzung aber auch der Bereitschaft zu Verantwortungsübernahme geprägt ist, um in die Lernzone zu gelangen. Dieser «mind-change» muss von der Geschäftsleitung/den Inhabern gewollt, authentisch vorgelebt und nahe begleitet werden.

2.4 Notwendigkeit und Nutzen flexibler Arbeitsmodelle und selbstorganisierter (eigenverantwortlicher) Teams in KMU?

Auf Grund der Covid-19-Pandemie mussten auch KMU den Mitarbeitenden Homeoffice erlauben und ermöglichen. Die anfängliche Skepsis ist sowohl bei Mitarbeitenden als auch Führungspersonen und Vorgesetzten verschwunden und man hat festgestellt, dass Homeoffice in vielen Bereichen bestens möglich ist. Die Umfrage von Z'Rotz, Gisin & Magnin (2021) zeigt, dass hinblickend auf die Arbeit im Homeoffice ein Umdenken stattgefunden hat. Für die Verfassenden dieser Studie bleibt abzuwarten, inwiefern Homeoffice auch zukünftig möglich sein wird.

Notwendigkeit: Umfragen zeigen, dass zumindest für die administrativen Teile eine Notwendigkeit für flexible Arbeitsmodelle besteht. Die Covid-19-Pandemie hat dies noch verstärkt zum Ausdruck gebracht, wobei hauptsächlich die zeitliche, räumliche und funktionale Flexibilisierung der Arbeit im Zentrum stand.

Nutzen: Gemäss Zusammenfassungen aus den erwähnten Studien und der Fachliteratur ergeben sich für KMU die folgenden Hauptnutzen aus flexiblen Arbeitsmodellen:

1. Höhere Arbeitgeberattraktivität als moderne Arbeitgeberin dies führt zu:
   - Tieferen Krankheitsquoten
   - Steigerung der Zufriedenheit und des Engagements (Gallup Studie 2021)
   - Besseren Weiterempfehlungsraten
   - Rekrutierung und Bindung von genügend Talenten mit «future skills»

2. Höhere Qualität, Produktivität und Effizienz dies führt zu:
   - Steigerung der Innovation
   - Senkung der Kosten
   - Schnelleren und besseren Entscheiden dank Selbstorganisation
   - Befriedigung der Kundenwünsche

Haupterkenntnisse über Notwendigkeit und Nutzen: In der Praxis herrscht grossmehrheitlich Einigkeit über die Notwendigkeit und den Nutzen. Es gilt die nachfolgend beschriebenen Voraussetzungen zu erfüllen und Hürden zu überwinden. Bei einer erfolgreichen Umsetzung kann sich eine Firma dadurch noch stärker als attraktive Arbeitgeberin positionieren und so eher schwieriger zu rekrutierende Stellen auch zukünftig mit gutem Führungs- und Fachpersonal besetzen. Das Thema sollte also auch aus der Sicht der Arbeitgeberattraktivität betrachtet werden.

2.5 Voraussetzungen und Hürden von FlexWork und Selbstorganisation

Peter (2019, S. 7) empfiehlt eine gesamtheitliche Betrachtung von Mitarbeitenden, Arbeitsumfeld und Technologie. Für ihn sind Querschnittfunktionen (Kultur, Zusammenarbeit, Kommunikation und medienbruchfreie Arbeitsprozesse) die Grundlage einer funktionierenden Selbstorganisation. Es gilt, die grössten Hürden vorgängig zu kennen und wo möglich zu reduzieren. Gemäss seiner Studie (2019) gehören dazu hauptsächlich:

- Fehlendes Wissen/Knowhow (42 %)
- Bestehende, teilweise starre Strukturen in der Führung der Organisation (41 %)
- Konflikte mit anderen Prioritäten und Projekten (35 %)
- Mangel an Personal (33 %)
- Fehlende Strategie (33 %)

Seine Studienresultate zeigen auf, weshalb Organisationen in die Arbeitswelt 4.0 und in flexible Arbeitsmodelle investieren. Dabei haben sich die folgenden primären Treiber gezeigt:

- Innovationsdruck (64 %)
- Bedarf nach einer besseren internen Kommunikation (64 %)
- Erlangen von mehr Flexibilität (55 %)
- Stärkere Reputation und höhere Attraktivität als Arbeitgebende (54 %)
- Kundenfreundlichere Organisation (50 %)

Haupterkenntnisse über Voraussetzungen und Hürden: Weichbrodt et al., (2020) nennt das Zulassen und Wollen der Geschäftsleitung eine der wichtigsten Voraussetzungen und gleichzeitig auch eine der grössten Hürden. Warum? Weil eine solche Veränderung Auswirkungen auf die Hierarchie/Struktur hat und dies «Loslassen» und «schwindende Macht» der Führungsverantwortlichen zur Folge hat.

3 Fazit

Auf Grund der erwähnten Literatur kann zusammengefasst gesagt werden, dass es zukünftig Flexibilität und wie Laloux (2017) in seinem Buch Reinventing Organizations beschreibt «atmende Organisationen» braucht. Dies, um eine gelingende Vereinbarkeit von Beruf, Familie und Freizeit für die Mitarbeitenden in den individuellen Lebensphasen zu ermöglichen und um genügend qualifizierte Fach- und Führungskräfte mit den «future skills» finden und binden zu können. Eine atmende Organisation ist eine Organisation, die sich wie ein lebendiger Organismus verhält. Sie passt sich ständig an ihre Umgebung an und reagiert auf Veränderungen, indem sie sich selbst neu erfindet. Eine atmende Organisation hat keine starren Hierarchien oder festen Regeln. Stattdessen gibt es eine Kultur des Vertrauens und der Zusammenarbeit, in der alle Mitarbeitenden ihre Fähigkeiten und Talente einbringen können. Eine atmende Organisation ist auch offen für Veränderungen und Innovationen. Sie fördert die Kreativität und das Engagement ihrer Mitarbeitenden und schafft so eine Umgebung, in der alle ihr volles Potenzial entfalten können. Laloux glaubt, dass atmende Organisationen die Zukunft der Arbeit sind und dass sie in der Lage sind, komplexe Probleme zu lösen und eine nachhaltige Zukunft zu schaffen.

Eine emotionale Bindung ans Unternehmen und ein hohes Engagement sichern die Talente der Zukunft. Demzufolge muss im Einklang mit der digitalen Strategie ebenfalls die HR-Strategie über die gesamte Firma (nicht nur einzelne Abteilungen) analysiert und allenfalls angepasst werden. Fachkräfte zu gewinnen und zu binden, wird für Unternehmen zum entscheidenden Erfolgsfaktor. Flexible Arbeitsmodelle, kontextspezifische Organisations- und Führungsmodelle sowie mehr selbstorganisierte Teams sind ein Schlüssel dazu. Um den Wandel hin zu einer agilen und lernenden Organisation zu schaffen, braucht es lernfähige Führungskräfte, welche nebst den notwendigen fachlichen Qualifikationen vor allem die Erfahrung und die Haltung (agiles Mindset) mitbringen für den Wandel zu New Work und der Digitalen Transformation. Z'Rotz, Gisin & Magnin (2021) haben in der für die Hochschule Luzern durchgeführten Studie festgestellt, dass die räumliche Flexibilisierung der Arbeit (Homeoffice), unter Berücksichtigung der Situation im Lockdown und den gemachten Erfahrungen, gut funktioniert. Die Verfasser dieser Studie sind der Meinung, dass mobil-flexible Arbeit auch zukünftig gefördert werden sollte. Aus den Untersuchungsergebnissen lassen sich folgende Empfehlungen (▶ Abb. 4; Quelle: Homeoffice in öffentlichen Verwaltungen. Z'Rotz, Gisin, Magnin, 2021, S. II) im Umgang mit Homeoffice und Mobile Office ableiten.

Im Zentrum sollte das WAS, also die Aufgabe und die Auftragserfüllung, stehen. Je nach dem WAS entscheiden sich das WIE, WO, mit WEM. Demzufolge wird das hybride und selbstorganisierte Arbeiten ein wichtiges Thema bleiben, auch nach den Covid-Lockerungen. Es gilt, gemeinsam ein anpassungsfähiges

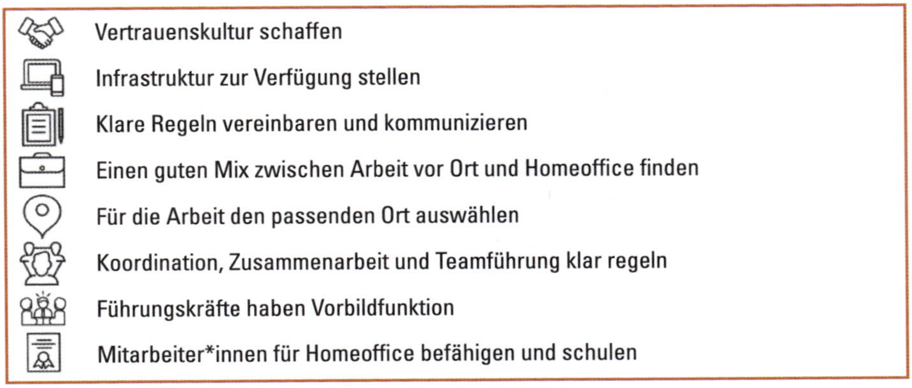

▲ Abb. 4 Empfehlungen HSLU für Homeoffice

Modell zu entwickeln und dieses periodisch (z.B. quartalsweise) mittels Reviews und Retros zu überprüfen und allenfalls (in den Teams) individuell anzupassen. Die Geschäftsleitung soll den Rahmen festlegen, die Details sollen aber in den Teams (falls notwendig mit Begleitung einer Führungskraft oder eines Coaches) vereinbart werden.

Die Beantwortung der vorgängigen Fragestellungen bringt deutlich zum Vorschein, dass der Stellenwert von Selbstorganisation mittels flexiblen Arbeitsmodellen zukünftig noch stärker an Bedeutung gewinnen wird. Dies, da das Bedürfnis der Mitarbeitenden, nicht nur der jüngeren Generation, diesbezüglich steigt. Die Hauptvorteile, welche sich ableiten lassen, liegen vorwiegend in einer flexibleren Gestaltung der Arbeitszeit, einer besseren Work-Life-Balance, einer höheren Mitarbeiterzufriedenheit und einem höheren Engagement und Bindung an das Unternehmen. Es gilt darauf zu achten, dass gemeinsame Werte und Regeln im Team definiert werden, u.a. wie man mit der Trennung von Arbeit und Freizeit umgeht, zu welchen Gelegenheiten man sich physisch trifft und auch an welchen Wochentagen. Das erfordert teilweise noch eine Veränderung in der Denkweise, primär bei den Führungspersonen. Führung bekommt in diesem Kontext eine neue Bedeutung. Weg von *push* (transaktionaler Führungsstil) mit starren Hierarchien, Belohnung und Bestrafung, hin zu *pull* (transformationaler Führungsstil), wo mit Sinn, Werten, Menschlichkeit und einem agilen Mindset (kontextspezifisch) geführt wird. Es gilt ein Umfeld mit psychologischer Sicherheit zu schaffen, wo kompetente Menschen mit eigenverantwortlichen Entscheidungsspielräumen in kurzen Abstimmungsschlaufen gemeinsam tragbare Lösungen erarbeiten dürfen. Aus gemachten Erfahrungen muss bei einem heterogenen Arbeitsumfeld den Einsatzmöglichkeiten von FlexWork eine spezielle Beachtung geschenkt werden. Allfällige Massnahmen müssen individuell und differenziert getroffen werden.

4 Handlungsempfehlungen für die Praxis

Ob flexible Arbeitsmodelle und Selbstorganisation Sinn machen, ist wie zuvor beschrieben, von verschiedenen Faktoren abhängig und individuell zu betrachten. Falls man sich aber zu diesem Schritt entschliesst, ist eine erfolgreiche Umsetzung eine Organisationsentwicklung, welche oft durch externe Unterstützung initiiert und begleitet wird. Dies bedarf in jedem Fall einer ganzheitlichen, vernetzten Vorgehensweise (Mensch, Organisation, Technologie) und soll Mitarbeitende einbinden. Folgende, nicht abschliessenden Schwerpunktthemen und Massnahmen (▶ Abb. 5) werden als relevant betrachtet:

Erfahrungswerte und eigene Haltung: Aus eigener, mehrfach gemachter Erfahrung ist das Thema Home Office/Mobile Office eines der Wichtigsten. Hier lohnt es sich, die notwendige Zeit zu investieren. So konnte ich bereits mehrere Workshops zu diesem Thema durchführen. Zuerst mit den Führungsverantwortlichen, um die für alle geltenden minimalen Regeln festzulegen, welche schriftlich festgehalten und als für alle verbindlich definiert wurden. Dabei gilt das Motto «weniger ist mehr». Das heisst, dass es im Idealfall nicht mehr als 3 Regeln geben sollte. So muss definiert werden «wo» remote gearbeitet werden darf (z. B. nur zuhause, in der Schweiz, im Ausland), «wann» gearbeitet werden darf (z. B. Montag bis Samstag, 06:00 Uhr bis 21:00 Uhr) und «wie oft» man minimal im Büro anwesend sein muss (z. B. 1 Tag = Teamtag).

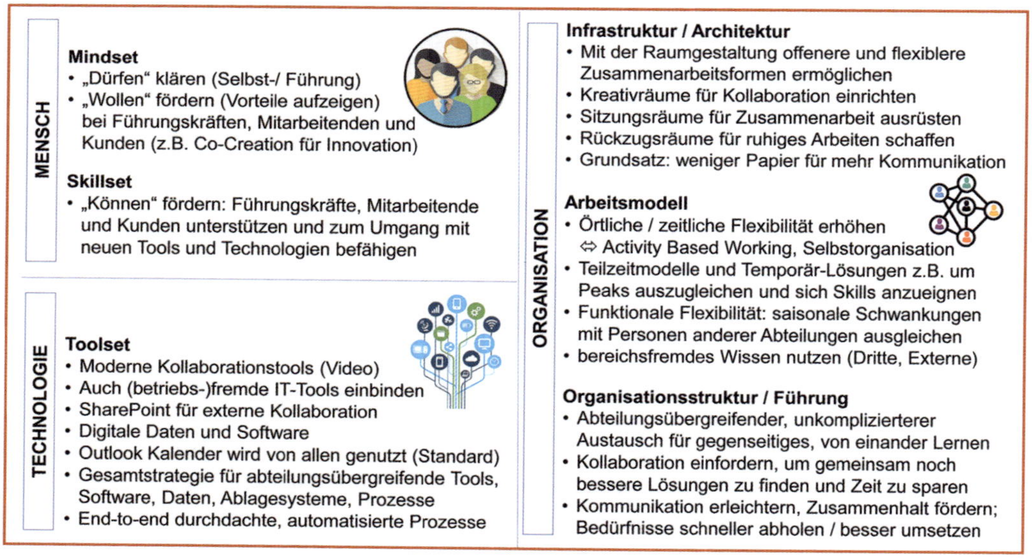

▲ Abb. 5 relevante Schwerpunktthemen und Massnahmen (eigene Darstellung)

Im Anschluss habe ich mit mehreren «autonomen» Teams gleichzeitig einen Workshop durchgeführt. Inhalte waren u. a. Gründe, Herausforderungen, Chancen und Gefahren von Remote Work (genereller Input); das Aufzeigen der für alle gültigen Regeln und die teamweise Erarbeitung eines Mobile Office Canvas mit diversen Themenfeldern. Ziel des Workshops war es, dass die einzelnen «autonomen» Teams auf sie persönlich abgestimmte und teamverbindliche Antworten finden konnten, welche im Alltag umgesetzt werden. Dabei stand die professionelle Auftragserfüllung stets an oberster Stelle. Die Individualität der einzelnen Teams (unter Einhaltung der Regeln und der professionellen Auftragserfüllung) wurde bewusst ins Zentrum gestellt. Denn was für das eine Team stimmig war, hat für das andere Team überhaupt nicht gepasst.

Meine persönliche Haltung dazu ist, dass die Individualität, das entgegengebrachte Vertrauen und die eigenverantwortliche Erarbeitung und Umsetzung die Haupterfolgsfaktoren für den Erfolg sind. Die Mitarbeitenden fanden dies sehr wertschätzend und motivierend. Man war sich durchwegs einig, dass dies zur Steigerung der Arbeitgeberattraktivität beiträgt. Es ist wichtig, dass die Führungskräfte die Teams in der Praxis dabei unterstützen und dies dann auch so umsetzen lassen, auch wenn allenfalls am Anfang ab und zu ein Abstimmungsproblem auftaucht.

Hier schliesst sich der Kreis aus Theorie und Praxis. Ich hoffe, dass die Ausführungen in diesem Beitrag wertvolle Gedankenanstösse und Praxistipps geben können.

Persönliche Meinung und Praxistipps für die Umsetzung: Falls man sich entscheidet, flexible Arbeitsmodelle einzuführen und selbstorganisierte Teams zu etablieren, dann sollten das Bewusstsein der Notwendigkeit, der Sinn und der Nutzen sowohl bei der Führung als auch den Mitarbeitenden vorhanden sein. Dem soll die Bereitschaft folgen, dies miteinander im Sinne einer «Lernreise» gemeinsam anzugehen. Oft fehlt es an der Priorisierung, der Zeit (Tagesgeschäft), dem Mut für innovative Veränderungen und dem Wissen, wie dies konkret angegangen und umgesetzt werden soll.

Aus eigener Erfahrung kann die Empfehlung der Experten:innen nur unterstützt werden, dass ein solch umfassender Transformationsprozess zusammen mit einer externen, erfahrenen Begleitung initiiert und umgesetzt werden sollte. Dazu eignen sich Klausuren, Workshops und begleitende Coachings. Es empfiehlt sich eine Situationsanalyse, ein Zielbild und eine Umsetzungsstrategie zu erarbeiten. Die Involvierung der Mitarbeitenden soll ein wichtiger Stellenwert einnehmen. In der Praxis hat es sich ebenfalls bewährt, von Anfang an Gefässe zu schaffen, wo sich die Mitarbeitenden über die Details der Umsetzung informieren und austauschen können, damit bei Problemen oder Unsicherheiten stets am Ort des Geschehens eine gemeinsame Lösung erarbeitet werden kann.

Und schlussendlich geht es ums mutige Umsetzen, denn:
Erfolg hat drei Buchstaben: **TUN!**
(Johann Wolfgang von Goethe)

5 Literaturverzeichnis

BfS (2021b). Schweizerische Arbeitskräfteerhebung (SAKE). Abgerufen am 05. Juni 2022 von https://www.bfs.admin.ch/bfs/de/home/statistiken/wirtschaftliche-soziale-situation-bevoelkerung/gleichstellung-frau-mann/erwerbstaetigkeit/teilzeitarbeit.html

Bundesministerium für Familie, Senioren, Frauen und Jugend (BMFSFJ). (2016). Unternehmensmonitor Familienfreundlichkeit 2016, Berlin. Abgerufen am 30. Juni 2022 von https://www.bmfsfj.de/resource/blob/95434/ede1131bedf5bbbb477cffd478bcc1b7/unternehmensmonitor-familienfreundlichkeit-2016-broschuere-data.pdf.

Citrix (2021). Born Digital Poised to Deliver Substantial Economic Gains – But They'll Need Some Help. Abgerufen am 06. Juni 2022 von https://www.citrix.com/de-de/news/announcements/may-2021/born-digital-poised-to-deliver.html

Gallup (2021). Engagement Index 2020. Abgerufen am 30.06.2022 von https://www.gallup.com/de/engagement-index-deutschland.aspx

Laloux, F. (2017). Reinventing Organizations visuell: Ein illustrierter Leitfaden sinnstiftender Formen der Zusammenarbeit (1. Aufl.). München, Deutschland: Vahlen.

Loretto, W., & Vickerstaff, S. (2015). Gender, age and flexible working in later life. Work, Employment and Society, 29(2), 233 – 249. https://doi.org/10.1177/0950017014545267

Metz-Kleine, A. (2018). Die Zukunft der Arbeit ist flexibel. In H.R. Fortmann & B. Kolocek (Hrsg.), Arbeitswelt der Zukunft. Trends – Arbeitsraum- Menschen – Kompetenzen. (S. 131 – 136). Wiesbaden, Deutschland: Springer Fachmedien

Oestereich, B., & Schröder, C. (2019). Agile Organisationsentwicklung: Handbuch zum Aufbau anpassungsfähiger Organisationen (1. Aufl.). München, Deutschland: Vahlen.

Peter, M. K. (2019). KMU-Transformation: Als KMU die Digitale Transformation erfolgreich umsetzen.: Forschungsresultate und Praxisleitfaden. Olten, Schweiz: FHNW.

Peter, M. K., Savoy, V., & Tonazzi, M. (2021). Future Work Barometer – Dritte Validierungsmessung. Olten, Schweiz: FHNW.

Reilly, P.A. (1998). Balancing Flexibility – Meeting the Interests of Employer and Employee. European Journal of Work and Organizational Psychology, 7:1, S. 7 – 22

Röösli, F. (2015). Initialisierung musterbrechender Managementinnovationen: Eine interdisziplinäre Betrachtung (Schriften des Instituts für Entwicklung zukunftsfähiger Organisationen) (1. Aufl.). Köln, Deutschland: Josef Eul Verlag.

Streuli, E., Gottschalk, K., Jordi, C., & Engler, M. (2019). Ältere Erwerbsbevölkerung – Potenziale erkennen und nutzen. In C. Negri (Hrsg.), Führen in der Arbeitswelt 4.0. (S. 181 – 194). Berlin, Deutschland: Springer

Telekom Shareground/Universität St. Gallen (2015). Arbeit 4.0: Megatrends digitaler Arbeit der Zukunft – 25 Thesen. Abgerufen am 01. Juni 2022 von https://www.telekom.com/de/medien/medieninformationen/detail/maschinen-werden-kuenftig-kollegen-sein-349222

UBS White Paper WEF (2016). Extreme automation and connectivity: The global, regional and investment implications of the Fourth Industrial Revolution – UBS White for the World Economic Forum (Annual Meeting 2016). Abgerufen am 01.06.2022, von https://www.fundresearch.de/sites/default/files/partnercenter/UBS/News/news_2016/FINAL_WEF_White_Paper%202016.pdf

Weichbrodt, J., Tanner, A., Josef, B., & Schulze, H. (2014). Die Entwicklung von Arbeitsflexibilität in Organisationen anhand des FlexWork Phasenmodells. Wirtschaftspsychologie, (2014-4), 11 – 23. Verfügbar unter http://hdl.handle.net/11654/4991.

Weichbrodt, J., Berset, J., & Schläppi, M. (2016). Flex Work Survey 2016. Befragung von Erwerbstätigen und Unternehmen in der Schweiz zur Verbreitung mobiler Arbeit. Abgerufen am 27. Mai 2021 von https://irf.fhnw.ch/handle/11654/24099

Weichbrodt, J., & Berset, M. (2017). Verbreitung, Motive und organisationale Rahmenbedingungen mobil-flexibler Arbeit in der Schweiz. Abgerufen am 02. Juni 2021, von https://irf.fhnw.ch/bitstream/handle/11654/27539/F.1.5%20Weichbrodt%20et%20al.pdf?%20sequence=1&isAllowed=y

Weichbrodt, J., Bruggmann, A., & Folie, A. (2020). FlexWork Survey 2020: Befragung von Erwerbstätigen und Unternehmen in der Schweiz zur Verbreitung mobil-flexibler Arbeit. Abgerufen am 27. Juni 2022 von https://irf.FHNW.ch/handle/11654/31702

Zölch, M., Oertig, M., & Calabrò, V. (2017). Flexible Workforce – Fit für die Herausforderungen der modernen Arbeitswelt? (1. Auflage). Bern, Schweiz: Haupt Verlag.

Zölch, M. (2020). Gelebtes flexibles Arbeiten. Olten, Schweiz: FHNW

Zukunftsinstitut. (2021). Trendkategorien und ihre Bedeutungen. Abgerufen am 27. Juni 2022, von https://www.zukunftsinstitut.de/artikel/trends-grundlagenwissen/

Z'Rotz, J., Gisin, L., & Magnin, C. (2021). Homeoffice in öffentlichen Verwaltungen: Auswirkungen der Covid-19-Pandemie auf die Arbeitskultur in Gemeinden und Kantonen. Kurzbericht. Hochschule Luzern – Wirtschaft, Institut für Betriebs- und Regionalökonomie IBR. Luzern, Schweiz: HSL

Stefan Lenz

Agilität – eine Standortbestimmung

In unserer VUCA-Welt erfordert Agilität mehr als Flexibilität, ebenso wichtig sind eine nachvollziehbare Vision und die Sinnvermittlung. Und Agilität dient auch nicht als Heilmittel für nicht funktionierende Prozesse. In einem Unternehmen ist «Agilität» mit einem gemeinsamen Verständnis einzuführen und mit regelmässiger Reflexion gezielt weiterzuentwickeln.

Einleitung

Die Bewältigung unserer Arbeit wird zunehmend anspruchsvoller. In Unternehmen ist von differenzierenden Kundenerlebnissen, hoher Komplexität, zeitlichem Druck die Rede, zudem werden Projekte kaum priorisiert – alles scheint wichtig und dringend.

Als Weiterentwicklung der traditionellen Organisationsstrukturen halten in Firmen agile Arbeitsformen Einzug, dies mehr oder weniger geplant und geführt. Mit der Agilität wird auch die Selbstorganisation von Teams und Personen stärker gefördert bzw. gefordert.

Die unzureichende Planung und Schnittstellenprobleme führen zu Stress oder lösen gar Hektik aus. Aber auch der zunehmende Verwaltungsaufwand und häufige Rapportierungspflichten belasten die effiziente Projektentwicklung und -abwicklung.

Die «Agilität» hat ihre sprachlichen Wurzeln im lateinischen «agilitas», was Beweglichkeit bedeutet. Diese Agilität in der Arbeitswelt steht für das flexible Reagieren auf unvorhergesehene Ereignisse oder neue Anforderungen. Sie gilt in der sich rasch ändernden Arbeitswelt als bester, bekannter Weg, um Ziele in Etappen zu erreichen. Diese Arbeitsweise hat sich in der Praxis bewährt und steht verständlicherweise oben auf der Managementagenda. Den «Risiken und Nebenwirkungen» der Agilität wird aber zu wenig Beachtung geschenkt. In diesem Beitrag nehme ich eine Standortbestimmung vor.

Agilität als Hoffnungsträger?

Wie Agilität in Unternehmen genutzt wird, hängt von verschiedenen Treibern ab. Seien dies Entwicklung neuer Kundenerlebnisse, die Innovationen in Kombination mit Digitalisierung, die Transformation von Prozessen, die internationale Projektarbeit in Verbindung mit Globalisierung und Lokalisierung oder die Disruption von Geschäftsmodellen. Um den Sinn und Zweck von Agilität – in welchem Ausmass auch immer – zu beurteilen, ist es relevant zu akzeptieren, dass wir modernen Menschen in einer VUCA-Welt[1] leben – einer unbeständigen, vernetzten und komplexen Welt, die nur teilweise kontrollierbar ist.

Der hohe Bedarf an Weiterentwicklung von Prozessen und Produkten, kombiniert mit diesen Treibern, erfordert neue Verfahren und Organisationsformen in der Arbeitswelt. Denn ein Projekt ist nicht mehr auf Jahre hinaus plan- und umsetzbar – die äusseren und inneren Einflüsse auf die Projektpläne sind zu gross. Auch werden die Unternehmen in den kommenden Jahren verschiedene grössere Veränderungen durchleben – schliesslich stehen wir mit der digitalen Transformation noch ziemlich am Anfang. Zudem müssen Unternehmen die Herausforderungen wie mangelnde Prozessdurchgängigkeit mit Medienbrüchen, zu wenig Ressourcen, Zusammenarbeit der unterschiedlichen Generationen und Kulturen, Anpassungen der Lieferketten sowie fortwährendem Kostendruck bewältigen.

All diese Veränderungen verlangen von Unternehmen bzw. den Führungskräften und den Mitarbeitenden die Fähigkeit zur raschen und dennoch systematischen Anpassung. Dabei ist die gemeinsame Formulierung einer Vision notwendig, um für die tägliche Arbeit Sinn zu stiften und Orientierung zu schaffen. Basierend darauf werden Projekte professionell und effizient im Sichtflug abgewickelt. Die neuen Arbeitsweisen mit der Agilität, kombiniert mit der Selbstorganisation von Teams und Personen, ermöglichen dies. ▶ Abb. 1 zeigt ein vereinfachendes Schema zur Bestimmung der Vorgehensweise.

▲ Abb. 1 Vereinfachendes Schema zur Bestimmung der Vorgehensweise

Verfolgte man früher bei der Realisierung von Projekten eine definierte, sequenzielle Abfolge von abgeschlossenen Phasen, erreicht man heute mit einem solchen Vorgehen die Projektziele in der Regel nicht in der geforderten Qualität. Dies liegt im Wesentlichen daran, dass sich unter anderem Anforderungen während der Projektlaufzeit ändern, Kunden neue Bedürfnisse einbringen oder sich

Rahmenbedingungen eines betroffenen IT-Systems ändern. Bei grösseren Vorhaben sollte ein iterativer Ansatz gewählt werden, der ein schrittweises Vorgehen unterstützt. Dabei sind die künftigen Benutzer einzubeziehen, dies ermöglicht Reaktionen auf sich ändernde Rahmenbedingungen und bildet einen Rahmen, um die Erwartungshaltung des Kunden gegenüber dem Ergebnis realistisch zu halten. Innerhalb einer einzelnen Iteration von zwei bis vier Wochen werden definierte Arbeitspakete entwickelt und lauffähige Prototypen respektive Teilsysteme erstellt, die vor der nächsten Iteration getestet werden. Während einer Iteration wird oft schrittweise bzw. in Etappen vorgegangen, vergleichbar mit dem klassischen Wasserfallmodell.

Typische Aspekte der Agilität

Agilität wird heute oft als Begriff verwendet, um eine Vorgehensweise an ein Set von Methoden und Verfahren zu klammern. Dabei kann Agilität auch vorgeschoben werden, um neue Herangehensweisen zu rechtfertigen. Vieles davon ist «alter Wein in neuen Schläuchen». Neu ist insbesondere die Bündelung von bestimmten Massnahmen. Nachfolgende sechs Aspekte charakterisieren die Methodenebene der Agilität bzw. ein agiles Vorgehen:

1 Kundenbedürfnis	**Konsequente Nutzerorientierung** und -erforschung sowie Systemdenken
2 Transparenz	**Zwischenschritte** werden mit dem Kunden auf den Kontext **abgestimmt** und visualisiert
3 Kurze Durchlaufzeiten	**Arbeitsfluss** wird in **kurzen Durchlaufzeiten und zyklisch** konzipiert, **Inkremente** werden **iterativ ausgeliefert**
4 Selbstorganisation	**Eigenverantwortung** des Teams und der Teammitglieder in gemischter Zusammensetzung (Analyse, Entwicklung, Betrieb) und dezentralen Entscheidungen werden **gefordert**
5 Zusammenarbeit	Im Unternehmen werden **interdisziplinäre Teamstrukturen** gefördert und es wird **eine Netzwerkstruktur** gelebt
6 Reflexivität	**Feedbackloops** sind etabliert, um **Arbeitsergebnisse** (Reviews) und Arbeitsabläufe sowie die Zusammenarbeit (Retrospektiven) zu reflektieren – dabei werden Verbesserungsmassnahmen vereinbart

Wie entwickelt sich die Agilität im Unternehmen?
Agilität kann als Kompetenz verstanden werden, die Praxistauglichkeit oder Funktionalität eines Unternehmens und damit eines Systems (bestehend aus Personen, Prozessen, Methoden und Tools) zu erhöhen. Ein agiles System ist in der Lage, seine Fähigkeiten (z. B. die Arbeitsprozesse oder die Anwendung von Methoden und Tools) zu verbessern und seine Leistungsfähigkeit zu erhöhen. Dazu muss man im Unternehmen nicht zwingend einen detaillierten Plan festlegen oder einen vorgegebenen Plan detailgetreu umsetzen. Es können auf dem Weg zum Ziel auch Anpassungen vorgenommen, Umwege gemacht oder neue Richtungen eingeschlagen werden. Die Führungskräfte und die Mitarbeitenden müssen jedoch von Zeit zu Zeit überprüfen, ob sie im Grundsatz das eigentliche Ziel noch verfolgen und wie mit Risiken und Fehlern umgegangen wird. Beispielsweise kann es sein, dass das Unternehmen dem Risiko verfallen ist, sich von einer Opportunität zur nächsten zu bewegen und sich damit nur noch ziellos treiben lässt – was durchaus auch eine Überlebensstrategie sein kann. Spätestens bei Änderungen in den Managementstrukturen wird dies oft erkannt, was dann rasch zu Anpassungen in der Organisation, dem Projektportfolio und/oder den Prozessen führt.

Fähigkeit zur systematischen Wandlung

Ermuntert durch Projekterfolge anderer und Verheissungen der Agilität, versuchen sich immer mehr Unternehmen am grossen Wurf und stellen nicht mehr nur Teilbereiche, sondern die gesamte Organisation auf scheinbar agile Strukturen um – dies notabene in Rekordzeit. Solche Unternehmen wollen zwar sogenannt «agil sein», ihr agiler Reifegrad ist in der Realität aber nicht sonderlich hoch. Zu den zentralen Herausforderungen des Managements auf dem Weg zu mehr Agilität im Unternehmen zählen:

- Genügende Management-Unterstützung und Beteiligung der Führung am Prozess
- Ausbildung und damit Befähigung der Führungskräfte und Mitarbeitenden, mit agilen Vorgehensweisen und Methoden zu arbeiten
- Umgang mit aktivem und passivem Widerstand von Mitarbeitenden, Teams bzw. der Organisation
- Konsistente Prozesse, Vorgehensweisen und Tool-Anwendung in den verschiedenen Teams
- Übernahme von Verantwortung von Business- und Produkt-Ownern
- Zusammenarbeit bzw. schwacher Wille zum Teilen von Wissen
- Anpassungen von internen Vorschriften oder Weisungen zu Kompetenzen, Projekten, Budgetierung usw.

Nicht jedes Unternehmen kann die eher schwerfälligen Planungs-, Rapportierungs- und Finanzierungsprozesse mit agilen Methoden vereinbaren. Denn für viele Organisationen ist der Kern einer strukturierten Organisation die Kontrolle. Es stellt sich die Herausforderung, dass ein Teil der Prozesse traditionell abgewickelt wird und dieser nicht in die Agilität überführt wird. Dies können beispielsweise Strategie- oder Budgetierungsprozesse sein, die mit Vorgaben wie Rechnungslegungsvorschriften oder internen Weisungen geregelt sind. Parallel dazu sollen bei neuen Projekten die agilen Möglichkeiten genutzt werden. Dieser Dualität muss sich das Management bewusst sein, damit entsprechende Entscheidungen gefällt werden können und diese nicht gegeneinander ausgespielt werden. Dies bezieht sich nicht nur auf Entscheidungen im direkten Projektumfeld, sondern auch auf Unternehmensebene.

Kommen in einem Unternehmen agile Methoden, agiles Mindset mit dem erforderlichen Reifegrad der involvierten Mitarbeitenden mit den richtigen Rahmenbedingungen zusammen, dann ist ein durchgängiges Management von Wertschöpfungsketten oder Wertströmen (z.B. strukturiert nach den Kerngeschäften) mit strategiebasierter Weiterentwicklung und kontinuierlicher Finanzierung möglich. Entscheidend ist primär das «richtige Mindset» mit den erforderlichen Lernfähigkeiten der Personen und nicht die Methode. Zu beachten ist, dass diese Veränderung hin zu einem neuen Mindset bzw. einer entsprechenden Haltung ein langer und stellenweise beschwerlicher Prozess ist und deshalb entsprechende Ausdauer erfordert. Insbesondere weil mit traditionellen Methoden auch oft beachtliche Erfolge und Gewinne erzielt wurden und in der Zukunft weiterhin erzielt werden können. In grossen Organisationen kann dies durchaus eine oder zwei Generationen von Mitarbeitenden beanspruchen.

Mit dem Einsatz von agilen Arbeitsweisen soll nicht zugewartet werden, bis diese neue Verhaltensweise und die Werte in der Organisation verankert sind. Denn agile Prozesse fördern die Entwicklung eines agilen Mindsets, wenn die Team-Mitglieder offen mit Feedback umgehen. Durch die Auswirkungen von agilen Methoden erfahren die Mitarbeitenden die veränderte Arbeitsweise in der Praxis bzw. im Alltag. Ähnlich wie in einer Sportart erlernen Athleten zunächst eine erprobte Technik als Basis und entwickeln daraus dann den eigenen Stil. Das gilt auch für agile Methoden. Zuerst müssen die methodischen Rahmenwerke (z.B. Scrum, Kanban oder Kombinationen wie SAFe[2], LeSS[3] usw.) als Grundkompetenz vermittelt und verstanden werden, bevor sie auf den eigenen Stil angepasst werden. Manche Unternehmen unterlassen diesen Schritt.

Eine bekannte agile Vorgehensmethode ist Scrum. Dieser iterative und inkrementelle Ansatz zielt darauf ab, in Entwicklungsprozessen rasch und möglichst flexibel auf Änderungen zu reagieren und dennoch eine hohe Qualität zu gewährleisten.

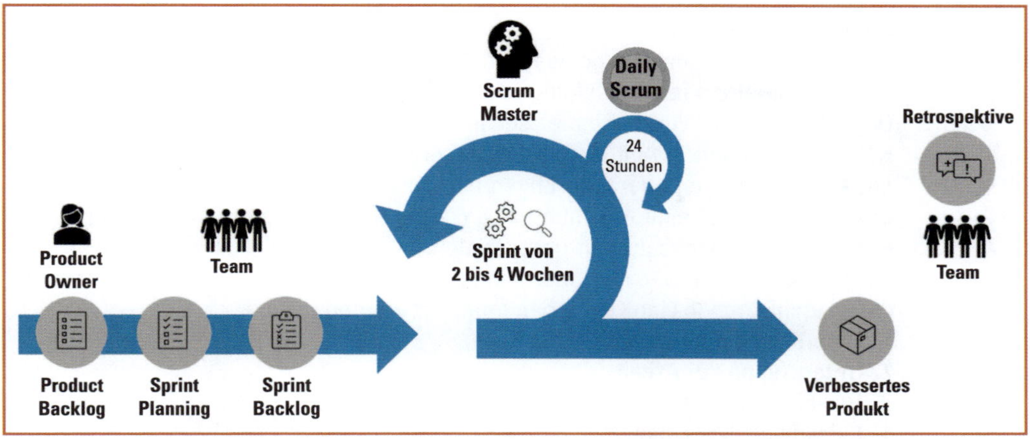

▲ Abb. 2 Konzept des «Sprints» im Ansatz von Scrum mit Product Owner und Scrum Master

Das Konzept des «Sprints» aus dem Rahmenwerk Scrum (◄ Abb. 2) stellt durch einzelne, zeitlich vorgegebene Iterationen einen kontinuierlichen Entwicklungszyklus dar. Wird dieses Konzept auf ein klassisch arbeitendes Projektteam übertragen, werden sich kaum Verbesserungseffekte einstellen. Dies weil sich die Vorgehens- und Verhaltensweisen der Personen in den Rollen Product Owner, Scrum Master oder im Team nicht weiterentwickeln. Ein weiteres Beispiel wäre ein Product Owner, der sein Backlog nicht bewirtschaftet und kommuniziert. Dieses Verhalten erschwert die Sprint-Planning, kann die Nicht-Umsetzung von Rückmeldungen aus der Retrospektive verursachen und rasch zu «agiler» Ermüdung im Team führen. Auch die Anwendung der agilen Zielsetzungsmethode «Objectives and Key Results» (OKR) will gelernt sein. Dieses Verfahren ist als Ersatz für jährliche Zielvereinbarungsprozesse beispielsweise mittels «Management by Objectives» (MbO) nicht geeignet.

Die Organisation wird durch diese ungenügende oder mangelhafte Umsetzung von Verfahren nicht agiler als vor der Einführung von agilen Methoden, denn Rosinenpickerei funktioniert typischerweise nicht oder führt zu dysfunktionalen Prozessen. Um Wirkung zu entfalten, müssen Methoden an die konkreten Situationen und Gegebenheiten im Unternehmen angepasst werden. Dies erhöht auch die Identifikation der Mitarbeitenden mit den neuen Vorgehensweisen und Methoden. Ebenso ist es notwendig, die Antwort nach dem «Warum agil?» frühzeitig und gut vorzubereiten. Denn Agilität wird nicht als Selbstzweck oder nur weil es «modern» ist eingeführt bzw. angewendet.

Agiles Mindset
Was mit «agilem Mindset» gemeint ist, lässt sich nicht so leicht greifen. Ein Mindset bezeichnet die innere Haltung und Denkweise, mit der eine Person oder eine Organisation der Welt begegnet sowie die Art und Weise, wie sie daraus ihre Handlungen ableitet. Agil beschreibt dabei die geistige Beweglichkeit, sich auf neue Situationen und Veränderungen einzustellen. Aus psychologischer Sicht ist das agile Mindset eine Mischung aus Werten, Orientierungen, Arbeitsprinzipien, Persönlichkeitseigenschaften und sozialen Kompetenzen[4]. Das agile Mindset einer Organisation bzw. eines Unternehmens umfasst eine Vielzahl von Elementen, die in nachfolgende vier Kategorien gruppiert werden:
1. Unterstützung für geschäftliche Ziele
2. Organisation der Arbeit
3. Beziehungen zum Team
4. Individuelle Merkmale

Durch die Auseinandersetzung mit agilen Arbeitsmethoden und Arbeitskulturen findet bei Individuen und im Team ein Lernprozess statt, der nicht nur das Handeln, sondern auch das Denken über Arbeit umfasst. Wenn nun eine lernorientierte Haltung Teil des agilen Mindsets wird, rückt die Lernagilität in den Fokus. Lernagilität ist die Fähigkeit, in einem sich ändernden Umfeld auf neue Situationen schnell und angemessen reagieren zu können. Dadurch können Erkenntnisse (auch wenn mit Erfahrung unterlegt) durch neue ersetzt werden. So kann im sich ändernden Umfeld engagiert mitgewirkt und ein Beitrag zum Ganzen bzw. ein Mehrwert geleistet werden.

Agilität vs. Robustheit

Die erfolgreiche Geschäftsführung in schwierigeren Zeiten setzt unterschiedliche Managementfunktionen und -fähigkeiten voraus. In Unternehmen sind dies insbesondere …

- das strategische Management mit dem Ziel, eine möglichst einzigartige Wettbewerbsposition zu erreichen und die langfristige Existenzfähigkeit des Unternehmens zu sichern.
- das operative Management mit dem Ziel, die Systeme und Prozesse im Unternehmen zu optimieren und dadurch die Produktivität der Leistungserbringer zu erhöhen.

Für die Funktionsfähigkeit eines Unternehmens ist es wichtig, eine situative Kombination von Agilität und Robustheit anzustreben. Dabei stellen die Aspekte von Agilität oder Robustheit in ▶ Abb. 3 keine wählbaren Alternativen dar. Vielmehr gilt es, diese zu einem intelligenten Ganzen zu verbinden.

Agilität	Robustheit
▪ Die Fähigkeit flexibel, anpassungsfähig und initiativ mit Veränderungen und Unsicherheiten umzugehen ▪ Entscheidend ist, dass die Führungskräfte und die Mitarbeitenden als Organisation auf Beweglichkeit und Qualität ausgerichtet sind und nicht zu sehr in dem, was sie tun ▪ Die Agilität ist nicht mit Aktionismus zu verwechseln, denn Organisationen sind nicht ständig im Wandel, sie suchen vielmehr immer wieder einen stabilen Zustand und machen dazwischen Entwicklungsschritte	▪ Die Fähigkeit gegenüber Veränderungen ohne Anpassungen seiner stabilen Struktur standzuhalten ▪ Entscheidend ist, dass den Führungskräften und den Mitarbeitenden bewusst ist, was robust sein muss und etwas nachgeben kann bzw. soll ▪ Die Robustheit ist nicht mit Trägheit zu verwechseln, sie zeichnet sich beispielsweise dadurch aus, dass sie gegen unerwünschte Einflüsse unempfindlich ist und so die Erreichung von Zielen kontinuierlich sicherstellt

▲ Abb. 3 Vergleich wesentlicher Aspekte von Agilität und Robustheit

Die Eigenschaften Agilität und Robustheit können in der Praxis über zwei verschiedene Ansätze der Organisationsgestaltung miteinander verbunden werden.

In einem Unternehmen lassen sich der Betrieb als «Run the Business» und die Projekte als «Change the Business» bezeichnen (▶ Abb. 4). Werden nun diese zwei Organisations- und Führungsmodelle für Betrieb und Projekte verglichen, stehen typischerweise der Betrieb eines Unternehmens für das Kundengeschäft, Erlös und Robustheit und die Projekte für Weiterentwicklung, Kosten und Agilität.

Um nun die zukünftigen Herausforderungen des sich schnell ändernden Umfelds meistern zu können, werden die Eigenschaften der beiden Organisations- und Führungsmodelle kombiniert:

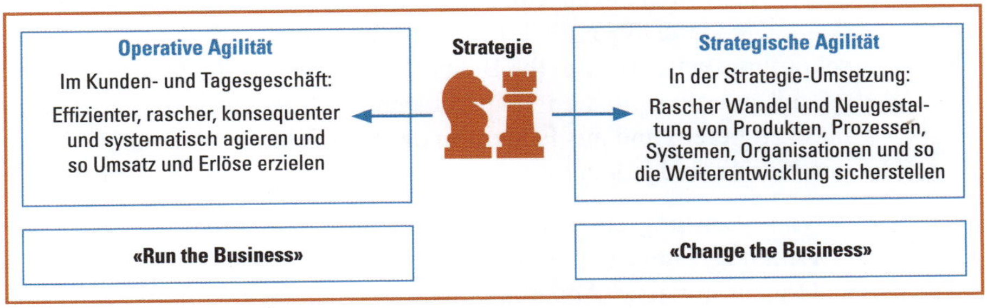

▲ Abb. 4 Zwei Bereiche für Agilität in einem Unternehmen

Einerseits muss die Agilität im Kunden- und Tagesgeschäft ausgebaut werden und andererseits gilt es, die Robustheit in den Projekten zu erhöhen.

Agilität im Kontext von Kultur und Organisation

Für die Einführung und Entwicklung von Agilität sind Werte sowie die Kultur als Fundament zentral. Organisationen entwickeln ihre Kultur immer im Kontext von Strukturen, Menschen und Aufgaben, orientiert an der Strategie. Deshalb ist eine Weiterentwicklung der Werte ohne Anpassung von Organisations-, Vorgehens- und Entscheidungsstrukturen nur selten nachhaltig möglich. Eine Kultur mit gemeinsamen Werten ist ein wichtiger Erfolgsfaktor für anspruchsvolle Veränderungen. Die Kultur ist dabei als ein Abbild der Personen, Strukturen und Verhältnisse in einer Organisation zu verstehen und nicht als deren Ursache. Darum ist die Frage nach einer förderlichen Kultur für Agilität auch gleichzeitig die Frage nach förderlichen Strukturen für Agilität. Diese Strukturen müssen so angelegt sein, dass sie den Teams und den Einzelpersonen ermöglichen, ihre Stärken möglichst ungehindert bzw. ungefiltert in die Projektarbeit einzubringen. Umgekehrt bilden die Strukturen einen Spielraum, der es den Mitgliedern erlaubt, aufgrund ihrer Kompetenzen, Eigenarten und Verhaltensmuster Einfluss auf das Auftreten im Team zu nehmen. Im Rahmen der Feedbackkultur und bei Retrospektiven gibt es Möglichkeiten diese grundlegenden Zusammenhänge (▶ Abb. 5) zu thematisieren und Änderungen hinsichtlich der Umsetzung zu vereinbaren.

Um eine Geschäftsstrategie angesichts der hohen Veränderungsdynamik erfolgreich umzusetzen, braucht es eine Entwicklung der Unternehmenskultur zu mehr Geschäftsagilität («Business Agility»). Diese Geschäftsagilität kann durch Ausrichtung auf eine Vision, die Verwendung von End-to-End-Prozessen entlang der Wertschöpfungskette und die Weiterentwicklung in Etappen erst entstehen. So kann man in Organisationen grosse Veränderungen, ausgerichtet auf gemeinsame Ziele, in Etappen umsetzen – oder «einen Elefanten in Scheiben schneiden». Die Geschäftsagilität erfordert eine kontinuierliche Finanzierung der Wertschöpfungskette für Run the Business und Change the Business. Dies ermöglicht es, mit interdisziplinären Teams, Ideen rasch umzusetzen und so schnell Ergebnisse zu liefern und aus Fehlern in der Entwicklung zu lernen. Die Voraussetzungen hierfür sind jedoch:

- Vier Leistungsebenen bzw. Funktions-/Verantwortungbereiche: Strategie, Lenkung, Führung, Umsetzung
- Organisatorische Abstimmung in der Strategie-Umsetzung: Planning, Delivery, Controlling, Retrospektive
- agile Organisation, die Abhängigkeiten und die Zusammenarbeit zwischen interdisziplinären Teams sinnvoll und ergebnisorientiert steuert
- projektorientierte Organisation mit Formen des bidirektionalen Leistungsaustausches (Delivery) und der strategischen bzw. zielgerichteten Umsetzung

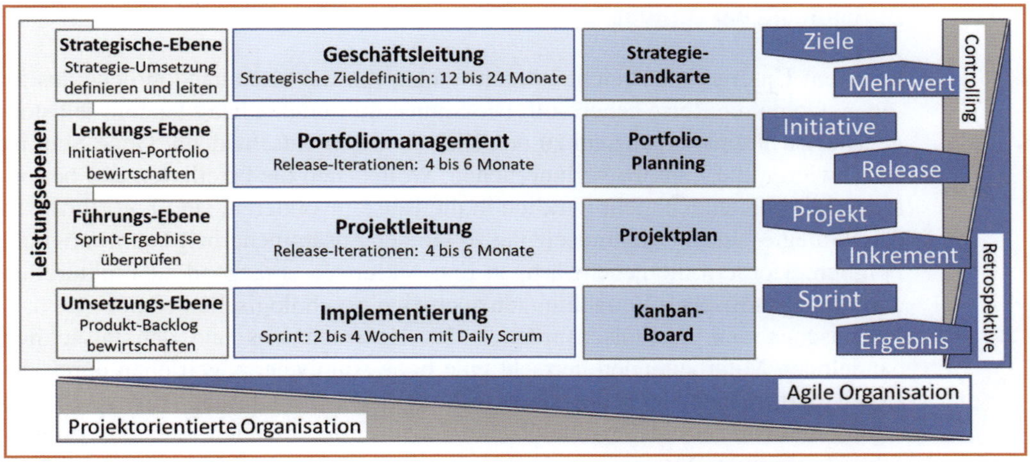

▲ Abb. 5 Agiles «Betriebssystem» zur Strategie-Umsetzung mit vier verknüpften Leistungsebenen

Geschäftsagilität

Geschäftsagilität ist, wenn ein Unternehmen sich mit den Veränderungen des Marktes, mit den Ansprüchen seiner Kunden mitbewegt und sich so entwickeln kann. Wenn die Antwort eines Unternehmens darauf ist, lediglich eine Abteilung oder einzelne Teams agil arbeiten zu lassen, hat das Management die Herausforderungen nicht umfassend beurteilt.

Geschäftsagilität bedeutet, ein Produkt bzw. eine Dienstleistung und damit die Prozesse von der Idee bis zur Wirkung beim Kunden so rasch wie möglich weiterzuentwickeln. Dabei ist eine kontinuierliche Lieferung von Funktionen erforderlich um den Mehrwert für den Kunden laufend zu steigern. Durch den Mehrwert sollte sich schrittweise auch die Wertschöpfung erhöhen. Geschäftsagilität integriert somit den «Downstream» von Zielen bis zum Sprint und den «Upstream» vom Inkrement bis zum Mehrwert zu einem Wertstrom. Damit wird ein stetiger und rascher Arbeitsfluss erzeugt – im agilen Umfeld wird dies «Continuous Delivery» bezeichnet.

Geschäftsagilität funktioniert dann, wenn eine Organisation nicht in «Ansagende» und «Ausführende» unterteilt ist, sondern die Abgrenzung zwischen «wir» und «die anderen» schrittweise aufgelöst wird. Die Elimination oder zumindest die Steuerung von gegenseitigen Abhängigkeiten hilft dabei, dass die Organisation (auch unternehmensübergreifend) zusammenwächst und somit Geschäftsagilität erst entstehen kann.

Psychologie der Agilität

In einem Unternehmen reicht es nicht mehr, von der Kommandobrücke aus zu sagen, wohin die Reise gehen soll. Die Sinnvermittlung ist in agilen und selbstorganisierten Teams, ergänzend zu den Zielsetzungen entscheidend. Ohne Sinn ist es schwierig, die Ziele zu verinnerlichen. Wollen sich die beteiligten und betroffenen Mitarbeitenden nicht wirklich in die Reise involvieren, sind Fortschritte in der Strategie- und Projektumsetzung sowie der Zusammenarbeit kaum möglich. Folglich erfordern die gegenwärtigen Entwicklungen ergänzend zu strukturellen und organisatorischen Betrachtungen auch eine psychologische Perspektive.

Zwischen den Agilitätsansprüchen des Unternehmens und den tatsächlich handelnden Mitarbeitenden herrscht eine hohe Ambivalenz, getrieben durch die sich widersprechenden Bedürfnisse nach Agilität und Stabilität. Agiles Arbeiten erfordert mehr als ein Verständnis für Werte und Prinzipien oder das Beherrschen bestimmter Methoden und Prozessen. Agiles Handeln ist reifes, selbstorganisiertes Handeln und setzt Beziehungsfähigkeit sowie Verlässlichkeit voraus.

Der Mensch ist gefordert, in den Organisationen mit den jeweiligen Herausforderungen der Zeit umzugehen. Menschen operieren oft ausserhalb von Kalkülen und Rationalität, sie sind in ihrem Erleben und Verhalten von zahlreichen weiteren, psychologischen Faktoren wie Emotionen oder sozialen Verhältnissen beeinflusst oder gesteuert. Wichtig ist das Bewusstsein, dass ein Unternehmen immer nur so agil sein kann, wie es die Mitarbeitenden in ihren verschiedenen Funktionen (z. B. Vertrieb, Risikomanagement, Produktmanagement, Informatik) sind. Somit müssen die Mitarbeitenden der Ausgangspunkt zu Entwicklungen zu mehr Agilität sein.

Im Spannungsfeld zwischen Agilität und Stabilität
Ein Unternehmen ist ein facettenreiches System mit vielen Elementen, Einflussfaktoren und Abhängigkeiten, in dem Menschen arbeiten. Jegliche Veränderung in oder an einem Element hat Auswirkungen auf andere Elemente. Somit entstehen bei Veränderungen unweigerlich Spannungsfelder oder Konflikte. Dies sind «menschliche Phänomene», die jede Organisation begleiten. Die Spannungsfelder oder Konflikte haben viele Ursachen und sind voneinander abhängig. Das bedeutet, dass ihr Ursprung in einem ganz anderen Element liegen kann als vermutet. In diesen Spannungsfeldern in einem gewissen Mass agil und auch stabil zu sein, ist selbst für reife Führungspersönlichkeiten eine grosse Herausforderung.

Die wenigsten Mitarbeitenden in einem Unternehmen oder einer Organisation verfügen «automatisch» über die für eine Agilität verlangten Kompetenzen (siehe ▶ Abb. 6). Diese lassen sich auch nicht einfach so aus dem Ärmel schütteln, sie müssen entwickelt werden. Die neuen Denkmuster und Handlungsweisen können nicht von heute auf morgen in den Köpfen der Mitarbeitenden verankert werden. Auch ist Agilität nicht etwas für alle Persönlichkeiten. Denn nicht jeder Mitarbeitende ist dafür geeignet, sich selbst zu organisieren, sich ständig weiterzuentwickeln und sich dabei immer wieder auf neue Teamkonstellationen einzulassen. Viele Menschen sind mit diesen Anforderungen und dieser Dynamik überfordert. Es gilt, in Unternehmen die Agilität gezielt und in Etappen zu entwickeln und die Menschen mit auf die Reise zu nehmen.

Die ▶ Abb. 6 visualisiert dies in Anlehnung an die Publikation «Psychological Empowerment and Workforce Agility» von A. Muduli und G. Pandya:

Mitarbeitende in agilen Organisationen brauchen eine stabile, gereifte Persönlichkeit, damit sie bei sich oft verändernden Rahmenbedingungen und in sich immer wieder neu bildenden Teams «liefern» können. Dafür ist eine sehr hohe Anpassungsfähigkeit nötig. Hier müssen Führungskräfte und die Arbeitgeber ihren Beitrag leisten. Sie müssen ihre Mitarbeitenden mit den notwendigen Kompetenzen ausstatten und das Verhalten muss auch regelmässig reflektiert werden. Die notwendige Förderung mit praktischem Bezug findet heute noch zu wenig statt. Es gibt Unternehmen, die stolpern eher in Richtung Agilität, als dass sie bewusste Schritte unternehmen. Denn es ist nicht ausreichend, ein einfaches Methodentraining (z. B. zu Rahmenwerken wie SAFe oder LeSS) zu absolvieren, wie viele Agilitäts-Coachs dies anbieten. Ein Unternehmen bzw. die betroffene Organisation muss die Agilität über alle Stufen und in unterschiedlicher Intensität trainieren und dabei in der Praxis die vereinbarten Verbesserungen an den Produkten realisieren bzw. Projekte abwickeln. Dieser Praxisbezug ist entscheidend, damit Agilität im Tagesgeschäft ankommt, denn die Führungskräfte und die Mitarbeitenden agieren in der Praxis oft anders als im Rahmen eines Trainings.

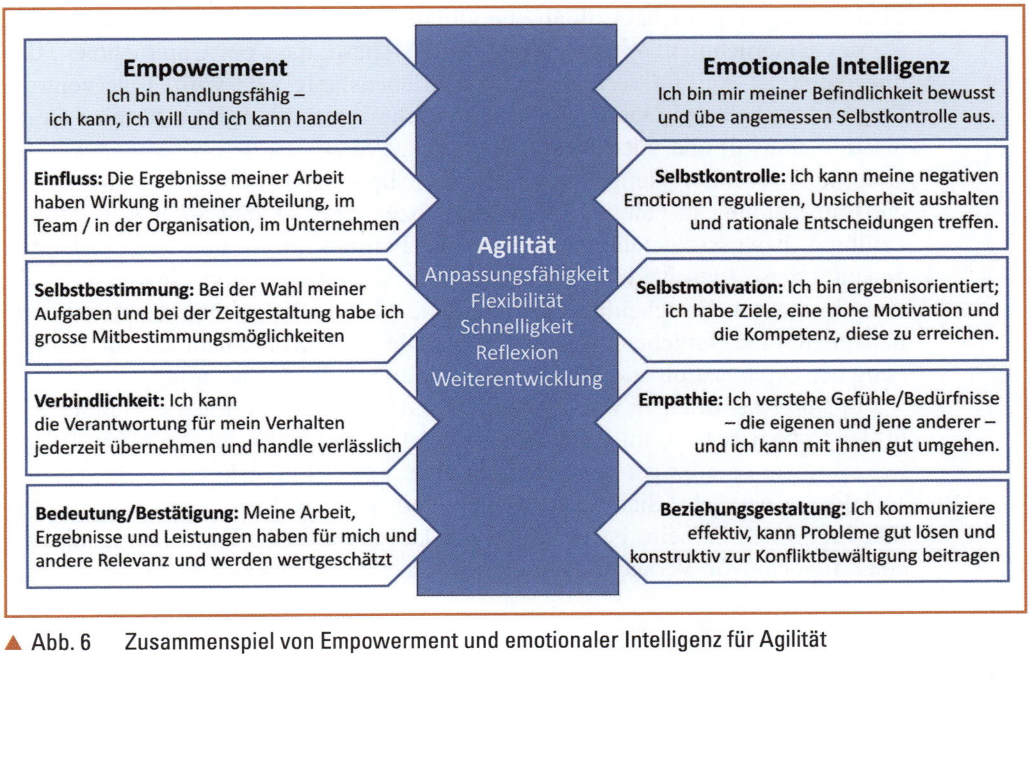

▲ Abb. 6 Zusammenspiel von Empowerment und emotionaler Intelligenz für Agilität

Die für Agilität förderliche, innere Stabilität erlangt man nur durch einen menschlichen, tiefgehenden und kontinuierlichen Reifungsprozess. Dabei soll der Arbeit- bzw. Auftraggeber diesen Prozess begleiten und Rahmenbedingungen schaffen, die eine Reifung ermöglichen und diese auch fördern. Wichtig ist es, den richtigen Mitarbeitenden mit der richtigen Aufgabe im richtigen Team im Unternehmen einzusetzen. In der agilen Arbeitswelt sind Menschen, die ihr Machtgefühl nie markant reduzieren oder die keine Entscheidungen treffen wollen, relevante Stolpersteine für den Entwicklungsprozess. Agilität erfordert gleichermassen Empowerment und emotionale Intelligenz (siehe ◀ Abb. 6). Diese Entwicklung kann durch den Arbeitgeber in einem gewissen Mass gefördert werden, die entsprechende Eigenverantwortung der Führungskräfte und der Mitarbeitenden ist aber ebenfalls zentral. Denn Selbstkontrolle, Selbstmotivation, Selbsterkenntnis und Empathie können nur beschränkt erlernt werden, wichtig sind die praktische Anwendung im geschäftlichen Alltag. Unterstützt wird die Entwicklung durch die Diversität im Denken und Handeln sowie Reflexion. Damit lässt sich Agilität in einem Unternehmen in angemessenen Umfang und Tempo erfolgreich umsetzen.

Wieviel Agilität ist sinnvoll?

Bislang wird im geschäftlichen Kontext mehrheitlich davon ausgegangen, dass Agilität «eine gute Sache» oder «einfach notwendig» ist. Nun könnte man der These erliegen, je mehr Agilität eine Organisation besitzt, desto besser sei dies für das Unternehmen. Wenig gewagt ist die These, dass ein Unternehmen, das über keinerlei Agilität verfügt, kaum überlebensfähig sein wird. Eine zentrale Frage ist deshalb, wie viel Agilität und welche Form der Agilität für eine Organisation sinnvoll und nützlich ist. Diese Frage lässt sich, wie viele Aspekte der Unternehmensentwicklung, nicht vorausschauend beantworten. Wichtig ist es, die Entscheidung in einem Unternehmen bzw. einer Organisation Agilität einzuführen, bewusst zu fällen. Denn für die Führungskräfte und Mitarbeitenden bedeutet diese Entscheidung eine erhebliche Veränderung und Entwicklung. Zu einer bewussten Entscheidung gehören eine Vision, Zielsetzungen, Verantwortlichkeiten, eine Vorgehensplanung, finanzielle Mittel, Massnahmen zur Befähigung der Organisation und Strukturen zur Führung der Veränderung.

Oft sind Antworten zu wieviel Agilität und in welcher Form bzw. Umfang erst in der Reflexion bzw. im Rückblick möglich. Dann wenn man den Erfolg, die Schwierigkeiten oder gar das Scheitern einer agilen Entwicklung analysiert und zu erklären versucht. Sich über «Risiken und Nebenwirkungen» bezüglich Agilität im Klaren zu sein, ist in Zeiten der kontinuierlichen Beschleunigung und einer Tendenz von Vernachlässigung des Kontexts entscheidend. Aus Sicht einer verantwortungsvollen Unternehmensführung geht es darum, die richtigen Dinge richtig zu tun – und nicht Agilität als modische Strömung zuzulassen oder sie unkontrolliert entwickeln zu lassen.

Die Einführung von Agilität in Kombination mit Selbstorganisation erfordert einen umfassenden und länger andauernden Veränderungsprozess. Wie in verschiedenen Change Management-Konzepten erläutert, gibt es in der Umsetzung von solchen Entwicklungen verschiedene Phasen – dies muss den Führungskräften und den Mitarbeitenden bewusst sein.

Aus dem Change Management-Konzept des schwedischen Psychologen Claes F. Janssen kann das «House of Change» (▶ Abb. 7) als ein Erklärungsmodell für Veränderungsprozesse genutzt werden. Dieses Haus besteht aus vier Zimmern. Jedes dieser Zimmer beschreibt eine Phase der Veränderung bzw. einen emotionalen Zustand, den wir Menschen im Lauf einer Veränderung durchlaufen.

Jedes der Zimmer vermittelt eine bestimmte Stufe wahrnehmbarer bzw. erfahrbarer Steuerungskompetenz und beeinflusst damit beim Durchschreiten wesentlich das «Wohlbefinden» der von Veränderung betroffenen Menschen.

Zimmer 1: Zufriedenheit	«Es lebe das Bewährte und Gute.»
Zimmer 2: Ablehnung	«Das ist doch nicht möglich – unglaublich!»
Zimmer 3: Verwirrung	«So ein Durcheinander – was macht hier wer, wann und wie?»
Zimmer 4: Erneuerung	«Gut – wir haben dazu gelernt – und sind besser als vorher.»

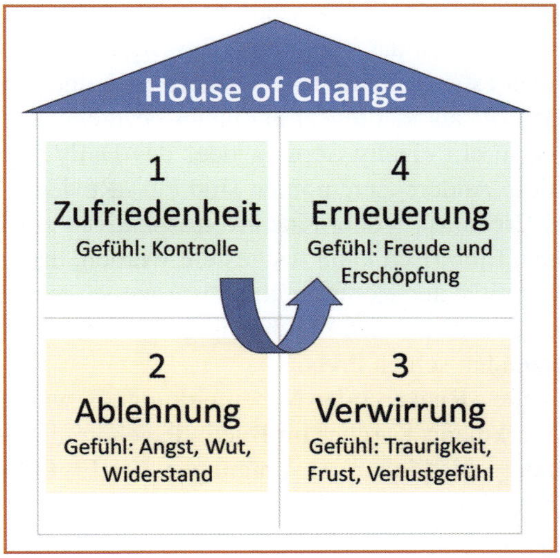

▲ Abb. 7 House of Change von Claes F. Janssen, mit den vier Zimmern, die in einer Veränderung durchlaufen werden

In einer Veränderung gehen die betroffenen Menschen durch alle vier Zimmer, dies oft in einer unterschiedlich wahrnehmbaren Ausprägung bzw. Intensität. Denn die meisten Menschen neigen dazu, im geschäftlichen Umfeld ihre Befindlichkeit zu laufenden Veränderungen nicht klar zu äussern. Dies fördert zögerliche Verhaltensweisen, reduziert die Akzeptanz der Veränderung und führt oft zu passivem Widerstand.

Deshalb ist für grosse Veränderungsprozesse eine Herangehensweise empfehlenswert, die den Menschen in den Vordergrund stellt und nicht die Methoden und Verfahren. Denn Agilität sollte nicht nur für die Zwecke der Organisation eingesetzt werden. Mit Agilität nutzt man ein rationales Mittel zur Steigerung von Effizienz und Effektivität, sie erfordert aber eine hohe Sensitivität, Beobachtungs- und Handlungsfähigkeit. Um dies so zu entwickeln, dass die Menschen die Veränderung bewältigen können, ist entsprechende psychische bzw. soziale Energie notwendig. Agilität ist kein passiver Prozess und es ist auch kein mechanischer Vorgang wie bei einem «Mobile», das sich in seinem Gleichgewicht verändert, wenn man einen Teil berührt. Agilität als Haltung und wirksame Vorgehensweise muss stetig ausreichend mit positiver Energie versorgt werden, damit durch Analysen, Beobachtungen und Lernprozesse Entscheidungen gefällt und weitere Entwicklungen angestossen werden. Für die Führungskräfte und die Fachexperten in agilen Organisationen bedeutet dies, der Sinnvermittlung, der Fokussierung von Aktivitäten, dem respektvollen Umgang und der Wertschätzung entsprechende Beachtung zu schenken. Dies weil sich bei den Mitarbeitenden in Zusammenarbeitsformen mit hoher Selbstorganisation die Batterien rascher entleeren als bei konventionellen Führungsprozessen.

Damit der Fluss der Arbeit durch das Team bzw. die Organisation aktiv koordiniert werden kann, braucht es vereinbarte Interaktionen und eine erhöhte Kommunikation – diese werden oft als «agile Zeremonien» bezeichnet. Eine solche Zeremonie ist beispielsweise ein «Daily Scrum» oder das Daily Stand-up» als kurze tägliche Koordination. Andere Zeremonien sind ein «Review» zur inhaltlichen Überprüfung eines Ergebnisses oder eine «Retrospektive» zur Diskussion des Entwicklungsprozesses. Empirisch kann festgestellt werden, dass sowohl die Qualität wie auch die Quantität der Kommunikationsprozesse deshalb deutlich zunehmen müssen, um in Organisationen durchgängig agil arbeiten zu können. Dies konsequent umzusetzen hat seinen Preis.

Nachfolgende ausgewählte «Risiken oder Nebenwirkungen» wurden von Michael Zirkler und Birgit Werkmann-Karcher im Buch «Psychologie der Agilität» publiziert. Sie sind in unterschiedlichen Ausprägungen bei Einführungen und Weiterentwicklungen von Agilität in Unternehmen zu finden.

Risiko Entscheidung:	Das Risiko der Entscheidung bedeutet, dass ein Team oder eine Organisation in der VUCA-Welt Entscheidungen immer mehr aufschiebt. Dies führt im Extremfall dazu, dass gar nicht mehr entschieden wird, weil aufgrund eines zukünftigen (nicht beeinflussbaren) Faktors die Entscheidung in Frage gestellt werden könnte. Im Kontext der Selbstorganisation ist es notwendig, dass Individuen oder Teams ihre eigenen Entscheidungen möglichst selbst treffen oder bei strategisch relevanten Entscheiden diese eskalieren.
Risiko Überhitzung:	Das Risiko der Überhitzung bedeutet, dass ein Team oder eine Organisation zu unterscheiden lernt, wann es agil operieren muss und wann eine reduzierte Agilität sinnvoller ist. Es wird davon ausgegangen, dass ein Team oder eine Organisation nicht über seine gesamte Lebenszeit agil handeln kann, sondern im Sinne der Resilienz (Widerstandsfähigkeit) auch Zeiten mit reduzierter Agilität und mehr Stabilität benötigt – dies auch zur Erholung bzw. Schonung von Ressourcen. Die bewusste Pausierung bzw. die Erholung (beispielsweise durch Reduktion der Lieferkadenz) erhöht die Resilienz und auch die Leistungsfähigkeit von Teams oder einer Organisation.
Risiko Überforderung:	Das Risiko der Überforderung bedeutet, dass es auch in einem agilen Team oder einer Organisation Prozesse gibt, die ein kaum beeinflussbares zeitliches Verhalten aufweisen und die eine gewisse Reife oder Entwicklung erfordern. Das Team oder die Organisation muss hier eine gewisse Demut für diesen Bedarf an Reife entwickeln. Dies ist vergleichbar mit einer Pflanze, die nicht schneller wächst, wenn man an ihr zieht. Man kann allerdings die Bedingungen im Umfeld verbessern, um das Wachstum zu fördern.
Risiko Kontextblindheit:	Das Risiko der Kontextblindheit bedeutet, dass nur gewisse Teile einer Organisation oder eines Unternehmens «agilisiert» werden, ohne die Auswirkungen auf die Umwelt zu berücksichtigen. Dadurch passen die agilen und die nicht agilen Teile der Organisation nicht mehr ohne Weiteres zueinander. Es kommt zu Störungen im Verhältnis zur Umwelt bzw. der Zusammenarbeit, die zu einer Abkopplung führen können.
Risiko Vereinfachung:	Das Risiko der Vereinfachung bedeutet, dass Probleme, die es in der agilen Welt zu lösen gilt, auf Methoden und Verfahren des «doing agile» reduziert werden. Denn die Verfügbarkeit von Konzepten, Methoden und Trainings zur Optimierung der Agilität ist sehr gross. Wichtig zu beachten ist, dass agile Methoden und Verfahren nur bedingt helfen, die Veränderungen wie im House of Change erläutert, zu überwinden. Die Mitarbeitenden müssen sich am Veränderungsprozess aktiv beteiligen, die Führungskräfte müssen diesen gestalten, sinnstiftend Einfluss nehmen und den Dialog auf Augenhöhe führen.
Risiko Homogenisierung:	Das Risiko der Homogenisierung bedeutet, dass alle Organisationen, Teams und Personen auf dieselbe Weise agil werden oder sein müssten. Man muss beachten, dass Teams auch von einer ausreichenden Heterogenität oder Diversität leben. Dabei stehen Kompetenzen wie Kommunikationsfähigkeit, Feedback, Verlässlichkeit, Vertrauen oder Loyalität im Vordergrund.

Risiko Integration:	Das Risiko der Integration besteht im Zusammenhang mit der Verschmelzung bzw. Weiterentwicklung einer agilen Organisation gegenüber der Umwelt in einem Unternehmen. In jedem Unternehmen gibt es Bereiche, die aufgrund der auszuübenden Tätigkeiten keine Agilität erfordern. Beispielsweise im Bereich der Buchhaltung oder der Personaladministration. Es gilt, die Arbeitsweise dieser Bereiche mit der agilen Organisation abzustimmen, damit die Koexistenz funktioniert.
Risiko Eliteprojekt:	Das Risiko des Eliteprojekts besteht darin, dass Agilität nicht ein «Eliteprojekt» sein darf, das für einige wenige Menschen im Unternehmen gilt. Für eine Organisation ist es wichtig, die «normalen Menschen» zu involvieren und zu stärken und nicht nur die Elite zu fördern. Sinnvoll kann der Start mit einem Pilotprojekt sein, dies muss aber klar deklariert werden. Auch im Pilotprojekt ist eine angemessene Durchmischung von Personen und Talenten notwendig.

Diese Risiken im Zusammenhang mit der Einführung oder Optimierung von Agilität können zu Nebenwirkungen führen, welche einen gegenteiligen Effekt auslösen. Die Agilität wird dadurch nicht verbessert oder erhöht, sondern eingeschränkt. Es ist eine Eigenart von Nebenwirkungen, die sich häufig zeitlich verzögert und an anderen Stellen als erwartet zeigt.

Zusammenfassung

Die Einführung von Agilität bzw. deren Weiterentwicklung in einem Unternehmen soll nicht als ein «soziotechnisches Projekt» zur Optimierung von Arbeitsprozessen verstanden werden. Es geht darum, dass eine Organisation «ganzheitlich» im Sinne der Vitalität und Produktivität agil funktionieren und arbeiten kann, dabei werden die Menschen in diese Entwicklung einbezogen. Dies erfordert verschiedene Entwicklungsschritte auf Stufe der Persönlichkeiten, der Teams und der Organisation. Diese Entwicklungsschritte sind Teil eines umfassenden Veränderungsprozesses, der verschiedene Phasen durchläuft. Die involvierten Personen oder Teams fühlen sich während des Veränderungsprozesses im Sinne des «House of Change» mehr oder weniger komfortabel. Im Verlauf der Veränderung ist den Risiken (Entscheidung, Überforderung, Überhitzung usw.) entsprechend Beachtung zu schenken – ansonsten muss mit Nebenwirkungen gerechnet werden. Diese können den Veränderungsprozess behindern oder verunmöglichen.

Von besonderer Bedeutung bei der Einführung von Agilität ist ein engagiertes, aber auch umsichtiges Vorgehen. Dabei ist die Sinnvermittlung im Kontext der Vision und der Ziele wichtig, damit die betroffenen und beteiligten Personen sich auf die Reise begeben und diese Reise in die gewünschte Richtung verläuft.

Der umfassende Veränderungsprozess, der die Einführung von Agilität ermöglicht, sollte in Etappen angegangen werden und blinder Aktionismus bzw. selbstgefällige Entfaltung sind zu vermeiden. Denn Agilität erfordert eine bewusste Kombination von Führung mit vereinbarten Regeln, Prozessen und Methoden sowie der entsprechenden Selbstorganisation mit Eigenverantwortung auf Stufe der Teams und der Personen.

Wenn Organisationen und Teams entwickelt werden sollen, ist Sorgfalt und Professionalität gefragt. Deshalb ist es sinnvoll, zur «Agilitäts-Bewegung» (damit ist der Veränderungsprozess gemeint) regelmässig eine objektive Beurteilung vorzunehmen. Es ist wichtig, sich davor zu distanzieren, durch Agilität in der Projektarbeit nur flexibler und schneller werden zu müssen. Für Menschen ist auch eine gewisse Stabilität erforderlich, beispielsweise in der strategischen Ausrichtung, dies schafft Orientierung und fördert das Vertrauen. Stabil sollten auch die angewendeten Methoden bzw. Zeremonien sein und die Arbeitsumgebung sollte Interaktion, Zusammenarbeit aber auch fokussierte Arbeit fördern. Denn Menschen als Gewohnheitstiere sind zu Agilität fähig, dies aber in einem gewissen Rahmen bzw. auf einem soliden Fundament.

Deshalb funktioniert Agilität, proklamiert in ihrer anspruchsvollen Reinkultur, in der Praxis nicht. Nicht dass agile Arbeit unmöglich wäre, es geht darum, dass die heute vorherrschende Tendenz, Agilität ohne Reflexion und im Sinne von «Copy & Paste» anzuwenden, ein untaugliches Rezept darstellt. Es überrascht daher nicht, dass sich in Unternehmen eine erste Ermüdung bzw. Ernüchterung zu den Agilitätsbestrebungen breit macht und Veränderungsprozesse auch schon abgebrochen wurden.

Im Vordergrund stehen somit nicht die effizientesten Methoden oder Organisationsmodelle. Im Fokus sind Fragestellungen wie «Was tue ich, wenn meine Mitarbeitenden gar nicht selbstorganisiert arbeiten wollen?» oder «Das Management unterstützt die Transformation zwar vordergründig, in Wirklichkeit bleibt mit der Hierarchie und der Entscheidungskompetenz alles beim Alten.».

Wenn die Agilität in einem Unternehmen auf Grund läuft, wurde der Mensch zwar in den Mittelpunkt gestellt, dies aber mit der Absicht, ihn als Ressource besser zu nutzen. Die Weiterentwicklung der Mitarbeitenden bzw. der Teams mit Potenzialentfaltung ist oft von untergeordneter Wichtigkeit. Gerade für die jüngere Generation, die aktuell im Arbeitsmarkt an Bedeutung gewinnt, sind aber die Sinnerfüllung und eine gewisse Selbstbestimmung wichtiger. Somit sollten sich die «etablierten Generationen» auf den Veränderungsprozess einlassen und die Entwicklung im Dialog angehen.

Diejenigen Unternehmen, die Agilität erfolgreich eingeführt haben, konnten die arbeitenden Menschen und ihre Bedürfnisse dabei ins Zentrum rücken. Dies aber nicht des Menschen wegen, sondern um Leistung, Innovationskraft und das kreative Potenzial im Unternehmen zu steigern. Diese Firmen agieren reflektiert und bewusst, sie haben erkannt, dass zufriedene Mitarbeitende die produktiveren sind. Denn Mitarbeiterorientierung, Selbstorganisation, neue Arbeitsweisen und Methoden sind nicht der ultimative Zweck, sondern das Mittel, um letztlich als Unternehmen wirtschaftlich erfolgreich zu sein.

Wird den menschlichen Bedürfnissen nach Zugehörigkeit und Stabilität nicht nachgekommen, führt die Flexibilität zu Orientierungslosigkeit. Die Agilität ist auch nicht die einzig wahre Bewältigungsstrategie, um in der VUCA-Welt zu überleben. Mit zu wenig Leadership gelingt die Transformation nicht – im Gegenteil: Die Volatilität, die Unsicherheit, die Komplexität und die Mehrdeutigkeit verstärken sich. Damit die Einführung oder Weiterentwicklung der Agilität nicht zum Albtraum wird, sind insbesondere diese Aspekte zu beachten:

1. Die Führungskräfte und die Mitarbeitenden müssen ein gemeinsames Verständnis besitzen, was Agilität bedeutet und warum diese wo angewendet wird – und in welchen Bereichen sie nicht angewendet wird.
2. Die Agilität ist ein Mindset oder eine Haltung, die Flexibilität, Anpassungsfähigkeit, Eigenverantwortung, Kundenorientierung und kontinuierliche Verbesserung fördert und fordert.
3. Die Prozesse, Tools und Rollen für die agile Projektarbeit (z. B. Product Owner, Architekt, Scrum Master, Business Analyst, Entwickler usw.) sind zu klären und entsprechend anzuwenden. Denn Agilität braucht Verbindlichkeit und fordert Verantwortung in Kombination mit Selbstorganisation.
4. Der Umgang mit Backlogs und die Länge der Sprints für die agile Projektarbeit inkl. Planung, Umsetzung und das Testing ist zu definieren. Es ist das Bewusstsein erforderlich, dass das Ergebnis am Ende eines Sprints dem Kunden bzw. Auftraggeber präsentiert und Feedback eingeholt wird.
5. Die agilen Zeremonien für die Kommunikation, Transparenz, Feedback, Review und Retrospektive sind zu vereinbaren. Nur so gelingt die Arbeit in agilen, selbstorganisierten Teams, die auch die Unterstützung der Führungsebenen abrufen kann.

Diese Anforderungen an agil arbeitende Organisationen klingen zunächst vielleicht einfach. Sie aber auf Dauer über mehrere Teams zu leben und sich dabei stetig weiterzuentwickeln, ist anspruchsvoll. Insbesondere Führungskräfte mit einem traditionellen Führungsverständnis sollten für eine praxisnahe Erfahrung einmal selbst in eine der genannten Rollen schlüpfen und beispielsweise in einem Sprint mitwirken. Dadurch steigt das Verständnis für die Risiken und Nebenwirkungen im agilen Umfeld rasch. Aus eigener Erfahrung weiss der Autor, dass Menschen zu grossen Veränderungsprozessen fähig sind. Es gilt jedoch, mindestens die oben erwähnten fünf Aspekte zu berücksichtigen.

Methoden und Hilfsmittel

Methoden

- Agile Rahmenwerke wie SAFe, LeSS oder Scrum
- Selbstorganisation in Teams mit definierten agilen Zeremonien
- Etappierte Einführung der Agilität mit Start auf Ebene des Teams und Weiterentwicklung zu Portfolio und Strategie

Hilfsmittel

- Softwareprodukt Atlassian Jira zur Planung und Bewirtschaftung von Anforderungen mit Epics, Features und Stories
- Softwareprodukt Atlassian Confluence für vernetzte, übergreifende Zusammenarbeit und Dokumentation im Wiki-Stil und mit Jira-Integration

Anmerkungen

1. Die VUCA-Welt bedeutet, dass die Welt volatiler, unsicherer, komplexer und mehrdeutiger ist. Die Abkürzung VUCA steht für Volatility, Uncertainty, Complexity, Ambiguity.
2. SAFe bedeutet «Scaled Agile Framework», es ist ein skalierbares, vernetztes, methodisches Rahmenwerk für agile Organisationen von der Strategie bis zum Entwicklungsteam. SAFe ist ein Produkt der Scaled Agile, Inc. aus den USA.
3. LeSS bedeutet «Large-Scale Scrum», es ist ein methodisches Rahmenwerk zur Skalierung von Scrum über mehrere Teams, die gemeinsam am selben Projekt arbeiten. LeSS ist ein Produkt der The LeSS Company B.V. aus den Niederlanden
4. Siehe dazu «Psychologie der Agilität» von Michael Zirkler und Birgit Werkmann-Karcher, Springer 2020

Quellenangaben

Hosein, R. und Yousef, D. (2012). Psychological Empowerment. LAP LAMBERT Academic Publishing.

Janssen, Claes F. (1996). The Four Rooms of Change. Stockholm.

Muduli, A. und Pandya, G. (2018). Psychological Empowerment and Workforce Agility. Psychological Studies.

Zirkler, Michael und Werkmann-Karcher, Birgit. (2020). Psychologie der Agilität. Springer

Adrian Dätwyler

Unternehmenstransformation unter Echtzeitbedingungen initialisieren

«Selbstorganisation in KMU ist ein Gegenstand dauernder Verhandlung» lautet der Leitgedanke dieses Beitrags. Sinnstiftung und eine funktionierende Verständigung stellen dementsprechend nicht-ignorierbare Knackpunkte einer selbstorganisierten Zusammenarbeit dar. Zeitgemässe Organisationsgestaltung bedeutet aus dieser Sicht, das Zusammenspiel verschiedenartiger Akteurinnen und Akteure zu berücksichtigen.

Mitarbeitenden, Marktteilnehmenden, Künstlicher Intelligenz (KI) und Echtzeitbedingungen ist etwas gemeinsam: Sie können bewährte Formen der Kooperation und des Wirtschaftens schlagartig in Frage stellen. Schwierige Situationen lassen betroffene Personen oft selbstlos zusammenarbeiten. Zugleich prägt das Geschehen in modernen Geschäfts- und Arbeitswelten aber auch gegenläufige Muster: Je individueller Akteure agieren, desto wahrscheinlicher Konflikte und aufwändiger die Art und Weise, um sich zu behaupten. Auf der einen Seite Kooperationsbereitschaft, auf der anderen Leistungsdruck und divergierende Interessen – ein Widerspruch?

Der Autor erläutert erfahrungsbasierte Interpretationen und Anwendungen der Selbstorganisation am Bedeutungszusammenhang «Bewältigung wesentlicher Veränderungen»: Was bewegt Mitarbeitende zur Mitwirkung? Er beleuchtet heuristische, das heisst auf Eigeninitiative und Erkundung zielende Aspekte der Kooperation und richtet sich damit sowohl an Fach- und Führungskräfte als auch an Personen in Ausbildungs- und Beratungsfunktionen. Kernstück ist ein Referenzsystem, dessen Bezugsgrössen die Akteure selbst festlegen und eigenständig umsetzen können. Damit eröffnet dieser Beitrag Raum für strategische Entwicklungen trotz Ungewissheit und für neue Handlungsoptionen in komplexen Prozessgefügen und Marktkonstellationen.

1 Selbstorganisation – alternative Interpretationen der Organisationsgestaltung

Der Beitrag «Unternehmenstransformation unter Echtzeitbedingungen initialisieren» zielt auf die Stärkung konstruktiver Verhaltensweisen zur Bewältigung von Unsicherheit und Wandel im Kontext eigenständiger Organisationseinheiten. Mit konstruktiv ist gemeint, dass die Mitarbeitenden bedeutsame Vorhaben auch in schwierigen Situationen mittragen und/oder vereinbarte Problemlösungen innert nützlicher Frist umsetzen. Wesentliche Aspekte selbstorganisierter Zusammenarbeit, im Folgenden Bezugsgrössen genannt, beziehen sich auf Ressourcen, Fähigkeiten und/oder Funktionen der jeweils betrachteten Akteurinnen (die Einzelperson, die Gruppe, die Organisationseinheit etc.) sowie auf entsprechende Einflussfaktoren und Zeitverhältnisse, die sogenannten Echtzeitbedingungen. Bei Transformationen sind folglich innere und äussere Vorgänge bezüglich der Akteurin zu unterscheiden. Bei divergierenden Bewältigungsstrategien und verschiedenartigen Akteuren besteht eine Schwierigkeit darin, sich auf verbindliche Referenzsysteme festzulegen.

Vorteile der Selbstorganisation gegenüber hergebrachten Organisationsstrukturen und Weisungssystemen verspricht man sich durch dauernde Realitätsabgleiche, Prozessbeschleunigung, mehr Flexibilität und die Übernahme von Verantwortung für eigenes Tun und Lassen. Die Kunst der Selbstorganisation zeigt sich infolgedessen darin, Mitarbeitende und Teams als sich selbst regulierende Akteure in zielgerichtete und zukunftsoffene Prozesse einzubeziehen – im Sinne der Unternehmensstrategie und der involvierten Personen. Konfliktpotential macht sich grundsätzlich dann bemerkbar, wenn Denk- und Verhaltensmuster im Zusammenspiel einer diversifizierten Belegschaft (englisch *diverse workforce)* oder mit Künstlicher Intelligenz (KI) nicht mehr funktionieren. Das bedeutet für die Betroffenen, dass sich Erwartungshaltungen nicht erfüllen, Wertvorstellungen sich nicht durchsetzen, die Selbstwirksamkeit sinkt und die Bestätigung bzw. Wertschätzung ausbleibt. Je unterschiedlicher die Akteure, desto komplexer deren Beziehungsgeflechte und desto unberechenbarer die Folgen einer Überforderung. Und, desto grösser schliesslich die erforderlichen (Willens-)Anstrengungen und Aufwände für Kooperation und Zielverfolgung. Selbstorganisation im Zusammenspiel verschiedenartiger Akteure impliziert folglich auch eine als gerecht und zumutbar erachtete Art und Weise der Mitsprache, Lastenverteilung, Selbstverantwortung und Erfolgsbeteiligung.

Bedeutungsinhalte und Bedeutungszusammenhänge wie Selbstorganisation oder Transformation sind zugleich Konstrukt und Konvention. Sie sind im Grundsatz situationsspezifische Wahrnehmungen und Ahnungen, die formuliert, mitgeteilt, verstanden und verändert werden können. Die Sprache und die Form des Abgleichs von Wirklichkeitsvorstellungen bilden somit – bewusst und unbewusst – Dreh- und Angelpunkte sinnvoller und funktioneller Zusammenarbeit. Der Begriff Wirklichkeitsvorstellung bezeichnet in diesem Zusammenhang als

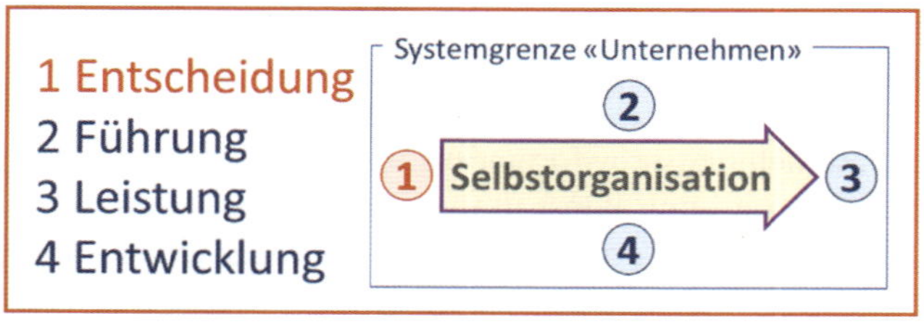

▲ Abb. 1 Bedeutungszusammenhang der Selbstorganisation in KMU

real beurteilte Dinge, Ereignisse, Vorgänge und Zustände sowie damit verknüpfte Denk- und Verhaltensmuster. Die mit bestimmten Situationen und Handlungskontexten in Verbindung gebrachten Muster erzeugen die Akteure und Beobachter des Geschehens selbst: Aufgrund interner und externer Vorgänge bezüglich eines Unternehmens entsteht dessen organisationales – durch Kommunikation generiertes – Netzwerk dezentraler Intelligenz und verteilter Kompetenzen. Folglich können Mitwirkende – bildlich: die Netzwerkknoten – die meist komplexen Beziehungsgeflechte und Prozessgefüge als Konstrukte individueller Selbstwirksamkeit und als relevante Szenarien der Leistungserbringung ihres KMU darstellen, interpretieren, beeinflussen und umgestalten.

Eine konstruktive Umsetzung dieser Wirklichkeitsvorstellung, der sogenannte Wirklichkeitenabgleich, bezieht sich auf besonders bedeutsame oder kritische Aspekte individueller und kollektiver Verhaltensmuster. Er betrifft damit die elementaren Funktionen einer gemeinsamen Wirklichkeit KMU (◀ Abb. 1):

1 **Entscheidung** v.a. im Sinne der Problemerkennung, der Initialisierung des Handelns und der Ausrichtung unternehmerischer Aktivitäten nach dem Sinn und Zweck des Unternehmens und einzelner Akteure.
2 **Führung** v.a. im Sinne der Strategiebildung und steuernder Einflussnahme auf die Leistungserbringung (Prozesse), die Koordination und Entwicklung einer gemeinsamen Sprache (Verständigung).
3 **Leistung** in Form von zweckdienlichem Ressourceneinsatz (Wirtschaftlichkeit), effizienten Prozessen (Funktionalität), effektiver Zielverfolgung (Wirksamkeit) und akzeptierten Ergebnissen (Fortschritt).
4 **Entwicklung** als Anpassungs- und Innovationsleistung bzw. Resultat (Erfolg) wesentlicher Veränderungen – idealerweise im Sinne des Unternehmens und dessen Existenzsicherung (Unternehmensentwicklung).

Konkreter Nutzen einer Selbstorganisation entsteht für ein KMU zunächst dann, wenn Mitarbeitende entscheiden (können), sich über das aus ihrer Sicht Wesentliche auszutauschen. Darüber hinaus in jedem Moment, wenn sich die dabei bedeutsamen Erkenntnisse oder Vereinbarungen (allgemein Bezugsgrössen) handlungsleitend auswirken. Idealerweise erfolgt also eine kontinuierliche Verständigung über eigene Vorstellungen, Beobachtungen oder Einschätzungen. Inhalte sind die (Be-)Deutung eigener und fremder Rollen und Verantwortlichkeiten (Erwartungen) sowie Beweggründe für das eigene Denken (Motivation/Sinn) und Handeln (Planung/Reflexion). Daraus ergeben sich relevante Bedeutungszusammenhänge in Bezug auf Bewältigungsstrategien, die Umsetzbarkeit gemeinsamer Ziele und die Gelingenswahrscheinlichkeit von Projekten.

2 Beziehung – die vierte Dimension der Systementwicklung

Der Begriff Organisation hat unter anderem die funktionelle Bedeutung des sich selbst (Ein-)Ordnens und Regulierens soziotechnischer Systeme, definitionsgemäss in den drei Dimensionen Zeit, Raum und Menge (Schmidt, 2009/S. 23). Menschen fällt – dieser Definition zufolge – in der tradierten Organisationsgestaltung lediglich die Bedeutung des «Aufgabenträgers» zu. Organisationale Beziehungen als vierte Dimension bringt den Menschen, und damit Akteure mit individuellen Bedürfnissen, Fähigkeiten, Wertvorstellungen, Absichten und Zielen ins Spiel. «Selbstorganisation ist in der Systemtheorie eine Form der Systementwicklung, bei der formgebende oder gestaltende Einflüsse von Elementen des Systems selbst ausgehen.» (de.wikipedia.org, 2023/«Selbstorganisation»). Ausgangspunkte der Selbstorganisation sind demnach die (individuelle und kollektive) Wahrnehmung der Wirklichkeit und der Sinn für Mögliches, unter anderem bezüglich der Zugehörigkeit zu einer Gemeinschaft. Ergänzend zu Modellen hergebrachter Organisationslehren umfasst Selbstorganisation in KMU somit explizit Aspekte persönlicher und betriebsinterner Sichtweisen sowie der Umwelt, virtueller Welten und der Beziehungsgestaltung jeweils aus unterschiedlichen Perspektiven. Hinzu kommen mit der vierten Dimension also nicht-ignorierbare, komplexe Bedeutungszusammenhänge und von Regeln abweichende Verhaltensweisen zur Bewältigung alltäglicher Probleme und schwerwiegender Konflikte. Des Weiteren sind es Aspekte der Resilienz wie das Bemühen um Erholung, Sicherheit und Bestätigung, die Stärkung des Zusammenhalts und der Leistungsfähigkeit in Krisensituationen bis hin zur Mobilisierung der Anpassungsfähigkeit betroffener Personen und Unternehmen in Extremfällen.

Selbstorganisation als kollektive Bewältigungsstrategie und organisationale Gestaltungsmaxime übersteigt einerseits die Fähigkeiten einzelner Akteure und kann anderseits die Handlungsoptionen eines Kollektivs erweitern. Gleichwohl sind individuelle Ansichten und Absichten – die Einstellung und eine sinnhafte Ausrichtung bzw. das Selbstverständnis und die Selbstwirksamkeit – entscheidend. Denn sie bezwecken in der Regel, «aufgrund eigener Kompetenzen gewünschte Handlungen auch in Extremsituationen erfolgreich selbst ausführen zu können». (de.wikipedia.org, 2023/«Selbstwirksamkeitserwartung») Deshalb liegt ein primärer Nutzen des Einbezugs der vierten Dimension Beziehung beispielsweise darin, bei der Veränderung strategischer Stossrichtungen und organisationaler Strukturen auch Potenziale und Risiken sozialer und informeller Beziehungsflechte – gemeinschaftliche, kulturspezifische Bezugsgrössen (Kultur) – berechenbarer zu machen. Selbstorganisation bedeutet aus dieser Sicht, den Fokus von Formen individueller Wirksamkeit (Heldentum) auf ein zielgerichtetes Zusammenspiel verschiedenartiger Akteure zu lenken.

In der Realität beeinflusst ein Gewirr unterschiedlicher Wirksamkeitserwartungen und Leistungsanforderungen ein situatives Geschehen. Beteiligte Personen inszenieren intuitiv eigene, angeeignete oder verordnete Rollen. Sie richten ihr Verhalten nach gemeinsam erlebter Wirklichkeit und zugleich nach selbst konstruierten Wirklichkeitsvorstellungen und äusserem Druck aus – letztlich jedoch oft nach persönlichen Präferenzen, hergebrachten Denkmustern oder Fiktion. Auffällige und gehäuft auftretende Interaktionsformen können folglich als Ausprägung kollektiver Verhaltensmuster in einem grundsätzlich funktionierenden Zusammenspiel benannt und interpretiert werden. Auch dann, wenn diese Vorgänge übergeordneten oder vereinbarten Zielen zuwiderlaufen. Eine entsprechende Botschaft in Bezug auf Selbstorganisation in KMU kann deshalb lauten: Wesentlich ist, wofür sich Akteure selbsttätig einsetzen und Verantwortung übernehmen (müssen). Dies nicht nur, weil ihnen in diesem Rahmen Absichten und Ziele gemeinsam sind, sondern weil ihnen Kompetenz und zielstrebiges Handeln unterstellt, Problemlösungen zugemutet und kohärente Führung abverlangt werden (können).

Immer mehr übertragen Menschen bestimmte Aufgaben, Rollen und Verantwortlichkeiten auf selbstständige, multifunktionale Maschinen in Gestalt selbsttätiger Avatare, Roboter oder Bots. KI ist somit als Funktionsträgerin, als Mitwirkende mit Superkräften zu betrachten. Sie führt nicht nur vordefinierte Aufgaben und Routinen klaglos aus, sondern lernt dauernd dazu. Es scheint daher zwingend, Schlüsselbegriffe wie Funktion, Team oder Leistung neu zu denken sowie Tätigkeit, Rolle, Verantwortung und Kompetenz als Ganzheit zu interpretieren: Leistungserbringung <u>und</u> Konfliktbewältigung als kohärentes Verhaltensmuster – sinnvolles Handeln, wohldosierte Einflussnahme und zielstrebiges Wirtschaften – jeweils aus Sicht der Unternehmer, Stakeholder, Beteiligten und Beobachter.

3 Echtzeitbedingung – Konstrukt und Interpretation unterschiedlicher Wirklichkeiten

Konventionelle Organisationsmodelle gründen auf Vorstellungen «gültiger Regelungen zielorientierter sozio-technischer Systeme» (Schmidt, 2009/S. 25). Selbst Konzepte wie Leadership und Anwendungen des sogenannt agilen Managements basieren oft ausschliesslich auf Wirklichkeitsvorstellungen der Entscheid- und Planbarkeit. Sie heben einzig besondere Schwerpunkte hervor: Merkmale wie Kosten, Flexibilität, Resilienz oder Time-to-Market. Dementsprechend werden die Strategien, Methoden, Regeln und Werkzeuge zwar den jeweils vorherrschenden Echtzeitbedingungen angepasst. Die Mitarbeitenden zeigen jedoch trotz einschneidender Veränderung, spürbarer Mehrbelastung oder steigender Widersprüchlichkeit oft weiterhin gewohnte und absehbare statt der erwünschten, neuen Verhaltensmuster: Umdenken findet offenbar nicht ohne eigenes Zutun wie Willenskraft, Kreativität und Umsetzungsvermögen statt.

Selbstorganisierte Kooperation stellt die Akteure vor die Herausforderung, Vorstellungen der Zukunftsbewältigung – gemeinschaftliche Strategien und Ziele – zu konstruieren und zu realisieren. Dabei zeigt sich ein systembedingter Konflikt: Kooperation ergibt sich aus dem Umgang mit gemeinsam erlebter Wirklichkeit, mit realen und virtuellen Welten. Handlungsleitende Bedeutungszusammenhänge repräsentieren darüber hinaus meist auch individuelle Vorstellungen mit dem Absolutheitsanspruch «Ich weiss, was ich will». Trotzdem sehen sich Motive zu angestrebten und Effekte aus erfüllten Leistungsvereinbarungen oft ähnlich: Reduktion von Komplexität und Aufwand – Erfolg in Echtzeit. Dementsprechend zielt das Verfahren «Ordnung von Wirklichkeiten» (Dätwyler, Sulzberger, 2020) primär auf die Erleichterung und Beschleunigung der Entscheidungsfindung. Entscheidungen bezwecken die Einflussnahme auf Steuerungsvorgänge und auf die Eintreffenswahrscheinlichkeit erwünschter Zustände. Kooperation auf der Grundlage offengelegter Standpunkte und gemeinsamer Betrachtungsebenen erleichtert folglich den Überblick und vereinfacht die Orientierung. Die Verfolgung gemeinsamer Ziele erhöht überdies die Vorhersehbarkeit und Nachvollziehbarkeit; intraaktive Vorgänge beispielsweise bezüglich der Kriterien, ob und unter welchen Bedingungen Akteure tätig werden und Risiken eingehen. Interaktive Vorgänge vermitteln eher Informationen darüber, wann und wie verlässlich Erwartungen erfüllt und Ergebnisse geliefert werden – auch aus Sicht der Kunden und Märkte.

▶ Abb. 2 zeigt generische Ordnungskriterien zur Gliederung der Selbstorganisation in vier elementare Handlungsfelder (A, B, C, D). Anhand der Ordnungsstruktur «Vierfeldertafel» lassen sich das Gestaltungsprinzip gemeinsamer Betrachtungsebenen als auch grundsätzlich verschiedene Aspekte der Interpretation realer Bedeutungszusammenhänge darstellen.

Handlungskontext Selbstorganisation	Intraaktive Vorgänge **«Einstellung»**	Interaktive Vorgänge **«Einflussnahme»**
Steuerungsebene	B – **Strategie**	C – **Verständigung**
Handlungsebene	A – **Ressourcen**	D – **Zielverfolgung**

▲ Abb. 2 Vierfeldertafel: Handlungsfelder der Selbstorganisation

In logischer und zeitlicher Abfolge können die vier Felder gesamthaft als Referenzsystem für erwünschte oder zugesicherte Verhaltensmuster (Planung, Verhandlung, Vereinbarung, Führung u.ä.) interpretiert werden – «organisatorische Beziehungen» im klassischen Sinne (Schmidt, 2009/S. 22). Im Anwendungsfall wird daraus beispielsweise ersichtlich, wo genau sich als problematisch oder hilfreich wahrgenommene Aspekte eines Geschehens bemerkbar machen können. Zweck dieser Form des Wirklichkeitenabgleichs ist also, ein gemeinsames bzw. übergeordnetes Problem- und Lösungsverständnis zu schaffen. Im Gegensatz zu Weisungen, Regeln oder methodischen (Plan-)Vorgaben leitet dieses Verfahren dazu an, sich aus eigener Erfahrung und Urteilskraft – quasi dank gesundem Menschenverstand – Spielraum und Szenarien für echtzeitbezogene Vorgehensweisen zu erschliessen. Proaktives Handeln genauso wie agiles Management umfassen aus dieser Sicht Tätigkeiten wie Zeitintervalle und Prioritäten festlegen, Einwände behandeln, Handlungsoptionen abstecken, Rollen und Verantwortlichkeiten vereinbaren sowie Entscheidungen treffen und Aktivitäten initialisieren bzw. überwachen.

Die Entwicklung ganzheitlicher Momentaufnahmen: Oft sucht man vorschnell und nur dort nach Lösungen, wo Anzeichen von Problemen oder rascher Erfolg vermutet werden. Referenzsysteme helfen, ein «Big Picture» zu skizzieren, Zusammenhänge zu verstehen und Massnahmen zu planen. Dies erleichtert die Eigenständigkeit der Akteure insgesamt sowie in den einzelnen Handlungsfeldern. Eine gemeinsame Ordnung von Wirklichkeiten vereinfacht beispielsweise die Klärung und Konsolidierung unterschiedlicher Ansichten und Meinungen oder eine sachliche Verständigung über Befindlichkeiten, Bezugsgrössen und Differenzen. Die Entwicklung von Momentaufnahmen ermöglicht es den beteiligten Personen, individuelle Sichtweisen auf ein bestimmtes, komplexes Geschehen gemeinschaftlich verstehbar und handhabbar zu machen. Darüber hinaus hilft es, mit Verschiedenartigkeiten, Gegensätzen, Veränderungen und damit verknüpften Gefühlen, primär mit Ängsten besser umzugehen. Dabei kommen insbesondere die Erfahrung und das Geschick zum Ausdruck, Aufmerksamkeit zu steuern, Emotionen zu lenken sowie differenzierend und vernetzend zu denken. Guter Umgang mit Echtzeitbedingungen basiert demnach auf der Analyse von Sinneseindrücken und deren Bedeutsamkeit sowie auf der Ausrichtung nach zielführenden Mustern. Das Gebot des gesunden Menschenverstandes lautet demzufolge: «Unterscheide bevor du urteilst».

Die Verortung von Wirklichkeitsvorstellungen in einem bestimmten Gesamtzusammenhang folgt keinen festen Regeln. Folgende Kriterien können dennoch helfen, Wahrnehmungen, Überlegungen, Feststellungen, Erklärungen, Prognosen etc. den passendsten Handlungsfeldern zuzuordnen (vgl. ◀ Abb. 2). Eine Zuordnung einzelner Aspekte zu:

A Feld A betrifft generell die Ausgangslage. Aspekte, die in diesem Feld verortet werden, beschreiben eine bestimmte Situation, die betrachtete Akteurin, die mit der Situation verknüpften Gemütslagen und/oder Sachverhalte, welche sie (mutmasslich) dazu motivieren oder darin hindern, ihre **Ressourcen** zu mobilisieren.

B Feld B beschreibt die **Strategie.** Entsprechende Wirklichkeitsvorstellungen verweisen auf die mutmassliche Art und Weise, wie die betrachtete Akteurin oder der betrachtete Akteur bestimmte Situationen angeht.

C Feld C bezieht sich auf die **Verständigung:** Bezugsgrössen, Auffälligkeiten und Besonderheiten bezüglich der Form, wie die Akteurin mit ihrem Umfeld interagiert. Bedeutsam ist zudem, welche anderen Akteure massgeblich beteiligt und welche Ziele, Prozesse, Leistungen durch ihre Verhaltensweisen betroffen sind.

D In Feld D finden sich Aspekte der **Zielverfolgung.** Damit beurteilen Beteiligte und Betroffene die Art und Weise, wie die Akteurin Leistungsversprechen einlöst, Ergebnisse und Wirkung erzielt; wesentlich sind Äusserungen zu vereinbarten Bezugsgrössen und Rollen, zu Tätigkeiten und Verantwortlichkeiten wie Verträge erfüllen, Probleme lösen, Konflikte behandeln, Herausforderungen meistern etc.

Tritt in einem Unternehmen ein Problem auf oder kommt es zu Störungen und Konflikten, hilft es, um sich rasch einen Überblick zu verschaffen, zunächst den Problembereich einzugrenzen, das Problem zu benennen und dem Handlungsfeld zuzuordnen, in welchem es sich am störendsten bemerkbar macht. Die Ordnungsstruktur (vgl. ◀ Abb. 2) ist so ausgelegt, dass sich Fehlendes aus dem Gesamtzusammenhang erschliessen lässt bzw. dass sie Bedeutungszusammenhänge ganzheitlich, kontextbezogen und einer situativen Logik folgend abbildet. Theorien und Entwicklungen können dabei in einem einzigen Feld verortet oder einzelne Beobachtungen und Argumente nach den vier verschiedenen Gesichtspunkten gegliedert werden, so dass die einzelnen Aspekte am ehesten zur Situationsklärung, Problemerfassung, Lagebeurteilung oder Entscheidungsfindung beitragen. Umgekehrt sind Erklärungen, Lösungsansätze, Argumente oder Einwände grundsätzlich in allen Handlungsfeldern denkbar oder als Muster über mehrere Felder hinweg konstruierbar. Dementsprechend sind Regelungen und Anwendungen der Selbstorganisation in KMU (vgl. ◀ Abb. 1) generell als (Selbst-)Führung selbstorganisierter Teams, als strategisches Projekt oder als Steuerungsfunktion komplexer Vorgänge wie der Unternehmenstransformation interpretierbar.

Im Folgenden wird beschrieben, wie Teams sich relevante Aspekte einer selbstorganisierten Zusammenarbeit auf der Grundlage eigener Kompetenzen, Erfahrungen, Wahrnehmungen und Einschätzungen erschliessen können: Orientierung durch Mustererkennung bei Unsicherheit, wenig Zeit oder fehlender Information.

4 Verhaltensmuster – Vexierbilder der Zugehörigkeit und des Zusammenspiels

«Als Verhaltensmuster (englisch: Pattern) bezeichnet man Verhaltensweisen, die in einer bestimmten Situation jeweils in einer bestimmten Weise gleichzeitig und/oder in gleicher Reihenfolge stattfinden (Reaktionskette).» (de.wikipedia.org, 2023/«Verhaltensmuster»). Typische Verhaltensmuster selbstorganisierter Zusammenarbeit widerspiegeln sich in der Teamentwicklung. Die allgemein bekannten Bedeutungsinhalte des Forming, Storming, Norming und Performing im Phasenmodell nach Tuckman, 1965 (de.wikipedia.org, 2023/«Team»), können gesamthaft als kulturell geprägter oder unternehmensspezifischer Umgang mit Veränderungen und Echtzeitbedingungen interpretiert werden. Tradierte Lesarten präsentieren die Teamentwicklung jedoch als schrittweisen Reifungsprozess. In diesem Denkmuster werfen Störungen, etwa durch Unausgewogenheit und Veränderungen in der Teamkonstellation, die Mitglieder zurück auf frühere Zustände. Offensichtlich ist das Geschehen in komplexen Beziehungsgeflechten und Marktkonstellationen dauernd Störungen unterworfen. Somit sind Reifegrade relativ und von kurzer Dauer. Zudem können sich Nebeneffekte unvermittelt zur Krise aufschaukeln. Die Eigendynamik, eine hohe Vielfalt und Dichte wechselwirkender Akteure, macht aus dieser Sicht nicht nur Revisionen bewährter Theorien und vertrauter Denkfiguren der Führung und des Wirtschaftens notwendig. In modernen Geschäfts- und Arbeitswelten wandeln sich derzeit auch die Gestaltungsformen der Zusammenarbeit. Dies alles rückt Aspekte wie gemeinsame Sprache, Anschlussfähigkeit, Funktionalität, Wirksamkeit, Lernen oder Gesundheit noch stärker in den Fokus guter Zusammenarbeit. Zusätzlich finden die im Vergleich zu früher spürbar gestiegenen An- und Herausforderungen ihre Entsprechung vermehrt als Forderung, etwa von mehr Lohn, Schutz, Mitbestimmung oder alternativen Beschäftigungsmodellen. Das bedeutet für alle Betroffenen ein dauerndes Abwägen der eigenen Wirtschaftlichkeit, Eigenständigkeit und Risikofähigkeit.

Programmatische Aussagen wie «erwünschte Transformation in Echtzeit» geben nutzbare Aspekte einer dynamik-robusten Teamentwicklung vor. Praxistaugliche Referenzsysteme entstehen demzufolge aus der Differenzierung unternehmensspezifischer, intra- und interaktiver Vorgänge, wenn diese in Bezug zu den passendsten Handlungs- und Steuerungskontexten gebracht werden (vgl. Abschnitt 3). Eine Konstruktion von Bedeutungszusammenhängen taugt somit zur Ausrichtung nach Bezugsgrössen eines guten Umgangs mit eigenen und fremden Kompetenzen und zur Entwicklung einer interdisziplinären Problemlösefähigkeit. Diese Systematik basiert auf Ähnlichkeiten; auf strukturellen Gemeinsamkeiten der Selbstorganisation und der Teamentwicklung sowie auf elementaren Handlungsfeldern funktionaler Problemlösungen und willentlicher bzw. erwünschter Veränderungen.

Transformation	**Intraaktion**	**Interaktion**
Steuerungsebene Teamentwicklung Problemlösung Funktion	**B – Strategie** Forming *Lagebeurteilung* *Führung/Orientierung*	**C – Verständigung** Norming *Entschlussfassung* *Entwicklung/Planung*
Handlungsebene Teamentwicklung Problemlösung Funktion	**A – Ressourcen** Storming *Problemerfassung* *Entscheidung*	**D – Zielverfolgung** Performing *Prozessmanagement* *Leistung/Veränderung*

▲ Abb. 3 Referenzsystem: Be-Deutungen dynamik-robuster Teamentwicklung

Als übergeordneter Bedeutungszusammenhang eines dynamik-robusten Referenzsystems der Teamentwicklung dient in ◄ Abb. 3 exemplarisch der Begriff Transformation, also ein Vorgang wesentlicher Zustandsänderungen. Diese Anordnung macht den Mehrwert unterschiedlicher methodischer Ansätze und die inhärenten Risiken eines Zusammenspiels verschiedenartiger Akteure deutlich: Überlagerungen, Gemeinsamkeiten und Spielräume sowie Unverträglichkeiten bei der Konsolidierung und Neubeurteilung von Wertvorstellungen, Erwartungshaltungen, Einschätzungen und Lösungsansätzen. Demnach lautet die Botschaft des sichtlichen Bemühens um ein gelingendes Zusammenspiel: Hohe Anforderungen und schwierige Situationen sind mit offengelegten Präferenzen und eigenständigem Denken, mit kontextbezogenen Informationen und Einschätzungen sowie mit auf Kooperation ausgelegtem (Ver-)Handeln rascher und besser bewältigbar.

Zur Entwicklung spezifischer Referenzsysteme (auch: Werte-, Regel-, Bedeutungssysteme) eignet sich ein inkludierendes Verfahren der (Neu-)Ordnung von Wirklichkeitsvorstellungen. Die Verwendung einheitlicher Ordnungsstrukturen und Grundbegriffe ermöglicht die Abbildung gemeinsamer Betrachtungsebenen und erhöht die Vergleichbarkeit unterschiedlicher Perspektiven. Dies erleichtert zudem die Identifikation von Mustern sowie die Bewertung von Verfahrensschritten und Ergebnissen. Anwendungen der Referenzsysteme bezwecken beispielsweise die Spezifizierung agiler Methoden (Design Thinking, Scrum, Kanban etc.) oder gemeinsamer Handlungsfelder und Projekte. Entsprechende Bezugsgrössen vereinfachen überdies Fortschrittskontrollen und Leistungsbeurteilungen.

Die Entwicklung und Nutzung praxistauglicher Referenzsysteme auf der Basis einer Vierfeldertafel (vgl. ◄ Abb. 3) umfassen im Wesentlichen folgende Aktivitäten:

A Problemerfassung – ins Handeln kommen – bedeutet zunächst, sich dafür zu entscheiden, aktiv zu werden und den Handlungsbedarf, die Ausgangslage oder die unterschiedlichen Standpunkte zu klären (Initialisierung). Dafür ist konkret Folgendes zu tun: Thema und Handlungskontext festlegen (Definition der Betrachtungsebene), Handlungsfelder und verfügbare Ressourcen benennen; als bedeutsam erachtete Akteure, Problemstellungen und/oder Wirklichkeitsvorstellungen (Bedeutungsinhalte) im Gesamtzusammenhang verorten, das bedeutet, dem jeweils passendsten Handlungsfeld zuweisen.

B Lagebeurteilung – Überblick verschaffen durch den Einbezug unterschiedlicher Sichtweisen und Bedeutungszusammenhänge (Systemanalyse): Wesentliche Aspekte festhalten und im Gesamtzusammenhang interpretieren (Mustererkennung) sowie deren Funktionalität nach zweckdienlichen Gesichtspunkten überprüfen bzw. beurteilen. Aussensichten können der Inspiration und Qualitätssicherung – dem Abgleich von Selbstbild und Fremdbild – sowie der Konfrontation dienen.

C Entschlussfassung – Einfluss nehmen – heisst im Grundsatz, dauernden Realitätsbezug proaktiv sicherzustellen und bedeutet konkret, unterschiedliche Ansichten bestmöglich zu konsolidieren und Entscheidungskriterien verstehbar und handhabbar festzulegen: Werthaltigkeit und Relevanz der Argumente, Anträge und Einwände erörtern; Gültigkeit, Bedeutsamkeit und Dringlichkeit abwägen (Zeitbezug), Lösungen finden, Entscheidungen treffen, Rollen und Verantwortlichkeiten vereinbaren.

D Leistungsbeurteilung – Fortschritte überprüfen (Umsetzung): Veränderungen reflektieren (Fortschrittskontrolle = Momentaufnahmen in Zeitreihen), Ergebnisse bewerten, Zeitverhältnisse und Leistungen beurteilen, Konflikte bereinigen, Chancen und Risiken abschätzen, Massnahmen vereinbaren, Projekte abschliessen.

Methodische Empfehlung: Ordnungsstruktur aufzeichnen, Handlungsfelder kontextspezifisch benennen, Beiträge als Schlüsselbegriff oder Sichtwort notieren (Pin-Karte, Post-it), Zwischenergebnisse bzw. Ergebnis festhalten (Fotoprotokoll).

Vexierbild – warum? Bezüglich Verhaltensmuster sind – ähnlich wie bei einem Vexierbild mehr oder weniger offensichtlich – verschiedene Zusammenhänge und Bedeutungen erkennbar, folglich unterschiedliche Interpretationen und Prognosen möglich. Dementsprechend widerspiegeln Vorstellungen und Aussagen beispielsweise zu Transformationen jeweils ganzheitliche Verhaltensmuster, Ansichten verschiedener Akteure und Aspekte unterschiedlicher Betrachtungsebenen und Verfahrensschritte – den Zustand des betrachteten Systems und einzelne Vorgänge im massgeblichen Zeitraum. Momentaufnahmen sind folglich Selbst- und Fremdbild zugleich. Sie geben umgekehrt Auskunft über aktuell involvierte Akteure und verfügbare Ressourcen, über Kompetenzen und Grade der Zugehörigkeit, der Funktionalität, der Anschluss- und Konfliktfähigkeit genauso wie über deren Fehlen und Mängel. Entsprechend ihres Standpunktes betrachten die Akteure unterschiedliche Aspekte deshalb als (momentan/situativ) bedeutsam und verbindlich – oder eben nicht. Aus Verhandlungen resultierende Vereinbarungen, Strategien und Erkenntnisse können jedenfalls als Ergebnis einer Vergemeinschaftlichung gewertet werden. Sie liefern somit praktikable Bezugsgrössen zugleich für die Persönlichkeits-, Organisations-, Geschäftsfeld- und Unternehmensentwicklung.

Phänomene des Wertewandels und sozialer Medien beeinflussen in zunehmendem Umfang die Leistungsbereitschaft der Mitarbeitenden und den Umgang mit Widersprüchen, Konflikten und Frustration. Dies zeigt sich beispielhaft im Informationsbedürfnis, in Erwartungen hinsichtlich der Verlässlichkeit oder in Ansichten darüber, wie sicher es ist und sein sollte, im Rahmen eigener Rollen und Verantwortlichkeiten zwischenmenschliche Risiken einzugehen. Man spricht in diesem Zusammenhang von Frustrationstoleranz und psychologischer Sicherheit. Und provoziert zudem damit oft gegensätzliche Äusserungen zur Sinnhaftigkeit, Finanzierbarkeit, Umsetzbarkeit etc. – tatsächliche und vorgeschobene Hürden der Einforderung und Verantwortbarkeit von Veränderungen. Tatsache ist, Selbstorganisation in KMU betrifft sämtliche Aspekte sowohl eines gemeinsamen, wirtschaftlichen und leistungsorientierten als auch eines individuellen, eigennützigen und altruistischen Handelns. Ferner ist zu beachten, dass verteilte Intelligenz und jede Vernetzung der Akteure unweigerlich auch die Planbarkeit und die Vorhersehbarkeit betroffener Prozesse reduziert bzw. die Komplexität insgesamt erhöht. Zukunftsoffene Situationen entwickeln sich deswegen selten wie erwartet, Akteure verhalten sich in diesem Sinne weder richtig noch falsch. Haltungen, Erfahrungen, Einstellungen und Wertungen, dem Handeln mit Augenmass und gesundem Menschenverstand – kurz: nicht-objektivierbaren Inhalten und Leistungen – sind unter ungewissen Umständen deshalb zugleich Wertschätzung und Zurückhaltung entgegenzubringen. Gründe für zielgerichtetes und faires Verhandeln, für Kontrolle und für Reflexion finden sich in Transformationsvorgängen reichlich.

5 Existenzsicherung – Antrieb und Ansätze verlässlicher Kooperation

Eine Bereitschaft zur Transformation gründet derzeit oft im Vertrauen auf technologischen Fortschritt und auf die Verlässlichkeit der KI, basiert aber zu wesentlichen Teilen auf der Tragfähigkeit sozialer Beziehungen und funktionaler Netzwerke. Selbstorganisation stellt somit Grundfunktionen der Verständigung in der Organisationsgestaltung und bei der Bewältigung zukunftsoffener Entwicklungen sicher. Zur Initialisierung der Kooperation und Transformation in komplexen Beziehungsgeflechten haben sich folgende Ansätze bewährt:

- **Vergemeinschaftung organisationaler Kompetenzen:** Eigenständigkeit und Zeitgewinn durch Selbstorganisation entsteht bei sogenannt verteilter Autorität – typischerweise im Projekt- und Prozessmanagement, in der Einsatz- und Ressourcenplanung sowie im Konfliktmanagement. Grundordnungen legitimieren rollenspezifische Handlungsfelder und Spielräume, Entscheidungen vor Ort und ein Bemessen der Toleranzbereiche, etwa um erfahrungsbasiertes Vorgehen oder neuartige Lösungsansätze auszuprobieren. Damit schaffen Organisationsformen wie Soziokratie, Holakratie, Agiles Management oder Konsentverfahren oft gute Bedingungen für Selbstbestimmung und Stärkung der Selbstwirksamkeit. Mittels geteilten Wertevorstellungen und gewährten Sicherheitsansprüchen, erlebbarer und beeinflussbarer Bezugsgrössen wie Beteiligung, Leistung, Verlässlichkeit, Erfolg etc. können zudem Befindlichkeiten, Argumente, Prognosen usw. besprechbar und überprüfbar gemacht werden.
- **Selbstorganisation auf Grundlagen des Bestehenden:** Entwicklungen in Richtung langfristiger Ziele und erwünschtem Verhalten sind oft schon an der Art und Weise der Aufgabenübertragung und Rollengestaltung, an einer zweckmässigen Auslegung von Befugnissen, an sinnstiftenden Erfolgskriterien und an einer zeitnahen Begleitung erfolgskritischer Prozesse erkennbar (vgl. ◄ Abb. 1). So werden Leistungs- und Mitwirkungsvereinbarungen üblicherweise beim Herunterbrechen von Strategien und Zielen geschlossen. Auf dieser Grundlage können Führungs- und Fachkräfte zur Einflussnahme ermächtigt und Mitarbeitende zu Praktiken der Selbstorganisation verpflichtet werden. Beides, Einflussnahme und Mitarbeit, verlangt ein Gesamtverständnis und Mitdenken, Spielräume und günstige Gelegenheiten sinnvoll zu nutzen, Einwände und Abweichungen zu begründen, Sachverstand und besondere Fähigkeiten interdisziplinär einzusetzen.
- **Selbstorganisation im Rahmen wesentlicher Veränderungen:** Mitmenschen in die Verantwortung einzubeziehen, bedingt meist, Einflussbereiche aufzuteilen und Mitsprache einzuräumen. Ansatzpunkte guter Zusammenarbeit sind Grundordnungen (Verfassung, Governance), Leistungsvereinbarungen und Funktionsbeschreibungen. Sie regeln Rollen und Verantwortlichkeiten, Beteiligungsverhältnisse und die einforderbaren Mitwirkungsformen und Leistungen. Darüber hinaus können Formen der Selbstermächtigung, typischerweise Verfahren oder Routinen der sich selbst verpflichtenden Legitimierung und gemeinschaftlichen Entschlussfassung etabliert, trainiert und gefördert werden. In der Praxis geschieht dies etwa bei Protestbewegungen, bei der Initialisierung agiler Projektteams, in Krisen- und Generalstäben, durch Simulationen und Ernstfallübungen. Als erfolgskritisch erweist sich eine Zusammenarbeit oft erst im Fall von Konflikten und Extremsituationen (Krise, Überforderung etc.). In Transformationen sind diese meist unausweichlich. Kooperationen bedienen sich daher auch Ansätzen direktiver Führung, der Mediation und des Organisationalen Lernens, nämlich Kombinationen aus proaktiver Lagebeurteilung, integrativer Einwandbehandlung, transparenter Entschlussfassung und agilem Vorgehen.

Die hier geschilderten Anknüpfungspunkte, um Mitmenschen in Transformationen einzubeziehen, zielen auf die Vereinbarkeit von persönlicher Integrität und organisationaler Ganzheit ab; konkreter auf eine umfassende betriebliche Gesundheit und Leistungsfähigkeit sowie auf die Bewältigung veränderlicher Echtzeitbedingungen. Aufgrund dieser Zielvorstellungen kann paradoxerweise auch ein vierter Anknüpfungspunkt, nämlich kurzfristiges, kollektives Verdrängen von Risiken und Nebenwirkungen, als hilfreich erscheinen, um im Extremfall die Kräfte zu bündeln und Herausforderungen fokussiert anzugehen. Durch ein Bemühen um guten Umgang mit eigenen und fremden Kompetenzen sind es letztlich menschliche Fähigkeiten, welche Selbstorganisation nutzbar machen. Agilität, Resilienz, Kollegialität etc. können eine Transformation erleichtern und beschleunigen. Die Fähigkeit auf Wahrnehmungen und Erfahrungen sinnvoll aufzubauen – eigenen Gefühlen zu vertrauen und Informationen zu beurteilen –, bleibt jedoch ausschlaggebend, ob es gelingt, Komplexität auf ein handhabbares Mass zu reduzieren.

6 Beständigkeit – Transformation unter wechselhaften Bedingungen

Selbstorganisation als Basis zur Bewältigung herausfordernder Umstände kann helfen, Missverständnisse und realitätsferne Erwartungshaltungen zu korrigieren, erwünschtes Verhalten herbeizuführen und gesunden Menschenverstand proaktiv walten zu lassen. Dies ein mögliches Fazit des abschliessenden Fallbeispiels aus einem sogenannten Fokus-Workshop. Dieser organisatorische Rahmen und das damit verknüpfte Verfahren sind auf Verhaltensstrategien, auf guten Umgang mit neuralgischen Punkten der Selbstorganisation wie Initialisierung, Standortbestimmung, Neuausrichtung und Konfliktfälle in Projekten ausgerichtet.

Fallbeispiel: Am Thema agiles Management in der bereichsübergreifenden Zusammenarbeit werden exemplarisch vier fallspezifische Handlungsfelder einer Momentaufnahme sowie Kurzfassungen der behandelten Themen und erzielten Ergebnisse skizziert (vgl. Abschnitt 3).

Agiles Management in IT-Projekten	**Geschäftsleitung «GL intern»**	**Gesamtunternehmen «GL extern»**
Steuerungsebene	**B – Strategie** Governance wie bisher; mittelfristige Entwicklung?	**C – Verständigung** Berichterstattung betreffend IT in die Geschäftsleitung
Handlungsebene	**A – Ressourcen** Spielraum der Geschäftsleitung; einzeln und als Team	**D – Zielverfolgung** Pilotierung des agilen Managements im Funktionsbereich IT

▲ Abb. 4 Momentaufnahme: Bereichsübergreifende Zusammenarbeit

Ausganglage und Momentaufnahme: Wie für die Geschäftsleitung (GL) eines mittelgrossen Unternehmens typisch, besteht Klärungsbedarf zu sich überschneidenden Verantwortlichkeiten und gemeinsamen Herausforderungen – hier bezüglich technologischer Entwicklungen im Bereich der Informatik (IT). Erste Diskussionen in der GL (Problemerfassung und Lagebeurteilung) drehten sich um die Qualität der Berichterstattung, um ein funktionelleres Zusammenspiel zwischen den Unternehmensbereichen und um mittelfristige Entwicklungen. ◀ Abb. 4 beinhaltet Kernelemente der im GL-Team erarbeiteten Momentaufnahme. Die Inhalte der Handlungsfelder A bis D sind auf im betrachteten Unternehmen übliche Schlüsselbegriffe reduziert. Der übergeordnete Bedeutungszusammenhang – agiles Management in IT-Projekten – zeigt sich demnach auch in der bereichsübergreifenden Zusammenarbeit im GL-Team (Bedeutungsebene: Geschäftsleitung). Konkret betrifft es hier die Aushandlung eines adäquaten Handlungsspielraums einzelner Akteure im Sinne einer erhöhten Flexibilität und einer Vereinfachung der Berichterstattung. Die Verortung des Aspekts «Spielraum» in Feld A zeigt dessen besondere Bedeutung als Ressource, aber auch als ein Konfliktpotential des GL-Teams.

Die folgende Beschreibung fasst die Grundschritte zusammen des im konkreten Fall iterativen Vorgehens:

- **Problemerfassung:** Die Vertretung der IT trägt der GL den Antrag für «Agiles Management in IT-Projekten» vor. Die GL reagiert zunächst mit Erwartungen, Befürchtungen und Vorbehalten gegenüber den vorgeschlagenen Veränderungen. Die IT beklagt das fehlende Interesse für ihr Anliegen. Nachfragen führt zur Einsicht, dass dem GL-Team die Verantwortung für das gesamte Unternehmen obliegt und daher auch bezüglich des Antrags verschiedene Interessen zu wahren sind.
- **Lagebeurteilung:** Die Momentaufnahme legt die verschiedenen Interessen innerhalb der GL offen. GL-Mitglieder erläutern ihre Einschätzungen, die IT ihre Argumente. Sie reduzieren damit die Komplexität des Bedeutungszusammenhangs auf kritische Überschneidungen bezüglich der Governance und auf unklare Verantwortlichkeiten.
- **Entschlussfassung:** Interpretationen der Momentaufnahme führen zu neuen Einsichten bezüglich strategischer Aspekte der IT und des Gesamtunternehmens. In diesem Fall wurde beschlossen, agiles Management im Verantwortungsbereich der IT zu pilotieren und über eine Ausdehnung auf andere Bereiche später zu entscheiden. Zudem wird der Lead für die Verständigung zwischen IT und GL gesamthaft dem für die IT zuständigen GL-Mitglied übertragen. Im Gegenzug akzeptiert die GL ein Transformationsziel im Sinne einer agileren Unternehmensentwicklung.

- **Leistungsbeurteilung** im Sinne einer agilen Zielverfolgung bzw. Transformation: Die IT entwickelt und realisiert übergeordnete Zielvorstellungen hinsichtlich einer flexibleren, zeitgemässen Verständigung und Zusammenarbeit zwischen den GL-Bereichen (Werte und Prinzipien des sogenannt agilen Managements). Momentaufnahmen (Zeitreihe) dienen dabei der schrittweisen Etablierung und Überwachung erfolgskritischer Belange der IT, unter anderem der Nutzung von KI.

Mit dieser Fallskizze soll veranschaulicht werden, dass sich Interaktionen und der interne Klärungsbedarf eines Teams auf unterschiedliche, teils gegensätzliche Sichtweisen bzw. Betrachtungsebenen beziehen können. Oder andersherum: Die Projektion komplexer Vorgänge auf eine gemeinsame Bedeutungsebene – das Referenzsystem – ermöglicht, Nutzen- und Gefahrenpotenziale eines übergeordneten Bedeutungszusammenhangs differenziert und nachvollziehbar einzuschätzen. Momentaufnahmen und die Inhalte der daraus abgeleiteten Zielvorstellungen geben gesamthaft einen funktionellen, gültigen bzw. verbindlichen Rahmen für selbstorganisierte Zusammenarbeit vor: Die Bezugsgrössen erwünschter Veränderungen bestmöglich umsetzen, Zielvorstellungen und Massnahmen selbstbestimmt und geregelt realisieren, Spielräume nutzen.

7 Fazit und take away

Selbstorganisation und Unternehmenstransformation sind als dauernde Prozesse wesentlicher Veränderung interpretierbar – als Markttauglichkeit unter wechselnden Echtzeitbedingungen: Ersteres getrieben durch Handlungen und Leistungen, letzteres durch Wirkung und Erfolg im Kontext eines Zusammenspiels verschiedenartiger Akteure und Einflussfaktoren. Aus dieser Perspektive entfaltet das Gestaltungsprinzip guter Selbstorganisation in KMU seine Wirkung über ein breites Spektrum zielführender Bezugsgrössen: Von der Achtsamkeit über Kriterien der Sinnhaftigkeit, Wirtschaftlichkeit und Toleranz, durch Entscheidungen, gemeinsame Vorhaben und Konflikte bis hin zur unbeschadeten Bewältigung von Krisen und Zufällen.

take away:

- *Selbstorganisation wird sowohl im Gefühl der Selbstwirksamkeit als auch in Formen des Erfassens und Interpretierens bedeutsamer Verhaltensmuster evident.* Selbstorganisierte Formen der Zusammenarbeit sind deshalb für ein ganzheitliches Verständnis unternehmerischer Strategien und für guten Umgang mit herrschenden Echtzeitbedingungen genauso unerlässlich wie für gezielte Einflussnahmen im betrieblichen Alltag, für die Gestaltung organisationaler Lern- und Veränderungsprozesse oder für das Risiko- und Konfliktmanagement in zukunftsoffenen Situationen.
- *Selbstorganisation erleichtert die Verständigung, beschleunigt die Lösungsfindung und vereinfacht den Austausch der Akteure untereinander und mit ihrem Umfeld.* Dabei können überraschende Konstellationen und Erkenntnisse, unvorhersehbare Wendungen, unkalkulierbare Risiken oder günstige Gelegenheiten auftreten. Deshalb gehören Aspekte guter (Selbst-)Führung wie Agilität, Selbstverantwortung, Anschlussfähigkeit, Verlässlichkeit, die Entwicklung universeller Problemlösefähigkeiten und kohärent begründete Einflussnahmen ins ständige Verhaltensrepertoire – besonders der Personen in Schlüsselpositionen eines KMU.

Quellenangaben

Dätwyler, Adrian; Sulzberger, Markus (2020): Mehr «gesunder Menschenverstand» im Management von Krisen, Zeitschrift für Organisation zfo 6/2020, Schäffer-Poeschel Verlag für Wirtschaft · Steuern · Recht GmbH, Stuttgart 2020.

Schmidt, Götz (2009): Organisation und Business Analysis – Methoden und Techniken, Verlag Dr. Götz Schmidt, Wettenberg 2009.

Wikipedia (2023, 31. Juli) https://de.wikipedia.org/wiki/
Selbstorganisation.
Selbstwirksamkeitserwartung.
Team.
Verhaltensmuster.

Selbstorganisation in der Praxis

Rolf Ritter – Bossard Group AG

Erfahrungen auf dem Weg zu einem selbstorganisierten Unternehmen

Hintergrund

«What if ***Strategy*** *was lived by the whole* ***Organization*** *and everybody for every decision, every day was* ***empowered*** *by it?»*

Bossard ist von einem lokalen Handelsunternehmen in Zug in den letzten Jahrzenten zum führenden internationalen Unternehmen in der Industrie 4.0 für industrielle Kleinteile wie Befestiger und einfache Kleinteile (sogenannte C-Teile) aufgestiegen. Heute bringt Bossard Mehrwertlösungen mit knapp 3000 Mitarbeitenden an über 80 Standorten in 32 Ländern bei über 35 000 Kunden auf der ganzen Welt. Diese Befestigungselemente werden jeden Tag in Maschinen, Roboter, Scooter, Elektrofahrzeuge, Busse, Züge und Flugzeuge sowie in Produkte des industriellen und häuslichen Bedarfs verbaut, mit dem Ziel, die Verarbeitung auf Kundenseite effizienter und deren Produkte besser zu machen.

Bossard hat es über die Jahre geschafft, zum führenden Unternehmen im C-Teile-Management für Industrieunternehmen zu werden. Gerade in dieser Position der Stärke muss sich ein Unternehmen fragen: Sind wir auch für die Zukunft richtig aufgestellt? Was uns bis heute zum Erfolg geführt hat – wird es dies auch morgen noch tun?

Bottom-up-Strategieentwicklung: Strategie 200

Wenn man die Entwicklung eines Unternehmens über den Lauf der Zeit ansieht, kann man drei Phasen erkennen (▶ Abb. 1):

1. Startphase: Das Unternehmen versucht, seinen Platz im Markt zu finden und schärft dabei sein Geschäftsmodell.
2. Wachstumsphase: Basierend auf diesem Geschäftsmodell multipliziert das Unternehmen dieses, was zu einem erhöhten Wachstum führt.
3. Reifephase: Mit der Zeit erreicht das Unternehmen einen Grossteil der potenziellen Kunden, es kann aber auch sein, dass die Konkurrenten das Geschäftsmodell kopiert haben und sich das Wachstum verlangsamt.

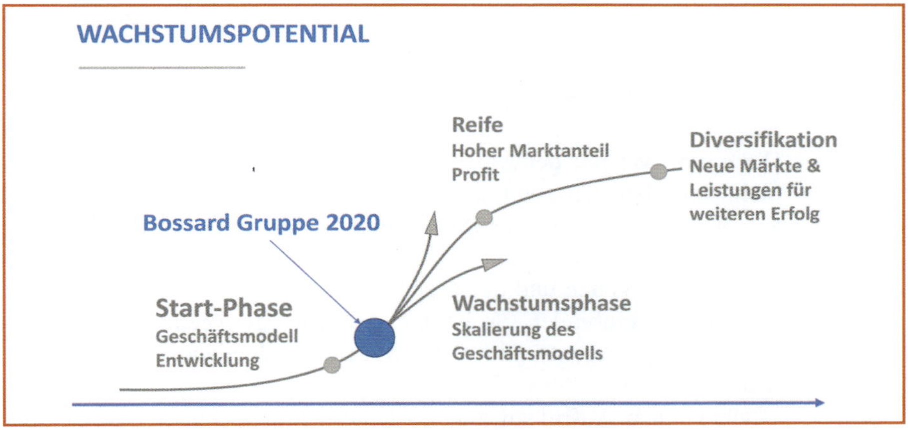

▲ Abb. 1 Entwicklungsprozess Bossard Gruppe 2020 (eigene Darstellung)

Wir mögen bei Bossard Schweiz manchmal das Gefühl haben, dass wir die Reifephase bereits erreicht hätten. Wenn wir uns jedoch als globales Unternehmen mit 83 Standorten in 32 Ländern verstehen, dann sind wir noch weit davon entfernt. Wir schätzen, dass wir heute vielleicht einen Marktanteil von 2 % bis 3 % erreicht haben und das Wachstumspotenzial noch sehr gross ist.

Aus diesem Selbstverständnis heraus haben wir einen Prozess aufgesetzt, um unsere heutige Strategie und Position zu hinterfragen. In den meisten Unternehmen ist dies eine exklusive Angelegenheit, für die sich das Topmanagement irgendwohin zurückzieht und dann mit einem fetten Strategiedokument das Unternehmen beglückt. Unsere Vision war, dies anders zu machen, mit dem Ziel, so viele Mitarbeitende von Bossard an dem Prozess teilhaben zu lassen wie nur möglich. Dies ist in drei Schritten geschehen. Im ersten Schritt wurden sechs Teams mit total 35 Teilnehmenden aus der gesamten Bossard-Welt eingesetzt, welche sich Gedanken machten, was für unsere Strategie 200 in der Zukunft relevant sein sollte. Jedem Team haben wir einen speziellen Strategiebereich gegeben, wie zum Beispiel, welche Dienstleistungen wir anbieten wollen oder in welchen geographischen Märkten wir präsent sein wollen. Dann haben wir die Teams gebeten, dafür strategische Optionen und potenzielle Entscheidungen auszuarbeiten.

Im zweiten Schritt haben diese Teams ihre Optionen dem erweiterten Management vorgestellt, und gemeinsam wurden die strategischen Optionen diskutiert und über die Stossrichtungen entschieden. Gesamthaft waren bis zu diesem Zeitpunkt über 70 Mitarbeitende am Strategieentwicklungsprozess beteiligt. Erschwerend kam hinzu, dass dieser aufgrund von Covid-Restriktionen virtuell durchgeführt werden musste.

Darauf folgte als wichtigstes der dritte Schritt: die Strategieumsetzung: «Wir wollen Bossard so grossartig machen wie alle unsere Mitarbeitenden.»

Bottom-up-Strategieumsetzung

Doch dies war nur der Anfang des Strategieentwicklungsprozesses. Dass dieser nicht von oben gesteuert wurde, sondern aus der Mitte des Unternehmens heraus, hatte es das gesamte Unternehmen noch nicht so richtig erfasst. Nachdem die zentralen Initiativen und Strategiekonzepte definiert waren, wollten wir einen Schritt weitergehen und das gesamte Unternehmen selbstorganisiert in den Strategieprozess einbinden. So ist das «100 Change Agents-Programm» entstanden. Diese Change Agents sind wiederum in verschiedenen Sprint-Teams organisiert worden.

Über einen Aufruf an alle im Unternehmen, Teil des Strategieprozesses zu werden, hatten wir gehofft, so viele Mitarbeitende wie möglich zum Mitmachen zu begeistern. Die Bedingungen für die Teilnahme lauteten folgendermassen:

- Alle Mitarbeitenden müssen die Zeit für die Teilnahme selbst finden und dürfen deswegen nicht Überzeit leisten. Aufgaben konnten delegiert werden, unnötige Aufgaben einfach aufgegeben oder andere, effizienzsteigernde Aktivitäten gemacht werden. Dies jedoch selbstgesteuert, sprich, ein Mitarbeiter oder eine Mitarbeiterin konnte die Entscheidung nicht an den Vorgesetzten delegieren.
- Die Teilnehmenden wurden in Teams zusammengenommen, welche international zusammengestellt waren; die Arbeitssprache war Englisch.
- Die Führung dieser Teams sollte selbstorganisiert bestimmt werden.

Nicht nur haben sich mehr Mitarbeitende gemeldet als wir erhofft hatten, sondern dank dem gewählten Vorgehen waren von Anfang an unsere strategischen Ambitionen dem gesamten Unternehmen bekannt. Alle Mitarbeitenden mussten sich mit der Frage beschäftigen, ob er oder sie teilnehmen möchte und welche strategischen Initiativen weiterentwickelt werden sollten. Dies hat zu einem aktiven, selbstgetriebenen Lernprozess für das gesamte Unternehmen geführt, bei dem der Inhalt unserer Strategie allen Mitarbeitenden von Anfang an klar war und auch verstanden wurde. Im traditionellen Strategieprozess ist eine der grössten Hürden bei der Umsetzung die interne Kommunikation und das fehlende Verständnis für die Ziele und Schwerpunkte der Strategie. In unserem Fall kam dies von selbst zustande und mit einem viel tieferen Verständnis, als man mit einem Top-down-Kommunikationsprozess erwarten kann.

Darüber hinaus hat der Prozess allen gezeigt, dass jede Meinung bzw. jeder Input zählt, nicht nur für den Strategieprozess, sondern immer und jederzeit, um gemeinsam das Unternehmen weiterzubringen. Dies hat direkt zu einem «empowerment» aller Mitarbeitenden geführt, auch bei denjenigen, welche nicht mitmachen konnten.

Das Programm «100 Change Agents» – Wir setzen die Strategie gemeinsam um

Mit dem Programmnamen «100 Change Agents» und dem Aufruf bei der Strategieumsetzung mitzumachen, hat sich fast jeder/jede fünfte der Mitarbeitenden von Bossard gemeldet und seine/ihre Zeit und Energie zur Verfügung gestellt, um gemeinsam die Strategie 200 umzusetzen (▶ Abb. 2). Alle Teilnehmenden wurden so zu Change Agents. Die 400 Change Agents, welche sich gemeldet hatten, wurden in zwei Gruppen aufgeteilt. 200 Change Agents haben so direkt in 35 selbstorganisierten autonomen Teams mit der Sprint-Methodik gearbeitet. Und die weiteren 200 Change Agents haben diese Teams in der Community unterstützt, um gemeinsam Bossard zu transformieren.

▲ Abb. 2 Symbolbild für die Strategieumsetzung durch Bossard Change Agents (Darstellung: Rolf Ritter)

Sprint-Methodik Box

Mit dem Konzept der Sprint-Methodik wird in sehr kurzer Zeit eine Idee ausgearbeitet, um real getestet werden zu können. Nicht im Labor, sondern idealerweise mit echten Kunden. Wobei Kunden diejenigen sind, welche von der Idee profitieren sollen, sowohl intern als auch extern. Dieses Konzept hat Jake Knapp, Sprint (2016) entwickelt. Es teilt sich in fünf gleichgewichtige Schritte ein:

1. **Verstehen des Problems:** Oft glaubt man die Frage/das Problem verstanden zu haben und rennt sofort los. Beim Sprint jedoch verbringt man einen wichtigen Teil der Zeit, sich Gedanken zu dem Problem zu machen und sicher zu stellen, dass alle im Team dieses in seiner Ganzheit verstanden haben.
2. **Skizzieren einer Lösung:** Alle skizzieren für sich ihre Ideen, die zur Lösung des Problems beitragen könnten. Wobei skizzieren wörtlich gemeint ist.
3. **Entscheiden für eine Lösung:** Das Team entscheidet sich für die beste Lösung, worauf der Plan für Prototypen entworfen wird.
4. **Bauen des Prototyps:** Das Ziel ist, dass der Prototyp so realistisch wie möglich gebaut wird, so wie der Nutzer die Lösung präsentiert bekommt.
5. **Testen mit Nutzern/Kunden:** Dies ist sehr wahrscheinlich der wichtigste Schritt. Der Prototyp wird fünf Kunden (intern oder extern) in separaten Präsentationen gezeigt. Daraufhin werden diese je einzeln zum Prototyp befragt. Denn nur der Kunde kann beurteilen, ob die Lösung tatsächlich sein Problem löst. Das Team zieht daraus seine Schlussfolgerungen für den nächsten Schritt.

Wir haben diese Schlussfolgerungen in einem 6. Schritt zusammengefasst und mit dem Führungsteam die nächsten Schritte definiert.

Allein durch dieses Programm sahen wir, neben dem vertieften Verständnis für die Strategie, positive Veränderungen bei den Mitarbeitenden, welche über Grenzen und Abteilungen hinweg zusammenarbeiteten, Verbesserungsvorschläge in ihrem täglichen Arbeitsumfeld einbrachten und umsetzten. Neue Freundschaften wurden so innerhalb der globalen Bossard-Community geknüpft. Dies hatte einen Effekt, der weit über den Prozess der Strategieumsetzungen hinausging und bis heute andauert und spürbar ist.

Die grösste Herausforderung bei der Umsetzung einer Strategie ist es, dass diese von allen Mitarbeitenden verstanden wird und jeder, jede Einzelne diese umsetzen will. Nur dann werden die täglichen Entscheide, welche irgendwo auf der Welt getroffen werden, direkt von der Strategie beeinflusst und führen dazu, dass sich das gesamte Unternehmen in die richtige Richtung bewegt.

In der Umsetzung wurde jedes Team von einem Sprint-Master unterstützt. Auch das sind Mitarbeitende aus der gesamten Bossard-Welt, welche sich bereit erklärt haben, die selbst geführten Teams mit ihrem vertieften Wissen zur Methodik zu unterstützen. Hierzu haben wir ein Schulungsprogramm aufgesetzt, welches wöchentlich die Sprint-Master zusammengenommen hat, um sie in der Methodik zu unterrichten.

Im Team wurde dann an der Lösung/Umsetzung gearbeitet, wobei alle gleichberechtigt waren. Die Konzernleitungsmitglieder wurden wöchentlich in einem 15-minütigen «Stand-up» informiert; eingegriffen haben diese jedoch nicht, ganz im Sinne des Konzeptes: eyes on – hands off (Augen auf – Hände weg). Am Ende des ersten Sprints haben die Teams ihre Resultate den Konzernleitungsmitgliedern präsentiert, worauf die zweite Sprint-Runde, basierend auf den Resultaten der ersten Runde, aufgesetzt wurde. Diese lief für weitere Monate und hat die Ideen und Konzepte aus dem ersten Sprint weiter konkretisiert.

Um das Konzept besser zu verstehen, hier ein Beispiel. Eine der strategischen Initiativen, an der wir arbeiten, nennt sich ONE Bossard. Diese hat zum Ziel, das Silodenken zu reduzieren und Mitarbeitende aus unterschiedlichen Bereichen und Ländern zusammenzuführen. Ein Sprint in dieser Initiative war den neuen Mitarbeitenden gewidmet, mit der Fragestellung, wie schon im Onboarding der Gedanke ONE Bossard verstärkt werden kann. Das Team hat dann über verschiedene Ideen nachgedacht und eine davon war, alle Mitarbeitenden mit einem Onboarding-Buch zu unterstützen. Anschliessend hat das Team das Konzept ausgearbeitet, die Inhalte allgemein definiert und diese mit verschiedenen Mitarbeitenden aus dem gesamten Unternehmen im Schritt 5 der Sprint-Methodik validiert. Als Resultat präsentierte das Team ein Konzept für ein Buch, welches die zentralen Elemente unserer Kultur, Dienstleistungen und Produkte, Strukturen etc. vorstellt und neuen Mitarbeitenden am Tag 1 übergeben werden konnte. Nicht nur wird heute dieses Buch für neue Mitarbeitende eingesetzt, sondern auch in unseren Akquisitionen ist es Bestandteil des Tag-1-Packages geworden, mit welchem wir Mitarbeitende aus neu zu uns gestossenen Unternehmen in der Bossard-Familie willkommen heissen. Analog diesem Beispiel hatte jedes der 35 Teams konkrete Ideen und Konzepte zu erarbeiten, welche in der Summe unsere strategischen Ziele umsetzen.

Von der Strategieentwicklung zur Unternehmensentwicklung

Auch wenn zu Beginn des Prozesses die Strategie des Unternehmens für die nächsten zehn Jahre im Mittelpunkt stand, so hat sich das Vorgehen längst in ein Unternehmensentwicklungsprojekt gewandelt, welches Kultur, Strategie, Struktur und unser Selbstverständnis neu definiert. Der Übergang war fliessend und die Schritte scheinen natürlich. Im Strategieprozess haben wir die Kultur und die Mitarbeitenden ins Zentrum gesetzt; im Unternehmensentwicklungsprozess wurde der Kunde ergänzt und zum Mittelpunkt bestimmt. Dies aus dem Verständnis, dass ein Mehrwert nur dann erzielt werden kann, wenn der Kunde diesen Mehrwert wahrnimmt und schätzt. Diese Überzeugung muss von jedem Mitarbeitenden, unabhängig von der Funktion oder Aufgabe verstanden und gelebt werden.

Herausforderungen und Grenzen

Auch wenn es uns gelungen ist, eine grosse Anzahl der Mitarbeitenden für den Prozess und die aktive Einbindung zu gewinnen, so gibt es im Hinblick auf alle Beteiligten – ob aktiv oder passiv – mehrere Herausforderungen, die man berücksichtigen sollte.

Change Agents

Change Agents sind die motiviertesten Mitarbeitenden, welche aktiv das Unternehmen weiterbringen wollen und oft auch einen wichtigen Einfluss auf den Rest der Mitarbeitenden haben. Nach den ersten Sprint-Wellen ist es die grosse Herausforderung, diese Mitarbeitenden auch langfristig engagiert und motiviert zu halten. So ist das Risiko hoch, dass nach dem ersten Enthusiasmus der Alltag und damit eine gewisse Enttäuschung einkehrt, welche in der Summe sogar demotivierend wirken kann.

Passive Mitarbeitende

Auch wenn viele Mitarbeitende nicht aktiv oder direkt mitgearbeitet und mitgestaltet haben, so sind trotzdem viele am Fortschritt interessiert und möchten informiert und bei Veränderungen eingebunden werden. Hier gilt es, den richtigen Mix zwischen Kommunikation und Sättigung zu finden. In der Regel wird jedoch eher zu wenig als zu viel kommuniziert, vor allem wenn nach der ersten Welle die Begeisterung etwas abklingt.

Verunsicherte Mitarbeitende

Je besser der Prozess aufgesetzt ist und je mehr Mitarbeitende aktiv oder passiv mitmachen, desto kleiner wird die Gruppe der Verunsicherten oder der Mitarbeitenden, die aktiv dagegen arbeiten. Veränderung ist schwierig und die meisten Menschen scheuen diese. In einem Unternehmen, welches darüber hinaus noch sehr erfolgreich ist, ist der Widerstand gegenüber Veränderung noch grösser, da die Notwendigkeit weniger klar ist. Die Realität zeigt jedoch oft, dass was in der Vergangenheit zu grossem Erfolg geführt hat, nicht notwendigerweise in der Zukunft auch zu Erfolg führen muss. Es gibt ein gutes Sprichwort dazu: «Man sollte das Dach bei schönem Wetter reparieren und damit nicht bis zum nächsten Regen warten.»

Management

Die grösste Herausforderung und somit auch die grösste Hürde für den Erfolg von Veränderungsmassnahmen ist das Management, spezifisch das mittlere Management. Gerade für diese Gruppe von Mitarbeitenden ist die Veränderung zur Selbstorganisation am grössten und der empfundene Verlust an Inhalt und Einfluss am schwierigsten zu bewältigen. In einer traditionellen Organisation wird man Vorgesetzte/Vorgesetzter, weil man Mitarbeitende gut «führen» kann, was in diesem Kontext bedeutet, über alles informiert zu sein und da, wo es nötig ist, einzugreifen und Führungsstärke und Entschlossenheit zu zeigen. Das Rollenverständnis in einer selbstorganisierten Struktur verändert sich jedoch radikal. So muss der/die Vorgesetzte nicht über alles Bescheid wissen und die Entscheidungen werden oft im Team getroffen. Vorgesetzte können in ihrer Funktion verschiedene Rollen wie Coach, Sparringspartner und Vernetzer wahrnehmen, sodass die Teams in der Gesamtstruktur erfolgreich sein können. Das Konzept von Progress- und Statusmeetings von oben wird tendenziell durch Unterstützung, Coaching von unten ersetzt. Der/die Manager/in lädt nicht mehr ein, sondern wird bei Bedarf zu Konsultationen, zum Einbringen von Ideen, zur Vernetzung etc. hinzugezogen. Plötzlich sind es nicht mehr die Vorgesetzten, die die Agenda bestimmen, sondern sie werden vom Team zur Unterstützung hinzugezogen.

Ein interessantes Experiment hierzu ist, eine Führungskraft zu bitten, ein Selbstexperiment zu machen und die Agenda der letzten Wochen auszudrucken und alle Termine wie folgt zu markieren:

- Rot: Statusmeetings, 1 on 1's, Progressmeetings etc., zu welchen die Führungskraft eingeladen hat.
- Orange: Meetings, zu welchen die Führungskraft von seinem/ihrem Management eingeladen wurde.
- Grün: Bottom-up-Meetings: Treffen, welche von Mitarbeitenden initiiert wurden, um Unterstützung zu erhalten.

In einer traditionellen Organisation ist der Kalender mehrheitlich rot und orange gefärbt und grüne Meetings sind eher selten. In einer selbstorganisierten Organisation sollte die Agenda leer oder grün sein. Hier würde ich den/die Leser:in dazu einladen, dieses Experiment einmal selbst zu machen. Wichtig dabei ist, die Agenda tatsächlich auszudrucken und auch einzufärben und sich danach die Frage zu stellen, wieviel Mehrwert die roten und orangen Meetings tatsächlich für die weitere Entwicklung der Organisation gebracht haben.

Verwaltungsrat (VR)

Die Herausforderungen für den Verwaltungsrat oder das Pendant in einer anderen Unternehmensstruktur, welche die Eigentümerinteressen vertreten, sind bei Veränderungsprozessen ganz speziell. Die Hauptverantwortung des Verwaltungsrates ist, gute Unternehmensführung sicherzustellen. Wie das geschehen soll, ist zum Teil durch den Gesetzgeber im Obligationenrecht geregelt. Dieses wurde 1881 ausgearbeitet und wird im Grundkonzept noch heute so angewendet. Zum Beispiel ist im OR Art. 716a geregelt, dass der VR folgende, unübertragbare Verantwortlichkeiten hat: «die Oberleitung der Gesellschaft und die Erteilung der nötigen Weisungen». So geht das Gesetz davon aus, dass Weisungen und Führung von oben kommen und vom VR nach unten weitergegeben werden. In einem selbstorganisierten Unternehmen sollen aber auch Weisungen/Entscheide von unten nach oben kommen, was bedeutet, dass die Unternehmensführung nicht an hierarchische Strukturen gebunden ist.

So muss der VR einerseits die Kontinuität und Stabilität sicherstellen, andererseits ist er bei Bossard das Gremium, welches mit langfristigem Blick sowohl Chancen als auch Risiken abwägen muss, die vielleicht erst in Jahren relevant sein werden. Bei Bossard als börsenkotiertes Unternehmen kommen noch zusätzliche, verschärfte Governance-Aufsichtsregelungen dazu. Diese Themen sind aktien-, kapitalmarkt- und strafrechtlich geregelt. Meist sind diese zwingend. Im Hinblick auf die zunehmende Bedeutung der Auflagen aus den Best Practices, welchen die Überlegungen der Proxy Advisors zugrunde liegen, ist eine entsprechende Abstimmung notwendig. Das führt dazu, dass der Verwaltungsrat ständig den Ausgleich zwischen zwingend gesetzlichen Auflagen, unternehmerischer Stabilität und den Möglichkeiten fortlaufender Veränderungen finden muss.

Für Bossard war von Anfang an wichtig, die Veränderungen gemeinsam zu gestalten und somit auch als Gesamtunternehmen mitzutragen. So hat der Kick-off für den Strategieprozess in einem gemeinsamen Workshop mit Verwaltungsrat und Management Ende 2019 stattgefunden. Dabei wurden zwei Szenarien angesehen:

- Perfect Storm (der perfekte Sturm): Wenn alles Negative zusammenkommen würde, was würde das für Bossard bedeuten? Was haben wir gemacht, damit dies eintritt, oder was haben wir gemacht, das dies fördert?
- Future perfect (die perfekte Zukunft): Wenn alles perfekt laufen würde, was haben wir gemacht, damit dies eintritt, fördert und wie würde das Resultat aussehen?

Auf dieser Grundlage wurde dann der Strategieprozess eingeleitet und immer wieder mit dem Verwaltungsrat diskutiert. Dies hat es dem Verwaltungsrat ermöglicht, nahe genug an der Veränderung zu sein, um den Prozess besser beurteilen und mitgestalten zu können.

Organisation/Governance

Ausgehend von «Culture eats strategy for breakfast» von Peter Drucker zu «Structure follows stategy» von Alfred Chandler steht die Struktur am Schluss des relevanten Veränderungsprozesses. Wie alle Betroffenen mit Erfahrung in grösseren Unternehmen bestätigen werden, können organisatorische Strukturen zu Verhalten führen, welche vermeintlich die eigene Organisationseinheit stärken, auch wenn dies schädigend für die Gesamtorganisation sein kann. Dies heisst jedoch nicht, dass sie unbedeutend ist und somit vernachlässigt werden kann. Wenn Struktur keine Strategie oder Kultur begünstigen kann, so kann sie sehr wohl einem Veränderungsprozess im Wege stehen.

So setzen wir uns intensiv mit dieser Frage auseinander, wie die Struktur sich über die Zeit im Veränderungsprozess anpassen sollte und wo sie auch die notwendige Stabilität für die Mitarbeitenden angesichts der Unsicherheit bei Veränderungen bringen kann. Hier sind wir noch nicht angekommen und schauen uns darum verschiedene Modelle an. Im Moment beschäftigen wir uns sehr mit der Frage der hybriden Organisationsform. So glauben wir, dass eine traditionelle Aufbauorganisation mit klaren Verantwortlichkeiten und klaren Zugehörigkeiten für die Mitarbeitenden Vorteile bringt. Diese wird sich in der Zukunft aber in Richtung hybride Form entwickeln und soll mit einem flexibleren Aufgabenmodell und verstärkter Vernetzung der Mitarbeitenden verknüpft werden. So sollen Mitarbeitende, egal in welcher Funktion, über die bestehende Funktion hinaus weitere Aufgaben wahrnehmen können, welche die Stellenbeschreibung in gewissen Bereichen etwas aufweichen und die klaren Zuteilungen verwischen werden.

Darüber hinaus arbeiten wir aktiv an der Vernetzung der Mitarbeitenden über Funktionen und Grenzen hinweg. Dies mit dem Ziel, dass «unstrukturierte» Modelle der Zusammenarbeit dort entstehen, wo sie am meisten Wert bringen. Wenn die Mitarbeitenden «empowered» sind, sie die anderen Leistungsträger im Unternehmen kennen und sich frei genug fühlen, weitere Aufgaben anzunehmen, als die traditionell zugeordneten Stellenbeschreibungen bestimmen würden, dann beginnen sie, selbstorganisiert dort zusammenzuarbeiten, wo sie das Unternehmen am besten weiterbringen können.

It is a Journey

Auch wenn wir uns seit fast vier Jahren mit diesen Veränderungen auseinandersetzen, so sind wir erst am Anfang eines Veränderungsprozesses, der sehr wahrscheinlich nie wirklich endet. So haben wir auf Gruppenebene mit «People and Organization» eine neue Stelle geschaffen, welche diesen Prozess weitertreibt und mit der gesamten Organisation und spezifisch mit dem Management zusammenarbeitet, um uns auf diesem Weg zu führen und zu begleiten. In einem traditionellen Ansatz wäre diese Stelle am Hauptsitz, um so am meisten Einfluss auf die Organisation nehmen zu können. Im neuen Modell sind Ort und hierarchische Einbindung nicht mehr so relevant, sondern es gilt, das richtige Talent zu finden, egal wo dieses zu Hause ist. Dies heisst in unserem Fall, die Verantwortliche für «People and Organization» wohnt in Dänemark, ist Deutsche, arbeitet weltweit und ist Teil der Konzernleitung.

Wir versuchen auch weiterhin besser zu verstehen, wie zukünftige Organisationsstrukturen aussehen könnten. Wie wir traditionelle Strukturen und Selbstorganisationsmodelle miteinander verbinden können, so dass die Organisationsstruktur den kulturellen Veränderungsprozess unterstützt und den Mitarbeitenden und dem Unternehmen genügend Halt geben kann. Ziel ist, dass sich jede/jeder darin wiedererkennt und sich wohl fühlt. Wir sind uns bewusst, dass dies für den Einzelnen/die Einzelne anspruchsvoller sein kann, als dies im traditionellen Ansatz der Fall ist. Wir glauben aber an das Potenzial der Mitarbeitenden und daran, dass diejenigen, die empowered sind, nicht nur bessere Resultate erzielen, sondern dass die Arbeit für alle bereichernder ist.

Wir sind davon überzeugt, dass wir den richtigen Weg eingeschlagen haben. Wir erfinden diesen weiterhin gemeinsam, genauso wie die Art und Weise diesen Weg zu begehen, um unser Unternehmen so grossartig zu machen wie jeder/jede Einzelne von uns!

Literaturverzeichnis

Knapp, Jake; Zeratsky, John; Kowitz, Braden (2016); Sprint: How to Solve Big Problems and Test New Ideas in Just Five Days, Simon & Schuster, New York 2016

Adrian Bischof und Roger Künzli
– CSP AG

CSPstars: unser Modell einer geführten Selbstorganisation

Warum ein eigenes Modell?

Wer wir sind und was wir wollen

Die CSP ist ein unabhängiges Beratungsunternehmen für Transformation in Technologie, Organisation und Kultur. Dabei fokussieren wir uns auf unsere Kernbranchen Öffentliche Verwaltung, Gesundheitswesen, Energie und Sicherheit. Unsere Passion «Wir machen unsere Kunden besser» ist Orientierungspunkt für all unsere internen und externen Handlungen.

Sowohl unser eigener Erfolg als auch die erfolgreiche Umsetzung unserer vielfältigen Mandate hängen in erster Linie von den Leistungen und der Qualität unserer Crew ab. In unseren Räumen stehen keine produzierenden Maschinen. Wir haben keine Immobilien, welche unsere Einkommen generieren. Und in unseren Regalen stehen keine fertigen Produkte. Unser Erfolg basiert direkt auf den Leistungen unserer Mitarbeitenden zusammen mit den Kunden. Dabei legen wir enorme Verantwortung in die Hände unserer Projektleitungs- und Beratungs-Teams. Unsere Mitarbeitenden stellen sicher, dass millionenschwere Projekte reibungslos ablaufen. Sie führen zum Teil Dutzende von Personen in komplexen Projekten.

Wie können wir diese Fähigkeiten und dieses Wissen optimal nutzen und einsetzen – für unsere Kunden als auch für unsere eigene Weiterentwicklung? Diese Verantwortung möchten wir nicht nur in einige wenige Hände im Management legen, sondern auf das gesamte Unternehmen verteilen. So können wir das grosse Potential unserer Mitarbeitenden, das CSP-Brain und die vielfältigen Erfahrungsschätze der gesamten Crew ausschöpfen.

Start mit bestehenden Organisationsformen

In einer ersten Phase der Organisationstransformation haben wir mit verschiedenen Organisationsformen experimentiert, um die Verantwortung für die – damals noch primär thematische – Weiterentwicklung einzelner Fachbereiche besser zu verteilen. Darüber hinaus wollten wir den internen Wissenstransfer verbessern und das Know-how unserer Mitarbeitenden zielgerichteter einsetzen. All diese Formen haben sich jedoch als künstliche Gebilde herauskristallisiert, welche das Potenzial unserer Mitarbeitenden nur sehr beschränkt freigesetzt haben. Die Labs, Competence Center und Matrix-Entwicklungsteams wurden von den Mitarbeitenden eher als zusätzliche Belastung empfunden, welche sie in der Leistungserbringung beim Kunden behinderten und wenig direkten Nutzen generierten.

Warum haben diese Modelle nicht funktioniert? Für die Beteiligten war es einfach eine zusätzliche Aufgabe, welche erfüllt werden musste. Der direkte Einfluss auf die Leistungen und den Nutzen für die Mitarbeitenden sowie auf die CSP waren zu wenig spür- und messbar. Es fehlte die konsequente Delegation von Verantwortung und die damit einhergehende klare Definition von Rollen. Verantwortung für eine Sache zu haben, löst im Menschen viel aus – positiv, wie auch negativ. Die gemeinsame Verantwortung für eine gemeinsame Sache kann unglaubliche Energien mobilisieren. Dieses Prinzip sowie die Erfahrungen und Erkenntnisse aus den ersten Versuchen mit selbstorganisierten Organisationsformen waren Basis für die Entwicklung von CSPstars.

CSPstars

CSPstars – unser Modell einer geführten Selbstorganisation – basiert auf den drei Pfeilern

- Intrinsische und extrinsische Motivation
- Verantwortung für sich selbst, für das Team und die CSP
- Entfaltung unseres Potenzials

Dies in Anlehnung an Daniel H. Pink: Autonomy, Mastery and Purpose im Buch *Drive: The Surprising Truth About What Motivates Us (vgl. Pink, 2011).*

Das Akronym «stars» steht dabei für selbstorganisiert, teamorientiert, agil, resilient und smart.

Das zugrunde liegende Prinzip unserer Organisation ist die Selbstorganisation. Wie der Begriff es schon sagt: Das Unternehmen sowie alle Teile davon organisieren sich auf allen Ebenen erfolgreich und zielführend selbst.

Die auf dem bisherigen Weg analysierten und teilweise im Unternehmen bereits angewandten Methoden gaben uns wichtige Anhaltspunkte, in welche Richtung wir gehen wollten. Die bestehenden Methoden und Modelle haben für uns jedoch nie richtig gepasst. Entweder war das System zu starr oder die Umsetzung war uns zu extrem, beispielsweise durch die rigid orchestrierten Governance Meetings in der Holokratie. Und so kam es, dass wir unser eigenes Modell einer «geführten Selbstorganisation» entwickelt haben. Die Eckpunkte dafür haben wir aus verschiedenen Ansätzen entlehnt und für unsere Kultur und unser Selbstverständnis zurechtgelegt. Diese Adaption und die Entwicklung unseres eigenen Frameworks «CSPstars» erfolgte über einen längeren Zeitraum und in mehreren Schleifen. Es brauchte ein Team, welches einander vertraut und agil auf neue Erkenntnisse reagieren kann. Natürlich hat uns dies nicht davor bewahrt, Fehler zu machen und immer wieder korrigierend einzuwirken. Schliesslich waren es diese wichtigen Erfahrungen, welche das System mit der Zeit besser, stabiler und effizienter gemacht haben.

Ein wichtiges Element, welches bei CSPstars heraussticht, ist die geführte Selbstorganisation. Auf Basis unserer Beobachtungen bei Unternehmen, welche voll auf selbstorganisierte Systeme setzen, und inspiriert vom Buch «Selbstorganisation braucht Führung» (vgl. Gloger, Rösner, 2014) haben wir uns dazu entschieden, dem Bereich Führung eine Rolle in unserem System zu geben. Die «Führung» soll jedoch nur die Leitplanken setzen und dem ganzen System und unserer Crew eine gewisse Sicherheit geben. Mit dem geführten Teil möchten wir das «Was» vorgeben. In welche Richtung soll die CSP gehen? Was sind die Ziele? Was sind unsere Prinzipien? Das «Wie», die eigentliche Umsetzung, liegt in vollständiger Verantwortung der einzelnen Organisationseinheiten. In Abschnitt 3 gehen wir detaillierter auf das Thema Führung ein.

Circles als Powerhouse

Die Circles sind das Powerhouse des gesamten Systems. In diesen Einheiten wird operativ gearbeitet und Leistung erbracht, werden Themen und Angebote weiterentwickelt, Kunden akquiriert und neue Mitarbeitende rekrutiert. Die Circles sind entlang unserer strategischen Leistungen aufgebaut. Durch diese Bündelung wird eine thematische Weiterentwicklung gefördert. Die Circles sind am nächsten beim Kunden und am Markt. Die darin tätigen Mitarbeitenden wissen, was der Kunde braucht und wo Marktchancen bestehen.

Darüber hinaus setzen wir auf eine dezentrale-zentrale Organisation. Spezifische Leistungen werden dezentral in den Marktcircles erbracht. Allgemeine, zumeist administrative Leistungen werden zentral erbracht. Für diese zentrale Leistungserbringung ist der Circle «Intern Services» zuständig. Diese Unterscheidung ermöglicht eine effiziente Leistungserbringung in allen Bereichen und verhindert Redundanzen für gemeinsam genutzte Leistungen.

Die Geschäftsleitung ist Teil eines eigenen «GL-Circles» und so direkt in den ordentlichen Betrieb der Circle und Gilden eingebunden.

Gilden schaffen Ordnung

Damit wir das ganze Unternehmen in eine gemeinsame Richtung weiterentwickeln können und alle an einem Strick ziehen, haben wir uns eine Verfassung geben und Gilden eingerichtet. Diese bilden fünf Verantwortungsbereiche ab, welche in der Verfassung wie folgt definiert sind:

- Ziele und Zusammenarbeit
- Mitarbeitende und Auslastung
- Markt und Leistungen
- Akquisition
- Prozesse und Qualität

Jeder Circle ist mit einem ein Mitglied in jeder Gilde vertreten. Somit ist gewährleistet, dass wir organisatorische, administrative, aber auch akquisitorische Eckpunkte unternehmensweit besprechen und abstimmen können. Die Gilden haben zudem eine wichtige Kommunikationsaufgabe. Sie stellen den Informationsaustausch zwischen den Circles sicher. Die GL-Mitglieder stellen die Gildenchefs, übernehmen in den Gilden aber eine reine Moderationsaufgabe. Damit ist auch die Kommunikation zwischen den Circles und der Geschäftsleitung definiert.

Bubbles als Inkubatoren

Interne Projekte nennen wir Bubbles und können von allen Crewmitgliedern beantragt werden. Nach Freigabe, welche je nach Aufwand durch die Gilde oder die Geschäftsleitung erfolgt, werden gemeinsam ein Budget, ein Team und die Bubble-Ziele festgelegt. Die Umsetzung erfolgt selbstorganisiert im Bubble-Team.

Beispiele für Bubbles sind die circle-übergreifende Entwicklung von Produkten und Leistungen in einem Innovationsteam oder die Evaluation und Einführung von neuen Tools und Prozessen für die gesamte CSP.

Unsere Verfassung: Die Kodifizierung unserer Grundsätze und Regeln

Die Verfassung definiert die Spielregeln für unsere Organisation und unsere Zusammenarbeit. Sie kodifiziert die gemeinsam mit der gesamten Crew erarbeiteten Prinzipien und Regeln. Die Gilde 1 stellt sicher, dass diese Grundlagen eingehalten und wenn notwendig weiterentwickelt werden. Mit der Verfassung geben wir einen klaren Rahmen vor, in welchem alle Mitarbeitenden selbstorganisiert agieren können. Dies auf Basis von zehn Prinzipien, welche gemeinsam festgelegt und vereinbart wurden. Dabei geht es sowohl um vergütungsrelevante Themen (wie beispielsweise das Lohnmodell) als auch um die Etablierung eines gemeinsamen Führungsverständnisses (Führung über Ziele) und die konsequente Ausrichtung aller Aktivitäten an einer gesamtheitlichen CSP-Sicht (im Sinne von: «Wir sind eine CSP»).

Die Spielregeln legen zudem fest, wie wir uns in einem selbstorganisierten Umfeld verhalten und wie wir bei Eskalationen oder fehlenden Leitplanken eine Lösung finden.

Ziele als Wegweiser

Mit dem «führenden» Element in unserem CSPstars-Modell möchten wir nicht ins Mikromanagement verfallen, sondern eine klare Ordnungsstruktur und Orientierungshilfe für das ganze Team geben. Die operative Verantwortung liegt zwar bei den Circles, diese werden bei schwierigen oder nachhaltigen Entscheiden aber nicht allein gelassen. Mit den Gilden und der Geschäftsleitung steht bei Bedarf Unterstützung zur Verfügung. Im nächsten Abschnitt gehen wir detaillierter auf das Thema Führung in der Selbstorganisation ein.

Die Ziele und KPI (siehe Abschnitt 4) bilden eine weitere Art der Führung. Auch hierbei leben wir das Prinzip, das «Was» vorzugeben und nicht das «Wie». Angelehnt an OKR (Objectives and Key Results) werden gemeinsam mit dem ganzen Team die Ziele des Unternehmens (U-Ziele) sowie die davon abgeleiteten Circle-Ziele (C-Ziele) erarbeitet und dokumentiert. Damit stellen wir sicher, dass die Weiterentwicklung der CSP in eine Richtung erfolgt und sich alle Circles daran ausrichten können. Darüber hinaus ermöglicht uns dieser dynamische Zielprozess, schnell auf neue Anforderungen und geänderte Umweltbedingungen zu reagieren und kürzere Innovationszyklen zu fördern.

Bei der Konzeption von CSPstars haben wir uns darüber unterhalten, ob es eine Geschäftsleitung braucht oder der «geführte» Teil der Selbstorganisation in eine Gilde delegiert werden kann (in Anlehnung an Holacracy). Zumindest für die ersten Jahre haben wir uns dazu entschieden, dass ein Impulsgeber und «Antreiber» für die nächsten Entwicklungsschritte Mehrwert bringt und beibehalten werden soll. Dies hat sich insbesondere in der Anfangsphase bewährt, während der die Geschäftsleitung die Rolle des «Zugpferdes» übernommen hat. Abstimmungsprobleme, Missverständnisse und Entscheidungslücken konnten so rasch behoben und der operative Betrieb jederzeit sichergestellt werden. Rückblickend war das erste Jahr nach der Umstellung kommerziell eines unserer bisher erfolgreichsten Jahre. Wir konnten damit beweisen, dass eine solch einschneidende Reorganisation auch im laufenden Betrieb umgesetzt werden kann.

Zusammengefasst beinhaltet CSPstars folgende Elemente (vgl. ▶ Abb. 3):

- Steuerungs-Ebene mit Circle Geschäftsleitung und Verwaltungsrat
- Team-Ebene mit den Markt-Circles, dem Circle Intern Services sowie den Gilden
- Standort-Ebene mit den verschiedenen Standorten der CSP
- Kodifizierung mit den Vorgaben aus Strategie, Verfassung und den Zielen

In den folgenden Abschnitten werden wir auf einige erfolgskritische Fragestellungen eingehen und diese anhand von Beispielen ausführen.

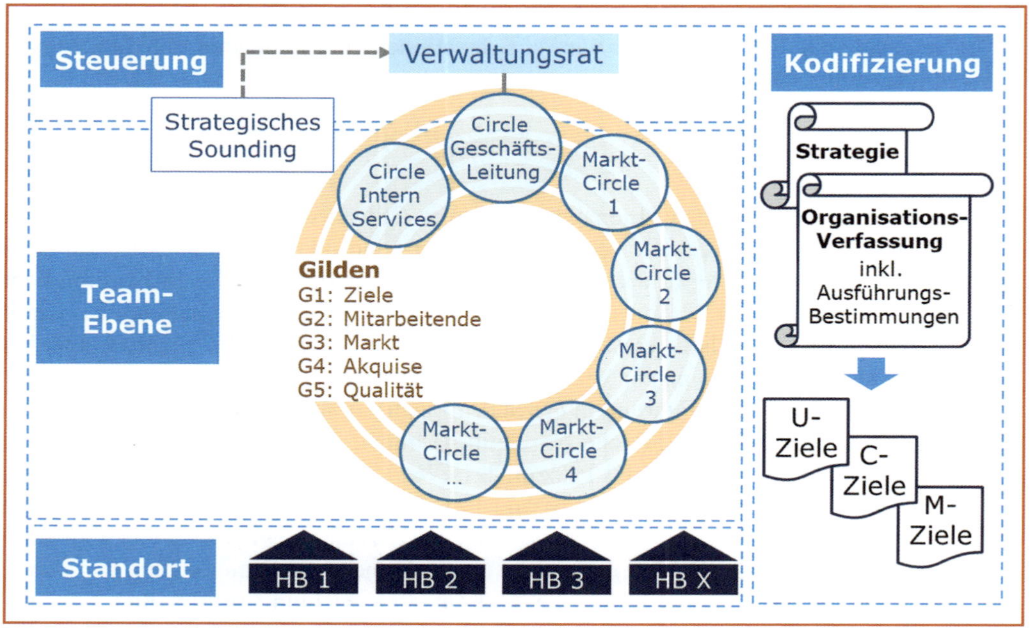

▲ Abb. 3 Elemente des CSPstars

Selbstorganisation braucht Führung

Was wir unter Führung und Selbstorganisation verstehen

Im Zuge der einleitend beschriebenen Entwicklung unseres Organisationsmodells CSPstars haben wir uns intensiv über den Stellenwert, den Sinn und den Nutzen einer zentralen Führungsebene unterhalten. Daraus resultierte die Überzeugung, dass gerade die Kombination von autonomen (selbstorganisierten) Einheiten mit einer geführten Komponente zu einem spannenden Modell führt. Damit einhergehend stellte sich die Frage, welche Rolle der Führung innerhalb CSPstars zukommen sollte. Und ganz grundsätzlich, welches Führungsverständnis wir innerhalb der Organisation etablieren wollen.

Zusammengefasst lässt sich das «neue» Führungsverständnis auf zwei wesentliche Komponenten reduzieren: Auf die konsequente und laufende Ausrichtung der gesamten Organisation auf die strategischen Unternehmensziele (im Sinne einer «strategischen Führung») und auf die Schaffung eines möglichst optimalen Umfeldes für die selbstorganisierten Einheiten (im Sinne eines «Servant oder neu Real Leadership»).

Anstelle einer operativen Führung durch Verteilung und Überwachung von Aufgaben tritt die Verteilung von Verantwortungen mit entsprechenden, klaren und transparenten Kompetenzen. Voraussetzung für dieses ziel- und resultatorientierte Führungsverständnis ist, dass die Verantwortung für die eigene Rolle durch jeden Mitarbeitenden wahrgenommen und gelebt wird.

Organisatorisch erfolgt die Führung innerhalb von CSPstars auf folgenden drei Ebenen:

1. Die gesetzlich und statuarisch vorgegebene Gesamtverantwortung und damit auch die Definition des Führungsrahmens obliegt dem Verwaltungsrat. Er fällt dazu in enger Abstimmung mit der Geschäftsleitung strategische Entscheide und gibt die übergeordneten Ziele vor. Im Unterschied zum herkömmlichen Hierarchieverständnis von Verwaltungsrat und Geschäftsleitung erfolgt die Erarbeitung dieser Rahmenvorgaben in enger Zusammenarbeit beider Gremien und nicht im Sinne einer Top-down-Vorgabe.
2. Die Geschäftsleitung vereinbart mit den Circles von den übergeordneten strategischen Zielen abgeleitete Jahresziele und sorgt für eine periodische, für die gesamte Organisation transparente Dokumentation der Zielerreichung. Darüber hinaus unterstützt sie die Circles auf dem Weg zur Zielerreichung durch die Schaffung möglichst optimaler Rahmenbedingungen.
3. Die Circles wiederum sorgen dafür, dass alle Mitarbeitenden über die Ziele informiert sind und sich entsprechend ihren Fähigkeiten und Entwicklungsmöglichkeiten an der Zielerreichung beteiligen. Dabei organisieren sie sich im Rahmen von CSPstars selbst.

Grundprinzipien als Wegweiser

Der konsequente Verzicht auf eine operative, aufgabenbezogene Führung (auf allen Ebenen!) setzt ein grundlegendes Vertrauen in die gesamte Organisation und in jeden einzelnen Mitarbeiter und in jede einzelne Mitarbeiterin voraus. Ein Vertrauen darauf, dass sich jede und jeder nach bestem Wissen und Gewissen und gemäss den individuellen Möglichkeiten und Fähigkeiten optimal einbringt und ihren/seinen Beitrag leistet. Untrennbar damit verbunden ist die Etablierung einer offenen, transparenten und auf eine lernende Organisation ausgerichtete Fehlerkultur. Und die – zugegeben nicht immer einfache – Akzeptanz, dass auch andere als die selbst für «richtig» befundenen Wege zum Ziel führen können.

Wo operative Entscheide früher zumeist vom mittleren Management oder abhängig von der Tragweite auch direkt von der Geschäftsleitung getroffen wurden, liegt diese Kompetenz heute bei den Circles oder beim einzelnen Mitarbeitenden. Damit entfällt die Möglichkeit der direkten Einflussnahme der Führungsebene auf betriebliche Entscheidungen, ein auch nach bald zwei Jahren CSPstars immer noch herausfordernder Umstand. Besonders dann, wenn – wie schon oben geschrieben – Entscheide anders ausfallen als es die Geschäftsleitung vielleicht gerne sähe. Gleichzeitig stellt genau dieser Mindset-Wechsel einen der wichtigsten Erfolgsfaktoren der geführten Selbstorganisation dar.

Wie kann nun eine strategische Ausrichtung und zielgerichtete Entwicklung des gesamten Unternehmens ermöglicht werden, ohne dass Entscheide zentral koordiniert werden?

Als Hilfsmittel und Wegweiser haben wir in der Verfassung grundsätzliche Prinzipien definiert, welche Entscheidungen zwar nicht vorwegnehmen, aber zumindest die Richtung deuten. Als erstes und wichtigstes das Folgende:

Grundprinzip 1: EINE CSP. Das Interesse der Gesamtfirma steht immer über jenem der einzelnen Organisationseinheiten (z. B. Circles).

Zwei Beispiele dazu: Als wachsendes Beratungsunternehmen sind für uns zwei Kernprozesse von höchster Relevanz: Die Gewinnung von Top-Mitarbeitenden (Rekrutierung) und der passgenaue Einsatz unserer Mitarbeitenden in den externen Mandaten (Staffing). Die Verantwortung für beide Prozesse liegt bei den Circles, welche selbstorganisiert über die Evaluation und Einstellung von potenziellen Mitarbeitenden und gemeinsam über die Einsätze in den Kundenprojekten entscheiden. In beiden Fällen kann es Situationen geben, bei denen sich die Interessen des Circles nicht mit denen des Unternehmens decken: So kann sich im Laufe des Bewerbungsprozesses herausstellen, dass eine Kandidatin oder ein Kandidat nicht zum gesuchten Stellenprofil passt, hingegen für einen anderen Circle interessant sein könnte. Von den für die Rekrutierung verantwortlichen Mitarbeitenden wird erwartet, die Interessen der anderen Circles (Rekrutierung) und des Unternehmens (Wachstum) stets zu berücksichtigen, das Bewerbungsdossier intern weiterzureichen und die Situation in der für die Rekrutierung zuständigen Gilde anzusprechen. Dasselbe gilt auch für Mandate, die andere Circles optimaler (weil z. B. fachlich passender) erbringen können, obwohl im eigenen Circle vielleicht gerade freie Ressourcen vorhanden wären. Auch hier ist eine circle-übergreifende Abstimmung und Staffing-Entscheidung zwingend. In diesem Fall nicht nur im Sinne des Unternehmens, sondern vor allem auch im Sinne des Kunden.

Aber reicht es aus, eine ganze Management-Ebene durch ein paar schön formulierte Grundsätze und Regeln zu ersetzen und darauf zu vertrauen, dass die Weichen automatisch «richtig» gestellt werden? Zumal einzelne Situationen auf Grund deren Komplexität und Abhängigkeiten kaum je auf Basis eines formalen Regelwerkes entschieden werden können? Als Orientierungshilfe und Wegweiser sind die in der Verfassung formulierten Grundsätze eine äusserst wertvolle und unterdessen auch praxiserprobte Hilfestellung. Fundament dafür ist und bleibt eine tiefe und nachhaltige Verankerung des entsprechenden Mindsets im gesamten Unternehmen. Verbunden mit dem damit einhergehenden Vertrauen in die gegenseitigen Fähigkeiten, Kompetenzen und Absichten.

Rückblick und Einordnung

Der im ersten Abschnitt beschriebene Change, weg von einer taktisch-operativen und hin zu einer strategisch-dienenden Führung, liess sich rückblickend relativ schnell und erfolgreich im Unternehmen etablieren. Zentraler Erfolgsfaktor dafür war die konsequente Verschriftlichung aller Rollen mit ihren Verantwortungen und Kompetenzen in der Organisationsverfassung.

Nach wie vor herausfordernd sind – unter vielen anderen – folgende zwei Punkte: Die Etablierung und laufende Schärfung eines gemeinsamen Mindsets einer «geführten Selbstorganisation» sowie die darauf basierende Etablierung einer verteilten und dennoch effizienten, effektiven, transparenten, vertrauensbasierten und vor allem fairen Diskussions- und Entscheidungskultur.

Zuletzt ein Führungsverständnis im weiteren Sinn, das bisher noch zu wenig beleuchtet wurde, dessen Wichtigkeit für ein langfristig erfolgreiches Unternehmen aber kaum überschätzt werden kann: Ein schon fast bedingungsloses Einstehen der gesamten Führungscrew für eine gemeinsame Vision (Zukunftsbild) und ein gemeinsames Wertebild (Kultur). Dies im Wissen, dass beides nur Wirkung entfaltet, wenn jede und jeder im Unternehmen die Vision mitträgt, alle individuellen Entscheidungen konsequent darauf ausrichtet und die Werte auch tatsächlich lebt.

Strategie und Ziele als Wegweiser

Ziele als Rahmen

Unser Anspruch mit CSPstars ist es, selbstorganisiert und unternehmerisch im Sinne der Gesamtorganisation zu handeln. Dabei sollen die CSP-Strategie und die Ziele die Richtung vorgeben.

Die Gilde 1 stellt die Selbstorganisation im Circle und die Koordination mit den anderen Circles (inkl. GL) sicher. Sie überwacht die Umsetzung der Strategie und die Definition und Auswertung der aus der Strategie abgeleiteten Ziele. Darüber hinaus ist sie verantwortlich für die Bewusstmachung, den Informationsfluss und die Unterstützung des Change-Prozesses zu allen Verantwortlichkeitsbereichen (Meta-Ebene) sowie Change-Agent für die Einführung und die Weiterentwicklung der «Geführten Selbstorganisation».

Die jährlichen Unternehmensziele werden vom Verwaltungsrat und der Geschäftsleitung von der mehrjährigen CSP-Strategie abgeleitet. Daraus entsteht eine zusammenhängende Ziel-Kaskade, wodurch alle Circle-Ziele direkt von den Unternehmens-Zielen abgeleitet werden können. Die Festlegung der Circle-Ziele und der dafür notwendige Austausch zwischen allen Circles erfolgen in festgeschriebenen Zeitslots und Meetings jeweils einmal pro Quartal.

Somit ist sichergestellt, dass sämtliche Ziele und die damit einhergehende Ausrichtung immer an der Vision und Strategie ausgerichtet wird. Dieses Prinzip ist das Rückgrat des gesamten CSPstars-Systems. Die Ziele werden gemeinsam definiert. Wie die Ziele erreicht werden sollen, ist Sache der Circles. Im Folgenden beschreiben wir die einzelnen Elemente der Ziel-Kaskade kurz.

- **Vision und Strategie:** Die Vision und die Strategie sind das Fundament von CSPstars. Die ganze CSP wird konsequent daran ausgerichtet. Die Strategie beinhaltet die Wachstumsziele und gibt den Rahmen unserer Leistungen und deren Erbringung vor. Damit ist die Entwicklungsrichtung des gesamten Unternehmens vorgegeben.
- **Unternehmens-Ziele:** Die jährlichen Unternehmens-Ziele werden von der mehrjährigen Strategie abgeleitet. Sie werden mit Vorgaben des Verwaltungsrats von der Geschäftsleitung erarbeitet und vom Verwaltungsrat freigegeben. Die Unternehmens-Ziele geben vor, welche jährlichen Schwerpunkte gesetzt werden sollen. Sämtliche Aktivitäten richten sich nach diesen Zielen aus.
- **Circle-Ziele:** Die Circle-Ziele werden konsequent auf die Unternehmens-Ziele ausgerichtet und, unter Federführung der Gilde 1, gemeinsam in einem definierten Prozess erarbeitet. Die Struktur und Abwicklung der Zielerreichungsüberprüfung wird von der Geschäftsleitung vorgegeben.
- **Mitarbeitenden-Ziele** liegen vollständig in der Verantwortung der Circles. Sowohl was die Nutzung und Formulierung betrifft als auch die Art und Weise der Kommunikation und Auswertung.
- **Planung und Überprüfung der Ziele:** Auch bei der Planung und der Überprüfung der Zielerreichung haben wir uns an bereits etablierten Methoden orientiert. Sie erfolgt jeweils in CSPconference Days, welche sich stark an SAFe Planning-Meetings anlehnen. Jedes Quartal werden an CSPconference Days und in den Circles die konkreten Ziele für das nächste Quartal definiert. In Anlehnung an das OKR-Modell (Objectives and Key Results) sollen sich die Organisation und insbesondere die Circles vollständig auf die Erreichung dieser Ziele ausrichten.

Key Performance Indicators (KPI)

KPI sind quantitative Kennzahlen und in der Regel über mehrere Jahre unverändert. Sie zeigen Zustände auf, welche regelmässig überprüft werden und als eine Art «Herzschlag-Monitor» Auskunft über den «Gesundheitsstand» des Unternehmens geben. Pro KPI wird ein CSP-weiter Zielwert definiert, welcher auf die einzelnen Circles heruntergebrochen wird. Die Bewertung der KPI anhand dieser Zielwerte dienen Verwaltungsrat, Geschäftsleitung, Gilden und Circles als zentrales Führungsinstrument.

Nächste Entwicklungsschritte

CSPstars ist definiert, kodifiziert und wird gelebt. Das System ist aber noch lange nicht perfekt und wird es auch nie sein. Gemeinsam mit dem ganzen Team entwickeln wir es laufend weiter. Bei etablierten Systemen ist dies nicht so einfach, da die Methoden bereits gefestigt sind. CSPstars ist auch zwei Jahre nach der unternehmensweiten Einführung in einem fluiden Zustand. Es gibt mehrere Entwicklungsfelder, welche wir in den nächsten Jahren adressieren werden. Nachfolgend drei Beispiele dazu:

Verantwortlichkeit verbreitern

CSPstars setzt stark auf die Verantwortung jedes einzelnen Crew-Mitglieds. Diese Verantwortung muss aber auch angenommen werden. Der Umgang damit muss gelernt werden. Insbesondere für junge oder neue Mitarbeitende stellt die aktive Verantwortungsübernahme eine gewisse Herausforderung dar. Recruiting-Entscheide, Bonus-Verteilungen, Entwicklung von neuen Leistungen sind nicht immer einfach. Hier muss sich ein Circle oft noch finden. Insbesondere im Bereich Mitarbeitenden-Entwicklung suchen wir nach neuen Ansätzen und testen diese aus. So haben wir 2022 die Rolle People Operations (POPS) geschaffen und mit einer 100-Prozent-Stelle besetzt. Diese Rolle soll in Zukunft unter anderem sämtliche Fragen zur Mitarbeitendenentwicklung koordinieren und die Circles diesbezüglich unterstützen.

Konsequenzen regeln

Verantwortungsübernahme und Entscheide haben Konsequenzen. Oft sind diese positiv. Wie gehen wir aber mit negativen Konsequenzen um? Hierfür braucht es eine gesunde Fehlerkultur. Negative Konsequenzen und Fehler müssen angesprochen werden. Ziel ist es, gemeinsam eine Lösung zu finden und einen aktiven Lernprozess anzuschieben, damit die negativen Konsequenzen früh erkannt und Fehler verhindert werden können.

Zudem prüfen wir, ob es noch vermehrte Controlling-Punkte (Kennzahlen) braucht, um Fehlentwicklungen frühzeitig zu erkennen und anzugehen. Hier sind alle Gilden daran, neue Ansätze zu diskutieren und ins System zu integrieren.

Effizienz steigern

Ein Kritikpunkt, welcher oft angebracht wird, ist die Effizienz des Systems. Meetings verkommen teilweise zu Debattier-Clubs. Die regelmässige und manchmal ungeplante Abstimmung wird als schwerfällig empfunden. Konsens-

Entscheide werden oft als mühsam erachtet. All diese Beobachtungen haben wir aufgenommen und arbeiten an der laufenden Optimierung des Systems. Vermehrt definieren wir klare Spielregeln bei Sitzungen und Diskussionen. Abstimmungen führen je nach Bedarf und Situation auch wir asynchron durch: Es müssen nicht immer alle gleichzeitig ein Problem besprechen, manchmal ist auch ein Austausch über unsere Kollaborationsplattform die bessere Lösung. Unsere eingesetzten Tools (hauptsächlich Microsoft Teams, Holaspirit, Skills Base) unterstützen uns hierbei mit dem Ziel, Prozesse agiler zu gestalten und noch stärker zu automatisieren und zu vereinfachen.

Der Weg in die Agilität

CSPstars zeichnet sich aus durch eine klare Struktur, welche flexibel eingesetzt und spezifisch an die Organisation angepasst werden kann. Das Framework funktioniert für kleine, wie auch mittelgrosse Organisationen, ist skalierbar und ermöglicht es Unternehmen, schrittweise in die Welt der agilen Organisationen einzutreten.

«Technisch» ist die Umstellung der Organisation meist relativ einfach. Der weitaus schwierigere Teil liegt im Kulturwechsel und bei der Neuausrichtung der Verantwortung. Der Grund für gescheiterte Reorganisationen liegt oft bei einer überhasteten Einführung und beim fehlenden Change-Management. Auf «Selbstorganisation» basierende Organisationsformen erfordern ein hohes Mass an Selbstdisziplin und insbesondere auch kultureller Flexibilität. Dies sind hohe Hürden. Nicht alle Organisationen schaffen es, diese zu überspringen und scheitern dementsprechend schon früh in ihrem Change-Prozess. Diesem Aspekt muss bei der Einführung deshalb eine hohe Aufmerksamkeit zukommen.

Mit CSPstars haben wir ein Framework für ein neues Organisationsdesign entwickelt, das den Anforderungen einer immer dynamischeren und komplexer werdenden Umwelt durch Agilität, schnelle Anpassungsfähigkeit und erhöhte Umweltsensibilität gerecht wird. Dieses Framework soll intern die Transformation von Unternehmen unterstützen und so extern Kräfte freisetzen.

Literaturverzeichnis

Pink, Daniel H. (2011): Drive: The Surprising Truth About What Motivates Us, Riverhead Books, New York City 2011.

Gloger, Boris; Rösner, Dieter (2014): Selbstorganisation braucht Führung, Hanser, München 2014.

Interview mit Thomas Peyer – Die Mobiliar

Interviewer: Stefan Lenz

Weiterentwicklung der Organisation für die Modernisierung des Kerngeschäfts und die Digitalisierung

Mobiliar – die persönlichste Versicherung der Schweiz

Die Mobiliar wurde 1826 gegründet und ist die älteste Versicherungs- und Vorsorge-Dienstleisterin der Schweiz. Als Versicherer für alle Branchen bietet sie eine breite Palette von Versicherungslösungen für Privatpersonen und Unternehmen an – jeder dritte Haushalt und jede dritte Firma ist bei Mobiliar versichert. Der Allbranchenversicherer weist per 31. Dezember 2023 ein Prämienvolumen von rund 4,767 Milliarden Franken aus. 80 Unternehmer-Generalagenturen mit eigenem Schadendienst garantieren an rund 160 Standorten Nähe zu den über 2,3 Millionen Kundinnen und Kunden. Die Mobiliar beschäftigt in den Heimmärkten Schweiz und Fürstentum Liechtenstein rund 6400 Mitarbeitende und bietet 330 Ausbildungsplätze an. Die verankerten Werte des genossenschaftlichen Unternehmens sind «menschlich», «nah», «verantwortungsvoll».

Die Entwicklung von Agilität in Kombination mit der Einführung von Organisationsformen wie beispielsweise Selbstorganisation in einem traditionsbewussten, stabilen Versicherungsunternehmen stellt eine grosse Herausforderung dar. In rund 25 Jahren bei der Mobiliar hat Thomas Peyer diese Entwicklung aus nächster Nähe miterlebt und entsprechend mitgestaltet.

Stefan Lenz: Wie sieht die Organisationsform der Mobiliar als Gruppe aus?

Thomas Peyer: Die Mobiliar ist ein genossenschaftlich geführtes Unternehmen. Die Schweizerische Mobiliar Genossenschaft ist 100-%-Eigentümerin der Schweizerische Mobiliar Holding AG. Diese führt die operativen Geschäfte für Versicherungen, Vorsorge, Asset Management, Finanzen, HR, IT usw. sowie die verschiedenen Beteiligungen. Die Mobiliar steht als Dienstleister im Versicherungs- und Vorsorgegeschäft unter Aufsicht der FINMA.

Die 80 Generalagenturen werden von selbständigen Unternehmerinnen und Unternehmern geführt. Sie stellen an rund 160 Standorten die persönliche Beratung und mit einem eigenen Schadendienst auch eine effiziente Schadenerledigung vor Ort sicher. Unser Anspruch ist es, die persönlichste Versicherung zu sein – unabhängig davon, über welchen Zugang der Kontakt erfolgt. Dabei kommt unseren Generalagenturen eine zentrale und in der Versicherungsbranche einmalige Rolle zu. Die Generalagenten und -agentinnen entscheiden selbständig über ihre Organisation und verfügen über weitgehende Kompetenz beim Abschluss von Versicherungsverträgen und bei der Schadenregulierung.

Die Bedürfnisse unserer Kundinnen und Kunden verändern sich laufend und immer schneller. Darum entschied die Mobiliar 2021, bei der Weiterentwicklung von Produkten, Dienstleistungen und Prozessen konsequent die Perspektive der Kundinnen und Kunden einzunehmen. Für die Weiterentwicklung der Organisation zur Modernisierung des Kerngeschäftes und für die Digitalisierung setzt die Mobiliar auf eine Netzwerkorganisation und nutzt Verfahren aus dem agilen Rahmenwerk Scaled Agile Framework (SAFe). Diese Netzwerkorganisation ist komplementär zur Linienorganisation definiert und besteht aus agilen Teams. Dazu baute die Mobiliar vier Arenen auf, welche in der Strategie-Umsetzung auf spezifische Kundensegmente wie Privatkunden, KMU usw. fokussieren. In einer Arena werden alle Ressourcen (Personen, Finanzen, Planung usw.) zur Weiterentwicklung von Produkten, Prozessen und Systemen für ein Kundensegment abgestimmt geführt:

Arena	Ausrichtung
Privatkunden	Kundensegment Privatkunden
KMU	Kundensegment KMU
Unternehmen und Institutionelle Kunden	Kundensegment Unternehmen und Institutionelle Kunden
Querschnittsfunktionen (Finanzen, HR usw.)	Interne Supportprozesse

▲ Abb. 1 Die vier Arenen mit der kundenorientierten Ausrichtung zur Unterstützung der digitalen Transformation der Mobiliar.

Warum hat sich die Mobiliar für eine parallele Organisation von Netzwerk- und Linienorganisation entschieden?

Für die Mobiliar ist die Modernisierung ihrer Applikationen und Prozesse in Kombination mit den Kundenpräferenzen zentral. Im Nicht-Leben- und im Vorsorge-Geschäft werden dazu aktuell entscheidende Weiterentwicklungen geplant und umgesetzt.

Um die strategischen Ziele zu erreichen, müssen die modernisierten Lösungen bestimmte Anforderungen erfüllen. So wollen wir den Kundinnen und Kunden ein durchgängig konsistentes Erlebnis sowohl über die persönlichen Kontaktpunkte, wie die Generalagenturen oder Mobi24[1], als auch die digitalen Zugänge bieten. Zeitgemässe Produkte und Prozesse müssen für die Nutzer und Kunden[2] im Vergleich zu den vorbestehenden Lösungen verständlicher, effizienter und effektiver sein. Dazu wollen wir auch innovative Technologien wie künstliche Intelligenz und die Cloud einsetzen.

Eine Copy-Paste bestehender Lösungen reicht heute nicht mehr, um die Ambitionen der Mobiliar zu erreichen. Zeitgemässe Lösungen müssen in der Regel von Grund auf neu entwickelt werden. Die Teams und Mitarbeitenden bewegen sich dabei in einem volatilen, unsicheren, komplexen und mehrdeutigen Umfeld. In einem solchen Umfeld bewähren sich agile Arbeitsweisen. Für die Neugestaltung der Produkte, Kundenzugänge, Prozesse und IT-Systeme sind verschiedene Fähigkeiten wie Versicherungsproduktmanagement, Business-Analyse, Aktuariat, Gestaltung von digitalen Kundenerlebnissen, Softwareentwicklung und -testing notwendig. Diese Fähigkeiten waren bei der Mobiliar in verschiedenen Linienorganisationseinheiten verteilt. In den Arenen bringen wir diese Fähigkeiten in stabilen, interdisziplinären Teams, den sogenannten Agile Release Trains (ART), zusammen. Diese agieren weitgehend selbstorganisiert und sind auf die Umsetzung der Strategie für ihre Kundensegmente fokussiert.

Die Entwicklung der Lösungen erfolgt iterativ und inkrementell. Dabei bedeutet iterativ «anpassen, bis es stimmt» und inkrementell, dass schrittweise eine Weiterentwicklung erfolgt. Durch diese Arbeitsweise können die mit der Modernisierung verbundenen Risiken reduziert werden, da sie kurze Lernzyklen zulassen.

Wenn du auf die Entwicklung der Selbstorganisation bei der Mobiliar zurückschaust – was waren wichtige Schritte?

Die bewusste Einführung agiler Arbeitsweisen begann 2011 und erfolgte in verschiedenen Phasen (▶ Abb. 2). Ursprünglicher Treiber war die IT. In ersten Projekten wurde nach dem Vorgehensmodell Scrum gearbeitet. In der Folge fanden sukzessiv agile Methoden und Verfahren immer mehr Anwendung. So wurden die Scrum-Verfahren mit Backlog- und Sprint-Strukturen sowie Stories und Review eingeführt und die operativen Planungsprozesse auf «Sichtflug» mit einem 3-Monats-Planungshorizont geändert.

▲ Abb. 2 Visualisierung von verschiedenen Etappen der Agilität und der Selbstorganisation in der Mobiliar

In einem nächsten Schritt wurden ab 2017 Projektaktivitäten für grosse Entwicklungsschritte in sogenannten Large Solutions im agilen Projektportfolio zusammengefasst. Methodisch bedeutete dies im Wesentlichen, dass die agile Vorgehensweise für die Zusammenarbeit über mehrere Bereiche erweitert wurde. Wir entschieden uns dabei für das Rahmenwerk SAFe. Die Teams sind seither – wie bereits erwähnt – als Agile Release Trains (ART) unterwegs.

Von 2017 bis 2021 wurde die Anwendung von SAFe in der Mobiliar in mehreren Schritten optimiert. Im Verlauf der gesamten Entwicklung wurde Selbstorganisation als unverzichtbarer Bestandteil einer agilen Organisation in verschiedenen Etappen bewusst eingeführt und mittels Aus- und Weiterbildung gezielt gefördert.

Das klingt durchaus systematisch und funktional. Warum wurde dann ein weiterer Schritt zur Etablierung von Arenen unternommen?

Ein zentraler Punkt war, dass es uns nicht gelungen ist, die Business-Bereiche systematisch zu involvieren. Dadurch war die Kunden- und Geschäftorientierung in der Portfolio-Steuerung und in den Teams ungenügend. Mit der Arena-Organisation bezwecken wir eine noch klarere Ausrichtung auf die jeweiligen Kundensegmente. Durch eine zielgerichtete und tragfähige Vernetzung in den Arenen wollen wir die Kundenorientierung stärken, zugleich die Prozesse beschleunigen und so die Geschwindigkeit steigern.

Was sind die konkreten Aufgaben und die Verantwortungen der Linienorganisation beziehungsweise der Arenen?

Die Verantwortlichkeiten sind klar definiert. Klare Verantwortlichkeiten und Strukturen verbinden die Arenen und die Linienorganisation. Die Linie verantwortet das Profit- und Loss-Geschäft der Mobiliar. Sämtliche betrieblichen, operativen Einheiten wie zum Beispiel der Vertrieb, das Underwriting, der Schaden, das Produktmanagement und das Rechnungswesen. Die Arenen stellen die Weiterentwicklung von Produkten, Dienstleistungen und Prozessen wie auch den Betrieb der IT-Systeme entsprechend den strategischen Vorgaben sicher.

Eine zentrale Rolle haben dabei die Business Owner. Sie vertreten die Interessen des Business und unterstützen die Teams.

Das Was wird durch strategische Initiativen definiert. Diese leiten sich aus der Strategie ab. Die quantitativen und qualitativen Ziele, die wir mit einer Initiative erzielen wollen, werden in Outcomes beschrieben. Die Arenen sind dafür verantwortlich, dass und wie die Massnahmen umgesetzt werden, um diese Ziele zu erreichen. Mit ihrer agilen Organisation entwickeln die Arenen entsprechende Produkte, digitale Zugänge, Prozesse und IT-Systeme weiter.

Wie erfolgt die Abstimmung der Gruppenstrategie mit der agilen Organisation?

Die Umsetzung der Gruppenstrategie wird durch die übergreifende Steuerung des Portfolios sichergestellt. Diese geschieht auf zwei Ebenen. Die strategische Ebene wird von der Geschäftsleitung der Mobiliar Holding (GL) verantwortet (vgl. ▶ Abb. 3). Sie legt die strategischen Initiativen und die Outcomes fest. Das bedeutet, die GL formuliert die zu erwartenden Ergebnisse nach Realisierung der entsprechenden Initiativen.

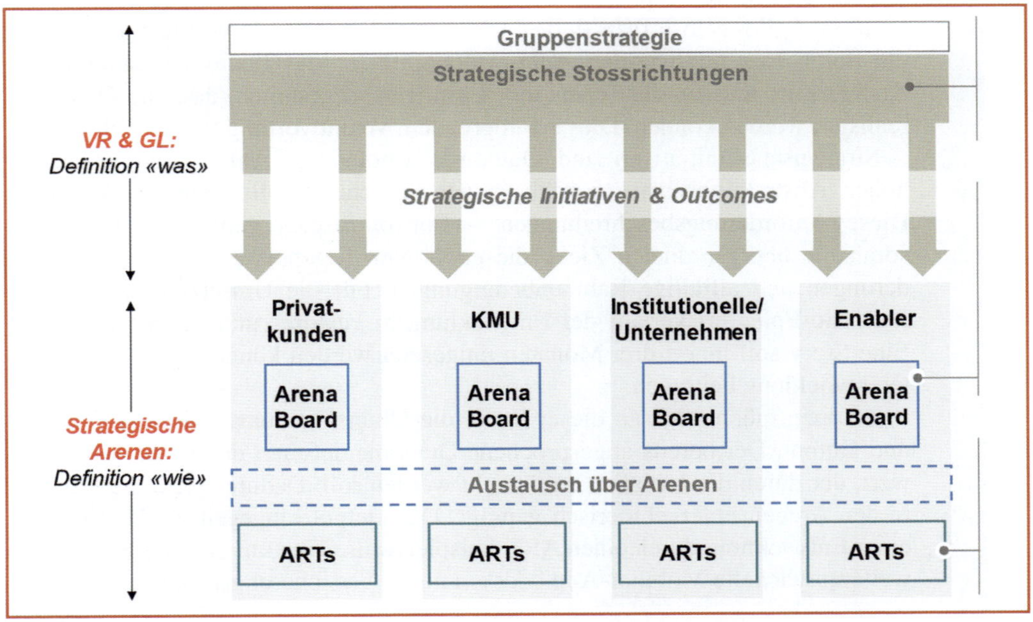

▲ Abb. 3 Bewusste Differenzierungen von «Was» und «Wie» zur Abstimmung zwischen Gruppenstrategie und der Umsetzung in den Arenen

Auf der operativen Ebene liefern die Outcomes den Arenen die Vorgaben der jeweiligen Initiative hinsichtlich des Wachstums, der Effizienz und/oder der Qualität. Damit wird beispielsweise festgelegt, dass man in die Weiterentwicklung eines Produkts investiert. Dies um X Monate nach Einführung, eine Anzahl neue Produkte verkauft und so ein höheres Prämienvolumen zu erzielen. Die Outcomes sind somit das verbindende Element zwischen der Gruppenstrategie und der operativen Umsetzung: In der Geschäftsleitung wird das «Was», in den Arenen das «Wie» bestimmt.

Das «Wie» umfasst die zeitliche Abfolge (beispielsweise auf Basis Abhängigkeiten und Synergien sowie Budget-Leitplanken) und die Lösungsentwicklung in der Business- und IT-Architektur mit den Prozessen, Applikationen und Schnittstellen. Die Agile Release Trains (ARTs) sollen dadurch klare Aufträge für die agile Umsetzung erhalten. Sind die Aufträge ungenügend konkret, werden sie von den ARTs zurückgewiesen, um die Ressourcen für Aufträge einzusetzen, welche die notwendige Umsetzungsreife aufweisen.

Die Umsetzung der Vorgaben aus der Gruppenstrategie erfolgt also über die strategischen Initiativen und die Outcomes in die Arenen mit den ARTs. Die Arenen werden über die jeweiligen Arena-Boards gesteuert. Die vier Arenen werden über einen regelmässigen, übergreifenden Austausch koordiniert.

Wie wird die Verantwortung in den Arenen und in den Teams geregelt?

Die Governance regelt primär das Zusammenspiel der Arenen mit der Linienorganisation. Agiles selbstorganisiertes Arbeiten bedeutet, Verantwortung abzugeben, um durch Dezentralisierung mehr Autonomie für die Teams zu ermöglichen. Andererseits müssen die Teams ihre Lösungen so gestalten, dass die Outcomes realisiert werden können. Dies erfordert auch, Verantwortung zu übernehmen.

Strategische Initiativen und Outcomes werden als Anforderung auf einer hohen Abstraktionsebene, jedoch in der Sprache der Benutzer konkretisiert. Diese Anforderungsbeschreibungen – Portfolio-Epics genannt – beinhalten somit die übergeordneten Ziele, die erwarteten Ergebnisse, spezifische Anforderungen und allfällige Rahmenbedingungen. Für die Umsetzung werden die Portfolio-Epics im Verlauf der Entwicklung in Features und Stories aufgeteilt. Eine Story soll innert drei Monaten umgesetzt werden können und so zur Weiterentwicklung beitragen.

Betonen möchte ich an dieser Stelle die Unterscheidung zwischen Outcome und Output. Der bereits angesprochene Outcome definiert den effektiven Mehrwert, der durch die Initiative ermöglicht werden soll. Dadurch wird die Führung in den Arenen unternehmerisch geprägt. Der Output hingegen ist das Ergebnis einer Entwicklung durch einen ART, beispielsweise eine um gewisse Funktionen weiterentwickelte Mobiliar-App oder ein neues Versicherungsprodukt.

Wie wird der Einbezug des Business in die Lösungsentwicklung sichergestellt?

Der Einbezug des Business erfolgt – analog zur Strategieumsetzung – auf mehreren Ebenen. Das Arena-Board steuert als interdisziplinäres Gremium die Arbeit einer Arena und ist verantwortlich für die Realisierung der zugeteilten Outcomes. Im Arena-Board sind Delegierte der Generalagenturen, der Vertriebsorganisation und des Produktmanagements integriert und haben dort eine wichtige Stimme. So verstärken der Vertrieb mit den Generalagenturen und das Produktmanagement die Kunden- und Business-Perspektive.

Für den Einbezug des Business sind auch der Business Owner und der Epic Owner der Portfolio-Epics wichtig. Die Business Owner tragen in der Linienorganisation eine Ergebnisverantwortung und sind wichtige Stakeholder in der Umsetzung einer strategischen Initiative. Der Epic Owner trägt die Verantwortung für die Umsetzung eines Portfolio-Epics als Teil der Initiative. Er sorgt mit den ARTs für den erwarteten Output.

Wie gelingt der Mobiliar die Abstimmung zwischen der Linienorganisation und den Arenen?

Das zentrale Element für die Abstimmung der Linienorganisation mit den Arenen sind die Outcomes. Die Outcomes stellen, wie erwähnt, die zu erwartenden Ergebnisse auf Basis der umgesetzten strategischen Initiativen dar. Sie werden aus der Gruppenstrategie bzw. der Mehrjahresplanung abgeleitet. Die einzelnen Outcomes werden durch die Geschäftsleitung priorisiert.

Gemeinsam mit den Business Ownern werden die notwendigen Arbeitspakete je Outcome – die Portfolio-Epics – definiert und priorisiert. Dies geschieht im Arena Board gemeinsam mit den Business Ownern. Ein PF Epic wird so geschnitten, dass es innerhalb von maximal 9 Monaten umgesetzt werden kann. Die Portfolio Epics werden auf der Roadmap entsprechend den Vorstellungen des Business und den Planungen der ARTs positioniert.

Die Teams planen mit einem Horizont von drei Monaten. Dieser wird als «Program Increment» oder kurz «PI» bezeichnet. Auf Basis der Roadmap werden zwischen den Business Ownern, dem Arena Board und den ARTs die Ambitionen für das nächste PI festgelegt. Abgeleitet von den Ambitionen definieren die Teams im Rahmen des Plannings ihre Ziele. Dazu verwenden sie die Methode der «Objectives and Key Results» (OKR).

Massgebend für diese Arbeiten sind die übergeordneten Prioritäten. Sollte es zu Konflikten kommen, so gibt es einen definierten Eskalationsweg über das Arena Board hin zur Geschäftsleitung. Damit ist auch im Konfliktfall die Abstimmung zwischen der Linienorganisation und den Arenen sichergestellt.

In den Arenen nutzen wir verschiedene agile Zeremonien. Gerade in den Plannings und Reviews übernehmen die Business Owner eine wichtige Rolle, in dem sie den Teams direkt Feedback zu den erarbeiteten Ergebnissen geben. Wichtige Zeremonien sind für uns dazu:

- Sprint-Planung
- Sprint-Review
- Sprint-Retrospektive
- Backlog-Management

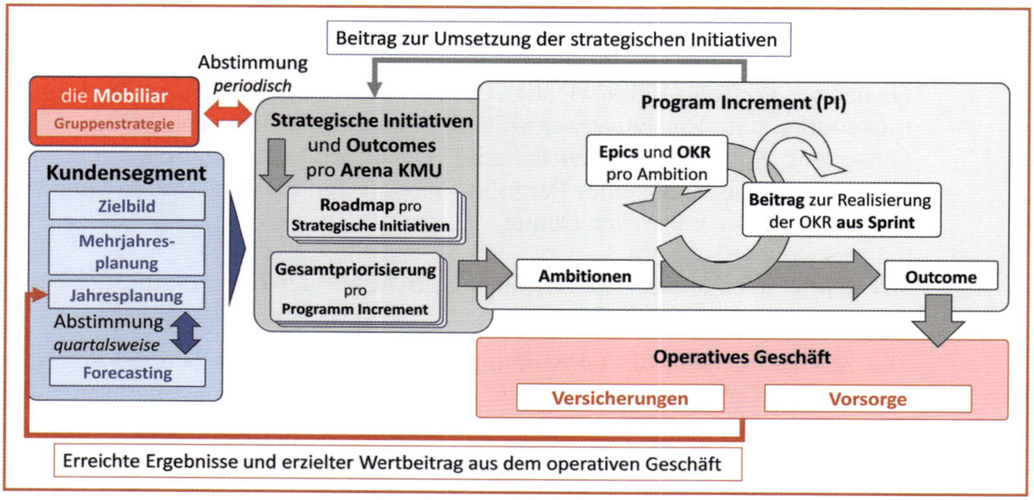

▲ Abb. 4 Abstimmung der Vorgaben und der erreichten Ergebnisse zwischen Linienorganisation mit Kundensegment KMU und der Arena KMU

Die Organisation mit den Arenen ist nun bereits seit drei Jahren in Kraft. Was habt ihr als Mobiliar bisher erreicht?

Die drei Jahre sind für mich ein zu kurzer Betrachtungszeitraum. Im Sinne einer Gesamtbeurteilung der Entwicklung seit 2011 sind verschiedene Aspekte wesentlich.

Zunächst sind es organisatorische Gesichtspunkte:

- Es wurde ein verbindlicher Rahmen geschaffen, um dezentrale Entscheidungen und die Autonomie agiler Teams zu fördern.
- Die Vertreter der verschiedenen Anspruchsgruppen und Funktionsbereiche wie Kundenberatung, Vertrieb, Produkt, Wertschöpfung und IT sitzen gemeinsam an einem Tisch. Das Business, allen voran die Generalagenturen, und die Akteure und Akteurinnen in den Arenen rücken näher zusammen.
- Die Realisierung wesentlicher Entwicklungsschritte hin zu einer zukunftsfähigen Organisation von den outputorientierten Solution Trains hin zu einer zukunftsfähigen Business-Value-Organisation – Business und Netzwerk arbeiten so besser zusammen.

Weitere Ergebnisse sind die bessere Verankerung der Governance:

- Der Fokus auf Outcomes und damit auf den erwarteten Mehrwert vereinfacht die Portfolio-Steuerung und die Vorbereitung der PI-Plannings.
- Die Arenen steuern das «Wie» durch eine übergreifende Priorisierung und Fokussierung hinsichtlich der beabsichtigten, strategischen Entwicklungsschritte der Mobiliar.
- Die End-to-End-Verantwortung wurde gestärkt, insbesondere durch die systematische Verknüpfung von Initiativen mit den Outcomes und dem Output.

Das Ganze wirkt sich auch positiv auf die Kultur und Kommunikation aus. Im Grundsatz wurde mit den Arenen ein kollaboratives Arbeitsumfeld geschaffen. Es haben sich Zusammenarbeitsformen etabliert, welche Antworten auf eine stetig wachsende Komplexität liefern. Damit haben wir vorher bestehende Grenzen in der Linienorganisation sowie zwischen den Geschäftsleitungsbereichen aufgeweicht.

Was habt Ihr durch die Weiterentwicklung bisher gelernt und wo liegen noch Potenziale?

Die grosse Herausforderung ist der Umgang mit dem Spannungsfeld Innovation und Planbarkeit. Auf Seiten Business besteht die berechtigte und nachvollziehbare Erwartung nach verbindlichen Terminen, ausgereiften Prozessen sowie nach stabilen und performanten IT-Systemen. In den agilen Teams werden komplexe Fragestellungen und innovative Lösungen erarbeitet. Wie lange deren Entwicklung dauert und wie sich die Lösungen im Alltag bewähren, kann jedoch nicht verlässlich vorausgesagt werden.

Ein Schlüsselfaktor im Umgang mit dieser Herausforderung ist die offene und stete Kommunikation. Dadurch kann ein Verständnis geschaffen werden für die verschiedenen Sichtweisen und Ansprüche. Wird die Kommunikation in den agilen Verfahren und Zeremonien (vom PI-Planning bis zum Daily Stand-Up) aktiv geführt und werden die Anspruchsgruppen eingebunden, so unterstützt das die Realisierung selbst komplexer Lösungen. Zudem gibt es auch für agile Organisationen erprobte Konzepte und bewährte Methoden, um in einem wechselhaften Umfeld neue, taugliche und annehmbare Lösungen zu erzielen. Agile Organisationen arbeiten dabei oft mit funktionsfähigen Erstlingsversionen eines erwarteten Ergebnisses – sogenannten «Minimal Viable Products» (MVP), dies unterstützt das Business-/IT-Alignment.

Wenn du in einer Zeitmaschine sitzen und 10 Jahre in die Zukunft fliegen könntest – wie zeigt sich dort die Zusammenarbeit?

Durch die fortschreitende Digitalisierung werden Technologien eine noch grössere Bedeutung in der Assekuranz erlangen als heute: Technologien werden nicht nur eingesetzt, um das Geschäft operativ zu betreiben, sondern auch strategisch, um sich gezielt Vorteile am Markt zu verschaffen.

Damit dies gelingt, braucht es insbesondere Verständnis auf Seiten Business für die Rolle der Technologie und Verständnis auf Seiten Technologieentwicklung für die Funktionsweise des Business. Perspektivenwechsel sind dabei sehr hilfreich, doch gegenseitiger Respekt ist die Voraussetzung. Die interdisziplinären Teams bzw. die Arenen werden dafür (noch) näher an die Linienorganisation rücken (müssen) und umgekehrt

Eine ambitionierte und gleichzeitig inspirierende Vorstellung – für die Menschen wird sich so einiges ändern. Herzlichen Dank, lieber Thomas, für das Gespräch über Agilität, Selbstorganisation und die Modernisierung in der Mobiliar.

Methoden und Begriffe

Im Gespräch mit Thomas Peyer, Mobiliar werden verschiedene methodenspezifische Begriffe und Anwendungen agiler Organisationen erwähnt. Die Erläuterungen dazu finden sich direkt im Beitrag sowie in der folgenden Tabelle:

Begriff	Erläuterung
Agile Organisation	Eine agile Organisation besteht in einem grossen Unternehmen aus mehreren Ebenen von agilen Teams. Die Teams haben unterschiedliche Aufgaben von der Strategie-Entwicklung, über die Portfolio-Steuerung, die Architektur bis zur Umsetzung in den Program Increments (PI) mit den Sprints.
Agile Release Train	Ein Agile Release Train (ART) besteht aus mehreren agilen Teams, welche alle auf ein gemeinsames Ziel fokussiert sind. Die Teams setzen sich oft aus Business-Analysten und Entwicklern zusammen.
Arena	Eine «Arena» ist in der Mobiliar die Bezeichnung für eine nach Kundensegmenten ausgerichtete Struktur der Netzwerkorganisationen zur Umsetzung der Strategie. In einer Arena sind sämtliche Ressourcen für die Umsetzungsaktivitäten vorhanden. Die Arena wird von einem Arena-Board geleitet.
Arena Owner	Ein Arena Owner steuert die operative und die inhaltliche Arbeit einer Arena für ein Kundensegment.
Backlog	Das Backlog wird durch aktives Management bewirtschaftet – es stellt den Arbeitsvorrat für ein Scrum-Team in den Sprints dar. Mit dem Backlog-Management werden durch den Product Owner realisierte Anforderungen abgeschlossen, der Status nachgeführt oder neue Anforderungen aufgenommen

Begriff	Erläuterung
Business	Die Linienorganisation ist in verschiedene Geschäftsleitungsbereiche aufgeteilt, das Business umfasst die Geschäftsleitungsbereiche mit Marktausrichtung wie beispielsweise Versicherungen, Vorsorge, Marktmanagement usw.
Business Owner	Ein Business Owner trägt in der Linienorganisation die Ergebnisverantwortung für das Geschäft im Sinne von «Profit and Loss». Er verantwortet eine strategische Initiative.
Daily Stand-Up	Ein täglicher kurzer Informationsaustausch im Team (typischerweise zu Beginn des Arbeitstages) über den aktuellen Stand der Arbeiten des laufenden Sprints. Die Teammitglieder erläutern, woran sie arbeiten, was erreicht wurde und wo Schwierigkeiten bestehen.
Entwickler	Die Entwickler arbeiten in Teams zusammen und realisieren die Anforderungen aus den Stories. Diese Teams arbeiten stark selbstorganisiert, sie entwickeln die Software, dokumentieren und testen diese und stellen sie für die Kollegen in anderen Teams bereit.
Epic	Ein Epic unterteilt die Anforderungen aus einem Portfolio-Epic in unterschiedliche Etappen, um die Realisierung in Schritten zu ermöglichen.
Epic Owner	Ein Epic-Owner ist verantwortlich für ein Portfolio-Epic.
Feature	Ein Feature ist eine vollständige Funktionskomponente mit Anforderungsbeschreibung. Die Beschreibung für ein Feature enthält eine Nutzenhypothese und die Akzeptanzkriterien. Ein Feature ist so dimensioniert, dass es von einem einzigen Agile Release Train in einem PI geliefert werden kann.
Objectives and Key Results	Die Zielvereinbarungsmethodik OKR wird in agilen Organisationen oft verwendet. Die Teams setzen sich die Ziele selbständig im Rahmen der Sprint-Planung, sie werden dabei auf einzelnen Personen aufgeteilt – diese übernehmen Verantwortung für ein «Key Result».
Outcomes	Die Outcomes definierten die anzustrebenden Ziele und Ergebnisse nach Umsetzung einer strategischen Initiative. Die Zielerreichung wird über messbare Wertbeiträge wie höhere Erträge, reduzierte Kosten, neue Kunden usw. gemessen.
Portfolio-Epic	Ein Portfolio-Epic bezeichnet im Kontext des Portfoliomanagements die Beschreibung der jeweiligen Anforderungen an eine Software, an IT-Systeme sowie an die Prozesse auf einer hohen Abstraktionsebene.
Product	Ein Product umfasst eine oder mehrere Applikationen inkl. Schnittstellen und Daten. Die Products unterstützen typischerweise die Geschäftsprozesse.
Product Owner	Eine wichtige Rolle im agilen Management ist der Product Owner, er verantwortet ein «Product». Er ist für die Funktionalität und die Weiterentwicklung bzw. Wertsteigerung des Products und die Priorisierung des Backlogs verantwortlich.

Begriff	Erläuterung
SAFe-Rahmenwerk	Ein skalierbares Rahmenwerk des Unternehmens Scaled Agile, Inc. in den USA, welches sowohl Methoden, Tools wie auch Trainings (oft mit Partnern) in einem «Ökosystem für Business-Agilität» anbietet. Die Skalierbarkeit basiert darauf, dass die agile Organisation für die Nutzung agiler Verfahren und Methoden von der Stufe Team bis zur Stufe Portfolio-Steuerung auf Ebene der Strategie definiert werden kann. Im Rahmenwerk werden verschiedene Verfahren und Methoden wie Scrum, Kanban, Lean, DevOps usw. mit entsprechenden Rollen kombiniert und nebeneinander bzw. koordiniert eingesetzt. Auf diese Weise können grosse Organisationen so strukturiert werden, dass agile Arbeit abgestimmt möglich ist.
Scrum Master	Der Scrum Master unterstützt und steuert das Team in den Sprints eines Program Increments. Er sorgt für die Beseitigung von Hindernissen und stellt die Einhaltung agiler Prinzipien sicher.
Sprint	In der Vorgehensweise nach Scrum bezeichnet ein Sprint das Verfahren für einen Entwicklungsschritt in einer festgelegten Zeitspanne – beispielsweise 3 Wochen.
Sprint-Planung	Definition der Anforderungen aus dem Backlog, welche im Rahmen eines Sprints realisiert und ausgeliefert werden sollen, damit das Sprintziel erreicht werden kann.
Sprint-Retrospektive	In der Retrospektive wird besprochen, wie der Sprint abgelaufen ist und ob er insgesamt erfolgreich war. Das Team würdigt Ergebnisse und Erfolge. Es diskutiert und vereinbart auch Verbesserungsmöglichkeiten für den nächsten Sprint.
Sprint-Review	Der Rückblick auf einen kurz zuvor abgeschlossenen Sprint mit Besprechung oder Testing und damit der Abnahme der Ergebnisse (Output) die das Team erzielt hat.
Story	Eine Story ist eine aus einem Feature abgeleitete, konkretisierte Anforderung. Es ist eine kurze Beschreibung der gewünschten Funktionalität sowie der Akzeptanzkriterien. Die Stories werden in der Sprache der Benutzer formuliert. Eine Story soll innerhalb eines Sprints abgeschlossen werden.
Strategische Initiative	Eine strategische Initiative beinhaltet die Beschreibung einer Produkt- und Prozessentwicklung abgeleitet aus der Strategie. Dazu gehören auch Vorgaben zum Zeithorizont und den Ressourcen (Personal, Finanzen). Die Initiative beinhaltet auch die Definition der Outcomes, die durch die Initiative ermöglicht werden sollen.

Anmerkungen

1. Die Mobi24 ist das 24 Stunden-Contact Center für Kundinnen und Kunden der Mobiliar
2. Die Nutzer können interne Nutzer oder externe Nutzer sein, ein Kunde verfügt über einen Vertrag mit der Mobiliar
3. Eine Zeremonie ist ein Synonym für ein definiertes Verfahren mit Rollen, Grundlagen, Arbeitsweise und Ergebnis

Andreas Wolfensberger – DT Druck-Team AG

Generationenwechsel als Chance für die Selbstorganisation

Von der Druckerei zum Mediendienstleister dank gezielter Selbstorganisation

Der Generationenwechsel einer Unternehmung muss gut geplant sein. Nebst einigen Risiken und/oder Gefahren bietet ein Führungswechsel auch viele Chancen und Möglichkeiten für eine kulturelle und strategische Neuausrichtung.

Die Übernahme und der Generationenwechsel beim Druckereiunternehmen DT Druck-Team AG aus Wetzikon wurde von Andreas Wolfensberger dazu genutzt, das KMU im Zürcher Oberland neu auszurichten und eine spezifische, fokussierte Form der Selbstorganisation einzuführen. Dabei wurde darauf geachtet, dass ein rascher Mehrwert für die Kunden und die Mitarbeitenden entsteht und die unterschiedlichen Berufsgruppen und Generationen zusammenarbeiten können.

Einleitung

Jeder Unternehmer muss sich früher oder später mit der Nachfolgeregelung auseinandersetzen. Damit der Fortbestand der Unternehmung gewährleistet werden kann, ist eine frühzeitige Vorbereitung dieses Prozesses von Vorteil. Fast wichtiger ist jedoch die Erkenntnis, dass diese (letzte) Phase des Unternehmertums viele Chancen, aber auch Gefahren birgt. Einerseits erfordert es die Akzeptanz, einen bedeutenden Lebensabschnitt – mit all seinen Erinnerungen – hinter sich zu lassen, andererseits an die Zukunft und an neue Wege und Möglichkeiten zu glauben. Begleitet wird diese Phase von finanziellen und bei Familienbetrieben oft auch emotionalen Themen.

Mit diesen und vielen weiteren Herausforderungen wurde die Familie Wolfensberger bei der Betriebsübergabe ihrer lokal verankerten Druckerei konfrontiert. Die DT Druck-Team AG mit Sitz in Wetzikon besteht seit 1988, die Betriebsübergabe erfolgte im Jahr 2018. Nach 30 Jahren unter der Leitung des Gründers Hans Wolfensberger, hat sein Sohn Andreas Wolfensberger mit dem Kauf von 100 Prozent des Aktienkapitals die Firma vor rund 5 Jahren übernommen. In diesem Praxisbericht erläutert er die Beweggründe, selbst Unternehmer zu werden und wichtige Entwicklungsschritte seit der Übernahme. Um diese Veränderungen einzuordnen, ist auch ein Blick auf die Marktsituation der grafischen Branche sinnvoll, denn die Digitalisierung und damit verbundene Wandel führen zu hohem Druck und fördert die Konsolidierung.

Entwicklung der Branche

«Die grafische Branche war ja schon immer etwas speziell», ein Spruch, den Andreas Wolfensberger schon unzählige Male gehört hat. Sei es von seinen ehemaligen Dozenten, von Angehörigen, von ehemaligen Berufsleuten oder von Branchenkolleg/innen. Aber wie definiert sich «speziell»?

Seit der Erfindung des Buchdrucks von Johannes Gutenberg mit den beweglichen Lettern im Jahr 1440, die den Humanismus und die Reformation massgeblich beeinflusst haben, bis zu den aktuellen Entwicklungen im Bereich der digitalen Produktion, verbunden mit künstlicher Intelligenz, hat sich in dieser Branche effektiv vieles verändert. Stolze Berufsleute produzierten einst Bücher aufwändig in der Manufaktur und ermöglichten so die Verbreitung von Informationen und Wissen – eine wichtige gesellschaftliche Entwicklung. Dieser Berufsstolz hat sich massgeblich verändert. Denn heute prasseln in immer kürzeren Intervallen kleine und grosse technologische Entwicklungen auf die Branche ein. Die digitale Revolution ist einer der Hauptfaktoren, der zur Beschleunigung dieser markanten Veränderungen beigeträgt und die grafische Branche grundlegend transformiert hat. Nebst neuer Kommunikationskanäle entstanden neue Vertriebs- und Absatzwege, die Bedeutung von Drucksachen und deren Funktion verlagerten sich ebenfalls zunehmend. Aus einer florierenden Branche entwickelte sich innert kurzer Zeit ein übersättigter Markt mit einem enormen Angebot und sinkender Nachfrage – was zu einem Überangebot führte. Zahlreiche Betriebe in dieser äusserst heterogen strukturierten grafischen Industrie sind durch die Vielzahl von Veränderungen überrollt worden. Die Überkapazitäten führten bei vielen Unternehmen oder KMU und den dadurch betroffenen Lieferanten schnell zu Neuorganisationen, Firmenübernahmen und oft auch zu Konkursen. Der technologische Wandel, immer schneller produzierende Maschinen und sich verändernde Berufsbilder, machten die einst lukrative Branche zu einer Branche mit hohen Risikofaktoren. Diese grossen Herausforderungen erfordern eine grundlegende Bereitschaft zur Veränderung.

Oft spürte Andreas Wolfensberger bei Gesprächen mit Branchenkolleg/innen in Bezug auf diese Herausforderungen grosse Unsicherheit und sogar existenzielle Ängste. Er handelte diesbezüglich antizyklisch und sah im Druckgeschäft und den angegliederten Kreativdienstleistungen Chancen – gerade dank der anhaltenden Konsolidierung in der Branche und der geografischen Lage seines Unternehmens. Die Möglichkeit, mit digitalen Kreativdienstleistungen mehr aus einer Hand anzubieten, wurde als Chance und Herausforderung zugleich eingestuft. Nach dem Grundsatz «Chancen multiplizieren sich, wenn man sie ergreift» hat Andreas Wolfensberger diese Veränderung aktiv angegangen.

Viele Betriebe in der grafischen Branche stehen vor den gleichen Herausforderungen und Problemen, die sie in eine Abwärtsspirale treiben:

- Fehlende Investitionsbereitschaft
- Unzufriedene Mitarbeitende und hohe Fluktuation
- Abnehmende Qualität der Produkte
- Umsatz- und Kundenrückgang
- Kaum mehr konkurrenzfähig

Mit dieser Positionierung die Transformation eines KMU anzugehen erfordert unternehmerisches Flair und auch Mut.

▲ Abb. 1 Die sich schneller drehende Abwärtsspirale ist für ein Unternehmen gefährlich

Übernahme und strategische Ausrichtung

Im Zuge eines Generationenwechsels ist eine Überprüfung des Unternehmens im Kontext des Marktes, der Kunden, der Produkte und der Mitbewerber sinnvoll. Die Erkenntnisse aus diesem Prozess dienen als Grundlage für eine mögliche strategische und kulturelle Neuausrichtung. Das Unternehmen DT Druck-Team AG war als klassische Akzidenzdruckerei positioniert. Eine Druckerei also, die kundenspezifische Drucksachen wie Broschüren, Prospekte, Flugblätter, Visitenkarten usw. produzierte. Ein kontinuierlicher Cash-Flow (beispielsweise durch periodische Publikationen) war nicht vorhanden, die Akquisition somit ein permanenter Prozess.

Andreas Wolfensberger war von Anfang an bewusst, dass sich die Akzidenzdruckerei zum Zeitpunkt der Übernahme neu erfinden müsse, damit er seine Vision eines kreativen Digitalmedien- und Druckunternehmens realisieren und auch seinen finanziellen und familiären Verpflichtungen nachkommen könne.

Dabei hatte er stets grosse Achtung vor der Arbeit der ersten Generation. Sein Vater und Vorgänger hatte Investitionen immer Schritt für Schritt getätigt und dabei auch Vorsicht walten lassen. Seit seiner Berufslehre als Schriftsetzer gab es fünf grosse technologische Veränderungen:

1. Ablösung des klassischen Bleisatzes durch den Fotosatz
2. Nutzung von Apple-Workstations zur Erstellung von Seitenlayouts am Bildschirm
3. Druckformenherstellung mittels Filmbelichtung für den neuen Offsetdruck
4. Direkte Druckplattenherstellung für den Offsetdruck
5. Laufend weiterentwickelte Digitaldruck-Technologien

Diese Veränderungen verlangten dem Gründer sehr viel ab. Nur dank Ehrgeiz, langfristiger Denkweise, einem enormen inneren Antrieb und sorgfältiger Planung war es möglich, mit den Entwicklungen mitzuhalten. Werte wie Fairness, Flexibilität, Qualität, Zuverlässigkeit, die Berücksichtigung lokaler Betriebe als Priorität sowie das Motto «Tue Gutes und sprich darüber» haben Andreas Wolfensberger immer inspiriert und werden auch heute bewusst gelebt. Bis ins hohe Alter hatte der Vater den Betrieb geleitet und geprägt. Das Alter war mitunter ein Treiber für eine rasche Übergabe. Andreas Wolfensberger kündigte beim damaligen Arbeitgeber und kehrte in den elterlichen Betrieb zurück.

Zu diesem Zeitpunkt analysierte und reflektierte Andreas Wolfensberger intensiv den damaligen Zustand und fing an, alles auf einem grossen Blatt aufzulisten: Positive und negative Punkte, Wünsche, Chancen, Gefahren, Mitbewerber und eine Vielzahl von Hypothesen. Daraus entwickelte er eine Vision für sein Wunschunternehmen mit einem konkret definierten Zielbild und Werteversprechen sowie den möglichen Produkten, Dienstleistungen, Kunden, Kosten und Erträgen sowie den erforderlichen Mitarbeitenden. Dazu nutzte er verschiedene Workshops und kreative Diskussionen sowie die bewährte Methode der «Business Model Canvas».

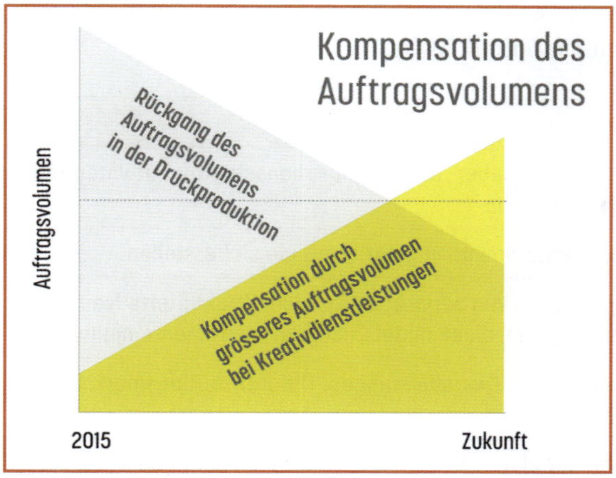

▲ Abb. 2 Die Zielerreichung in der Aufwärtsspirale ermöglicht die Kompensation des Auftragsvolumens

In der Realisierung des Zielbilds war ein erster wichtiger Schritt die Weiterentwicklung des Geschäftsmodells. Es galt eine Betriebsform zu finden, die Kundenservice, Kreativität, Eigenverantwortung und Kontrolle verbindet. Diese Betriebsform musste auch für unterschiedliche Berufsgruppen wie die Website-Designerin oder den Offset-Drucker und verschiedene Generationen attraktiv sein.

Das damit entwickelte hybride Geschäftsmodell baute auf einer horizontalen Diversifikationsstrategie entlang der Wertschöpfungskette auf und beinhaltete eine Angebotserweiterung mit allen gängigen Kreativdienstleistungen. Die Arbeitsprozesse sollten sich schrittweise entwickeln, so dass eine zunehmende Selbstorganisation der einzelnen Spezialisten gefördert werden konnte.

Die DT Druck-Team AG entwickelte sich so zu einem «Mediendienstleister mit integrierter Druckproduktion». Als Mediendienstleister ist das Unternehmen auch heute deutlich näher an seiner Kundschaft, bietet dieser einen spürbaren Mehrwert und kann die Entscheidungen der Kundinnen und Kunden bereits in der Planung beeinflussen. Man konzentriert sich auf Kreativdienstleistungen, vernachlässigt dabei aber nicht die Kernkompetenz, die qualitativ hochstehende Druckproduktion.

Nach der formellen und juristischen Übergabe traf sich Andreas Wolfensberger mit seinem jetzigen Verwaltungsratsmitglied Pascal Schwarz. Er kannte ihn erst flüchtig von einer Branchenveranstaltung. Die Chemie stimmte aber seit der ersten Begegnung. Pascal Schwarz half dem jungen Unternehmer, seine unzähligen Aufgaben mit einer dringend benötigten Aussenperspektive zu ordnen und zu priorisieren. Nach einem längeren Gespräch über das erarbeitete Geschäftsmodell und die aktuellen Abläufe der DT Druck-Team AG fingen die beiden an, den Soll-Zustand auf Papier zu bringen und zu schärfen. Darauf folgte die Priorisierung aller Aktivitäten und die Erarbeitung einer Übersicht von kurz- und mittelfristigen Handlungsoptionen.

Bereich	Bereich	Priorität
Führungssituation klären	Klärung der Inhaber- und Organisationsstruktur mit Vater und restlicher Familie	1
Strategie umsetzen	Konsequente Umsetzung der Strategie sicherstellen	1
Neukundengewinnung	Kompensation von verlorenen Kunden. Strukturierte Neukundenakquise, diese mittels richtiger Instrumente optimieren	1
Grafikteam ausbauen	Verrechenbare Dienstleistungen, Differenzierungsmerkmale aufbauen	2
Ertrag auf Kundenbasis unklar	Update der aktuellen Software PrintPlus oder Einführung eines neuen MIS (Management Information System) zur Schaffung von Transparenz	2
Marktauftritt anpassen	Die Dienstleistungen dem Markt transparent kommunizieren und Auftritt entsprechend anpassen	2
WIR-drucken.ch lancieren	Handelswährung WIR als Vorteil nutzen, Aufbau von Kunden aus der WIR-Community, evtl. mittels Onlineportal	3
Für Partner produzieren	Verbesserte Auslastung der Produktionsanlagen und Steigerung des Umsatzes mittels Druckpartner:innen, welche teilweise oder ganz auf eigene Produktion verzichten	3
Konkurrent übernehmen	Übernahme eines Betriebs im angestammten Gebiet und Wachstum durch erweiterten Kundenstamm	3
Branchenfokussierung	Gezielter Auftritt als Dienstleister innerhalb einer Branche	3
Management der Umsatzgruppen	Prozessual optimierte Abwicklung von Aufträgen	3

▲ Abb. 3 Kurz- und mittelfristige Handlungsoptionen

Die Reise begann. Die Führungssituation zwischen Geschäftsführung und Verwaltungsrat wurde geklärt, die Verkaufsaktivitäten mit den richtigen Verkaufstools intensiv forciert und die Organisationsentwicklung nahm ihren Lauf.

▲ Abb. 4 Die Aufwärtsspirale für ein Unternehmen mit fünf anspruchsvollen Zielsetzungen

Die folgenden Zielsetzungen prägten die weitere Entwicklung des Unternehmens:

- Nachhaltig konkurrenzfähig und im Markt etabliert
- Mehr Qualität und Mehrwert für Kunden, Stabilität
- Etablierung gelebter Kultur und Selbstorganisation
- Investitionen in Mitarbeitende und Infrastruktur
- Erarbeitung einer Vision und Organisationsentwicklung

Neuer Weg, neue Kultur, Beginn der Selbstorganisation

Begleitet wurden diese Aktivitäten durch eine stringente, intensive Führung und Kommunikation. Gerade die Wichtigkeit der Kommunikation – intern und extern – war dem neuen Inhaber und Geschäftsführer von Anfang an bewusst, dies ist auch eine seiner Stärken. Die Übergabe sowie die Neuausrichtung auf dem Markt machten regional schnell die Runde. Die lokalen Newsportale und Zeitungen hatten sogar über die Übergabe berichtet. Die Neukundengewinnung wurde durch diese intensive Kommunikation auf allen Kanälen massiv unterstützt, und Andreas Wolfensberger konnte gemeinsam mit seinem Team bereits nach kurzer Zeit erste Erfolge feiern. Dazu beigetragen hatte auch die gleichzeitige Rückkehr seines ehemaligen Ausbildners Marco Bräm, der mit sehr viel Know-how im Rucksack die Funktion «Leitung Kreation» im jungen Team übernahm. Die essenzielle Herausforderung in der Anfangsphase lag jedoch auch darin, die bestehenden Kunden nicht zu überfordern, gleichzeitig jedoch als moderner, zukunftsorientierter Betrieb wahrgenommen zu werden und bestehende sowie neue Kunden für das erweiterte Dienstleistungsangebot zu begeistern.

Die beinahe noch wichtigere Entwicklungsaufgabe aber war die interne Kommunikation und die Gestaltung der Organisation. Denn es ging ja auch darum, das Versprechen auf dem Markt mit den Ressourcen und Abläufen umzusetzen. Diese intensive interne Auseinandersetzung half Andreas Wolfensberger, die Vision und Mission in allen Köpfen seiner Teammitglieder zu verankern. Jeder wusste, wohin die Reise geht. Immer und immer wieder informierte er sein Team über die geplanten nächsten Entwicklungsschritte. Die Einführung eines «Team-Huddle» als effizientes Kurzmeeting half mit, die ganze Belegschaft täglich innerhalb von zehn Minuten zu informieren und den Tagesablauf zu strukturieren. Dabei werden die kurzfristigen Ziele und Prioritäten abgestimmt, allfällige Probleme diskutiert und gelöst und so schnell auf Veränderungen reagiert. Diese Meeting-Form ist ein wichtiger Bestandteil der heutigen Selbstorganisation. Es wurde damit eine solide Basis geschaffen, die ein Gefühl der Zusammengehörigkeit und des Dialogs auf Augenhöhe fördert. Die Motivation stieg dadurch deutlich.

Diese Meetings sind für Andreas Wolfensberger und sein Team auch heute zentral für die Selbstorganisation im Unternehmen. Die investierte Zeit lohnt sich definitiv. Das zeigte sich ganz besonders bei langjährigen Mitarbeiterinnen und Mitarbeitern, die trotz des Führungswechsels und der Neuausrichtung dem Unternehmen treu geblieben sind. Sie haben eine gewisse Neugier und Flexibilität an den Tag gelegt und sich ebenfalls der neuen Vision und Mission verschrieben.

Als kurzfristige Massnahme stand das Update der Software «Printplus» an – dieser Schritt ermöglichte den Aufbau von mehreren Arbeitsplätzen in der Projektleitung und eine Dezentralisierung von Verantwortung im Sinne der Selbstorganisation. Entsprechend brachte dies auch eine Entlastung für Andreas Wolfensberger, so dass ihm mehr Zeit für seine Kunden zur Verfügung steht. Zeitgemässe Auftragschecklisten und vereinfachte Prozesse für die Steuerung der Aufträge beschleunigten den Arbeitsablauf weiter. Das neue System vereinfachte die Kalkulation, Auftragserstellung und Rechnungsstellung. Mit Nutzung der neuen Software war mehr Transparenz zu den Erträgen auf Kundenbasis vorhanden, dies fördert die Eigenverantwortung, da das finanzielle Ergebnis eines Auftrags sichtbar ist. Glücklicherweise waren die Investition und der zeitliche Aufwand für die Einführung der Software «Printplus» überschaubar. Die Branchensoftware ermöglichte die Integration des bestehenden Maschinenparks mit den definierten Stundensätzen und ist kompatibel mit sehr individuellen Branchenspezifikationen wie etwa Papierpreislisten, Papierformaten, Druckarten und vielen weiteren Parametern. So können bestehende Aufträge effizienter abgewickelt werden. Für neuere, komplexere Aufträge war das System jedoch schnell zu klein.

Das hybride Geschäftsmodell aus klassischem Druckereiunternehmen sowie digitaler Medienagentur etablierte sich wesentlich schneller und besser als prognostiziert. Die neue, vielfältigere Auftragsstruktur zeigte jedoch bereits nach kurzer Zeit die Notwendigkeit einer Anpassung auf. Das zuvor evaluierte System «Printplus» eignet sich gut zur Kalkulation klassischer Druckaufträge. Für individuelle Rapporte der Mitarbeitenden war die Lösung aber nicht ausgelegt und sowohl lizenz- als auch plattformtechnisch zu stark begrenzt. Ergänzend zur bestehenden Software wurde somit das Projektmanagement-Tool «ASANA» integriert, welches eine dezentrale, synchronisierte Arbeitsweise in Form der Selbstorganisation unterstützt. Die auf allen relevanten Betriebsplattformen einsetzbare Applikation ermöglicht es, Aufgaben zu organisieren, Fristen festzulegen, Abhängigkeiten zu definieren und die Teamkommunikation zu vereinfachen. Gerade während der Corona-Pandemie konnte sich dieses Tool etablieren und das DT Druck-Team sich neu organisieren. Der Betrieb machte so in einer für das Unternehmen anspruchsvollen Phase grosse Fortschritte. Die Anwendung der Software ASANA wurde in verschiedenen Etappen ausgebaut und optimiert sowie an die Bedürfnisse angepasst. So können Aufträge effizient und weitgehend selbstorganisiert durch die einzelnen Aufgabenbereiche im Unternehmen bearbeitet werden. Bei Prioritäts-Konflikten (z. B. bei der Nutzung einer Druckmaschine) ist eine schnelle Klärung möglich, da alle auf der gleichen Faktenbasis arbeiten. Mittlerweile haben die Mitarbeitenden aller Abteilungen – gemäss ihrer jeweiligen Funktion – klar definierte Zugriffsrechte innerhalb der Applikation ASANA.

Die Einführungsphase wurde von der Geschäftsleitung begleitet, klare Vorgaben im Umgang mit der Software wurden dokumentiert und kommuniziert. So konnten sich alle Mitarbeitenden schnell mit den Funktionen und standardisierten Abläufen vertraut machen und diese entsprechend umsetzen. Der gesamte Workflow des Unternehmens und die einzelnen Prozessschritte werden in digitaler Form erfasst. So ist der operative Betrieb im Gegensatz zur klassischen Arbeitsorganisation, die vor der Firmenübernahme recht einfach und zentralistisch gehalten war, heute sehr transparent und detailorientiert abgebildet. Mithilfe von stetigen Weiterentwicklungen wird eine auf die Arbeitsabläufe abgestimmte digitale Umgebung geschaffen mit spürbarem Mehrwert für alle an den Arbeitsprozessen beteiligten Mitarbeitenden.

Während die digital ausgerichtete Kreationsabteilung die einzelnen Aufträge öffnet, die Leistungen erbringt und diese nach zeitlichem Aufwand rapportiert, ist für den einfachen Überblick auch eine Sicht mit einer Gantt-Darstellung (Balkendiagramm) verfügbar. Die Kapazitäten, Meilensteine und vorgegebene Termine werden übersichtlich dargestellt. Das Projektmanagement-Tool ASANA ist für Andreas Wolfensberger, nebst dem morgendlichen Huddle-Meeting, die zweite Massnahme, die eine funktionierende Selbstorganisation im Medienunternehmen DT Druck-Team AG ermöglicht. Dies immer unter Berücksichtigung der Verschiedenheit der Mitarbeitenden in dieser Betriebsgrösse und der Durchmischung (Berufsgruppen und Generationen). Grundvoraussetzungen für den Erfolg sind klare Vereinbarungen und Regeln, das Verständnis von Sinn und Zweck sowie das Vertrauen in die Mitarbeitenden und in das ganze Team.

Zusammenfassung

Es gibt mittlerweile zahlreiche Bücher, die sich mit agilen und selbstorganisierten Formen der Organisation befassen. Je nach Grösse, Branche oder Geschäftsmodell eines Unternehmens stehen andere Herausforderungen im Fokus. Es gibt die unterschiedlichsten Beweggründe für die Einführung der Selbstorganisation und jede Transformation birgt andere Risiken.

Die für Andreas Wolfensberger und sein Team essenziellen Punkte bei der Transformation der Unternehmung und der Einführung der Selbstorganisation waren stetige kleine Schritte, das Tempo, aber auch zwingend nötige Stabilisierungsphasen. Wichtig war die Aufnahme von Feedbacks aus dem Team und gezielte Feinjustierungen auf Basis dieser Rückmeldungen.

Denn Produkte, Dienstleistungen, Projekte und die notwendige Qualität werden von Menschen erbracht, diese gilt es ernst zu nehmen. Dies unterstreicht die Wichtigkeit der Wertschätzung gegenüber allen Mitarbeitenden – für Andreas Wolfensberger der zentrale Aspekt in der selbstorganisierten Zusammenarbeit auf Augenhöhe.

Methoden und Hilfsmittel

Methoden

- Purpose-Entwicklung für Sinn und Zweck im Team
- Geschäftsmodell-Struktur mit Business Model Canvas
- Dezentrale Entscheidungskultur
- Wertschätzung und Feedback
- Tägliches Huddle-Meeting

Hilfsmittel

- Softwareprodukt ASANA, https://asana.com/

Interview mit Gabriela Keller – Ergon Informatik AG

Interviewer: Stefan Lenz und Andreas Enz

Autonome Teams als Basis für Wachstum und Zusammenhalt

Ergon Informatik – Smart People und Smart Software

Ergon schafft aus Digitalisierungstrends einzigartigen Kundennutzen – von der Idee bis zum Markterfolg. Als schweizweit führendes IT-Unternehmen vereint die Ergon Informatik AG Kompetenzen in Technologie, Security und Business. Das Resultat: «smarte» Lösungen für komplexe Anforderungen. Das Unternehmen wurde 1984 gegründet und beschäftigt über 400 Mitarbeitende. Erstklassig ausgebildete Experten und Expertinnen entwickeln benutzerfreundliche Individualsoftware sowie international bewährte Standardsoftware für Kunden aus verschiedenen Branchen.

Lenz, Enz: Wie umschreibst du die aktuelle Organisationsstruktur von Ergon?

Keller: Wir sind in marktorientierten Teams organisiert, die über längere Zeit stabil sind und ihre Kunden in grosser Eigenverantwortung von A bis Z betreuen. Mehrere Teams zusammen bilden eine Abteilung. Die Abteilungen sind in der Geschäftsleitung vertreten. Jede Einheit hat eine Leitungsperson. So kombinieren wir klassische Strukturen mit einem hohen Grad an Autonomie.

Wir setzen auf den Gesamterfolg der Firma, alle sind am Erfolg beteiligt und wir führen die Einheiten nicht als Profitzentren.

Wird die Organisationsform der Selbstorganisation für das ganze Unternehmen angewendet?

Ja! Ein hoher Grad an Autonomie bzw. Selbstorganisation ist für uns zentral. Dazu gehören die persönliche Autonomie, beispielsweise in Bezug auf Arbeitszeit innerhalb des Tages und über das Jahr gesehen, die Auswahl der Arbeitsmittel wie z. B. der persönliche Computer aus einem breiten Angebot oder die persönliche Weiterbildung, die mit dem/der Vorgesetzten im Rahmen der Möglichkeiten und Firmeninteressen abgestimmt wird.

Die Personalplanung für die Besetzung der Projekte und die Priorisierung der Kundenwünsche wird möglichst dezentral auf Teamebene gemacht. So können die Kundenbedürfnisse bestmöglich bedient und gleichzeitig der Know-how-Austausch gefördert und die Geschäftskontinuität sichergestellt werden. In den Projekten werden die Technologieentscheide in Absprache mit den Kunden vom Projektteam getroffen. Das Projektteam trägt die Verantwortung für den Projekterfolg und kann ihn so auch direkt beeinflussen.

Wieviel Führung braucht die Selbstorganisation aus deiner Sicht? In welchen Ausprägungen und Rollen wird dies bei euch gelebt?

Um Autonomie zu ermöglichen und gleichzeitig die Geschäftsinteressen abzudecken, sind gewisse Rahmenbedingungen erfolgskritisch. Klare Ziele ermöglichen es den Mitarbeitenden aller Stufen, diese entsprechend zu ihrem Verantwortungsbereich abzuleiten. Somit können Teams und Einzelpersonen zum Unternehmenserfolg beitragen.

Zu den Rahmenbedingungen gehören die Budgets in Bezug auf Teamgrössen und Umsatzerwartungen, die Kompetenzregelung für die Ausgaben und natürlich die Verpflichtungen, die wir gegenüber unseren Kunden eingehen.

Wir setzen auf Transparenz, Gleichbehandlung und Eigenverantwortung – und offene Gespräche, wenn etwas einmal nicht so laufen sollte wie gewünscht.

Die Teams und Projekte haben eine Leitungsperson, die für den Erfolg der Einheit oder des Projekts verantwortlich ist. Diese Leitungspersonen bilden sich kontinuierlich weiter, z. B. in einem Programm für Projektleiter:innen, das wir in Zusammenarbeit mit der SGO Business School durchführen. Die Mitarbeiter:innen haben bei einer Vollanstellung Anspruch auf 14 Tage bezahlte Weiterbildung pro Jahr, bei Teilpensen anteilsmässig weniger. Aktuell führen wir ein Leadership-Programm für 70 Teilnehmende durch.

In der Einarbeitungszeit wenden wir ein «Götti-Prinzip» an, um den Einstieg zu erleichtern. Weiter unterstützen die jeweiligen Teamleiter:innen und erfahrene Projektleiter:innen Kolleg:innen, die zum ersten Mal eine neue Rolle übernehmen, als Coaches.

Wie sieht die jüngere Vergangenheit bzw. die Perspektive bei Ergon bezüglich Veränderungen aus: Welche Erfahrungen wurden mit der Organisation bisher gemacht? Steht eine Veränderung des Organisationsmodells auf der Agenda?

Im Gegensatz zur weit verbreiteten Praxis, Teams für Projekte immer wieder neu aus einem Pool von Expert:innen zu bilden, setzen wir auf stabile und marktorientierte Teams. Die bewährte Zusammenarbeit von Teammitgliedern untereinander und mit Kunden ist ein wichtiges Element für Kontinuität, Effektivität und Effizienz. Und dafür, nachhaltige Kundenerfolge zu erzielen.

Unsere autonom arbeitenden Teams sind eine gute Basis für Wachstum und die Bindung der Mitarbeiter:innen. Langjährige Team-Mitglieder nehmen jüngere auf und geben die Arbeitskultur und die Autonomie weiter. Wir haben kürzlich eine interne Umfrage zum Thema Autonomie gemacht und sehen uns bestätigt, dass Autonomie gewünscht und zu einem hohen Grad gelebt wird.

Dies bestätigt auch unsere tiefe Fluktuation, die deutlich unter dem Schweizer Branchendurchschnitt liegt (10,8 %, SWICO 2022). Dies ist beim zunehmenden Fachkräftemangel für uns sehr positiv.

Unsere Organisation mit den Teams und Abteilungen bewährt sich seit vielen Jahren. Einige Teams sind über die Zeit stark gewachsen und umfassen mehr als 30 Personen. In der Konsequenz haben sich auch die übergeordneten Abteilungen vergrössert. Wir werden dies zum Anlass nehmen, an der Weiterentwicklung unserer Organisation zu arbeiten.

Dein Leitsatz lautet «Wege entstehen dadurch, dass man sie geht.» Wie beeinflusst dieser Leitsatz deine Führung bzw. die Leitung von Ergon Informatik?

Wir begleiten unsere Kunden auf dem Weg zum Erfolg und verschaffen mit unseren Leistungen nachhaltige Wettbewerbsvorteile. Das Ziel ist gegeben, den Weg dahin finden wir gemeinsam. Dabei sind wir agil und haben dennoch einen klaren Fokus auf das Ergebnis.

Mein Leitsatz beinhaltet deshalb die Botschaft, dass ein Zielbild notwendig, der Weg selbst aber nicht vorgeschrieben ist.

Du hast deine Ingenieursausbildung an der ETH Zürich abgeschlossen und danach verschiedene Weiterbildungen in Unternehmensführung absolviert. Wie hast du deinen Rucksack für die Selbstorganisation gefüllt?

Die Arbeitskultur von Ergon mit Unternehmertum, Transparenz und Gleichbehandlung hat mich geprägt. Diese hatte unsere Gründergeneration geschaffen. Ich bin als junge Ingenieurin etwas später zu Ergon gekommen. Damals waren wir 15 Mitarbeitende. Wir neuen Mitarbeitenden wurden offen aufgenommen und die Kultur von Ergon war irgendwie fast selbstverständlich.

Mit der Zeit haben wir erkannt, dass die Art und Weise, wie wir zusammenarbeiten, wichtige und nützliche Attribute als Arbeitgeberin sind. Wir pflegen diese Kultur bis heute und entwickeln sie bewusst weiter. Wir wollen eine Arbeitskultur bieten, in der wir selber gerne arbeiten.

Wie definierst du für dich selbst «Selbstorganisation» – woran knüpfst du deine Erwartungen?

Unsere drei Werte «Transparent», «Beteiligt» und «Immer besser» sind für ein Miteinander auf Augenhöhe sowie die Ausgestaltung von Eigenverantwortung und Selbstorganisation zentral.

Transparenz heisst, dass wir in der Organisation alle Kennzahlen offenlegen. Das Salärsystem und die Vergütungen sind bekannt und Entscheide und Protokolle werden geteilt. Im Gegenzug ist jede und jeder Einzelne persönlich transparent und bringt sich ein. Transparenz ist vertrauensfördernd.

Der Wert «beteiligt» bedeutet Erfolgsbeteiligung und Mitwirkung in der Weiterentwicklung der Firma. Wir pflegen ein Rekursrecht: Die Mehrheit der Mitarbeiter:innen jedes Teams kann einen Entscheid ihrer Einheit auf die nächsthöhere Organisationseinheit eskalieren. Dies ist ein einfaches, aber effektives Mittel. Es kommt recht selten zur Anwendung – vielleicht gerade deshalb, weil es diese Möglichkeit gibt.

Weiter haben wir ein Vorschlagswesen für Verbesserungen. Die Vorschläge werden regelmässig durch ein divers zusammengesetztes Gremium evaluiert. Was mich freut ist, dass rund 2/3 der von den Mitarbeiter:innen eingereichten Vorschläge auch tatsächlich umgesetzt werden.

Zudem führen wir regelmässige Zufriedenheitsbefragungen durch und haben verschiedene Feedback-Kanäle.

Mit «immer besser» betonen wir, dass wir unsere Arbeit und insbesondere die Ergebnisse immer wieder kritisch hinterfragen und weiterentwickeln wollen.

In der bereits erwähnten Umfrage zu Autonomie wurden von unseren Mitarbeitenden folgende Voraussetzungen als für Autonomie wichtig beurteilt: Zusammenarbeit auf Augenhöhe, gemeinsame Ziele, flexible Arbeitszeiten, Transparenz und Mitgestaltung bei der eigenen Weiterbildung. Ein Handlungsfeld ergibt sich für uns bei den «gemeinsamen Zielen». Diese wurden von der Mehrheit der Befragten als noch nicht vollständig erfüllt betrachtet. Zu den Zielen müssen wir den Prozess für die Abstimmung der Ziele und die Beurteilung der Zielerreichung verbessern.

Bezüglich Autonomie am Arbeitsplatz sind aber nicht nur Freiräume, sondern auch Grenzen nötig. So gibt die Kompetenzordnung die Entscheidungsspielräume vor. Die Teambudgets für Teamgrösse und Umsatz werden Bottom-Up entwickelt und auf Abteilungs- und Firmenstufe aggregiert.

Aktuell entwickeln wir unser Salär-System in einer Gruppe von 20 Mitarbeiter:innen weiter. Diese Heterogenität führt zu tragfähigen Lösungen.

Wie beurteilst du den Reifegrad der «Selbstorganisation» bei Ergon Informatik auf einer Skala von 1 bis 10? 1 = Selbstorganisation nicht implementiert; 10 = Selbstorganisation implementiert, reflektiert und weiterentwickelt

Ich gebe uns eine 8 – man kann sich immer verbessern! In der Mitarbeiter-Befragung wurden beispielsweise als wichtigste Erwartungen an Vorgesetzte das Vertrauen in die eigenen Fähigkeiten, transparente Kommunikation, konstruktives Feedback, regelmässiger Austausch und klare Prioritäten genannt. Potential besteht bei der Prioritätensetzung und im Bereich Feedback.

Welche Methodik oder welche Rahmenwerke werden bei Ergon Informatik im Kontext der Selbstorganisation angewendet?

Die Methodik ist den Teams freigestellt, oft geben die Kunden diese auch vor. Viele Teams arbeiten nach agilen Methoden wie SCRUM oder Kanban, teilweise nutzen sie das SAFe-Framework.

Intern nutzen wir verschiedene Formate wie «Zvieri und Bytes» oder Lunch-Workshops, um den Wissenstransfer und teamübergreifende Begegnungen zu fördern. Das sind interne Referate zu Projekten, Technologien oder allgemein interessanten Themen oder interaktive Workshops. Wir führen einen Kalender und fordern alle Teams zu Beiträgen auf.

Wir arbeiten in teamübergreifenden sogenannten Communities of Practice (CoP), um Expertenwissen zu bestimmten Themen wie Mobile-Entwicklung, Sicherheit, Consulting oder Projektleitung zu pflegen und entwickeln.

Unser Head of Technology unterstützt mit einer Expertengruppe bei Technologie-Entscheiden und führt Reviews durch. Er macht Empfehlungen, keine Vorgaben.

Wenden wir uns der Arbeitstechnik und der Arbeitsbelastung zu. Wird der unterschiedlichen Belastung der Mitarbeitenden, z. B. abhängig von einer Projektphase, besondere Beachtung geschenkt?

Wir erachten eine vernünftige Arbeitslast als sehr zentral. Wir setzen ein Vollzeitpensum einer Jahresarbeitszeit auf Basis einer 40 Stunden pro Woche und 4 Wochen Ferien gleich. Überstunden werden mit Freizeit kompensiert. Maximal 200 Überstunden können in das neue Jahr übertragen werden. Die Jahresbetrachtung gibt uns Flexibilität für Spitzen in den Projekten und bei der eigenen Arbeitszeit.

Teams untereinander sowie Vorgesetzte adressieren überhöhte Arbeitslast periodisch und stellen sicher, dass diese kompensiert oder abgebaut werden kann. Alle erfassen ihre Arbeitszeit, auch die Geschäftsleitung.

Wir haben mit der kontinuierlichen Lieferung von Projektergebnissen an unsere Kunden alle drei Wochen eine hohe Grundlast erreicht. Früher hatten wir Zyklen von sechs oder neun Monaten, da waren die Peaks fokussierter. Der bewusste Umgang mit Belastung ist eine wichtige Aufgabe in der Personalführung. Mit unserem dezentralen Ansatz versuchen wir, innerhalb der Teams die Last gut zu verteilen. Die Gesundheit der Mitarbeiter:innen ist uns sehr wichtig und diese gilt es gemeinsam sicherzustellen.

Wie geht ihr mit der Thematik hybrides Arbeiten um?

Die Zusammenarbeit im Büro und die Nähe zu den Kunden sind für uns zentral. Persönliche Begegnungen fördern den Zusammenhalt, ermöglichen raschen und unkomplizierten Austausch und fördern die Innovationsfähigkeit.

Nach der Pandemie haben wir uns auf zwei Tage Präsenz pro Woche im Büro oder beim Kunden geeinigt – unabhängig vom Pensum, beurteilt im Jahresmittel. Das ergibt für uns eine gute Kombination aus Fokus-Arbeit und Kollaboration. Ausserdem tut es gut, die eigenen vier Wände auch mal zu verlassen, wo die Grenze zwischen Arbeit und Freizeit weniger stark gegeben ist.

Die Teams organisieren sich entsprechend der Bedürfnisse der Kunden, der Projekte und der Teammitglieder selbst. Wir stellen die notwendige, hochwertige Infrastruktur zur Verfügung. Dies wird sehr geschätzt und funktioniert auch sehr gut.

Herzlichen Dank, liebe Gabi, für das facettenreiche Gespräch und den konkreten Einblick in die Selbstorganisation der Ergon Informatik.

Der regelmässige persönliche Austausch in den Teams ist wichtig, um anspruchsvolle Fragestellungen zu diskutieren.

Die gemischten Teams mit Ergon-Mitarbeitenden und Kundenmitarbeitenden erarbeiten Lösungsansätze interaktiv.

Technologie-Entscheide werden im Team diskutiert, der Head of Technology unterstützt diesen Prozess mit seiner Erfahrung.

Franziska Beer –
Fachstelle Kinderbetreuung Luzern

Führen auf einer Vorder- UND einer Hinterbühne

Vorhang auf für meine persönliche Hinterbühne im mehrjährigen Transformationsprozess einer sozialen Organisation in Richtung Selbstorganisation mit Soziokratie.

Das WOZU von Selbstorganisation: Am Beispiel der Einführung von Selbstorganisation bei der Nachfolgeplanung in einer sozialen Institution werden in diesem Beitrag hilfreiche Theorien, Tools und Praxistipps für den Transformationsprozess zu einer soziokratischen Organisation erläutert und die Autorin zieht ihr persönliches Fazit.

1 Die Vorderbühne: Selbstorganisation als Nachfolgeplanung

Seit vielen Jahren begleitet mich der Satz «Als Führungskraft auf einer Vorder- und einer Hinterbühne arbeiten». Ich bin stetig auf Spurensuche, was er genau bedeutet. Mit diesem Beitrag beleuchte ich meine Vorder- und meine Hinterbühne in Bezug auf den mehrjährigen Transformationsprozess in Richtung Selbstorganisation der Fachstelle Kinderbetreuung Luzern.

Die Fachstelle Kinderbetreuung Luzern ist eine soziale Organisation mit 260 Mitarbeitenden und betreut jährlich um die 400 Kinder und ihre Familien mit ambulanten und stationären Angeboten. Aufgrund der anstehenden Pensionierung des Gründers, Pioniers und langjährigen Geschäftsleiters Ende 2019 begannen wir, uns frühzeitig umzusehen, wie dieser Wechsel gestaltet werden kann, zum Wohle aller betreuten Kinder und Familien und der Mitarbeitenden. In meinem näheren und weiteren Umfeld kannte ich viele ungünstige Erfahrungen von vergleichbaren Leitungswechseln, und ich fand auch mit intensiver Recherche kaum gelungene Beispiele. Gelungen messe ich daran, dass die Organisation ihre Qualität und Fachkompetenz im Wechsel behalten konnte und es nicht zu einer grossen Kündigungswelle kam. Organisationsberatungsmenschen machten mir die Sache nicht einfacher, solche Wechsel seien immer mit einer hohen Personalfluktuation verbunden oder ich müsse den Prozess etappieren, zuerst eine neue Geschäftsleitung wählen und starten lassen, dann auf Selbstorganisation umstellen.

Wir wählten zusammen mit einem erweiterten Leitungsteam den Weg, die Umstellung zur Selbstorganisation gleichzeitig mit dem Leitungswechsel respektive der Pensionierung des Pioniers zu machen, jedoch mit einer mehrjährigen Vorbereitungszeit unter Einbezug aller Mitarbeitenden. Uns war sehr wohl bewusst, dass wir im ganzen Prozess Sorge tragen wollten, dass kein betreutes, begleitetes Kind unter dem Wechsel zu leiden hatte, im besten Fall nichts davon spürte oder dann eine Verbesserung. «Eine Operation am offenen Herz», meinte mal eine Kollegin dazu.

Ab 2015 erfolgten erste strukturelle Anpassungen, die vor allem auf eine vorbereitende Wissensverbreiterung zielten. Ab 2017 starteten wir mit dem Vergleich von verschiedenen Modellen von Selbstorganisation und wählten das Modell Soziokratie. Anschliessend begannen wir mit dem Erproben von Einzelelementen und dem Einführen der Grundlagen der Soziokratie. Seit dem 1. Januar 2020 sind wir in soziokratischen Kreisen organisiert, das soziokratische Entwicklungsgespräch und die vier soziokratischen Basisprinzipien Kreisprinzip, Konsent, doppelte Koppelung, offene Wahl sind fest verankert. Andere Muster aus Soziokratie 3.0 (patterns-de.sociocracy30.org/introduction.html) und aus «Das kollegial geführte Unternehmen» von Schröder und Oesterreich (2017) haben wir ergänzt. Sehr positiv empfinde ich die Kultur der Arbeitsbesprechungen und Standups, meist mit einer Aufteilung von Rollen wie Moderation, Dokumentation, Ökonomie, Kreisleitung, Delegierte, und wir arbeiten oft mit strukturierten Rederunden. Als langjährige, hierarchisch orientierte Führungskraft finde ich es sehr unterstützend und entlastend, dass die Kreisversammlungen, in denen die Grundsätze entschieden werden, durch eine gewählte Moderation geleitet sind und nicht durch mich als Kreisleitung. Auch hilfreich erlebe ich es, dass die Kreise sich immer mit zwei Personen überschneiden, mit einer gewählten Delegierten und der Kreisleitung. Als hierarchische Führungskraft eine 360Grad Sicht zu vertreten, erscheint mir im Rückblick als Anmassung und Überforderung.

2 Die Hinterbühne: Meine Bühnenelemente

Nach sieben Jahren Transformationsprozess halte ich meine persönlichen, prägendsten Bühnenelemente meiner Hinterbühnen fest und teile sie mit allen, die auch als Führungskraft an Transformationsprozessen in Richtung Selbstorganisation arbeiten oder sie als Vision am Entwickeln sind. Und natürlich teile ich sie mit allen Menschen, die interessiert sind an Lernen, Wachstum und Weiterentwicklung.

Ich habe in den vielen Jahren der Transformation von der Hierarchie zur Selbstorganisation immer wieder gespürt und erlebt: Es braucht diese Hinterbühne, zum Vorbereiten, zum Nachdenken, zum Erproben – ganz so wie im Theater: Auf der Hinterbühne wird vorbereitet, der letzte Schliff gegeben, es ist oft noch ein Durcheinander und alles ordnet sich ein, im Hinblick auf den Auftritt.

Ich stelle meine prägenden Bühnenelemente oder Denkanstösse für meinen Führungsalltag sowie für den Wandel von einer hierarchischen Führungskraft zu einer soziokratischen Kreisleitungsrolle nach dem Prinzip «servant leadership» vor. Allen Elementen gemeinsam ist, dass sie sich im Konstruktivismus als übergeordnete Klammer wiederfinden «Es könnte immer auch anders sein». So war Heinz von Foerster über viele Jahre ein mich sehr prägender Mensch und er hat mich sehr inspiriert.

Die 5 Fragen: Es gibt kein ausserhalb der Macht

Um als Organisation gut zu funktionieren, muss sich jede Organisation ein paar wenige Fragen stellen. Die fünf Fragen[1] sind für mich bis heute eines der hilfreichsten Mittel, um im manchmal chaotischen Hinterbühnen-Raum unkompliziert und rasch Orientierung zu finden:

1. Wie verteilen wir Macht?
2. Wie entscheiden wir?
3. Wie organisieren wir Wissen und Information?
4. Wie arbeiten wir zusammen?
5. Wie lernen wir?

Bei uns kam noch eine 6. Frage hinzu: Wie garantieren wir unsere Leitbildorientierung?

Unabhängig vom gewählten Modell der Selbstorganisation sind diese Fragen und die Auseinandersetzung damit zielführend. Obwohl die Fragen nicht chronologisch zu bearbeiten sind – sie überschneiden und ergänzen sich –, gab es doch in meiner Retrospektive einen Ablauf im Prozess der Transformation: Wir haben bei Machtverteilung und gemeinsamen Entscheiden (1 und 2) gestartet. Sie sind stark miteinander verbunden: wenn die Gruppe gemeinsam die Grundsätze entscheidet, ist die Macht in der Gruppe verankert. Dann folgten Wissen/Information und Zusammenarbeit (3 und 4). Die Frage 3 betreffend Wissen und Information beschäftigt uns bis heute: weder zu viel noch zu wenig Information, sondern die passgenaue Information für alle Mitarbeitenden, damit diese ihre Kernaufgaben erfüllen können. Und gleichzeitig möchten wir das Prinzip Transparenz gewährleisten, dieses Spannungsfeld ist eine Herausforderung. Am Schluss folgte die Frage nach dem Lernen. Die Integration unserer Leitbildwerte und Grundhaltungen hat den ganzen Prozess begleitet. Alle Fragen sind bis heute für mich als Orientierungspunkte äusserst präsent.

Mitarbeitende in die Verteilung von Macht und in die Entscheidungsfindung einzubeziehen, bedeutet sehr viel Wissens- und Informationstransfer. Um Wissen und Informationen nachhaltig bei den Mitarbeitenden zu verankern, braucht es eine sorgfältige Herangehensweise, einen bewussten Entscheid des (bisherigen) Führungsteams, viel Zeit und die passenden (digitalen) und kommunikativen Hilfsmittel. Für gemeinsame, übergeordnete Grundsatzentscheide (z.B. Finanzen, Strategie) wird oft Wissen benötigt, das nicht unmittelbar in Zusammenhang mit den Kernaufgaben der Mitarbeitenden steht. Das Wissen so zu vermitteln, dass es bei den Mitarbeitenden anschlussfähig ist, bleibt eine anspruchsvolle Aufgabe. Weder eine Überflut an Information noch eine Unterfütterung ist zielführend. Um gemeinsam Entscheide zu verantworten, haben wir zu vielen Themen Wissen neu aufbereitet, digitalisiert und visualisiert und leben das Ziel, pro Thema/Fachgebiet sollen drei Mitarbeitende Bescheid wissen.

Praxistipp
Investiere in informierte Entscheidungsfindung. Bilde gemeinsam mit den Mitarbeitenden pro Themenbereich Gruppen von mindestens drei Wissensträger:innen.

WOZU

Schröder und Oestereich[2] schlagen vor, die Frage nach dem WARUM zu ersetzen durch WOZU. Das Warum führt uns eher in die Vergangenheit, in die Problemsuche und das Wozu führt uns eher in die Zukunft, in die Lösungssuche. Ich habe dieses kleine Mittel einmal in unsere wöchentliche Informationsrunde mit allen Mitarbeitenden der Geschäftsstelle gebracht und wir haben es praktisch erprobt. Seither lebt bei uns die Frage nachdem WOZU, wird von mir und anderen rege und in vielen Situationen benutzt. «Haben wir ein WOZU, um diesen Prozess, diesen Ablauf, dieses Thema anzugehen oder zu ändern? Was ist das WOZU deines Vorschlages?» Es ist interessant zu beobachten, wie die Frage nach dem WARUM weniger hilfreich und zielführend ist, eher auf die Vergangenheit zielt, jedoch mit der Frage nach dem WOZU schnell mehr Klarheit und Sicht auf die Zukunft entsteht und sie zum nächsten Schritt verhilft.

Praxistipp
Baue in der nächsten Sitzung eine zehnminütige Übung ein: Alle überlegen sich einzeln eine (berufliche) WARUM-Frage. Danach Austausch der Fragen in Dreiergruppen, eine Person schildert die WARUM-Frage, die anderen beiden formulieren daraus eine WOZU-Frage. Die erste Person hört zu und gibt am Schluss Feedback. Dann weiter zu den Fragen der beiden anderen Personen.

Fragen stellen, ja oder nein?

Ich habe mich dem Thema *hilfreiche Fragen* über Jahre von verschiedenen Seiten her genähert und habe die Sonnen- und Schattenseiten des Fragenstellens erkundet und erspürt: Welches sind die (un)geeigneten Fragen für eine Führungskraft oder für zwischenmenschliche Begegnungen überhaupt? *Führen durch intelligente Fragen,* war einmal ein Stichwort an einem Workshop, nur welches sind die intelligenten Fragen? Heute würde ich sagen: Es sind diejenigen, welche dem Gegenüber und mir selbst ein Lernpotential ermöglichen, vielfältige Perspektiven und Möglichkeitsräume eröffnen, ganz im Sinne von Heinz von Foerster: *Handle stets so, dass die Anzahl der Möglichkeiten wächst* oder *stelle nie Fragen, deren Antworten du schon kennst.*

Damit lasse ich als Führungskraft Ungewissheit zu und schraube das eigene Kontrollbedürfnis zurück. Das Lernen, mit Unsicherheiten umzugehen, ist für die Mitarbeitenden in der Selbstorganisation eine wichtige (Entwicklungs-)Aufgabe, denn es gibt mehr Unsicherheiten, zumindest in den Jahren der Transformation, vermutlich aber auch später.

Einen anderen Zugang wählt der Psychiater Aron Ronald Bodenheimer (2017), er findet die meisten Fragen obszön, «weil sie letztlich immer den Befragten blossstellen.» Er geht davon aus, dass wir mit Fragen meist schon bewerten und für ihn sind praktisch nur die selbstreflexiven Fragen hilfreich. Fragen verbergen aus seiner Sicht Verantwortung und halten auf Distanz, die «Fragenden fragen, um von sich fernzuhalten». Ich versuchte einmal im Gespräch mit einer Freundin keine Fragen zu stellen, irgendwie war das langweilig! Fragen zeigen Interesse und Zugewandtheit. Auch Heinz von Foerster würde da wohl beipflichten: «Die Art und Weise, auf die man eine Frage stellt, bestimmt den Weg, auf dem man die Antwort finden kann.»

Bei der Einführung des Konsents, eines der vier soziokratischen Basisprinzipien[3], mache ich immer wieder die Erfahrung: Die Runde der Bildformung ist für uns eine Herausforderung. Die Bildformung ist im Konsentverfahren für Verständnisfragen und fehlende Informationen vorgesehen, erst danach kommen zwei Meinungsbildungsrunden. Jedoch Fragen stellen wir nie neutral, sondern immer aus einer bestimmten Position heraus. So erlebe ich in der Rolle Kreisleitung die Bildformung in der Soziokratie hoch anspruchsvoll, denn meine Meinung gehört erst in die Meinungsbildung.

In der Art Fragen zu stellen, ist der Ansatz von Marilee Adams (2015) unterstützend. Fragen sollen zu einer Veränderung führen, im Lernmodus und nicht im Kritikermodus, echt und neugierig sein. Adams priorisiert vor allem selbstreflexive Fragen: zuerst sich selbst fragen und erst danach die anderen.

Hilfreiche Fragen sind: Was ist passiert? Was will ich? Was ist von Nutzen? Was kann ich lernen? Was denken, fühlen, wollen andere? Was sind meine Optionen? Wie gehe ich jetzt am besten vor? Was ist möglich? Was ist gut? Was soll so bleiben? Wofür war es gut, noch nicht am Ziel zu sein?

Fragen können ebenso hilfreich wie vernichtend sein, so mein Fazit. Das Wichtige beim Fragenstellen ist, dass daraus eine gemeinsame Lernchance wird. Durchs Fragenstellen weder recht haben, die eigene Leistung zeigen wollen noch andere blossstellen, sondern das Ziel vor Augen haben, eine Anregung für einen gemeinsamen nächsten Schritt zu finden, steht im Fokus.

Die selbstreflexiven Fragen sind die Zentralen. Und Selbstorganisation braucht viel Selbstreflexion, von allen![4]

Praxistipp

Hilfreiche Frage an das Gegenüber: Was brauchst du?
Hilfreiche Fragen an mich selbst: Was war meine Absicht? Wie war mein Verhalten? Welche Wirkung hatte dies?

Das System ändern, nicht die Menschen

«STRUKTUR ERZEUGT VERHALTEN, ÄNDERT MAN DIE STRUKTUREN, ÄNDERT SICH DAS VERHALTEN DER MENSCHEN.» (Reijmer, 2018) Ich bin zutiefst davon überzeugt: Wenn Menschen gleichberechtigt zusammenarbeiten und dies in der Struktur verankert ist, dann ändert sich das Verhalten und ungeahntes Potential entfaltet sich. Es geht darum, die Partizipation oder anders gesagt die gemeinsame Verantwortung und Entscheidung in der Struktur zu verankern, **mit dem Ziel einer personenunabhängigen Partizipation.** Es liegen meist – immer? – strukturelle Probleme vor, wenn die Mitarbeitenden wenig Eigenverantwortung leben oder die Motivation und das Engagement tief sind.

Als Führungskraft befasse ich mich vor allem mit dem Management 2. Ordnung, das heisst der Arbeit am System und nicht im System (= Management 1. Ordnung). Dies gilt für die ganze Begleitung der Transformation zur Selbstorganisation. Auch heute noch reflektiere ich regelmässig das System Selbstorganisation, welches wir eingeführt haben: Dient es wirklich dem Organisationszweck? Wichtig ist mir: Selbstorganisierte Strukturen sind nicht Selbstzweck, sie sollen den Organisationszweck bestmöglich begünstigen und stärken.

Praxistipp

Stell dir als Führungskraft immer einmal wieder die Frage: Arbeite ich am System oder im System? Woran erkennst du dies? Würden das die Mitarbeitenden auch so beschreiben?

Widerstand

An der Buchpräsentation zu «Glücksfall Widerstand» von Nagel (2015) habe ich sehr viel dazu gelernt. Widerstand in der Physik ist ein positiv besetztes Wort, bei uns im Alltag oft ein Negatives, das muss nicht sein. Wie auch schon Matthias Varga von Kibéd betont, hat Widerstand einen guten Grund: zeitliche Verzögerung, Kontrolle behalten über das Entwicklungstempo oder ein anderes noch schwierigeres Thema bleibt durch den aktuellen Widerstand im Hintergrund. «Etwas bloss als Hindernis zu betrachten ist selbst schon ein Hindernis. Vor der Überwindung des Hindernisses erlaubte uns das Hindernis häufig eine teilweise angemessene Kontrolle der Entwicklungsgeschwindigkeit.» (Varga von Kibéd und Sparrer 2013).

Es gibt eine hilfreiche selbstreflexive Frage für den Umgang mit Widerstand: Setzen sich die Mitarbeitenden für eine Veränderung ein oder gegen etwas, das heisst bringen sie einen Veränderungsvorschlag? Damit dies möglich wird, stellt die selbstorganisierte Organisationsstruktur die entsprechenden Strukturen und Tools zur Verfügung. Meist hilft es bei Widerstand, einen Umweg zu machen und nicht die Abkürzung über einen Machtentscheid zu nehmen. Denn oft wird die Einführung des Neuen als Abwertung des Bisherigen verstanden und die Mitarbeitenden reagieren vorerst auf diese Entwertung und haben sich mit dem Neuen meist noch gar nicht befasst.

Uns hat es in der Transformation zur Selbstorganisation geholfen, das Neue für einen bestimmten Zeitraum gemeinsam zu erproben und auszuwerten und erst danach über die definitive Einführung – wiederum gemeinsam – zu entscheiden.

Oder auch ganz im Sinne des bekannten Systemtheoretikers Niklas Luhmann «Irritation ist kostbar»: Mir hilft dieser kurze Satz im Alltag, Widerstand als wertvolle Irritation anzunehmen, das heisst mich auf die Suche nach dem Potential des Widerstands respektive der Irritation zu machen.[5]

Praxistipp

Nimm dir Reflexionszeit, wenn du Widerstand begegnest, und überlege dir: Was könnten die guten Gründe für diesen Widerstand sein? WARUM HAT DAS SINN GEMACHT, DASS DER MENSCH SO GEHANDELT HAT, WIE ER GEHANDELT HAT? Gut zu wissen: Praktisches gemeinsames Tun ist wirksamer als Reflexion über die Zusammenarbeit.

Lernkultur ist besser als Fehlerkultur

Mir hilft es, mich auf das gemeinsame Lernen auszurichten ohne damit die Fehler zu vernachlässigen. Fehler können immer Anlass für Weiterentwicklung und Innovation sein, sind oft auch hilfreich für die Überprüfung der gesetzten Ziele. Jedoch spüre ich eine stärkere Energie, wenn ich mich auf das Lernen fokussiere. In der Soziokratie 3.0 ist eines der sieben Prinzipien die kontinuierliche Verbesserung. Diese wird unter anderem durch die dynamische Steuerung gewährleistet: LEITEN (= gemeinsam die Grundsätze entscheiden), TUN (Ausführen durch das Individuum, die Kreise) und MESSEN (gemeinsames Nachsteuern, wie und ob der Grundsatzentscheid sich im Alltag ausgewirkt hat). Ergänzt wird dies durch das soziokratische Prinzip Empirismus: Im kleinen, geschützten Rahmen etwas Neues erproben und erst bei guten Ergebnissen dies auf die ganze Organisation übertragen. Es ist hilfreich, den Raum für Innovation zu deklarieren, in welchem kleinteiliges, schrittweises Erproben stattfindet.

Bei uns wird zusätzlich am Ende einer Arbeitsbesprechung, eines Stand-ups, einer Kreisversammlung im Check-out gefragt: *Wie zufrieden bin ich mit meinem Beitrag und dem Ergebnis? Was können wir das nächste Mal verbessern?*

Aus der Fehlerkultur nehme ich mit, dass wir den Sinn suchen müssen, wenn aus unserer Sicht oder aus Sicht von Aussenstehenden Fehler passiert sind. Eine atmende Organisation, in welcher man auf- und ab- und hinübersteigen kann, das heisst seine Rollen und Aufgaben wandeln kann, ist eine günstige Voraussetzung, um aus Fehlern zu lernen. Selbstorganisation bietet einen guten Rahmen, um von «Ja, aber» zu «Ja, und» und schliesslich zu «Ja, was wäre, wenn wir …» zu gelangen.

Praxistipp
Als Führungskraft (kleine) Fehler mit den anderen teilen und damit die Bereitschaft signalisieren, die eigene Position stets kritisch zu reflektieren und zu überdenken.

Pull statt Push – Give choice!

Sogwirkung erzielen und keinen Druck: Kollegial verteilte, ziehende Führung (pull), welche den Mitarbeitenden Wahlmöglichkeiten lässt anstelle von stossender Führung (push), ist wirkungsvoller und motivierender. Handeln aus eigenem Antrieb (pull) und nicht, weil eine vorgesetzte Person verlangt (push), ist die Zielsetzung in der Selbstorganisation. Dazu braucht es den gemeinsam festgelegten klaren Rahmen und innerhalb dieses Rahmens besteht hohe Eigenverantwortlichkeit jedes einzelnen Mitarbeitenden.

Mir gefällt dieses Bild vom Sog erzeugen, weil es den Mitarbeitenden Freiheit und Selbstbestimmung ermöglicht. Wir praktizieren es u. a. mit Kanban-

Boards: Die Mitarbeitenden ziehen aus dem Kanban – nebst den Kernaufgaben – weitere Aufgaben selbst, sei es aus dem eigenen Kreis/Abteilung bis hin zu Aufgaben aus unserer Vier-Jahres-Gesamtstrategie. Mindestens einmal jährlich gibt es offene Wahlen (Basisprinzip der Soziokratie) für grössere Aufgabengebiete und für wechselnde Rollen. Damit können alle sich entsprechend ihren Fähigkeiten und Interessen weiterentwickeln und werden von anderen dazu ermuntert, sich weiterzuentwickeln, wenn sie für etwas gewählt werden, das sie sich selbst gar noch nie überlegt haben.

Praxistipp
Wo kann ich von push auf pull wechseln? Besprich deine To-do-Liste mit den Mitarbeitenden: wer hat Interesse und Fähigkeiten, etwas davon zu übernehmen?

Vom Umgang mit Geld

Nur mit Geld lassen sich die Dinge nicht ändern. Manchmal verkehren sie sich sogar in ihr Gegenteil. Jemanden für etwas zu belohnen oder auch nur zu loben, was in seinem Stellenbeschrieb als Aufgabe steht, kann nach Sprenger (2016) falsch, demotivierend und herablassend sein. Loben sei immer hierarchisch, von oben nach unten. Das fand ich eine interessante Feststellung im Kontext von Selbstorganisation. «Ich lobe dich» heisst, «ich bin nicht auf Augenhöhe mit dir, sondern stehe über dir». Dich für etwas finanziell zu belohnen, was wir vertraglich vereinbart haben – du gibst mir diese Leistung und ich bezahle dich dafür – sieht Sprenger (2016) ebenfalls als nicht zielführend an.

Deshalb gehört auch die Auseinandersetzung mit Lohn und Lohnsystemen in die Modelle der Selbstorganisation, gemeinsam hier Werte festlegen, wie Tätigkeiten entgolten werden.

Praxistipp
Im Buch «New Pay» (vgl. Franke, Hornung, Nobile 2019) gibt es diverse Inspirationen zum Thema Lohn und Lohnsysteme.

Im Zweifel vertrauen

Es empfiehlt sich, einen grosszügigen Umgang mit Menschen zu pflegen, das heisst auch genügend Ressourcen zur Verfügung zu stellen und vor allem genügend Vertrauen: Dem Menschen begegnen und nicht ihn benutzen. Es ist wichtig, dass die Menschen zu Handelnden werden. Oliver Wendell Holmes sen. (1809–94), ein amerikanischer Arzt und Schriftsteller soll gesagt haben: «MÜHSAME EINZELFÄLLE SIND KEIN ANLASS FÜR GENERELLE REGELUNGEN». Diese Formulierung begleitet mich im Alltag stark, denn oft ist die erste Reaktion, wenn ein «mühsamer Einzelfall» eintritt, eine neue Regel oder eine neue Sanktion zu erlassen oder zu verfügen. Deshalb bin ich achtsam, dass wir nicht wegen Einzelsituationen Regeln und Prinzipien ändern und damit eine Misstrauens- und Kontrollkultur einführen. Viele Kontrollmechanismen haben mehr ungünstige Nebenwirkungen als dass sie helfen, den Organisationszweck zu erfüllen. Zudem: Meist oder immer hatte die betroffene Mitarbeitende ihren guten Grund für diese Handlung, die meisten Regelverstösse in Organisationen seien zugunsten der Organisation, sagt die Forschung.

Praxistipp
Hast du auch schon nach einem «mühsamen Einzelfall» eine Regel geändert, eine neue Weisung erlassen? Hast du dadurch dein beabsichtigtes Ziel erreicht und woran erkennst du dies?

3 Fazit oder «Ein Modell ist ein Modell ist ein Modell»

Das WOZU von Selbstorganisation beschreibe ich heute so:

Es geht darum, **strukturell verankerte Partizipation anstelle von personengebundener Partizipation herzustellen.** Eine nachhaltige Partizipation, welche Wechsel insbesondere von Führungsrollen unbeschädigt und sicher übersteht.

Wie oft habe ich in meinem nächsten Umfeld erlebt, dass nach dem Eintritt einer neuen Führungskraft das ganze Team und/oder die untere Führungsebene innerhalb von kurzer Zeit (un-)freiwillig die Stelle verlässt, die Fachlichkeit der Organisation sich verringerte, das oberste Kader nach über zwanzig Jahren Tätigkeit in der Organisation innert ein bis zwei Jahren unfreiwillig die Stelle verlässt. Diese Schattenseiten, kosten- und qualitätsintensiven Nebenwirkungen der Hierarchie, werden oft unhinterfragt und unreflektiert hingenommen.

Meine Frage im Hinblick auf die Pensionierung des Gründers der Fachstelle Kinderbetreuung Luzern war deshalb: Gibt es nicht auch einen anderen Weg? Könnte die Struktur die Wechsel der Leitungsrollen tragen, damit die Partizipation sich vor und nach Wechseln von Leitungen für die Mitarbeitenden nicht verschlechtert? Die Verantwortung gemeinsam gelebt werden kann? **Mein Fazit ist: Ja, das ist möglich.** Fluktuationen nach Führungswechseln sind nicht ein Naturgesetz, nicht eine biologische, unveränderbare Tatsache wie dies oft vermittelt wird.

Es braucht aus meiner Sicht für eine gelingende Transformation zu Selbstorganisation:

- eine starke Vision im Top-Management, welche die Selbstorganisation top-down einführt.
- die frühe Schaffung eines innerbetrieblich breit abgestützten Implementierungsteams, welches über Modell, Beratungspersonen, die neue Organisationsstruktur, einzuführende Tools, das Tempo der Transformation etc. entscheidet.

- eine sorgfältige Achtsamkeit bei der Modellwahl, damit Werte und Menschenbild des Modells zur eigenen Organisation passen.
- eine Resonanzgruppe aus allen Stufen und Bereichen, welche sich im Transformationsprozess mindestens alle sechs Wochen trifft und Rückmeldungen zum Prozess und dem Befinden der Mitarbeitenden gibt, die dann bearbeitet werden.
- eine wöchentliche, mündliche Information an die Mitarbeitenden zum Stand der Dinge inklusive eines stets zur Verfügung stehenden Briefkastens für (anonyme) Fragen, welche in dieser Runde wöchentlich beantwortet werden.
- das wohlwollende Mittragen des Ganzen durch den ehemaligen Geschäftsleiter und die Präsidentin unseres Vereins. Dies war in der Phase vor dem definitiven Entscheid zur Einführung von Soziokratie matchentscheidend.
- ein Erproben auf Zeit von neuen Tools, Vorgehensweisen, Abläufen, Prozessen und erst danach den gemeinsamen Entscheid über die Einführung.

Was benötige ich, wenn ich als Führungskraft Selbstorganisation einführen will?

- Selbstreflexion und persönliche Lernbereitschaft, ganz im Sinne der dynamischen Steuerung in der Soziokratie von Leiten – Tun – Messen: LEITEN durch gemeinsam getroffene Grundsatzentscheide, TUN durch die eigenverantwortliche Ausführung des Grundsatzentscheides durch alle Mitarbeitenden und MESSEN durch ein gemeinsames Nachsteuern, Evaluieren und bei Bedarf Verbessern des getroffenen Grundsatzentscheides. Ich notiere meine Reflexionen und empfehle es sehr, ein Führungs- oder Reflexionsnotizbuch zu führen. Manchmal hilft schon nur das Blättern darin, einen nächsten Schritt zu finden, um vom Überlebenssystem ins Überlegenssystem zu wechseln!
- Hohe Bereitschaft, Strukturen aufzubauen und zuzulassen, welche eine Fremdbeurteilung durch die Mitarbeitenden wirklich ermöglicht, wie zum Beispiel mit dem soziokratischen Entwicklungsgespräch, einer strukturierten Form eines Mitarbeitendengesprächs in erweitertem Setting. Durch vorgegebene Strukturen wird Erwartbarkeit geschaffen und Erwartbarkeit erzeugt Vertrauen.
- Die Haltung «Lebendigkeit vor Perfektion» unterstützt die Einführung von Selbstorganisation.

… das setzt starke Persönlichkeiten voraus, die die gemeinsam vereinbarte Vision auf nicht vorgezeichneten Wegen halten, unterstützen, nähren, weiterentwickeln …

Jedes Modell von Selbstorganisation ist ein Modell ebenso wie die Hierarchie, welches für einen bestimmten Zeitraum sinnvoll ist. Modelle sind selbstgemachte Konstrukte mit Stärken und Schwächen, (un)günstigen Nebenwirkungen, blinden Flecken und Themen, die nicht gewichtet sind. Sie decken nicht alle Aspekte ab, welche es zum Führen einer Organisation braucht. Jedoch bin ich überzeugt: Es gelingt in der Selbstorganisation besser, Ungünstiges und Lücken zu fassen, besprechbar zu machen und Lösungen zu entwickeln. Aus meiner Sicht: Es lohnt sich, diesen Weg zu gehen und es ist ein Weg auf Augenhöhe.

4 Literatur

Ich stütze mich auf folgende Literatur:

Adams, Marilee (2015). Question Thinking. Die Kunst die richtigen Fragen zu stellen. München: dtv.

Bodenheimer, Aron Ronald (2011, 7. Auflage). Warum? Von der Obszönität des Fragens. Stuttgart: Philipp Reclam jun.

Franke, Hornung, Nobile (2019). New Pay – Alternative Arbeits- und Entlohnungsmodelle. Alternative Arbeits- und Entlohnungsmodelle. Haufe.

Nagel, Erik (2015). Glücksfall Widerstand. Vom produktiven Umgang mit ganz normalen Ausnahmen. Zürich: Versus.

Oesterreich, Bernd; Schröder, Claudia (2020). Agile Organisationsentwicklung, Handbuch zum Aufbau einer anpassungsfähigen Organisation. München: Franz Vahlen.

Oesterreich, Bernd; Schröder, Claudia (2017). Das kollegial geführte Unternehmen, Ideen und Praktiken für die agile Organisation von morgen. München: Franz Vahlen. https://kollegiale-fuehrung.de/

Sprenger, Rainer K. (2016). Die Entscheidung liegt bei dir. Frankfurt/New York: Campus.

Strauch, Barbara; Reijmer, Annewiek (2018). Soziokratie. Kreisstrukturen als Organisationsprinzip zur Stärkung der Mitverantwortung des Einzelnen. München: Franz Vahlen.

Thommen, Jean-Paul (2015). Spurenwechsel. Zürich: Versus.

Von Foerster, Heinz. In Watzlawick, Paul, Hrsg. (1983). Die erfundene Wirklichkeit. Wie wissen wir, was wir zu wissen glauben? Beiträge zum Konstruktivismus. München: Piper.

Varga von Kibéd, Matthias; Sparrer, Insa (2013). Ganz im Gegenteil. Tetralemmaarbeit und andere Grundformen Systemischer Strukturaufstellungen für Querdenker, und solche die es werden wollen. Heidelberg: Carl Auer Verlag.

Weiterführende Inspiration ist hier zu finden:

Die Bewegung Intrinsify: https://intrinsify.de/

Soziokratie 3.0 (1): https://patterns-de.sociocracy30.org/introduction.html

Soziokratie 3.0 (2): https://s3lf.org/ und http://www.soziokratie.org/

A-B-C für SKM-Gesprächsleiter:innen: https://soziokratiezentrum.org/

Christian Rüther: Beiträge zu Themen wie Soziokratie, Holakratie, S3, Frederic Laloux, Reinventing Organizations, New Work sowie ausführliche Literaturliste: http://www.soziokratie.org/fundus/

Neue Narrative Berlin. Website, Newsletter und Magazin https://www.neuenarrative.de/

Dr. habil. Nils Köbel und Patrick Breitenbach: 65 Podcasts auf https://soziopod.de/

Von Foerster, Heinz. Diverse Videos auf YouTube.

Anmerkungen

1. Vgl. Ken Wilber, Integrale Theorie
2. Vgl. Claudia Schröder & Bernd Oestereich, 2017
3. Das Konsentprinzip ist ein hochstrukturiertes, moderiertes Entscheidungsverfahren mit Rederunden für Bildformung, Meinungsbildung und Beschlussfassung (Konsentvorschlag mit Konsentfrage und der Einwandintegration). «Suche nach möglichen Einwänden gegen Entscheidungen, bringe sie ein, und kümmere dich darum, dass das in ihnen enthaltene Wissen integriert wird.» (https://patterns-de.sociocracy30.org/glossary.html)
4. Vgl. Marilee Adams, Aron Ronald Bodenheimer, Heinz von Foerster, Matthias Varga von Kibèd und Insa Sparrer
5. Vgl. Erik Nagel und Kollektiv Neue Narrative Berlin

Thomas Ziltener – Gemeinde Rüti

Agilität und Selbstorganisation in der Verwaltung – ist das möglich?

Verwaltungen – der Inbegriff von Hierarchie und Bürokratie und somit der komplette Gegenentwurf zum selbstorganisierten Start-up. Folgt nun also das abschreckende Praxisbeispiel, wie man «es» genau nicht machen soll? Längst sind auch in kommunalen Verwaltungen die Zeiten verstaubter Bürokratie und steiler Hierarchie vorbei. Die Zeichen der Zeit verlangen von Verwaltungen flexibler und insbesondere auf Augenhöhe mit den Mitarbeitenden zu agieren. Selbstorganisation ist daher auch in öffentlichen Verwaltungen ein immer wichtigeres Thema.

Einleitung

Digitale Transformation und zunehmender Fachkräftemangel: Die grossen Veränderungen in der Arbeitswelt machen auch vor der öffentlichen Verwaltung nicht Halt und fordern die Arbeitgeberinnen und Arbeitgeber der öffentlichen Hand genauso wie die Verantwortlichen in der Privatwirtschaft. Und ebenso wie in der Privatwirtschaft spielen auch in der öffentlichen Verwaltung nicht alle in der gleichen Liga. Während die Verwaltungen grosser Städte, der (grossen) Kantone oder des Bundes aufgrund ihrer Grösse mit grossen Unternehmen zu vergleichen sind, bewegen sich die Gemeinden und kleineren Städte hinsichtlich Anzahl Mitarbeitende in einer Grössenordnung, welche derjenigen von KMUs entspricht. Sie sehen sich – bei durchaus vorhandenen Unterschieden – oftmals mit ähnlichen Herausforderungen konfrontiert. So reicht in Anbetracht der vielseitigen aktuellen Herausforderungen ein «Weiter-wie-bisher» nicht mehr. Gleichzeitig sind in vielen Kernbereichen eine hohe Effizienz und Zuverlässigkeit gefordert, welche wenig Spielraum für Experimente bietet. Wie also gelingt dieser Spagat? Oder soll sich die öffentliche Hand doch lieber einfach wieder aufs Verwalten beschränken?

Der Verwaltungsspagat

Die klassischen Kernaufgaben einer Verwaltung, beispielsweise der Steuerbereich oder die Bereiche der sozialen Unterstützungsleistungen, bieten wenig Spielraum für Experimente. Hier wird erwartet, dass die öffentlichen Aufgaben möglichst effizient und insbesondere fehlerfrei erledigt werden. Die Toleranz seitens Politik und Gesellschaft für falsch berechnete Steuereinforderungen oder unkorrekte Auszahlungen im Sozialbereich ist zu Recht an einem äusserst kleinen Ort. In diesem Bereich sind somit nicht in erster Linie Kreativität oder ein «Thinking out of the Box» gefragt, sondern straffe Prozesse und klare Zuständigkeiten. In diesem Setting hat sich die klassische Arbeitsorganisation, basierend auf einer bewährten Hierarchie und einer klassischen Rollenteilung, als sehr erfolgreich erwiesen. Diese Kultur wurde über Jahre gepflegt und prägt noch heute insbesondere auch das Bild von aussen auf eine Verwaltung.

Längst wird von einer zeitgemässen Verwaltung jedoch nicht nur erwartet, dass sie die klassischen Kernaufgaben effizient und fehlerfrei erledigt, sie soll auch auf neue Herausforderungen und Entwicklungen gute, sprich kundenfreundliche, zukunftsgerichtete und nachhaltige Antworten erarbeiten. Dies bedingt neue Ideen, Kreativität und das bereits erwähnte «Thinking out of the Box». Genau die Aspekte, welche im klassischen Auftragsgebiet der Verwaltung weniger gefragt sind.

Wie kommt man nun als Organisation, welche aufgrund ihrer Geschichte für ziemlich das Gegenteil steht zu diesen zukunftsgerichteten Eigenschaften?

In den Bereichen der klassischen Kernaufgaben die Organisation komplett umzukrempeln mit dem Ziel ein kreatives selbstorganisiertes Start-up nachzubilden wäre ein äusserst riskantes Experiment mit einem sehr ungewissen Ausgang, sozusagen eine Operation am offenen Verwaltungsherzen. Es braucht hier deshalb andere Lösungsansätze, um den Herausforderungen zu begegnen. Dabei ist zu beachten, dass die Anforderungen und die Erwartungen (von unterschiedlichen Anspruchsgruppen) an die Verwaltung durchaus vielfältig sind.

Dazu zählen neben der Arbeitsorganisation, den gefragten Fähigkeiten der Mitarbeitenden, der politischen Akzeptanz insbesondere auch die Arbeits- und Fehlerkultur. Als Organisation, welche über Jahre auf die Vermeidung von Fehlern hingearbeitet hat, Mitarbeitende angezogen hat, welche in diesem Bereich ihre Stärken haben und deren entsprechende Stärken über Jahre gepflegt und gefördert wurden, stellt das Einfordern von Kreativität und Agilität eine enorme Herausforderung und teilweise auch Überforderung dar. Es ist daher nicht realistisch, dies von der ganzen Verwaltungsorganisation zu erwarten und gleichwohl braucht es mehr Kreativität und Agilität in den kommunalen Verwaltungen. Wie sollen diese Eigenschaften auf den Gemeinden Einzug halten?

Mut und Wertschätzung

Ein besonders wichtiges Puzzle-Teil zur Lösung heisst Mut. Mut auf Seiten kreativer und agiler Fachkräfte, sich in einer Organisation, welche diese Stärken bis anhin vielleicht nur wenig pflegte, zu engagieren. Mut auf Seiten der Führungsverantwortlichen, solche Fachpersonen mit einem möglicherweise ziemlich anderen Arbeitsverständnis als dem in Gemeinden in der Vergangenheit üblichen einzubinden. Und es braucht auch Mut auf Seiten Politik, hier ein grösseres Risiko einzugehen, dass «Fehler» passieren und nicht jedes Ergebnis planbar ist.

Natürlich ist es mit Mut allein nicht getan. Denn wenn nun kreative und agile Fachkräfte gefunden werden, welche den Schritt in die Verwaltungen in Gemeinden wagen, müssen Rahmenbedingungen vorhanden sein, um sie als Mitarbeitende zu binden und zu halten. Dies gilt selbstverständlich auch für Mitarbeitende, welche schon länger bei uns tätig sind und ebenfalls über eine hohe Kreativität und Agilität verfügen. Von diesen Mitarbeitenden gibt es im eigenen Betrieb oft mehr, als man vielleicht denkt. Sie leben ihre Kreativität typischerweise vor allem im privaten Bereich aus. Irgendwann kann aber durchaus der Wunsch aufkommen, diese Fähigkeiten im beruflichen Umfeld stärker einbringen zu können. Wenn es uns dann nicht gelingt, ihnen attraktive Möglichkeiten zu bieten, werden sie irgendwann weiterziehen in ein Arbeitsumfeld, welches ihnen diesbezüglich mehr entgegenkommt. Wir verlieren dadurch langjährige und engagierte Mitarbeitende, welche oft nur schwer zu ersetzen sind. Zugleich haben wir die Chance verpasst, im Betrieb schlummerndes Potenzial für uns zu nutzen.

Welche Arbeitsbedingungen müssen wir also bieten, um neue wie auch langjährige, kreative und agile Mitarbeitende halten zu können? Es ist selbstredend, dass solche Mitarbeitenden in starren Strukturen mit engumgrenzten Auftragsbereichen kaum langfristig glücklich werden. Um ihr Potential entfalten und im vollen Umfang zum Erfolg der Organisation beitragen zu können, brauchen sie Freiräume, sowohl inhaltlicher Art wie auch in Bezug auf die Zusammenarbeitsformen. Somit in etwa 180° das Gegenteil des Erfolgsmodells für die klassischen Kernaufgaben.

Mit dieser Herausforderung sind die (Gemeinde-)Verwaltungen selbstverständlich nicht allein. Die meisten Unternehmen, welche auf eine gewisse Firmengeschichte zurückblicken können, kennen Kernbereiche, welche sie mit Blick auf ihre Konkurrenzfähigkeit auf hohe Effizienz ausgerichtet haben und dabei zu ähnlichen Lösungen wie die Verwaltungen gelangt sind: Straffe Prozesse, klare Zuständigkeiten usw. Diese Unternehmen sehen sich mit Veränderungen konfrontiert, unter anderem die bereits erwähnte digitale Transformation, der Fachkräftemangel oder neue Konkurrenten, welche mit innovativen Produkten und Dienstleistungen auf den Markt drängen. Sie stehen also vor einem vergleichbaren Dilemma: Bewährtes effizient weiterführen und gleichzeitig Raum für Neues und Kreatives bieten. Grosse Verwaltungen und insbesondere Grossunternehmen lösen dies oft dadurch, dass sie für die Entwicklung von neuen Produkten und Services eigene Abteilungen schaffen («Research & Development», R&D), in welchen den Mitarbeitenden entsprechende Freiräume und teilweise weitgehende Selbstorganisation geboten wird.

Ressourcen

Gemeindeverwaltungen weisen in der Regel nicht eine Grösse auf, welche die Schaffung einer eigentlichen R&D-Abteilung zuliesse. Sie sind bezüglich ihrer Kundinnen und Kunden auch nicht einem vergleichbaren Konkurrenzdruck ausgesetzt wie die meisten privaten Unternehmen – mit Ausnahme des Bedarfs an Fachkräften. Ressourcen für R&D lassen sich politisch nur schwer begründen und müssen in einem überschaubaren Rahmen gehalten werden – denn Tätigkeiten einer Verwaltung erfordern grundsätzlich eine gesetzliche Grundlage. Somit kommt die Aufgabe, neue Lösungen für sich verändernde Herausforderungen zu finden, einzelnen Mitarbeitenden zu, welche neben diesen kreativen Aktivitäten in der Regel noch im Kerngeschäft der Verwaltung tätig oder zumindest in die klassische Organisationsstruktur eingebunden sind. Diese Mitarbeitenden müssen selbst den Verwaltungsspagat zwischen fehlerfrei und kreativ schaffen, was sehr hohe Ansprüche an die einzelnen Personen stellt. Damit sie diese erfüllen wollen und können, braucht es entsprechende Unterstützung seitens der Vorgesetzten und insbesondere freie Ressourcen, die dafür eingesetzt werden können.

Wenn der Arbeitstag mit dem Tagesgeschäft und den Aufgaben aus den klassischen Kernaufgaben bereits ausgefüllt ist, ist es illusorisch zu glauben, dass hier neue Lösungen innert nützlicher Frist auf den Boden gebracht werden können. Es wird zwar kaum an guten, kreativen Ideen mangeln, um die neuen Herausforderungen anzugehen, aber am Ende des Tages und nach Erfüllung der Kernaufgaben, fehlt letztlich dann zu oft die Zeit, die Energie oder auch die Begeisterung, um hier nochmals substanziell Ressourcen zu investieren.

In der Gemeinde Rüti im Kanton Zürich gehen wir diese Herausforderung aktuell mit zwei Lösungsansätzen an. Zum einen haben wir explizit 100 Stellenprozente für die Organisationsentwicklung bereitgestellt. Diese werden für die Leitung von Querschnittsprojekten und die Umsetzung der digitalen Transformation eingesetzt. Zugeteilt sind diese Stellenprozente einer Führungsperson und ihrer Stellvertretung.

Diese zusätzlichen Ressourcen respektive die entsprechenden organisatorischen Strukturen sind seit Anfang 2023 operativ und befinden sich auch nach einigen Monaten noch in der Aufbauphase. Die ersten Erfahrungen zeigen jedoch, dass deutlich mehr der oben erwähnten Lösungen und Ideen umgesetzt werden können als zuvor. Noch offen ist selbstverständlich, wie sich diese Lösungen langfristig bewähren. Schliesslich ist es nicht unser primäres Ziel, möglichst viele Neuerungen einzuführen, sondern langfristig qualitativ hochstehende Dienstleistungen für unsere Anspruchsgruppen (Bevölkerung, Steuerzahlende, Politik usw.) anbieten zu können.

Beim zweiten Lösungsansatz konnten wir zwei Mitarbeiterinnen für eine konkrete Organisationsentwicklungsaufgabe einen Zusatzauftrag geben, welcher explizit ausserhalb ihrer Stellenbeschreibung und somit ihrer ordentlichen Anstellung liegt und separat vergütet wird. Dies war möglich, weil die beiden Mitarbeiterinnen Teilzeit arbeiten und bereit waren, uns zusätzliche Ressourcen zur Verfügung zu stellen. Bei dieser Entwicklungsaufgabe geht es um eine stärkenorientierte Haltung in der Zusammenarbeit basierend auf den wissenschaftlichen Erkenntnissen der positiven Psychologie[1]. Das Thema kommt in der Belegschaft sehr gut an und wird von uns entsprechend weiterverfolgt.

Die beiden erwähnten Kolleginnen sind ein sehr schönes Beispiel für verborgene Fähigkeiten, welche bei unseren Mitarbeitenden schlummern und einen grossen Mehrwert für die Organisation schaffen können, wenn sie entdeckt werden und die Möglichkeit geboten wird, diese in den Betrieb einzubringen.

Das zweite Beispiel zeigt auch, dass wir bei solchen Entwicklungen noch zu stark vom Zufall abhängig sind. Einerseits bei der Entdeckung von schlummernden Fähigkeiten und andererseits auch bei den möglichen Ressourcen, um diese Fähigkeiten erfolgreich in den Betrieb einbinden zu können.

Für die Entdeckung von Fähigkeiten gilt es aus meiner Sicht für Organisationen in der Grösse der Gemeindeverwaltung Rüti einen gut austarierten Weg zwischen einer flächendeckenden, systematischen Erfassung und Weiterverfolgung von Fähigkeiten und Talenten unserer Mitarbeitenden und dem Zufall zu finden.

Ersteres ist schnell mit sehr viel Ressourcen verbunden, welche oftmals nicht zur Verfügung stehen. Bei Zweiterem laufen wir offensichtlich Gefahr, viele gute Möglichkeiten zu verpassen. Den Königsweg haben wir in Rüti noch nicht gefunden. Ein erster Ansatz ist, dass alle Führungskräfte mit offenen Ohren und Augen durch den Betrieb gehen und sich regelmässig mit ihren Mitarbeitenden dazu austauschen. Dieser Austausch erfolgt (via Führungskräfte) auch organisationsübergreifend und erkannte Fähigkeiten werden an einem für alle Führungskräfte zugänglichen Ort gesammelt.

Auch bezüglich Ressourcen sind wir in Rüti noch auf der Suche nach der idealen Lösung. Wir weisen zwar einen hohen Anteil an Teilzeitstellen auf. Es kann aber nicht erwartet werden, dass die Mitarbeitenden in Teilzeit per se zusätzliche freie Ressourcen haben, welche sie für den Betrieb einsetzen können oder wollen. Teilzeit wird oft gewählt, weil neben der Arbeit noch andere Verpflichtungen, beispielsweise Familienarbeit oder die Betreuung von Angehörigen, übernommen werden müssen oder für andere Aktivitäten genügend Zeit zur Verfügung stehen soll.

Teilzeit kann somit eine Möglichkeit für den Aufbau flexibler Ressourcen darstellen, man sollte sich aber nicht einzig darauf verlassen. Zudem verfügen auch Mitarbeitende in Vollzeitanstellung allenfalls über Fähigkeiten und Talente, welche wir neben ihren Kernaufgaben gerne im Betrieb einfliessen lassen wollen. Hier kommt jedoch eine zusätzliche Anstellung beziehungsweise Vergütung über ein 100-Prozent-Pensum hinaus, aus rechtlichen Gründen nicht in Frage.

Es braucht daher Möglichkeiten, auch auf einem anderen Weg Ressourcen bereitstellen zu können. Dabei mag es allenfalls als wünschenswert erscheinen, dass alle Mitarbeitenden ein persönliches «Budget» für selbstorganisierte, kreative Arbeiten ausserhalb ihrer Kernaufgabe hätten. Damit diese Budgets jedoch auch eine Wirkung entfalten könnten, müssten sie einen gewissen Umfang aufweisen, beispielsweise 10 %. Ein Stellenplan, welcher jedoch fix 10 Prozent «Luft» eingebaut hat, wäre aus finanzieller Sicht seitens einer Gemeindeverwaltung kaum zu rechtfertigen. Zudem wäre das Risiko, dass die Ressourcen gerade am falschen Ort sind, gross. Nicht alle Mitarbeitenden verfügen über die Eigenschaften oder die Motivation, bei entsprechenden Tätigkeiten mitzuwirken. Bei anderen reichten die 10 Prozent wiederum nicht, um ihr Engagement ausserhalb ihrer Kernaufgaben aufzufangen.

Die Lösung liegt aus meiner Sicht daher eher bei gemeinsamen Pools in den Fachbereichen und Abteilungen, welche möglichst flexibel und zielgerichtet genutzt werden können, je nach Bedarf seitens Betriebs und Eignung der Mitarbeitenden. In Rüti haben wir aktuell noch keine solchen Pools geschaffen. Ob und in welcher Form dies geschehen soll, ist letztlich eine politische Frage: Wie viel freie, mit Steuergeldern finanzierte Ressourcen lassen sich rechtfertigen? Wie ist deren Mehrwert quantifizierbar? Ist es die Aufgabe einer Gemeindeverwaltung neue Lösungen zu entwickeln?

Diese Fragen sind auf der politischen Ebene zu diskutieren. Seitens Verwaltung kann und soll hier nicht vorgegriffen werden.

Der Marktplatz

Wenn es gelingt, Ressourcen für die Entwicklung neuer Ideen und Lösungsansätze und insbesondere auch für deren Umsetzung bereitzustellen, stellt sich die Frage, wie diese Ressourcen organisiert werden sollen. Immer öfter kommt dabei das Marktplatzmodell zur Anwendung.

Die Mitarbeitenden arbeiten bei diesem Modell grundsätzlich in einem Bereich des Kerngeschäfts und sind in die reguläre – klassische – Organisation eingebunden. Auf dem Marktplatz werden nun die verschiedenen neuen Ideen in unterschiedlicher Form zur Bearbeitung und Weiterentwicklung «angeboten». Dies kann in Form von Projekten, Workshops, Scrum und weiteren Ansätzen beziehungsweise Vorgehensweisen erfolgen.

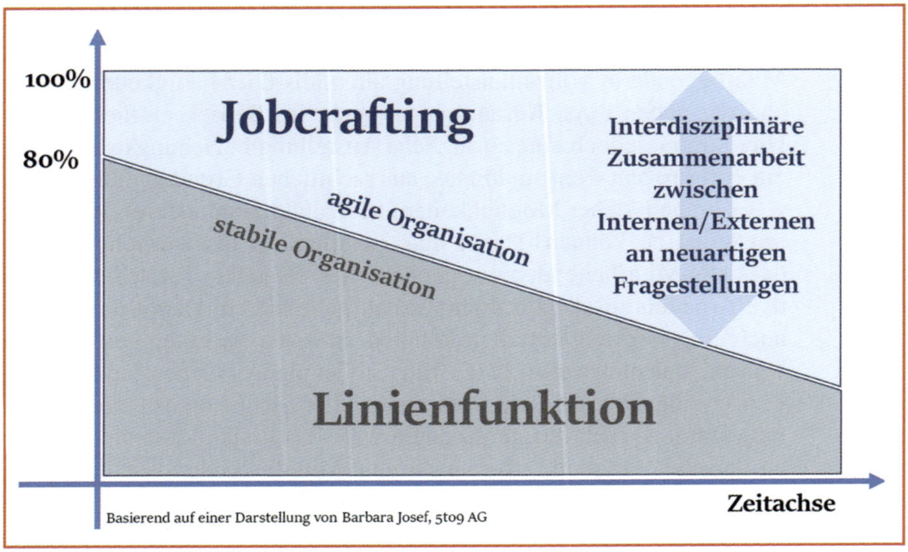

▲ Abb. 1 Kombination von Linienfunktion und Job Crafting entlang der Zeitachse, gefördert durch den Marktplatz

Die Mitarbeitenden wechseln von ihrer Funktion in der Regelstruktur auf den Marktplatz und bieten so ihre Fähigkeiten an. Das können die gleichen Fähigkeiten sein, welche sie auch in ihrer «ordentlichen» Funktion ausüben, oder es sind allenfalls genau andere Fähigkeiten, welche dort zu wenig zur Geltung kommen. Das Ziel ist es, dass die Themen von denjenigen Personen und in derjenigen Form bearbeitet werden, welche die qualitativ besten Ergebnisse zur Problemlösung ergeben.

Ergänzend zu ihrer Funktion in der Regelstruktur bzw. in der Linienfunktion nehmen die Mitarbeitenden so ein gewisses «Job Crafting» vor. Dies ist eine Methode, mit der Mitarbeitende ihr eigenes Arbeitsumfeld erweitern und/oder verändern, um ihre Motivation und Zufriedenheit zu erhöhen. Dabei wird ihr Jobinhalt, die Bedeutung von Aufgaben und die Beziehungen zu anderen Mitarbeitenden oder Teams im Arbeitsumfeld entwickelt – der Marktplatz macht dies möglich.

Der Marktplatz bietet je nach Ausgestaltung eine sehr hohe Breite an Selbstorganisation. Abhängig ist dies vor allem davon, wie viel Freiheit die Organisation bereit ist in den Marktplatz zu geben. Dies beginnt mit den Themen, welche auf den Marktplatz gelangen. Werden diese von der Führung vorgegeben? Können Mitarbeitende Vorschläge machen, welche durch die Führung oder ein spezielles (selbstorganisiertes) Gremium freigegeben werden? Oder können alle Mitarbeitenden Themen direkt auf den Marktplatz bringen und weiterbearbeitet werden diejenigen, welche in einer gewissen Zeit eine festgelegte Mindestanzahl an Stimmen erhalten haben oder diejenigen, bei welchen sich genügend Mitarbeitende finden, um eine Bearbeitung zu ermöglichen?

Wer legt die Bearbeitungsform fest? Gibt es eine vorgegebene Standardform? Können die Mitglieder eines «Thementeams» die Form selbst wählen? Wieviel Ressourcen dürfen und sollen für welches Thema von wem eingesetzt werden? Werden die Ressourcen pro Thema oder Mitarbeiterin beziehungsweise Mitarbeiter festgelegt? Von wem werden sie festgelegt? Welche Rolle nehmen die Thementeam-Mitglieder ein? Wer legt dies fest?

Die aufgeführten Fragestellungen sind nicht abschliessend. Gleichwohl zeigen bereits diese wenigen Fragen, dass das Spektrum enorm ist. Einmal mehr gilt, die einzig wahre Form gibt es nicht. Diese hängt sehr stark von der betroffenen Organisation (Verwaltung, Firma usw.) ab, ihrer Führungs- und Zusammenarbeitskultur, den Herausforderungen, welchen sich die Organisation stellen muss, wie viel Ressourcen sie in ein System wie einen Marktplatz stecken kann, welches Selbstbild die Mitarbeitenden pflegen und anderem mehr.

Das Ziel eines Marktplatzes muss dabei sein, die in der Organisation vorhandene «Schwarmintelligenz» möglichst optimal zu nutzen. Eine minimale Anforderung hierfür ist, dass die in der Regelstruktur geltende Hierarchie auf dem Markplatz nicht gilt. Das bedeutet, dass die Vorgesetzten nicht automatisch die Projektleitung übernehmen und der oder die Sachbearbeiter/in die Rolle des Teammitglieds oder des Protokollführers/der Protokollführerin.

Auf dem Marktplatz sollen die Funktionen der Regelstruktur abgelegt werden können und alle sollen diejenige Rolle übernehmen, mit welcher ihre Fähigkeiten zur Lösung des Problems bestmöglich eingesetzt werden. Wenn der Chef auch wieder der Projektleiter ist, besteht schlicht die Gefahr, dass nur seine Ideen und Gedanken in die Lösungsfindung einfliessen und die Ideen der weiteren Mitarbeitenden ungenutzt liegen bleiben (es sei denn, man pflegt bereits in der Regelstruktur einen sehr kooperativen Führungsstil).

Aber auch wenn die Chefin offiziell nur ein «einfaches» Mitglied des Projektteams ist, besteht natürlich die Gefahr, dass sie «heimlich» doch die Chefin bleibt. Damit die Schwarmintelligenz und somit die Ideen und Lösungsansätze von allen tatsächlich genutzt werden können, braucht es grundsätzlich eine kooperative Führungskultur in der Organisation. Und spätestens mit dem Übertritt auf den Marktplatz müssen alle Beteiligten, Führungskräfte wie auch die Mitarbeitenden bereit sein, die Hierarchie der Regelstruktur gedanklich komplett abzulegen. Ansonsten vergeben wir uns unglaublich viel Wissen und Kreativität.

Wie viel Selbstorganisation auf dem Marktplatz möglich ist, respektive von der Führung zugelassen wird, ist wie erwähnt, von der Organisation abhängig. Für Organisationen, welche bislang mehrheitlich in klassischen, hierarchisch aufgebauten Regelstrukturen gearbeitet haben, und zu welchen wohl die meisten Gemeindeverwaltungen zu zählen sind, empfiehlt sich eine schrittweise Erhöhung des Selbstorganisationsgrads. Die Einführung eines komplett selbstorganisierten Marktplatzes wäre in solchen Organisationen wohl für die Führungskräfte wie auch für die Mitarbeitenden eine heillose Überforderung und würde möglicherweise nur wenige qualitativ gute Lösungen, dafür viel Frust hervorbringen.

In Rüti befindet sich der (selbstorganisierte) Marktplatz erst in der Entstehung. Erste konkrete Organisationsentwicklungsprojekte, bei welchen die Projektteams organisationsübergreifend zusammengesetzt sind, laufen an. Zudem ist ein Workshop mit allen Mitarbeitenden geplant, an welchem in Kleingruppen an Themen gearbeitet werden soll, welche sich aus der letzten Mitarbeitendenbefragung als Handlungsschwerpunkte herausgestellt haben. Dieser Workshop soll unter anderem die Basis für weitere, möglichst selbstorganisierte Arbeitsgruppen bieten, die zumindest einen Teil dieser Handlungsschwerpunkte über den Workshop hinaus weiterbearbeiten.

Kultur und Werte

Bei einer Organisation wie einer klassischen Gemeindeverwaltung, welche aus einer strukturierten, hierarchisch geführten Kultur kommt, stellt sich schnell die Frage, wie mit einer zunehmend selbstorganisierten Kultur in zumindest einzelnen Bereichen umzugehen ist. Führt dies dazu, dass plötzlich zwei unterschiedliche Kulturen in der gleichen Organisation gelebt werden? Und falls ja, wie können diese zwei Kulturen gepflegt werden? Kommt es bei unterschiedlichen Kulturen in einer Organisation nicht unweigerlich zu Missverständnissen und möglicherweise auch Neid? Sollen oder können diese Kulturen getrennt gepflegt werden oder sollten sie zu einer gemeinsamen Kultur «fusioniert» werden?

Möglicherweise ist es ab einer gewissen Organisationsgrösse unrealistisch zu erwarten, dass in der ganzen Organisation eine einheitliche Kultur gelebt wird. Zu sehr wird diese durch die jeweiligen Individuen im Team, in der Abteilung geprägt. Wichtiger als die konkrete Kultur erscheinen dem Autor daher die grundlegenden Werte, auf welchen die Zusammenarbeit in der Organisation (und natürlich auch mit externen Ansprechgruppen) beruht. Unabhängig davon, ob in einer hierarchischen Regelstruktur oder in selbstorganisierten Teams zusammengearbeitet wird. Die zentralen Werte sollten über die gesamte Organisation Gültigkeit haben.

Bei den zentralen Werten sticht bezüglich unterschiedlicher Kulturen die Wertschätzung heraus: Wertschätzung zuerst ganz grundsätzlich für das Gegenüber als Mensch mit eigenen Gedanken und Gefühlen, aber auch für seine beziehungsweise ihre Stärken und Fähigkeiten. Dies beinhaltet auch das Verständnis, dass wir alle unterschiedlich sind, verschiedene Stärken und Fähigkeiten aufweisen und wir, insbesondere wenn wir die Stärken und Fähigkeiten des Gegenübers anerkennen, gemeinsam davon profitieren, weil sie unterschiedlich sind. Nebenbei bemerkt: Wahre Wertschätzung fürs Gegenüber setzt echte Wertschätzung sich selbst gegenüber voraus. Für beide Seiten der Wertschätzung kann die bereits erwähnte positive Psychologie mit den darin thematisierten Charakterstärken sehr hilfreich sein. Allein das Bewusstmachen der eigenen Charakterstärken und derjenigen des Gegenübers hilft der eigenen sowie der gegenseitigen Wertschätzung.

Wenn ich nun echte Wertschätzung fürs Gegenüber (und für mich) empfinde, ist es kaum mehr relevant, wenn das Gegenüber allenfalls eine andere Kultur oder eine andere Arbeitsweise pflegt als ich. Dies gilt besonders dann, wenn diese Arbeitsweise ihren/seinen Stärken besser entspricht und wir als Organisation, gemeinsam wie auch als einzelne Mitarbeitende, davon profitieren.

Zu einer wertschätzenden und stärkenorientierten Zusammenarbeit trägt eine kooperative Führungskultur bei. Kooperativ in diesem Sinne, dass die Führungsperson sehr wohl – wo angezeigt – Verantwortung übernimmt und beispielsweise klare Leitplanken und Erwartungen formuliert und einfordert. Wichtig ist, dass die Führungsperson, wo immer möglich die Mitarbeitenden mitbestimmen oder selbst entscheiden lässt. Dies natürlich vor allem in Bereichen, in welchen sie besondere Stärken und Kenntnisse haben. Dabei hilft es, sich von der längst überholten Haltung, dass der Chef/die Chefin per Definition alles besser weiss, zu verabschieden.

Wertschätzung und ein kooperativer Führungsstil sind unabhängig von der geltenden Arbeitsorganisation möglich. Die Übertragung von Verantwortung und Entscheidungskompetenzen bietet in der Regelstruktur jedoch Spielraum für Selbstorganisation.

Politik und Verwaltung

Insbesondere auf der kommunalen Ebene kann die Zusammenarbeit zwischen der politischen Ebene, sprich dem Gemeinde- oder Stadtrat und der Verwaltung, Herausforderungen bereithalten. Während in der Wirtschaft die Rollen zwischen der strategischen Führungsebene (wahrgenommen durch den Verwaltungsrat) und der operativen Führungsebene (Geschäftsleitung) in der Regel klar getrennt sind, ist diese Trennung bei öffentlichen Verwaltungen oft nicht in der gleichen Klarheit möglich.

Der Gemeinde- oder Stadtrat kann durchaus mit einem Verwaltungsrat verglichen werden. Ihm obliegt unter anderem die strategische (und politische) Führung der Gemeinde/der Stadt. Auf Verwaltungsseite findet sich ebenfalls ein operatives Führungsgremium. Viele Gemeinden und Städte haben in den letzten Jahren offiziell eine Geschäftsleitung eingeführt. Bei anderen, unter anderem in der

Gemeinde Rüti, mag das Gremium für die operative Führung anders heissen. Letztlich besteht die operative Führung in Gemeinden und kleineren bis mittleren Städten in der Regel aus einem/einer Stadt- oder Gemeindeschreiber/in und einem Gremium, welches ihn respektive sie in der operativen Führung unterstützt. Dieses Modell trifft im Kanton Zürich nicht auf die zwei grossen Städte Zürich und Winterthur zu, in welchen die Stadträte und Stadträtinnen vollamtlich tätig und somit systembedingt operativ stärker eingebunden sind.

Auf den ersten Blick scheint die Führungssituation in öffentlichen Verwaltungen somit sehr vergleichbar mit der Situation in der Privatwirtschaft. Es gibt jedoch zwei grundsätzliche Unterschiede. Erstens das Durchbrechen von operativen Themen auf die strategische Ebene und zweitens das fachliche Ungleichgewicht.

Ersteres ist einerseits eine Folge der gesetzlichen Vorgaben, welche festlegen, dass gewisse operative Aufgaben zwingend vom Stadt- oder Gemeinderat wahrgenommen werden müssen, so beispielsweise die Genehmigung von im Budget nicht enthaltenen neuen, einmaligen Ausgaben, unabhängig von einer minimalen Höhe. Bei der Überschreitung der in der Gemeindeordnung festgelegten Finanzkompetenz liegt der Entscheid dann bei der Gemeindeversammlung respektive dem Parlament oder dem Souverän mittels Urnenabstimmung. Andererseits sind kommunale Exekutivpolitikerinnen und -politiker seitens der Bevölkerung immer wieder mit sehr operativen Fragen konfrontiert, für welche sie möglichst sofort eine Lösung oder mindestens eine Antwort erwarten. Zudem können operative Fragen politisch mindestens so intensiv und kontrovers diskutiert werden wie strategische. Somit werden sie automatisch zum Thema für die Exekutive.

Der zweite Punkt ist eine Folge des politischen Systems in der Schweiz. Es ist gerade das Ziel unseres Milizsystems, dass Persönlichkeiten mit Wissen und Erfahrungen ausserhalb des Verwaltungsbereichs in die politische Führung eingebunden sind und diese mitprägen. Das Wissen und die Erfahrung aus Wirtschaft, Gesellschaft, Lehre und vielen weiteren Bereichen sind eine grosse Bereicherung für die Verwaltungsarbeit.

Es ist eher Zufall, wenn Exekutivpolitiker auf der kommunalen Ebene bei Amtsantritt über vertiefte Verwaltungskenntnisse verfügen, respektive Kenntnisse zu den sehr breiten Themenfeldern der kommunalen Verwaltungen mitbringen. Dagegen arbeiten in der Verwaltung aufgrund der zunehmenden Komplexität immer mehr Spezialisten und Spezialistinnen mit grossem Fachwissen. Dies führt in vielen Fragestellungen unweigerlich zu einer Wissensungleichheit.

Diese zwei Punkte bergen durchaus Konfliktpotenzial. Operative Durchbrüche können seitens Verwaltung als Übergriff in den eigenen Zuständigkeitsbereich empfunden und der Wissensvorsprung der Verwaltungsfachleute kann seitens Politik als Überheblichkeit wahrgenommen werden. Damit diese Konflikte nicht entstehen respektive aufbrechen, braucht es hier gemeinsame Werte und gegenseitige Wertschätzung insbesondere für die Stärken und Fähigkeiten des Gegenübers. Das ist die Voraussetzung, dass alle ihre Stärken gewinnbringend für die Organisation einbringen können.

Gemeinsame Werte von politischer Ebene und Verwaltung sind aus zwei weiteren Aspekten besonders wichtig. Zum Ersten sind sie für die Glaubwürdigkeit der Werte innerhalb der Verwaltung mitentscheidend. Werden die Werte von der politischen Führung nicht mitgetragen, werden sie kontinuierlich in Frage gestellt und geschwächt. Es ist in der Folge für die operative Leitung auch bei grösster Anstrengung sehr schwierig, diese Werte stabil und nachhaltig in der Verwaltung zu etablieren. Ohne stabile gemeinsame Werte gelingt eine gewinnbringende Zusammenarbeit, gerade in Zeiten mit grossen Veränderungen und dem Zusammentreffen von unterschiedlichen Arbeitsweisen, kaum.

Zum Zweiten sind die gemeinsamen Werte zentral, damit gegenseitiges Vertrauen und die gemeinsame Übernahme von Verantwortung gelingen können. Dies ist gerade im Verwaltungskontext entscheidend. Die öffentlichen Verwaltungen werden bekannterweise zu einem Grossteil durch Steuergelder finanziert. Sie stehen dadurch – zu Recht – unter stärkerer Beobachtung als die meisten privaten Unternehmen. Wenn ein privates Unternehmen mit einem IT-Projekt Gelder «versenkt,» interessiert dies wohl die Besitzer des Unternehmens, die Kundinnen und Kunden oder gar die breite Öffentlichkeit meist jedoch nicht. IT-Projekte der öffentlichen Hand, welche zu Mehrkosten führen, sind jedoch regelmässig Thema in den Medien und der Bevölkerung.

Wer übernimmt nun die Verantwortung, wenn in diesem «politischen Schaufenster» etwas schiefläuft? Soll der Schaden für die Gemeinde oder Stadt und somit für die Steuerzahlerinnen und Steuerzahler möglichst gering bleiben, muss hier gemeinsam Verantwortung übernommen werden. Kommt es zu einem Schwarz-Peter-Spiel, bei welchem jeder versucht, die heisse Kartoffel jemand anderem zuzuwerfen, sind weitere (Kollateral-)Schäden wie Vertrauensverlust, Personalabgänge, Ineffizienzen die Folge.

Wenn es aber gelingt, dass Fach- und Führungskräfte gemeinsam für die operative und die strategische Führung hinstehen und die Verantwortung für allfällige Fehler übernehmen, dann kommt man als Organisation gestärkt aus einer solchen Situation heraus und kann meist auch wichtige Lehren für zukünftige Vorhaben mitnehmen.

Lehren aus den Krisenjahren

Die vergangenen Jahre waren geprägt durch verschiedene, absolut unerwartete Krisen. Sowohl die Corona-Pandemie wie die Energiekrise oder der Krieg in der Ukraine waren für viele Menschen in dieser Ausprägung nicht vorstellbar. Insbesondere bei Corona mussten die öffentlichen Verwaltungen wie viele private

Unternehmen Entscheide in oft kurzer Zeit und aufgrund von lückenhaften Fakten fällen. Dabei war schnell klar, dass die üblichen Regelstrukturen diesen Herausforderungen nur bedingt gewachsen sind.

In Rüti haben wir daher, wie viele andere öffentliche Verwaltungen und Unternehmen, eine Krisenorganisation aufgestellt mit einem operativen Koordinations- und einem strategischen Führungsgremium. Die Zusammensetzung der Gremien und die Rollen der Mitglieder wurden primär aufgrund der Fähigkeiten und des Wissen gewählt und weniger durch die Hierarchie und die Regelstruktur bestimmt. Die Arbeitsform wurde von den Gremien selbst festgelegt.

Die Krisenorganisation kam somit einer Selbstorganisation schon sehr nah und zeigte, dass diese gerade unter erschwerten Bedingungen sehr gut funktioniert. Dies sollte uns Mut genug machen, die Selbstorganisation in ruhigeren Zeiten und mit möglicherweise weniger Druck von aussen gezielt anzugehen und in öffentlichen Verwaltungen, welche auf den ersten Blick wenig mit Startups zu tun haben, verstärkt einzuführen.

Zusammenfassung

Die Herausforderungen der heutigen Zeit erfordern seitens einer Gemeindeverwaltung, dass sie neue Lösungen findet. Dazu braucht es Kreativität. Die Selbstorganisation ist eine Möglichkeit, das vorhandene oder neues Potenzial in der Gemeinde zu nutzen. Damit dies gelingt sind gemeinsame Werte, gegenseitige Wertschätzung und Vertrauen, innerhalb der Verwaltung und zusammen mit der Politik, entscheidend.

Anmerkungen

1. Siehe «Positive Psychologie im Beruf» von Thomas Johann und Tobias Möller, Verlag Springer Gabler.

Interview mit Michael Karrer – Kuhn Rikon AG

Interviewer: Markus Sulzberger und Adrian Dätwyler

Eine pragmatische Einbindung von Mitarbeitenden mit Fokus auf betriebliches Gesundheitsmanagement

Obwohl «Selbstorganisation» bei Kuhn Rikon keinen strategischen Schwerpunkt darstellt, basieren wesentliche Teile der Unternehmenskultur und der Leistungsfähigkeit auf Aspekten selbstorganisierter Zusammenarbeit, so etwa im betrieblichen Gesundheitswesen und insbesondere im sogenannten Gesundheitszirkel.

1 Das Unternehmen Kuhn Rikon

Sulzberger, Dätwyler: Herr Karrer, wir bedanken uns sehr für Ihre Bereitschaft, uns einen Einblick in Ihr Unternehmen, in Interpretationen des Themas «Selbstorganisation» und in die Ausgestaltung des betrieblichen Gesundheitsmanagements (BGM) bei Kuhn Rikon zu geben. Bitte geben Sie uns zum Einstieg einen Überblick über die wichtigsten Komponenten, Kenngrössen der Firma Kuhn Rikon.

Karrer: 1926 erwirbt Heinrich Kuhn im zürcherischen Tösstal die «Pfanni» – die ehemalige Kupfer- und Stahlpfannenmanufaktur in Rikon, dem Hauptsitz der heutigen Kuhn Rikon AG. Dorothee Auwärter-Kuhn übernahm 2014 das Präsidium des Verwaltungsrates und vertritt damit bereits die vierte Eigentümergeneration. Der Generationenwechsel ist somit frühzeitig erfolgt. Heute umfasst die Belegschaft 190 Mitarbeitende in der Schweiz, weltweit sind es 240. Die Firma betreibt drei Tochtergesellschaften in den USA, in Spanien und in Grossbritannien, die als Handelsgesellschaften tätig sind. Ungefähr ein Drittel der Produktion erfolgt in der Schweiz; zwei Drittel importieren wir aus Asien und Europa. Kuhn Rikon betreibt in der Schweiz Shops mit eigenen Angestellten, einen

Fabrikladen und vier Outlets. Dieses Jahr – 2023 – werden zwei neue Shops eröffnet, einer in der Altstadt von Zürich, einer in Nashville, USA.

90 Prozent des Umsatzes wird in acht Ländern erbracht, was auch auf die Tatsache zurückzuführen ist, dass in jedem Land anders gekocht wird. Damit wird eine Verzettelung verhindert. Unsere Konkurrenten befinden sich primär im Ausland. In der Schweiz pflegen wir verschiedene Kooperationen, so zum Beispiel mit der Firma Le Creuset.

«Mit innovativen Produkten begeistert der Schweizer Markenhersteller die Kochwelt rund ums Zubereiten, Servieren und Geniessen» lautet unsere Verpflichtung, das verbindliche Leistungsversprechen von Kuhn Rikon gegenüber seinen Kundinnen und Kunden. Nachhaltigkeit ist in allen Belangen bei Kuhn Rikon ein zentrales Thema; wir haben uns das Ziel gesetzt, im Jahre 2026 – das Jahr des hundertjährigen Firmenjubiläums – den CO2 Ausstoss auf null zu bringen.

Wo steht Kuhn Rikon heute in Bezug auf die mittelfristige Unternehmensentwicklung?

Hier müssen wir unterscheiden, wovon wir sprechen. Ob von den Produkten, der Organisation oder vom Gesamtunternehmen. Bezüglich der Firma als Ganzes haben wir eine kritische Unternehmensgrösse erreicht, was bedeutet, dass wir wachsen müssen. Zurzeit sind wir mit der Erarbeitung einer Wachstumsstrategie beschäftigt. Wir wissen, dass wir nicht auf dem Erreichten, auf den grossen Erfolgen der Vergangenheit ausruhen können. Damit stehen wir auf dem bekannten S-Kurven Schema der Unternehmensentwicklung (◄ Abb. 1) beim Punkt «Entscheidung». In dieser neuen Strategie haben insbesondere die Innovation und die Kooperation eine zentrale Bedeutung. So beginnen wir aktuell eine Kooperation mit einem grossen Küchenhersteller und gehen damit neue Wege. Dies bedeutet,

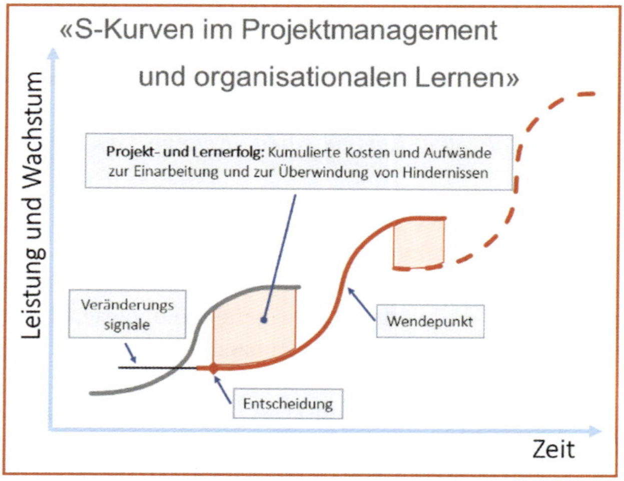

▲ Abb. 1 S-Kurve der Unternehmensentwicklung

dass wir uns in vielen Belangen in einem Change-Modus befinden. Es laufen verschiedene Projekte mit Investitionen in das Personal, in die Infrastruktur (Läden) aber auch in die Informatik. Wesentliche Pfeiler dieser Strategie sind die Bekenntnisse der Besitzerfamilie, die Firma nicht zu verkaufen – obwohl: Interessenten wären genügend vorhanden – und am Produktionsstandort Rikon festzuhalten. Sehr zuversichtlich stimmt, dass auch die 5. Generation bereits in den Startlöchern steht.

Wie geht das Unternehmen generell mit Veränderungen um?

Wir sind uns der Risiken bewusst, die auf unserem Entwicklungspfad lauern. Dank unseren kurzen Entscheidungswegen können wir auf Veränderungen rasch reagieren, beispielsweise Investitionsanträge in wenigen Tagen auf der Grundlage einer fundierten Risikoabschätzung durchbringen. Veränderungen stehen wir grundsätzlich offen gegenüber und sind überzeugt, aufgrund der vorhandenen Substanz, des Mutes im Umgang mit Unvorhergesehenem, der Freude an Herausforderungen, dem Willen zur Leistung und der langjährigen Erfahrung in Führung und Leadership getrost in die Zukunft schauen zu können.

Die vergangenen Jahre mit Corona haben uns alle stark gefordert. Viele Leute haben häufiger daheim gekocht, was zu einem Verkaufsboom – einem veritablen Hype – geführt hat. Unsere Produktion hat in drei Schichten gearbeitet. Zusätzlich war die Nachfrage nach Reparaturen von alten Töpfen enorm gross. Daher waren alle Mitarbeitenden sehr stark gefordert. Sie haben Zusatzarbeit geleistet und zudem mehr Verantwortung übernommen, indem sie vermehrt eigenständig entschieden und gehandelt haben. In Mitarbeitendenbefragungen kam deutlich zum Ausdruck, dass die Zufriedenheit während dieser Belastungsphase deutlich angestiegen ist – aus meiner Sicht Ausdruck eines guten «Grooves». Darüber sind wir in der Geschäftsleitung stolz und gehen mit grosser Zuversicht an die Umsetzung der neuen Strategie. Nach der Coronaphase normalisierte sich der Umsatz wieder, was uns Kapazität gibt, verschiedene Harmonisierungen in den Bereichen Informatik, Versicherungen u. a. durchzuführen.

Was zeichnet die aktuelle Organisationsstruktur und -kultur der Firma aus?

Wir leben eine Struktur der flachen Hierarchien, also einen klassischen Organisationsansatz. Kuhn Rikon kommt aus einer bewährten, streng hierarchisch geprägten Firmen- und Führungskultur. Dennoch, Ansätze einer Selbstorganisation funktionieren in einigen Abteilungen schon sehr gut. Als Beispiel lässt sich hier unser Gesundheitszirkel nennen, deren Mitglieder umfassend selbstorganisiert arbeiten. Auf der Stufe Gesamtunternehmen stehen wir diesbezüglich noch ganz am Anfang. Das beschäftigt mich sehr und ich versuche kontinuierlich, die teils «silomässigen» Strukturen aufzubrechen. Dabei stelle ich fest, dass die Mitarbeitenden passende Ansätze der Selbstorganisation durchaus befürworten. Gleichzeitig ist zu beachten, dass es sehr anspruchsvoll ist, gewohnte Denkweisen und Verhaltensmuster, etwa die Vorstellung «alles muss über das Pult des Chefs laufen» zu ändern; ich rechne mit drei bis fünf Jahren, um grundlegende Neuerungen umzusetzen. Die Mitarbeitenden müssen Schritt für Schritt herausfinden: «Wann muss ich fragen, wen muss ich fragen und in welchen Fällen muss ich nicht fragen?».

Welche Rollen spielen dabei die berufliche Herkunft der Mitarbeitenden und die unterschiedlichen Berufsbilder bei Kuhn Rikon?

Ursprünglich wohnten sehr viele Mitarbeitende in Rikon. Dies hat auch damit zu tun, dass im Jahre 1964 zahlreichen Tibetern nach ihrer Flucht in Rikon spontan Wohnraum und Arbeit angeboten wurde. Heute nimmt der Anteil an Pendlern kontinuierlich zu. Wir beschäftigen wenig Akademiker. Überwiegend sind bei uns Verkäufer, Detailhandelsangestellte, Produktionsangestellte, Lageristen, Büroleute, Facharbeiter im Werkzeugbau und Fachleute aus den Bereichen Design und Marketing tätig. Bei Kuhn Rikon sind Mitarbeitende aus dreizehn Ländern angestellt. Der Anteil an Hilfskräften, welche gemäss GAV keine qualifizierte Funktion erfüllen, ist relativ hoch. Viele Beschäftigte arbeiten Teilzeit (40–80 %); bis 2021 war der Anteil der Frauen, gemessen am Total der Angestellten, grösser als der der Männer. Ich stelle fest, dass insbesondere die Mitarbeitenden in der Produktion es gernhaben, wenn man ihnen sagt, was zu tun ist. Anderseits sind sie es, welche dank ihrer meist langjährigen Mitarbeit die Abläufe und Zusammenhänge am besten kennen. Ihre Bereitschaft und ihre Beiträge zum kontinuierlichen Verbesserungsprozess (KVP) helfen daher wesentlich, Zeit und Geld zu sparen oder Ärgernisse zu beseitigen.

Welche Bedeutung haben kulturelle Aspekte der Organisation, Begriffe wie Fehlerkultur und Vertrauen, Information und Kommunikation oder die Bereitschaft für Veränderungen?

Was wir grundsätzlich zu stärken suchen, ist die Fehlerkultur. Sie muss stimmen, das ist ganz zentral. Die Mitarbeitenden haben aus meiner Sicht noch zu häufig Angst, Fehler zu machen, statt Probleme auch als Chance zu sehen. Dies begründet die zentrale Bedeutung des KVP (Kontinuierlicher Verbesserungsprozess). Heute werden Probleme primär auf Stufe Abteilungen gelöst. Bei Krisen – beispielsweise bezüglich Lieferketten, Preisfluktuationen oder Engpässen in der Lieferung von Ton – wird rasch und verlässlich informiert. Dadurch werden Krisen sofort erkannt und die Geschäftsleitung umgehend einbezogen.

Bezüglich Information und Kommunikation pflegen wir eine offene Kultur. Ich habe den Eindruck, dass wir fast zu viel informieren. Kommunikation ist eine unserer Stärken. Als Beispiele erwähne ich den «Znüni mit dem CEO». Ein- bis zweimal pro Jahr trifft der CEO Mitarbeitende – ohne Präsenz von Kadermitgliedern und Abteilungsleitern – zu einer Aussprache – einer Art «Chropfleerete» – an welcher alle Anliegen, Sorgen und Nöte auf den Tisch gelegt werden können. Dabei existieren keine hierarchischen Distanzen. Das Gefäss dient zwar nicht der gezielten Weiterentwicklung, ist jedoch ein wertvolles Instrument der Vertrauensbildung und des Zusammenhalts. Ein anderes Gefäss ist die Arbeitnehmerkommission – die Firma ist einem Gesamtarbeitsvertrag (GAV) angeschlossen. Zusätzlich hat jede Abteilung ein KVP-Team. Einmal pro Monat werden konkrete Verbesserungsmassnahmen besprochen. Dabei kommen auch Fragen der Weiterentwicklung auf den Tisch.

2 Selbstorganisation

Wie schätzen Sie generell die Bereitschaft der Mitarbeitenden zum Aufbruch und die Empfänglichkeit für Neuerungen ein, insbesondere für mehr Selbstorganisation?

Aus meiner Sicht ist diese Bereitschaft in der ganzen Firma gross. Dies hat sich nicht zuletzt in der Belastungsphase rund um Corona gezeigt. Die Mitarbeitenden übernehmen gerne mehr Verantwortung. Dennoch, primär bei langjährigen Mitarbeitenden, braucht es mehr Offenheit und Anstrengungen, um anders vorzugehen oder anders zu denken, um notwendige Veränderungen umsetzen zu können. Wie erreichen wir das? Durch Befähigung mittels Weiterbildung, durch ein Vorleben erwarteten Verhaltens auf allen Stufen, durch das Setzen von Zeichen mittels Kommunikation. Es geht beispielsweise darum, ein Mindset wie «ich arbeite bei Kuhn Rikon mein Leben lang und werde hier pensioniert» zu hinterfragen. Hier gilt es, eine Balance zu finden. Denn wir möchten immer noch, dass Mitarbeitende ein Leben lang bei uns arbeiten, vorausgesetzt es passt für beide Seiten. Im Hinblick auf mehr Selbstorganisation ist dies eine meiner Hauptaufgaben. Dabei besteht eine Herausforderung darin, unsere Strategie verständlich zu formulieren und nachvollziehbar umzusetzen. So ist beispielsweise eine Trennung von Mitarbeitenden seitens Kuhn Rikon nicht Standard. Wir versuchen, möglichst alle Mitarbeitenden mitzuziehen. Wir erwarten allerdings, dass die Bereitschaft besteht, aktiv an den anstehenden Veränderungen mitzuwirken.

Besteht für «Selbstorganisation» ein spezifisches Projekt oder eine konkrete Agenda?

Ein formales Projekt, Selbstorganisation flächendeckend bis zu einem definierten Zeitpunkt einzuführen, gibt es nicht – zumindest nicht in schriftlicher Form. Aber es laufen zahlreiche dezentrale Initiativen, viele Puzzleteile, die zusammen ein Projekt ergeben würden. Zurzeit treiben wir selbstorganisatorisches Arbeiten mit konkretem Vorleben voran, das heisst mit der Pflege der notwendigen Aufmerksamkeit auf das Thema und auf erkennbar zielgerichtete und situative Aktionen. Wir haben den Vorteil, dass die Mitarbeitenden nicht hierarchisch denken und einem Gespräch mit dem CEO offen und unkompliziert gegenüberstehen. Oftmals erlebe ich dennoch, dass Mitarbeitende erschrecken, wenn ich sie auffordere, eine vorgebrachte Angelegenheit selbst zu entscheiden, oder ihnen zu verstehen gebe, dass sie nicht mit einer «Veloständerfrage» zu mir kommen sollen. (Anm. zu «Veloständerproblem»: Problem, das keines ist, aber dennoch vor den Vorgesetzten gebracht wird.) Als höchste Priorität geht es aktuell darum, die erwähnte Wachstumsstrategie in allen Dimensionen der Firma abschliessend festzulegen und anschliessend die entsprechenden Roadmaps zu vereinbaren. Ich verwende persönlich über 50 % meiner Arbeitszeit, um diese Aktivitäten voranzutreiben und zu koordinieren.

Verfolgen Sie dabei einen bestimmten Ansatz der Selbstorganisation wie Holakratie, Soziokratie, Scrum, agiles Management?

Wir gehen unsere eigenen Wege: Wir suchen und entwickeln eine für uns viable Lösung, respektive situative Lösungen. Dem aktuellen Zustand bzgl. Selbstorganisation bei Kuhn Rikon – auf einer Skala von 1 bis 10 – würde ich eine 5 geben. Warum? In den verschiedenen Teams funktioniert Selbstorganisation schon gut. Ich habe das Beispiel «Gesundheitszirkel» erwähnt. Im Gesamtunternehmen und zwischen den Teams wird noch sehr viel Arbeit zu leisten sein – Stichwort «silomässige Strukturen». In den kommenden zwei bis drei Jahren wird kein ganzheitliches Projekt, auch nicht im Sinne eines Pilotprojektes stattfinden. Ich würde dies sehr gerne machen, aber andere wichtige Vorhaben haben eine höhere Priorität. Somit bleibt der iterative Weg. So können wir laufend neue Aspekte, Themen und Erkenntnisse einbauen und schrittweise zu einer Gesamtlösung gelangen. Dabei wird es die Aufgabe des Managements sein, jede Gelegenheit zu nutzen, selbstorganisatorisches Denken und Handeln anzuwenden und zu üben. Beispielsweise hat ein Team den Auftrag erhalten, ein für die Firma wichtiger Event selbstorganisiert zu gestalten und durchzuführen. Trotz anfänglicher Schwierigkeiten führte dies zu einem hervorragenden Resultat.

In Phasen der Umsetzung spielen formelle und informelle Change Agents anerkanntermassen eine besondere Rolle. Gibt es bei Kuhn Rikon heute schon Mitarbeitende mit einem entsprechenden Potential?

Ja, diese Persönlichkeiten haben wir. Und glücklicherweise überall, nicht nur in der Produktion, sondern auch im Büro und bei den Werkzeugbauern. Sie gelten als mögliche Beauftragte im Change-Prozess. Erfreulich ist zudem, dass zahlreiche junge Mitarbeitende für solche Aufgaben qualifiziert sind. Ich laufe täglich durch den Betrieb. Daher fällt es mir nicht schwer, potenzielle Change Agents zu identifizieren. Ich kenne die Mitarbeitenden gut und wir sind alle «per Du».

Da Sie das Thema ansprechen: Welchen Stellenwert geben Sie der Leadership in einer Selbstorganisation?

Leadership und Führung sind aus meiner Sicht absolut zwingend, das heisst auch erfolgsentscheidend. Es geht um das Vorleben, um Verbindlichkeit, um vertrauenswürdige Ansprechpartnerinnen und Ansprechpartner bei Krisen, um rasche und transparente Entscheidungsprozesse. Selbstorganisation braucht vor allem starke Persönlichkeiten – keine Kontrolleure. Unsere Leute wollen nicht, dass man sie dauernd kontrolliert, sondern dass man sie arbeiten lässt. Auf einer Skala von 1 bis 10 gebe ich der «gelebten Leadership» bei Kuhn Rikon eine 8.

3 Betriebliches Gesundheitsmanagement (BGM)

Kuhn Rikon ist ein Vorzeigeunternehmen bezüglich BGM. Kürzlich hat die Firma seit der Auszeichnung 2009 bereits das 4. Re-Assessment für das Label als «Friendly Work Space» bestanden. Gratulation. Geben Sie uns bitte einen Überblick über das BGM bei Kuhn Rikon.

Schon vor mehr als fünfzehn Jahren wurde dem Thema BGM grosse Aufmerksamkeit geschenkt; vor allem von Seiten der Besitzerfamilie aber auch vom Management. Man erkannte also schon früh, dass Gesundheit eine Führungsaufgabe ist und die Mitarbeitenden gleichzeitig in die Verantwortung eingebunden werden müssen. BGM ist seither Bestandteil der DNA unserer Kultur. Ausdruck davon sind u. a. jährliche Mitarbeitenden-, Gesundheits- und Befindlichkeitsgespräche. Das BGM und der sogenannte Gesundheitszirkel unterstehen dem Abteilungsleiter Finance/Services (CFO). Bereits mein Vorgänger setzte den «Gesundheitszirkel» ein. Ein Team mit sieben Mitgliedern aus allen Abteilungen der Firma realisieren Massnahmen, evaluieren Aktionen und amten als «Gesundheits-Apostel» der Firma. Vergangene Massnahmen umfassen etwa ein Personalreglement mit neuen Arbeitszeitmodellen, Informationskampagnen und Teamentwicklungen. Die Ideen für Neuerungen und Erweiterungen kommen «bottom up» oder durch Befragungen bei den Mitarbeitenden; diese werden in einem Jahresplan zusammengefasst. So wurde beispielsweise ein Schlafworkshop mit konkreten Aktivitäten (Atemübungen u. a.) durchgeführt, an dem fünfzig Mitarbeitende teilgenommen haben. Das Team arbeitet vollumfänglich selbstorganisiert; es trifft sich viermal pro Jahr. Die Mitglieder haben keine spezielle Ausbildung in BGM genossen. Sie haben grundsätzlich Interesse am Thema Gesundheit und an gesundheitsfördernden Aktivitäten.

Mit systematischem BGM sollen in der Schweiz bis 8000 CHF pro Person und Jahr an Produktivitätsverlusten einzusparen sein. Was können Sie zum Wirkungsgrad des BGM bei Kuhn Rikon sagen?

Unser BGM und meine Einschätzungen haben für die Einheiten in der Schweiz Gültigkeit. Es besteht jedoch die Absicht, viable Lösungen wie beispielsweise den KVP-Prozess in die Tochtergesellschaften auszurollen. Aus meiner Sicht wird den quantitativen Komponenten eine viel zu hohe Bedeutung beigemessen, so auch im Re-Assessment. Viel wichtiger ist, den Mitarbeitenden die praktische Bedeutung eines systematischen Engagements für gute Arbeitsbedingungen und physische und psychische Gesundheit in verständlicher Form zu erklären. Unsere BGM-Massnahmen werden in einem Jahresplan zusammengefasst und die Umsetzung nachvollziehbar überprüft. Man muss sich bewusst sein: Der Aufwand zur Erlangung des Labels «Friendly Work Space» ist für ein KMU vergleichsweise enorm. Der interne Prozess ist zwar sehr wertvoll, die Aussenwirkungen sind jedoch insofern gering, als dass das Label zu wenig bekannt ist. Wenn die Bedeutung jedoch gut erklärt wird, finden es die Angestellten super. Daher kann ich nicht wirklich eine konkrete Aussage zum Wirkungsgrad machen. Lassen Sie es mich so formulieren: Ich weiss, dass es etwas bringt. Dies wird durch unsere Mitarbeitendenbefragungen in aller Deutlichkeit immer wieder bestätigt. Wir haben also ausreichend Anknüpfungspunkte für Verbesserungen. Wenn die notwendigen Massnahmen greifen, gehen wir davon aus, dass wir auch insgesamt besser werden. Aufgrund der Rückmeldungen von aussen bewerte ich den Reifegrad des BGM bei Kuhn Rikon mit einer 10 auf der Skala von 1 bis 10. Klar gibt es auch bei uns «Luft nach oben». Unsere finanziellen Ressourcen betragen 10 000 bis 25 000 Franken pro Jahr. Wenn uns mehr Geld zur Verfügung stehen würde, könnte der heutige Ansatz noch ausgebaut werden. Uns geht es jedoch darum, mit den begrenzten Ressourcen möglichst viel zu erreichen. Und darin sind wir wirklich stark.

Wie schätzen Sie als Fachmann generell die Erfolgsfaktoren und den Stand des BGM in KMU ein?

Zunächst muss die Geschäftsleitung die grundsätzliche Bedeutung des BGM erfassen und voll unterstützen. In KMU lassen sich Vorstellungen eines aktiv gelebten BGM klar besser realisieren, wenn die involvierten Personen selbstorganisiert arbeiten. Als BGM-Verantwortlicher muss ich die Arbeit auf mehrere Schultern verteilen können. Nur so ist Nachhaltigkeit in diesem Bereich zu erzielen. Wäre dies bei uns nicht möglich gewesen, hätte ich wohl schon lange aufgegeben. Denn in der Regel sind dafür die HR-Einheiten der KMU personell zu knapp dotiert. Generell sind die Kapazitäten in KMUs bezüglich personeller und finanzieller Ressourcen sowie dem vorhandenen Wissen sehr beschränkt, oft zu beschränkt. Viele KMUs haben deshalb das Thema weggelegt oder stecken im

Aufbau und im Betrieb in den Kinderschuhen fest. Dies zeigen Feedbacks zu meinem Impulsreferat am Forum BGM Zürich (Anm. Referat «Mit begrenzten Ressourcen und kleinem Budget nachhaltig viel erreichen» am Frühstückstreffen vom 02. März 2023). Wiederkehrende Fragen betrafen da sowohl die Inhalte als auch die Implementierung des BGM in KMU: Was sind die ersten oder nächsten Schritte, was ist zu tun, wenn die Geschäftsleitung eine Einführung nicht unterstützt etc. Meine Antworten darauf? BGM einzuführen ist ganz grundsätzlich ein steiniger Weg. Am Anfang haben einzelne Mitarbeitende möglicherweise das Gefühl, man dringe damit in ihr Privatleben ein. Aus meiner Sicht braucht es zwischen drei bis fünf Jahre, bis ein BGM einigermassen verankert ist und entsprechende Werte sichtbar sind. Es lohnt sich, dabei Schritt für Schritt vorzugehen. Zudem kann ein Zuzug von externen Spezialisten helfen, um speziell in der Geschäftsleitung «das Ganze» aufzuzeigen und dafür Verständnis zu schaffen. Dazu ergänzend habe ich auch Zwischenresultate und Anhaltspunkte vermittelt, beispielsweise für ein praktikables Absenzen-Management.

Über alles gesehen: Was sind Ihre Erkenntnisse bezüglich einer Verteilung der Verantwortlichkeiten zwischen Mitarbeitenden und Arbeitgeber, seien es Formen der Selbstorganisation, des BGM oder des Selbstmanagements?

Für mich geht es letztlich um die Frage, wie stark greift der Arbeitgeber ins Persönliche, in das Selbstmanagement der Mitarbeitenden ein. Die grosse Kunst scheint mir, wesentliche Zusammenhänge so zu vermitteln, dass es eine Veränderung im Mindset und somit im Selbstmanagement der Mitarbeitenden bewirkt. Das heisst zum Beispiel, die Leute bewegen sich mehr, trinken weniger Alkohol oder achten besser auf ausreichend Schlaf. Bei Kuhn Rikon wollen wir ganzheitlich und nachhaltig zum Thema betriebliche Gesundheit beitragen, ohne Zwang. Daher erachten wir es als Aufgabe des Managements, für förderliche Rahmenbedingungen im Sinne einer Selbstorganisation zu sorgen; denn das hat wesentlich mit Arbeitssicherheit, mit Gesundheit zu tun. Zusätzlich unterstützen uns die Gesundheits-Apostel darin, auf das Selbstmanagement der Mitarbeitenden – auch ausserhalb der Unternehmensgrenzen – günstig Einfluss zu nehmen. In eine ähnliche Richtung der persönlichen Befähigung zielen unsere Gesundheitstage mit Themen wie Arbeitsorganisation, Stressbewältigung usw. Neben Schulungen oder Weiterbildung scheint uns im Alltag eine Sensibilisierung für Themen des Selbstmanagements und der Gesundheit wichtig. So haben wir mit unserem Schlafworkshop ein konkretes Anliegen der Mitarbeitenden aufgenommen. Aufgrund von Mitarbeitendenbefragungen wurde «Schlaf» als ein Problem identifiziert. Im Workshop wurde eigentlich nur wenig Neues vermittelt. Und, was mich erstaunt hat, die Leute haben selbst bei den Atemübungen mitgemacht. Für mich ein Zeichen, dass sie sich auch bei persönlichen Themen wohl fühlen und einen Nutzen erkennen können. Wenn die 50 Teilnehmenden nach diesem Tag dann zuhause etwas Neues ausprobieren, haben wir gemeinsam ein wesentliches Ziel erreicht.

Herr Karrer, wir danken herzlich für das Gespräch.

Fabian Vollrath – movos AG

Improvisation, Kommunikation und Vertrauen – Projektmanagement während der Pandemie

Einleitung

Die APS AG kommt ursprünglich aus der Welt der Corporate Communication mit Fokus auf Live-Kommunikation. So baute die Agentur die Messe Giardina auf und betrieb diese während rund zwanzig Jahren. In der Automobilindustrie führte APS die sogenannten Kompaktfahrtrainings ein und war zehn Jahre die Hausagentur für den Schweizer Markt einer bekannten deutschen Automobilmarke. Die APS AG hat demnach jahrelange Erfahrung im Management von (Gross-)Projekten.

Mit dem Eintritt von Fabian Vollrath als Partner begann die Erschliessung der Gesundheitsbranche als weiterer Markt. Der endgültige «Übertritt» kam schliesslich mit der Corona-Pandemie: Wegen des Veranstaltungsverbots war die Giardina schlagartig ins Wasser gefallen. Fast zeitgleich ist APS von der «Swiss School of Public Health (SSPH+)» mit dem Projektmanagement von Corona Immunitas für alle nicht-wissenschaftlichen Aufgaben mandatiert worden. Dies umfasst die übergreifende Koordination, das Prozessmanagement, die Kommunikation, die Finanzen und die rechtlichen Belange – eine spannende Aufgabe und der Beginn einer neuen Ära. Dank umfassendem Netzwerk und weiteren Projekten hat sich die APS AG während dieser Zeit als Zürcher Agentur für Business Development und Corporate Communications in der Gesundheitsbranche etabliert. Die Agentur zählte zu diesem Zeitpunkt zehn Mitarbeitende mit Expertise in Recht, Ökonomie, Germanistik, Unternehmens- und Live-Kommunikation, (Social-)Marketing, visuelle Kommunikation, digital Customer Experience und Brand Experience.

Corona Immunitas bündelte schweizweit über 40 Studien. Diese untersuchten unter anderem die Ausbreitung des Coronavirus SARS-CoV-2 in der Schweiz und inwiefern eine vergangene Infektion vor einer neuen Ansteckung schützt. Anhand des Verlaufs der Pandemie wurden weitere Sub-Studien erarbeitet. Diese betrachteten die Auswirkungen der Pandemie – von mentaler Gesundheit über sozioökonomische Faktoren bis hin zur Ausbreitung der Mutationen und zu Impffragen. Corona Immunitas wurde innert weniger Tage lanciert und laufend weiterentwickelt, basierend auf einem durch führende Schweizer Experten der SSPH+ definierten, wissenschaftlichen Kernprotokoll.

In der Schweiz war das gewählte Vorgehen ein Novum, selbst international fehlten zur gegebenen Zeit replizierbare Erfahrungswerte. Corona Immunitas betrachtete den Verlauf der Pandemie über die ganze Schweiz hinweg, indem mehreren 10 000 Testpersonen mehrfach Blut abgenommen wurde und diese wöchentlich sowie monatlich befragt wurden. Das Fehlen der belastbaren Erfahrungen war ein Schubs ins kalte Wasser – Zeit für Planung und Vorbereitung, wie es für ein solches Forschungsprogramm üblich wäre, war aufgrund der Dringlichkeit nicht vorhanden. Eine Herausforderung, wie APS sie liebt.

Hintergrund

Die Idee für Corona Immunitas entstand zeitgleich mit dem ersten Lockdown ab dem 16. März 2020. Inspiriert von einer Seroprävalenzstudie in Genf, die Ende Februar 2020 gestartet wurde, suchte man nun eine geeignete Struktur für eine gleiche Studie im Kanton Zürich.

Da der Initiator in Zürich ein Stiftungsmitglied von SSPH+ mit direktem Zugang zur Direktion war, bot sich eine Partnerschaft mit SSPH+ geradezu an. Dank einem etablierten Netzwerk, eingespielten Prozessen und kurzen Entscheidungswegen war eine solche Geschwindigkeit beim Aufbau des Projekts überhaupt möglich – nicht nur für Zürich, sondern für ein landesweites Forschungsprogramm.

Problemstellung

Die allererste Herausforderung war die sogenannte «Start-up-Situation»: Die Idee und der Bedarf für ein national koordiniertes Forschungsprogramm über die Ausbreitung und die Auswirkungen des Coronavirus waren vorhanden, hingegen fehlten zu diesem Zeitpunkt mehrere wichtige Voraussetzungen: An Geld, an einem Studienprotokoll, an einem geeigneten Antikörpertest gegen SARS-CoV-2, an einer Strategie, an einer definierten Projektleitung, an etablierten Prozessen und an einer Governance. Zudem war der persönliche Austausch aufgrund des ersten Lockdowns in der Schweiz nur sehr eingeschränkt möglich, und es gab noch nicht viel Erfahrung mit Homeoffice oder Online-Konferenz-Tools. Hier kam APS ins Spiel.

Der Startschuss fiel am 22. März 2020. In den darauffolgenden Tagen passierte einiges:

+2	**24. März 2020** Corona Immunitas wird ins Leben gerufen.
+3	**25. März 2020** Start mit sechs Hochschulen in der Schweiz, alles virtuell, auf Englisch und ohne vorherige Planung.
+9	**31. März 2020** Online-Schaltung der ersten Website von Corona Immunitas mit Videos und Informationen zum Programm. Start des Fundraisings.
+16	**7. April 2020** Erster Executive Committee Call findet statt.
+30	**21. April 2020** Erfolgreiches Fundraising von CHF 4 000 000.

▲ Abb. 1 Der Start von Corona Immunitas im Zeitverlauf

In den kommenden Wochen wählte Corona Immunitas den gemeinsamen Antikörpertest aus (der sich glücklicherweise als sehr zuverlässig erwies), intensivierte die Zusammenarbeit mit Universitäten und Gesundheitsorganisationen und weitete die Forschungsfragen sowie die damit verbundenen Studien aus. Corona Immunitas professionalisierte auch die Abteilung für die interne und externe Kommunikation. Sowohl in nationalen als auch in internationalen Medien wurde regelmässig über Corona Immunitas berichtet.

Corona Immunitas war rasch zu einer wichtigen Quelle für die kantonalen und nationalen Behörden geworden, auf die sie ihre Entscheidungen zum Pandemiemanagement stützten. Damit wurde die Corona Immunitas – und somit die Organisation dahinter, die SSPH+ – zu einem zentralen Akteur im Bereich der Kommunikation von «Science to Policy» und «Science to Public».

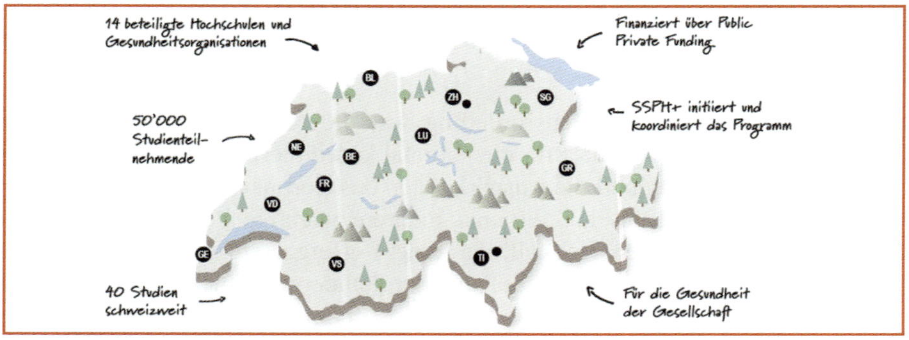

▲ Abb. 2 Die Studiencenter von Corona Immunitas sind in der ganzen Schweiz verteilt.

Fokus: Projektmanagement

Unter einem Forschungsprogramm, wie Corona Immunitas eines ist, finden sich eine Vielzahl unterschiedlicher Projekte. Man könnte deshalb anstelle von Projektmanagement viel eher von «umfassendem Programm-Management» sprechen. Da der Begriff Projektmanagement in der Geschäftswelt allerdings tiefer verankert ist, wird er im Folgenden analog zum Programm-Management verwendet.

Projektmanagement im vorliegenden Sinne konzentrierte sich wesentlich auf strategische Fragen, aber setzte gleichzeitig ein solides Verständnis für die operativen Belange voraus. Wie der Name indiziert, fliessen hier alle Informationen zusammen. Es wurde deshalb entschieden, die Organisation von Corona Immunitas in eine wissenschaftliche Programmleitung und in ein nicht-wissenschaftliches Projektmanagement aufzuteilen. Dies hat sich als sehr effizient herausgestellt, kann aber nur funktionieren, wenn die beiden Seiten in sehr engem Austausch stehen, Hand-in-Hand arbeiten und über Kenntnisse im Fachgebiet des anderen verfügen.

Scheitern ist explizit erlaubt

Rückblickend sind die Erfahrungen aus Corona Immunitas gut vergleichbar mit dem Aufbau eines Start-ups. Dies führt gewöhnlich von einer konkreten Idee zu einem marktreifen Produkt, welches für einen definierten Kreis von Konsumentinnen und Konsumenten Nutzen stiftet. Im Vergleich zur «normalen» Welt, entwickelte sich dies bei Corona Immunitas während einer Pandemie und in rasender Geschwindigkeit. Das Setting der Pandemie war einmalig; es erforderte, Entscheidungen innert kürzester Zeit zu treffen, die unter normalen Voraussetzungen mehrere Iterationen bedürften. Das setzt voraus, dass Scheitern explizit erlaubt ist, gar fundamentaler Teil der Entscheidungen darstellt. Niemand wusste aufgrund der äusserst dynamischen Situation, was richtig oder falsch war. Generell gesprochen sind während der Pandemie Begriffe wie Sicherheit, Wissen und Wahrheit sehr relativ zu betrachten. So auch der Hierarchiebegriff.

Mut zur Ungewissheit

Aufgrund dieser Relativität von Hierarchie sind jene Fähigkeiten bedeutend, die das Finden viabler Lösungen ermöglichen: Methodische Kompetenz und Mut zur Ungewissheit. Um damit erfolgreich jonglieren zu können, ist eine gewisse fatalistische Haltung notwendig. Denn was heute gilt, muss morgen längst nicht mehr gelten. Es muss also eine – zumindest im zentraleuropäischen Kontext – niedere Kompetenz in Perfektion gelebt werden können: die Improvisation. Die Improvisation heisst, auf Krisen vorbereitet zu sein, sie vielfach sogar selbst hervorzubringen und sie für das improvisatorische Geschehen produktiv zu machen (Bertam Georg W., Rüsenberg Michael, Improvisieren! Lob der Ungewissheit, Reclam 2021, S. 98).

Improvisation heisst nicht, nicht vorbereitet zu sein

Eine Pandemie bedeutet, mit Ungewissheiten und einem sich ständig verändernden Umfeld umzugehen. Planung ist schwierig, Improvisation ist gefragt. Improvisation ist, so die Erfahrung aus Corona Immunitas, die Fähigkeit, aus dem Unerwarteten einen positiven Output zu generieren. Konkret heisst das, dass man eine definierte Strategie mit mehreren Szenarien als Grundlage hat. Diese Szenarien können wiederum der Situation angepasst werden. Es geht also auch darum, in der Lage zu sein, eine mögliche Entwicklung vorauszusehen und entsprechend zu handeln. Somit heisst Improvisation nicht, nicht vorbereitet zu sein. Um zu einem bestimmten Zeitpunkt die bestmögliche Entscheidung treffen zu können, muss man über möglichst viele Informationen verfügen, um sein Handeln an die neuen Anforderungen anzupassen.

Eine erfolgreiche Improvisation erfordert überdies Vertrauen. Wenn man eine – aus Sicht des Projektmanagements – gute Lösung für ein aufkommendes Problem hat, braucht man das Vertrauen aller Teammitglieder, um entsprechend zu agieren oder zu reagieren. Andernfalls gibt es Verzögerungen, was die Flexibilität im Handeln einschränkt.

Die richtigen Fragen stellen

Dass APS kein Insider in der «Public Health Szene» war, hatte einen grossen Vorteil: Seitens APS war – negativ ausgedrückt – keine «Déformation professionelle» vorhanden. Daher konnte sich APS mit nüchternem Blick auf Prozesse, Strukturen und letztlich auf die Lösungsfindung konzentrieren. Hinzu kam, dass APS die richtigen Fragen stellen konnte und für die Know-how-Träger keine Konkurrenz darstellte. Somit konnte offen über Ideen und Probleme diskutiert werden – und mittels Dialogs die beste Lösung gefunden werden.

Gesunde Respektlosigkeit

APS war mit einer gesunden Respektlosigkeit vor dem System und dem Bewährten in der Lage, Experimente zu wagen und positive Ergebnisse dieser Experimente in den operativen Alltag zu implementieren. APS entwickelte über Zeit einen konstruktiven Umgang mit Unerklärbarem, Kontrafaktischem, Unperfektem und Unschärfen. Dies jeweils intern zu kommunizieren, war aufgrund der Volatilität der Pandemie eine grosse Herausforderung.

Methodisch war Corona Immunitas auf dem Weg zur Selbstorganisation, primär geprägt von Lean Management. Aufgrund der Zeitkomponente musste jedoch teilweise deutlich radikaler als in gängigen Ansätzen vorgegangen werden – oft ziellos, wirr und ohne messbare Komponenten. Daher kreierte APS ständig

Settings, die bewusst dem Zufall grossen Raum liessen. Es wurden Räume für Selbstmanagement geschaffen und starre Muster der beteiligten Mitarbeitenden, Organisationen und externen Stakeholder gezielt in Frage gestellt. Es ist hier klarzustellen: Dies war nur möglich, weil zwischen den Stakeholdern im Kernteam sehr grosses Vertrauen herrschte und intensiver Austausch gepflegt wurde.

Aus Sicht des Projektmanagements kann mitgenommen werden:

- Verletzbarkeit ist speziell in Pandemiezeiten erhöht – gegenseitige Rücksicht schafft Vertrauen und ein Gefühl des Kollektivs und ermöglicht das Finden passender, viabler Lösungen.
- Fachliche Inkompetenz ist ein Mehrwert, sofern richtig eingesetzt. Dies ermöglicht dem Projektmanagement, sich auf die Arbeit am System zu konzentrieren, also auf das Gestalten des Kontexts zu fokussieren und damit eine Kultur der Potenzialentfaltung zu fördern.
- Der experimentelle Ansatz darf nicht missbraucht werden, um fehlende Sorgfalt zu legitimieren.

Take Home Messages

Kultur des Scheiterns erlauben

Detaillierte Planung ist in schnelllebigen Projekten kaum realistisch – das hat die Pandemie eindrücklich gezeigt. Deshalb sollte man sich weniger auf die Strukturen des organisatorischen Planens, sondern auf die Fähigkeiten des flexiblen Reagierens fokussieren. Dies bedeutet auch, dass man sich nicht von der Angst vor dem Scheitern durch Improvisation zurückhalten lassen sollte. Improvisation ist nicht gleichbedeutend mit Scheitern per se. So sollte man genügend Spielraum für Anpassungen im Projekt lassen und die Illusion aufgeben, dass man alles kontrollieren könne. Die Kunst der Führung liegt darin, einen Raum zu schaffen, der allen Beteiligten so viel Freiheit wie möglich lässt und sich darin eine Kultur des erlaubten Scheiterns entwickeln kann – ganz im Sinne einer funktionierenden Selbstorganisation.

Gezieltes Stakeholder-Management betreiben

Im Grundsatz mangelt es jedem Projekt in der freien Marktwirtschaft an Ressourcen. Die Herausforderung liegt darin, die jeweils begrenzten Ressourcen richtig zu allozieren und einen Mehrwert für Kunden zu generieren. In einer Krisensituation spitzt sich dieses Problem zu; nicht nur die Ressource Personal und Wissen sind begrenzt, sondern auch die Ressource Erfahrung ist deutlich begrenzter. Entscheidungen auf dünner Grundlage unter Bezugnahme auf Analogien sind die Norm. In Extremis zeigt sich dies sodann bei wissenschaftlichen Projekten in einer Krisensituation und einer sehr ausgeprägten Erwartungshaltung seitens der Stakeholder. Hier muss mit Disziplin, Vertrauen und einer guten Intuition gearbeitet werden – oder anders gesagt, mit zugeschnittenem Stakeholder-Management. Das Vertrauen und die Disziplin schaffen Raum, um die Ressourcen effizient einzusetzen, auf Kontrolle muss weitgehend verzichtet werden. Basis für all das ist funktionierende interne Kommunikation, wie auch Reto Wegmann in seinem Beitrag in diesem Buch zu den Kommunikationskosten in Krisenzeiten formuliert: Der Kommunikationsinhalt gewinnt insbesondere für Führungspersonen an Wichtigkeit, dieser schafft Orientierung. Diese Orientierung ist Conditio sine qua non für Improvisation.

Veränderungen als Chance nutzen

Wie überall in der Unternehmenswelt galt es auch bei Corona Immunitas, Veränderungen von Märkten im Voraus zu erkennen und sich diese durch eigene Impulse zu Nutzen zu machen. APS konnte sich durch die Arbeit bei Corona Immunitas innert zwei Jahren einen Namen als kompetenter Partner in der Gesundheitsbranche für Business Development und Corporate Communications machen. Dieser Transformationsprozess führte im Sommer 2022 zu einem radikalen Schnitt, der Lösung des Gesundheitsbereichs aus APS in die movos AG.

Ermutigung zur demütigen Führung

Ausserhalb des Krisenmodus sind diese Erfahrungen als Inspiration für mehr Mut in der Führung zu verstehen. In meiner Rolle als CEO von movos habe ich eine zentrale Erfahrung aus Corona Immunitas mitgenommen: Vertrauen in der Zusammenarbeit wird genährt durch das kollektive Verständnis der individuellen Unerlässlichkeit und dem Zutrauen der jeweiligen Rolle. Meine Rolle als CEO verstehe ich darin, einen Raum zu schaffen, der individuelle Entfaltung ermöglicht und Scheitern als Basis von Erfolg darstellt.

Wir dürfen nicht vergessen, was während der Pandemie möglich war, auch wenn nicht alles, was in der Krise galt, allgemeingültig sein muss. Allgemeingültig ist jedoch, dass Mut eine zentrale Komponente für Innovation ist. Dies basiert auf demütiger Führung.

Literaturverzeichnis

Bertam, Georg W.; Rüsenberg, Michael (2021): Improvisieren! Lob der Ungewissheit, Reclam 2021.

Leo Camenzind – SUVA

Von der Expertenorganisation zur Selbstorganisation

Einleitung

In den letzten fünf Jahren habe ich viel über die Selbstorganisation gelernt. Unsere Abteilung Unternehmensentwicklung (ABT UE) hat die Reise von einer klassisch funktionalen Expertenorganisation in die Selbstorganisation gewagt und ist sehr zufrieden mit den Ergebnissen. Dieser Erfahrungsbericht erzählt vom Vorgehen, berichtet über die Teilerfolge, beschreibt, wie die grossen Herausforderungen gemeistert wurden, und er zeigt auch Lösungsansätze, die bewusst nicht weiterverfolgt wurden. So kann die Leserin und der Leser von den Erfahrungen profitieren, wenn in der eigenen Unternehmung oder Organisationseinheit der Schritt zur Selbstorganisation geplant wird. Die Reise in die Selbstorganisation war abwechslungsreich. Sie führte durch ruhige aber auch durch stürmischere Gewässer. Die angeführten Beispiele sind zufällig gewählt und geben Einblick in die gewählte Vorgehensweise. Der Bericht beginnt im Jahr 2018 mit der Vorgeschichte und dem, was die funktional strukturierte Organisation zum Aufbruch in die Selbstorganisation bewegt hat (vgl. ▶ Abb. 1). Die ABT UE (oder das UE-Team) berät und unterstützt die Geschäftsleitung der Suva in Fragen der Unternehmensentwicklung und besteht aus 18 Mitarbeitenden. Die Suva versichert auf der Grundlage des Bundesgesetzes über die Unfallversicherung (UVG) die Hälfte der Berufstätigen in der Schweiz gegen die Folgen von Unfällen und Berufskrankheiten. Wer mehr über die Suva erfahren möchte, findet umfangreiche Informationen zur Geschichte, zum Modell und zum Auftrag und vieles mehr auf www.suva.ch.

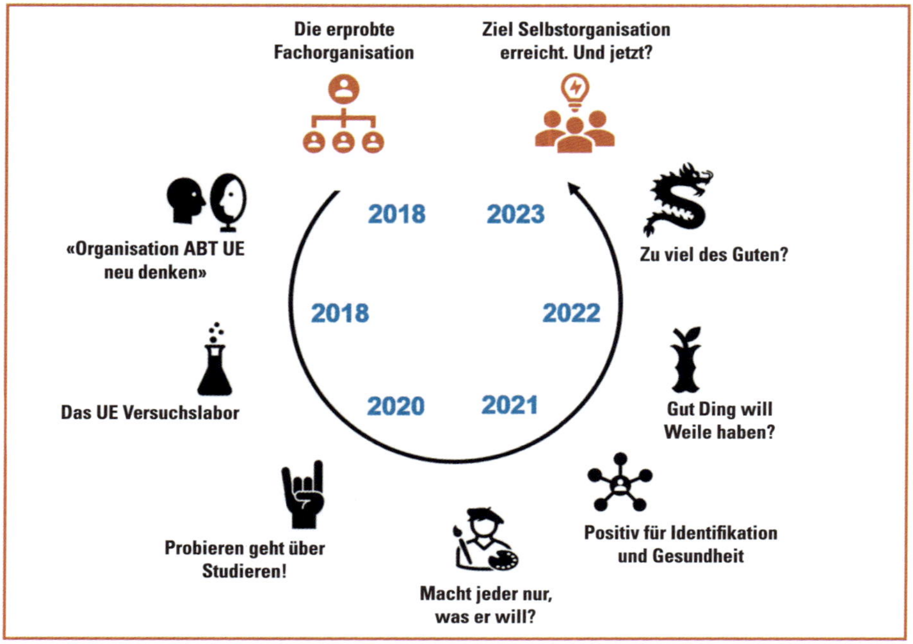

▲ Abb. 1 Erfahrungsbericht: Reise von einer klassisch funktionalen Expertenorganisation in die Selbstorganisation

Die erprobte Fachorganisation

Im Frühling des Jahres 2018 verlaufen die Arbeiten in der ABT UE in geordneten Bahnen. Genau so, wie eine gut organisierte und strukturierte Expertenorganisation funktionieren soll. Die Prozesse sind allen Mitarbeitenden der ABT UE bekannt und die langjährigen Mitarbeitenden führen Routinearbeiten mit fixer Personen-Aufgaben-Zuteilung aus. Hektisch wird es immer dann, wenn unerwartet dringliche Aufträge eingehen. Dann müssen die zuständigen Expertinnen und Experten ihre Arbeiten neu ordnen und ihre Einsatzplanungen anpassen. Sind die zuständigen Mitarbeitenden einige Tage abwesend, muss mit der Auftragsklärung zugewartet werden. Und falls nicht zugewartet werden kann, dann ist die Führung gefragt. Sie muss eine Lösung finden. Das letzte Wort hat immer der Abteilungsleitende. Nur wenn die Fragestellung auf einen Bereich beschränkt ist, können auch die Bereichsleitenden entscheiden. Alle Arbeiten sind thematisch auf die drei Fachbereiche Controlling, Qualität und Projekte aufgeteilt. Die von der ABT UE betreuten Werkzeuge werden als UE-Standards bezeichnet. Aktuelle UE-Standards sind der Führungsprozess, die Strategieentwicklung, das Prozessmanagement, das Lean-Portfoliomanagement, das Innovations- und Verbesserungsmanagement sowie das Nachhaltigkeitsmanagement. Die Arbeiten werden den Mitarbeitenden von ihren direkten Vorgesetzten zugewiesen. Der Abteilungsleitende stellt neue Mitarbeitende ein. Die Bereichsleitenden stellen sicher, dass alle ihren Aufgaben entsprechend ausgebildet sind (vgl. ▶ Abb. 2).

Jeder Bereich berät und unterstützt in spezifischen und gut abgegrenzten UE-Standards. Die Arbeitsweisen sind im Jahr 2018 so eingeübt, dass sich selbst die Dienstältesten nicht an andere Vorgehensweisen oder Strukturen erinnern können. Die Schwerpunkte der Unternehmensentwicklung haben sich über Dekaden kaum verschoben. Was sich ab und zu ändert, ist das Aufgabenspektrum. Hier zwei Beispiele von Aufgabenänderungen in den letzten Jahren:

1. Aufgrund der Erhöhung des Homeoffice-Anteils konnten die Büroflächen reduziert werden. Das Unternehmen musste Lösungen für die Umnutzung der Liegenschaft und die notwendigen Anpassungen im Mieterausbau finden. Zum Mieterausbau gehören die mieterspezifischen Ausstattungen der Mietflächen sowie alle baulichen Massnahmen, die damit verbunden sind. Ein kleines Team, das sich mit diesen Fragen beschäftigte, wurde in der ABT UE aufgebaut. Nachdem die Corporate-Real-Estate-Strategie und deren Umsetzung festgelegt waren, wurden die in diesem Bereich tätigen Mitarbeitenden von der ABT UE in die ABT Immobilien verschoben.
2. Weil die analoge Vermittlertelefonie durch die Digitaltechnik abgelöst wurde, fielen in der Folge die bis dahin von der ABT UE ausgeführten Aufgaben in Unterhalt und Betrieb der alten Telefoninfrastruktur weg. Die Personalressourcen wurden folgerichtig der internen Informatikabteilung für den Unterhalt und den Betrieb der neuen digitalen Telefoninfrastruktur übergeben.

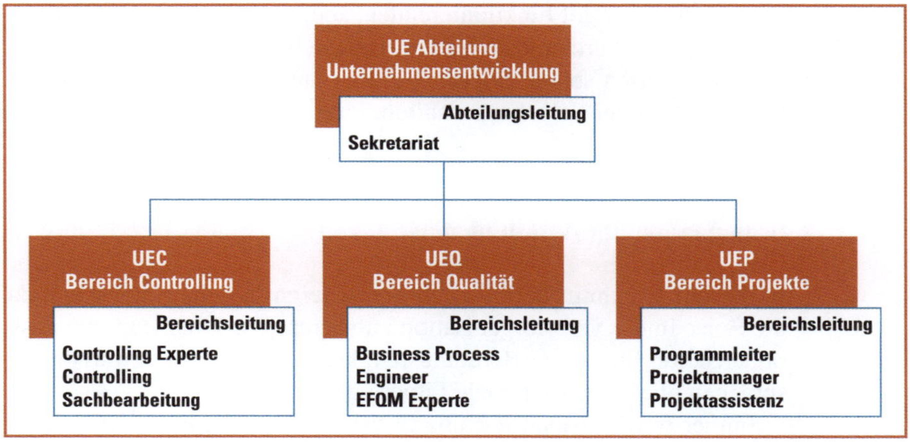

▲ Abb. 2 Klassische Expertenorganisation der ABT UE im Jahr 2018

Diese zwei Beispiele zeigen, wie sich die Aufgaben der Unternehmensentwicklung verändert haben, nicht aber die über Jahre etablierte funktionale Aufbauorganisation.

Die grösste Schwäche dieser funktionalen Expertenorganisation war unstrittig die Auftragsklärung. Wenig kundenfreundlich musste sich der interne Auftraggeber überlegen, in welchen Verantwortungsbereich die Aufgabenstellung passen würde. Und immer, wenn Fachexperten aus mehreren Bereichen zur Lösung einer Aufgabe eingesetzt wurden, mussten die Bereichsleitenden den Einsatz mit ihren Mitarbeitenden absprechen und die Bereichsplanung anpassen. Die Klärung eines Auftrags konnte so gut und gerne zwei bis drei Wochen dauern. Weil die allermeisten Aufträge von den Bereichsleitenden verantwortet wurden, verzögerten sich Arbeiten oft zusätzlich aufgrund von Ressourcenengpässen. Trotz dieser offensichtlichen Schwächen mit langatmigen Auftragsklärungen und eher langen Durchlaufzeiten waren die Rückmeldungen der Auftraggeber positiv. Wohl deshalb, weil die Schwächen durch gewichtige Stärken ausgeglichen wurden. So überzeugte diese Organisation mit einem grossen Expertenwissen in den UE-Standards und mit einer hohen Liefertreue. War ein Auftrag erst einmal in allen Fachbereichen eingeplant, dann wurde auch auf Termin ausgeliefert. Zudem wurden die Arbeiten sehr gewissenhaft und umsichtig ausgeführt.

Ohne unsere Abteilungsvision «Wir halten die Suva fit» wäre es sehr wahrscheinlich nie zu diesem Erfahrungsbericht gekommen. Denn diese Abteilungsvision heisst für uns, wer andere fit halten will, der muss auch vorbildlich fit bleiben und regelmässig trainieren. Für uns Unternehmensentwicklerinnen und Unternehmensentwickler heisst dies konkret, nicht nur ständige Verbesserung predigen, sondern auch ständig nach Verbesserungen suchen. Immer öfters wurde deshalb die Frage gestellt: wie kann die sehr stark von Weisung, Planung und Kontrolle geprägte funktionale Expertenorganisation verbessert werden? Wie können die zwar gut funktionierenden, aber doch recht festgefahrenen Strukturen so weit gelöst werden, dass Veränderungen nicht an starren Strukturen scheitern? Wir diskutierten schon länger rege über andere Organisationsformen. Und eine Idee, die Idee der Selbstorganisation, faszinierte uns alle ganz besonders.

Organisation der Abteilung neu denken

In diesem Abschnitt berichte ich über Ereignisse, die schliesslich dazu führten, die Reise in die Selbstorganisation zu wagen. Die Überzeugung, dass die Selbstorganisation für unsere Beratungstätigkeit sehr gut passen müsste, ist in den Gesprächen über organisationale Fitness gewachsen.

Immer wieder haben wir uns Gedanken über organisationale Verbesserungen gemacht. Bis die Bereitschaft so gross war, die Selbstorganisation tatsächlich zu starten. Die Bereitschaft war wohl auch deshalb so schnell genügend gross, weil in der ABT UE selbständige Wissensarbeitende allen Alters mit zumeist betriebswirtschaftlichen Ausbildungen und Erfahrungen arbeiten. Sie sind gemäss Mitarbeitenden-Befragung sehr motiviert und von der Sinnhaftigkeit der obligatorischen Unfallversicherung überzeugt. Diese Eigenschaften sind wichtige Pfeiler in einem Veränderungsprozess. Im Folgenden beschreibe ich das Wesen unserer Unternehmensentwicklung etwas ausführlicher, weil der intrinsische Antrieb zu Veränderungen und experimentelle Vorgehensweisen eng mit der Arbeit in der Unternehmensentwicklung zusammenhängen.

Die Gedanken der Beratenden in der ABT UE sind geprägt von der Frage, was der Suva in Zukunft den Erfolg sichern kann. Management-Methoden und -Werkzeuge zur Beantwortung dieser Frage gibt es sehr viele: von der Strategieentwicklung über die Umsetzung bis zu den Benchmarking-Vergleichen und Unternehmensbewertungen. Die Suche nach besten Praktiken im Erfahrungsaustausch mit anderen Unternehmen oder in der strategischen Umfeldanalyse führt uns die sogenannte VUKA- oder BANI-Welt tagtäglich vor Augen. VUKA oder BANI sind im strategischen Management etablierte Begriffe. VUKA steht für zunehmend volatilere, unsicherere, komplexere und mehrdeutigere Welt, BANI geht noch weiter und beschreibt die Welt als brüchig, ängstlich, nicht-linear und unbegreiflich. Die Suva wird massgeblich von zwei Treibern beeinflusst: von den technologischen und den sozioökonomischen Entwicklungen in der Schweizer Gesellschaft. Die von diesen beiden Treibern angestossenen Veränderungen sind schliesslich auch massgebliche Elemente unserer Unternehmensstrategie «avance»-plus. Die Strategie besagt, dass die Suva die sich bietenden technologischen und gesellschaftlichen Chancen nutzen will, um dem Werkplatz Schweiz Mehrwert zu bieten. So hat beispielsweise das erwartete Potential der Digitalisierung, speziell jenes der selbstlernenden Systeme, die Geschäftsleitung dazu bewogen, in einem rund acht Jahre dauernden Transformationsprozess die Kernprozesse und in der Folge auch die gesamte Aufbauorganisation der Suva umzubauen. Mit den Veränderungen im Umfeld der Suva – man denke nur an die Coronaviruspandemie und den damit verbundenen Implikationen auf den Werkplatz Schweiz – und den grossen internen Umbauvorhaben veränderten sich gleichzeitig auch die Anforderungen an die interne Unternehmensberatung. Wenn die Veränderungen im Umfeld unberechenbarer werden, ruft das nach Analysen zu Auswirkungen auf die Unfallversicherung. Diese müssen selbstverständlich schnell und trotzdem in bester Qualität geliefert werden. Zudem kann damit gerechnet werden, dass die Veränderungsgeschwindigkeit hoch bleibt und stetig neue Herausforderungen auftreten werden. Eindrucksvolle Beispiele für unerwartete Herausforderungen sind beispielsweise die Strom- oder Gasmangellage. Im Sommer 2022 hatte man diese Herausforderung erkannt. Und innerhalb weniger Wochen mussten Konzepte mit Massnahmen für alle Standorte erarbeitet werden.

Es waren also nicht nur der Drang nach Verbesserung, sondern auch die steigende Belastung durch immer mehr und immer dringendere Fragestellungen zur

VUKA- und BANI-Welt, welche die Reiselust in eine neue Organisationsform befeuerte. Im Frühling 2018 wurden dann vergleichbare Unternehmen aufmerksam beobachtet. Und mit befreundeten Organisationen, die bereits Formen der Selbstorganisation anwenden, wurden Erfahrungen ausgetauscht. Erstaunlich, wie viel im Erfahrungsaustausch von anderen Organisationen gelernt werden kann. Viele sind ebenfalls auf einer Reise in die Selbstorganisation und berichten gerne und detailliert darüber. Auffallend waren die vielen positiven Erfahrungen mit der Vorgehensweise in überschaubaren Schritten, also in Schritten der Veränderung, die auch für die Mitarbeitenden überblickbar und nachvollziehbar sind. Für uns war das keine neue Erkenntnis. Das schrittweise Vorgehen ist in unserer Organisationsentwicklung schon länger erklärter Veränderungsleitsatz.

Das UE-Versuchslabor

Weil die Entwicklung in kleinen Schritten mit Selbstversuchen ein wichtiges Element auf unserem Weg zur Selbstorganisation war, berichte ich hier etwas ausführlicher. Die beschriebenen Selbstversuche sind zufällig ausgewählt und zeigen, wie unterschiedlich und vielfältig unsere Schritte zur Selbstorganisation waren. Nicht alle Beispiele sind typisch. Aber trotzdem waren sie für uns wichtig, weil dank diesen Erfahrungen die weiterführenden Versuche mit viel Selbstvertrauen angegangen wurden. So wurde der Mut gestärkt, auch schwierig erscheinende Veränderungen schnell und in kurzen Lernschlaufen anzugehen.

Als erstes wurde das Fundament geschaffen: Desksharing, Teilzeitarbeit in der Führung, Homeoffice, Fix-Tage, Rotationen, Stages uvm. Dies alles waren für das UE-Team essenzielle Entwicklungsschritte. Und weil sie für das Funktionieren des UE-Teams so wichtig waren, wurden auch alle mit in die Entscheidungen einbezogen. Was wiederum dazu führte, dass sich die Mitarbeitenden der ABT UE mehr und mehr als Teil eines Suva internen Versuchslabors verstanden, eines Labors, wo man aktiv experimentieren und mitgestalten kann. So waren alle damit einverstanden, mit einer neuen Organisationsform zu experimentieren. Dabei sind auf unserer Reise längst nicht alle Veränderungen gelungen. Einige wurden schnell abgebrochen, andere erst nach einer längeren Testzeit mit ein bis zwei Iterationen. Trotzdem gab es im UE-Team nie Streitigkeiten. Schnell waren die wichtigsten Vorteile den gewichtigsten Nachteilen gegenübergestellt. Entweder wurde dann die definitive Verankerung oder aber der Abbruch der Übung beschlossen. Hier zwei Beispiele für gelungene Selbstversuche:

1) Der Nutzen des persönlichen Austausches in der Wissensarbeit ist unbestritten. Wir suchten deshalb laufend nach Verbesserungen. Dabei stand das Feedback im Zentrum der Versuche. Feedbacks sind so wertvoll, weil sie einen Vergleich von Fremd- und Selbstwahrnehmung ermöglichen. Was für die persönliche Weiterentwicklung wichtig ist. Das Feedback ist besonders wir-

kungsvoll, wenn ein blinder Fleck der Persönlichkeit entdeckt und dieser entwickelt werden kann. Allerdings ist schon ein Feedback zwischen zwei Personen herausfordernd. Noch schwieriger sind Feedbacks in der Gruppe. Im Selbstversuch haben wir in stündigen Workshops unsere Stärken und Verbesserungspotentiale in der Gruppe geteilt. Diese Gruppen-Feedbacks sind ungemein bereichernd und schweissen die Gruppe zusammen.

2) Ein weiterer toller Erfolg war die stetige Veränderung der Teamstrukturen durch junge Berufseinsteigende. Zwei bis drei der achtzehn Stellen sind mit Junior-Beratenden besetzt. Ihr Einsatz ist auf zwei bis drei Jahre befristet. Während ihnen ein Einstieg im spannenden Bereich der Unternehmensentwicklung ermöglicht wird, stimulieren sie im Gegenzug das Team stets mit neuen Ideen, Kompetenzen und Charakteren. Indem das UE-Team regelmässig neuformiert wird, werden Veränderungen zur Normalität. Die Veränderungsfähigkeit der Mitarbeitenden wurde so deutlich verbessert.

Leider waren längst nicht alle Experimente erfolgreich. Hier zwei Beispiele von abgebrochenen Selbstversuchen:

1) Mit Hilfe einer «Skills Matrix» sollte nach Auftragseingang sofort erkannt werden, ob die benötigten Kompetenzen im UE-Team vorhanden sind. Es wurde ein Werkzeug entwickelt, in dem sämtliche für die Unternehmensentwicklung wichtigen Kompetenzen sowie alle Mitarbeitenden in einer Matrix erfasst waren. Dann wurden alle Mitarbeitenden aufgefordert, ihre Fähigkeiten und Fertigkeiten in der Matrix zu erfassen und zu bewerten. Jede Kompetenz konnte in vier Stufen von tief bis hoch bewertet werden. Sehr schnell wurde klar: Dieser Versuch kann nicht gelingen. Der Aufwand war einfach zu gross. Eine Bewertung ist nur sinnvoll, wenn alle in etwa den gleichen Massstab anlegen. Dazu müssten sich die Mitarbeitenden aber über jede Kompetenz sehr detailliert unterhalten. Das dauert viel zu lange. Zumal im versammelten UE-Team die Kompetenzen sehr schnell adhoc abgefragt werden können. Und dazu braucht man keine «Skills Matrix».
2) Supervisorinnen oder Supervisoren sollten beigezogen werden, wenn unerfahrene Beratende der ABT UE Hilfe benötigten. Obwohl jedem UE-Standard erfahrene Supervisoren zugewiesen wurden, hat man sie nicht gebraucht. Die jungen Beratenden legten so viel Ehrgeiz und Engagement an den Tag, dass sie praktikable Lösungen ohne die Unterstützung von Supervisoren selbstständig und in Eigenregie fanden. Was den grossartigen Effekt hatte, dass sich ihr Wissen und ihre Kompetenzen ungemein schnell entwickelt hatten.

Diese sporadischen Misserfolge haben die Experimentierfreude nicht gebremst. Eine wichtige Lektion aber ist folgende: Je einfacher Regeln und Rituale sind, desto schneller können sie umgesetzt werden und desto erfolgreicher sind sie. Unsicherheiten können in Überforderung umschlagen, was nicht nur demotivierend wirkt, sondern auch die Leistung aller Mitarbeitenden im Team negativ beeinflusst.

Probieren geht über studieren!

Bereits Immanuel Kant soll im 18. Jahrhundert mit dem Begriff der Selbstorganisation hantiert haben (Wikipedia). Ein Organisationskonzept dazu für Unternehmer gibt es in der Organisationslehre auch schon viele Jahre. Warum ist der Wunsch in unserer Organisationseinheit auf eine Reise in die Selbstorganisation erst jetzt aufgetaucht? Unsere Erfahrung zeigt, es braucht Personen, welche die Idee in die Organisation tragen und diese dort immer wieder ins Gespräch bringen. Wer oder was genau die Reorganisation ins Rollen gebracht hatte, ist heute nicht mehr klar. Das Allerwichtigste war: der Entschluss wurde gefasst und damit konnten die notwendigen Vorbereitungen starten.

Wir überlegten, welche Dinge zu Beginn der Reise wichtig wären. Am wichtigsten schienen uns: Regeln, an denen sich alle orientieren konnten und ein Controllinginstrument, welches uns zeigen würde, wie unsere Reise vorankommt. Wie recht wir hatten und wie wichtig diese beiden Hilfsmittel waren, das wurde mit jedem Schritt in die Selbstorganisation offensichtlicher. Bereits die ersten Diskussionen im versammelten UE-Team haben die verschiedenen Facetten der Selbstorganisation gezeigt. So müssen beispielsweise auch negative Aspekte wie die der Vorteilsnahme oder der Überforderung im Auge behalten werden. Ein gemeinsames Verständnis zu diesen Aspekten kann am besten mit einfachen Regeln geschaffen werden. Abmachungen zu treffen, die für alle akzeptabel sind, braucht Zeit. In der ABT UE waren das mehrere Halbtage, begleitet von schriftlichen Diskursen im internen Blog. Im UE-Blog werden Artikel geteilt, die im Zusammenhang mit der Entwicklung der Suva interessieren. So wurde diskutiert, wie man Selbstorganisation verstehen kann, was man sich davon verspricht und welche Vor- und Nachteile die Selbstorganisation zeigen könnte. Der UE-Blog war ein Hilfsmittel, welches im intensiven Dialog die Überzeugung für die Selbstorganisation wachsen liess. Schliesslich war es so weit und der Pilot «UE-Selbstorganisation» wurde gestartet. Und zwar ganz ohne Sorgen und Ängste, weil uns die zahlreichen Versuche gelernt hatten, dass ein Versuch jederzeit abgebrochen und die Organisation in den Ausgangszustand zurückversetzt werden kann.

Natürlich mussten wir nicht so viele Rahmenbedingungen diskutieren, wie das wohl in einem KMU notwendig wäre. Die grundsätzlichen Rahmenbedingungen der Suva galten selbstverständlich für die ABT UE weiterhin. Zu diesen Rahmenbedingungen gehört beispielsweise das Führen mittels Prozesse. Dieses besagt: Es gilt, alle Leistungen nachweislich effektiv und effizient zu erbringen, was in der Folge ein Strukturieren der Arbeiten in mit Kennzahlen gelenkten Prozessen erforderlich macht. Weitere Beispiele für Rahmenbedingungen sind die Prozesse der Personalgewinnung, -bindung und -entwicklung. Diese Prozesse gelten für das ganze Unternehmen. Die Linienverantwortlichen fördern und bewerten die Mitarbeitenden im Rahmen des vorgegebenen Perform-Prozesses. Der Perform-Prozess gibt vor, wie und in welchem Rhythmus die persönliche Entwicklung mit den Mitarbeitenden erörtert und dokumentiert wird.

Mit vier Regeln ist das UE-Team in die Selbstorganisation gestartet:

Regel 1: Wir haben einen verbindlichen Prozess, der festlegt, wie die UE-Aufträge erledigt werden.

Regel 2: Wir treffen uns immer montags zum stündigen UE-Meeting und stimmen dort alle Arbeiten nach fixer Agenda ab. Fragen an Kolleginnen und Kollegen werden bis Freitag in der Agenda eingetragen.

Regel 3: Wir legen immer gemeinsam fest, wer einen Auftrag klärt und wer ihn abwickelt. Eine Person übernimmt dabei die Mandatsleitung. Die Mandatsleitung stellt die Einhaltung des Prozesses sicher und informiert im UE-Meeting über spezielle Entwicklungen und Erfahrungen.

Regel 4: Wir evaluieren alle Vorhaben nach Abschluss mit einer Befragung des Auftraggebers und teilen die Erkenntnisse im UE-Meeting, bevor wir den UE-Auftrag abschliessen.

Dieses einfache Regelwerk sollte ausreichen. Die nächste Überlegung galt den Werkzeugen. Für die elektronische Zusammenarbeit und als Ablage für Informationen und Dokumente wird in der Suva ein «Wiki» (Confluence von Atlassian) verwendet. Das würde sicher auch in der Selbstorganisation den gleichen Nutzen stiften und unseren Ansprüchen genügen. Gleiches galt für das Prozessmanagement. Am bestehenden und gut funktionierenden Beratungsprozess musste nichts angepasst werden. Als einzige prozessuale, dafür herausfordernde und wesentlichste Fragestellung blieb die für die Selbstorganisation ungemein wichtige Abstimmung der laufenden UE-Aufträge. Welches Werkzeug konnte helfen, die Aufträge gemeinsam zu steuern und jederzeit den Überblick über alle laufenden Aufträge zu behalten? Die Wahl fiel auf die Kanban-Methodik, weil diese die gewünschte Agilität im Umgang mit den UE-Aufträgen versprach. Weil wir vor Jahren schon einmal ein physisches Kanban eingeführt haben und mit diesem Versuch gescheitert sind, sollte jetzt eine elektronische Variante den Erfolg bringen. Das Kanban (japanisch für Behälter oder Beleg) entsprang in den 1950er Jahren dem Toyota-Produktionssystem. Es unterstützt die Steuerung von Arbeiten im Pull-Prinzip (englisch für das Prinzip des selbständigen Abholens von Aufträgen). Das UE-Kanban sollte möglichst einfach gehalten werden. Deshalb wurden nur vier Kanban-Schritte (Eingang, Klärung, Abwicklung, Abschluss) und fünf Kanban-Bereiche (Führungsunterstützung, Projekt- und Projektportfoliomanagement, Prozessmanagement, Innovations- und Verbesserungsmanagement, Aufträge und Projekte) definiert (▶ Abb. 3):

1. Eingang: Jeder kann im Eingang einen UE-Auftrag anlegen. Im Minimum soll angegeben werden, wer der Auftraggeber ist und was mit dem Auftrag erreicht werden soll (Ausgangslage und erwartete Ergebnisse). Gemeinsam soll dann entschieden werden, wer die Klärung vornimmt und wann diese mit einem Auftragspapier abgeschlossen werden soll.
2. Klärung: Die oder der Mitarbeitende oder ggf. ein kleines Team arbeitet sich in die Thematik ein und klärt den Auftrag mit der Auftraggeberin. Gemeinsam soll dann entschieden werden, wer den Auftrag abwickeln kann und wer die Einhaltung der Regeln verantwortet.

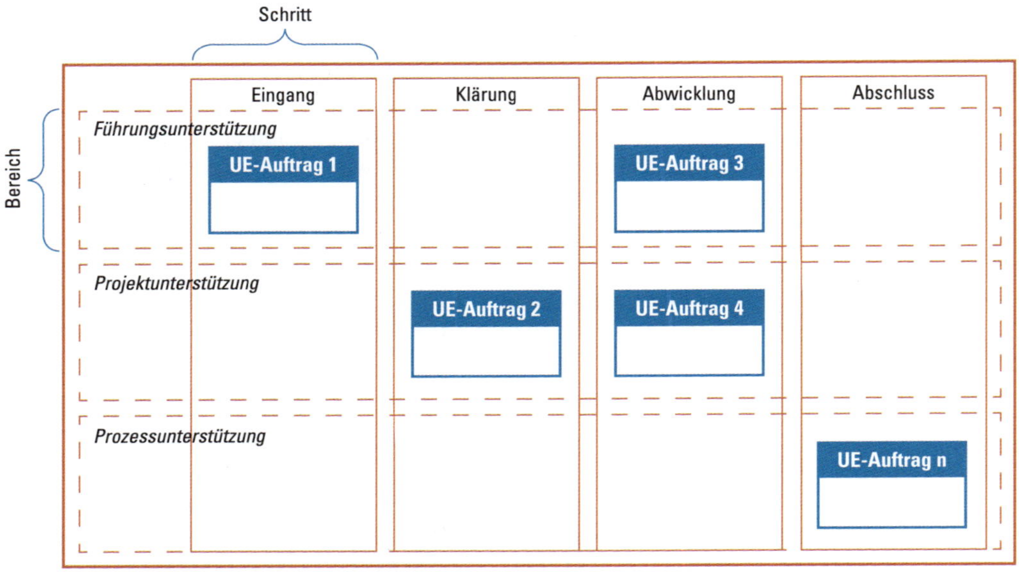

▲ Abb. 3 UE-Kanban zur gemeinsamen Steuerung der UE-Aufträge (mit drei der fünf Bereiche)

3. Abwicklung: Die Mitarbeitenden, die zusammen einen Auftrag abwickeln, organisieren sich selbst. Sie legen selbst fest, wie sie den Auftrag angehen, welche Methoden und Werkzeuge sie einsetzen, ob und wenn ja, welche Unterstützung sie benötigen, in welchem Rhythmus sie sich treffen, wie die Zwischenergebnisse dokumentiert werden und vieles mehr.
4. Abschluss: Nachdem die Ergebnisse vorgestellt und dem Auftraggeber ausgeliefert wurden, wird ein 5-Finger-Feedback eingeholt, wie wir es in der Suva erfolgreich systematisiert haben.

Es wurde eine 12-Wochen-Pilotphase beschlossen. Das müsste ausreichen, um zu sehen, ob die Selbstorganisation mit den vier Regeln und der Steuerung im UE-Kanban-Board die ABT UE bei unverändert hoher Qualität effizienter, flexibler und schneller machen kann.

Macht jeder nur was er will?

Wie viele grosse Entdeckungsreisen, verlief auch die Reise der ABT UE in die Selbstorganisation nicht ohne Überraschungen. Schon nach wenigen Tagen beschäftigten uns fundamentale Fragen: Wie informieren und kommunizieren wir in dieser neuen Organisation am besten? Dürfen wir jetzt tatsächlich alles selbst organisieren, oder gibt es irgendwo Grenzen? Wer trägt die Verantwortung, wenn etwas schieflaufen sollte? An wen wende ich mich mit meiner Ferienplanung, oder bin ich da völlig frei? Wie soll ich meine Stellvertretung regeln? Viele weitere Fragen folgten: Gibt es zwingende Anwesenheiten? Wie regeln wir das Desksharing? Welche Regeln für das Homeoffice? Auf die allermeisten Fragen fand das versammelte UE-Team schnell Antworten. Einige Fragen aber konnten nicht im Rahmen der Selbstorganisation beantwortet werden. So blieb beispielsweise der Entscheid über die Anstellung neuer Mitarbeitenden der Linienführung vorbehalten.

Eine Antwort, nämlich jene auf die Frage nach interner Information und Kommunikation, wird hier beispielhaft vorgestellt. Sie war besonders wichtig für die Selbstorganisation. Agenden sind Kleinigkeiten. An der unspektakulären Agenda für das wöchentliche Abstimmungs-Meeting lässt sich aber schön zeigen, was kleine Iterations-Schritte bewirken können. Unsere allererste Agenda:

1. Begrüssung
2. UE-Aufträge
3. Allgemeine Informationen
4. Diverses

Weil die Vorbereitung des Meetings nicht thematisiert wurde, haben die Abteilungs- und Bereichsleitenden die ersten Meetings vorbereitet und moderiert. Rückblickend überrascht nicht, dass die individuelle Vorbereitung, das aktive Einbringen von Themen bis hin zur Beteiligung in den Diskussionen zu wünschen übrigliessen. Heute ist das allerdings anders. Nach einigen kleinen Anpassungen an der Agenda und den Modalitäten ist die wöchentliche Abstimmung im UE-Meeting sehr effektiv:

1. Überblick Kanban-Bereiche
2. Ergebnis Auftragsklärung und Auftragsvergabe
3. Das UE-Team berichtet kurz über die Arbeiten
4. Besprechung markierte Aufträge (hier werden laufende Aufträge vertieft)
5. Übersicht Veränderungsvorhaben (im gesamten Unternehmen)
6. Diverses
7. Vertiefungsthema (optional, falls ein Auftrag oder Thema mehr Zeit benötigt)

Ein UE-Meeting dauert heute maximal eine Stunde. In der Anfangsphase haben die meisten UE-Meetings länger gedauert. Jedes UE-Meeting wird abwechselnd von einem andern Teammitglied moderiert. Ein zweites Teammitglied ist für die Zeiteinhaltung zuständig und weist darauf hin, wenn die Zeit knapp zu werden droht. Wenn jemand etwas von einem spezifischen UE-Auftrag wissen oder Hinweise geben möchte, dann wird der UE-Auftrag im Vorfeld markiert und es werden Fragen oder Hinweise für alle sichtbar angebracht. Wenn ein Thema länger als zehn Minuten Zeit in Anspruch zu nehmen droht, wird es als Vertiefungsthema deklariert und in einem separierten Traktandum bearbeitet. Die Entwicklung des UE-Meetings ist stellvertretend für viele weitere Verbesserungen, die bereits in den ersten Wochen vorgenommen wurden. Und diese Verbesserungen machten das Weiterreisen noch angenehmer und spannender.

Es gab aber auch Herausforderungen, die nicht vollständig gemeistert werden konnten. Glücklicherweise haben diese nicht sofort das ganze UE-Schiff kentern lassen. Werfen wir nun einen Blick auf einige dieser Herausforderungen. Anders als in der klassischen funktionalen Expertenorganisation haben Abteilungs- und Bereichsleitende in der Selbstorganisation keinen detaillierten Einblick in die Arbeiten der Mitarbeitenden und wie sie erledigt werden. Da stellen sich Fragen wie beispielsweise diese: Wie ist die Auslastung? Wer hat noch Kapazität? Sind wir als ganzes UE-Team jetzt effizienter unterwegs? In der alten Organisation hatte jeder Bereichsleiter die Arbeiten, die Arbeitslast, die Ferien, die Abwesenheiten periodisch mit seinen Mitarbeitenden besprochen. In arbeitsintensiven Zeiten geschah das wöchentlich. Das garantierte zwar auch keine vollständige Auslastung, aber die Führung konnte zumindest jederzeit grob überblicken, wer wieviel Arbeitszeit in welches Vorhaben gesteckt hatte. Man hätte auch Prognosen erstellen können, da jeder Mitarbeitende jeweils im Vornherein die nächsten drei Monate seines Arbeitseinsatzes in der UE-Ressourcenplanung eingetragen hatte. Und, man hätte Soll-Ist-Vergleiche anstellen können, weil die effektiv geleisteten Zeiten detailliert zuhanden der Betriebsbuchhaltung erfasst wurden. Was also lag näher, als auch in der Selbstorganisation eine Ressourcenplanung zu führen? Schnell war ein Prototyp erstellt. Dazu wurde das UE-Kanban mit allen internen Aufgaben und wiederkehrenden Arbeiten ergänzt. Alle unsere Arbeiten waren somit in UE-Aufträgen abgebildet und das ganze UE-Team konnte den erwarteten Aufwand vollständig erfassen. Auch eine automatische Auswertung war schnell eingerichtet. So weit so gut. Es zeigte sich aber schnell, dass diese Art der Personalressourcenplanung in unserer Selbstorganisation überhaupt nicht brauchbar war. Die Arbeiten werden in der neuen Organisation nach individuellen Bedürfnissen ungemein flexibel geplant. Jeder streckt sich nach der Decke, um sofort tatkräftig mitzuhelfen, wenn dringend Unterstützung benötigt wird. Die UE-Aufträge kommen so viel schneller als erwartet voran. Der Aufwand für eine Personalressourcenplanung auf Auftragsebene war zu gross. Also wurde dieser Versuch abgebrochen. Es bleibt die Erkenntnis, dass eine detaillierte Personalressourcenplanung in einer funktionierenden Selbstorganisation nicht zielführend ist und nur mit erheblichem Aufwand bewirtschaftet werden kann. Was es braucht, ist Vertrauen, viel Vertrauen.

Die oben geschilderten Herausforderungen konnten umschifft werden. Es tauchten aber auch Herausforderungen auf, mit denen wir ganz und gar nicht gerechnet hatten und die nicht einfach umschifft werden konnten. Echt herausfordernd und sehr ernst zunehmen waren die kritischen Rückmeldungen zweier wichtiger interner Anspruchsgruppen. Mit ihnen arbeiteten wir sonst oft und gut in verschiedensten Vorhaben zusammen. Die Kritiken haben das UE-Team umso mehr überrascht, als unsere Schlüsselkunden mit den gelieferten Ergebnissen, mit Qualität und Quantität ausnahmslos zufrieden waren. Dabei ging aber vergessen, dass einzelne Beteiligte oder Anspruchsgruppen ganz spezifische Erwartungen an eine Auftragsabwicklung hatten. Das UE-Team war überzeugt, dass die Zufriedenheit der Kunden in höchstem Masse an einer schnellen Auftragsklärung und einer prompten Lieferung der qualitativ hochwertigen Ergebnisse hängen würde. Man hatte nicht damit gerechnet, dass einige Partner ihre Anliegen am liebsten mit dem Abteilungsleitenden klären und wenn immer möglich nur mit einer Person zu tun haben möchten. Also wurde folgende Kritik geäussert: «Bei euch gibt es ja gar kein Kapitän, der das Steuer in Händen hält und von der Kommandobrücke die Befehle erteilt. Macht bei euch jeder, was er will?» Diese Herausforderung war nicht experimentell zu bewältigen. Und zwar deshalb, weil die Anforderung einer Top-down-Steuerung mit fixierter Aufgabenteilung einer Selbstorganisation widerspricht. Uns blieb nichts anderes übrig, als bei unseren internen Partnern für die neue Organisationsform und Arbeitsweise zu werben. Die Vorteile wurden aufgezeigt und die Selbstorganisation bekam die Chance, ihre Leistungsfähigkeit zu beweisen. Das gelang uns und die Akzeptanz für die neue Organisationsform ist bei unseren internen Partnern in der Folge schnell gestiegen. Es konnte gezeigt und bewiesen werden, dass die Selbstorganisation insgesamt mehr leistet und dass nur mehr selten Aufträge verschoben werden mussten. Diese Erfahrung hat uns drei Dinge gelehrt:

1. Werden nur einzelne Organisationselemente in einem Unternehmen in der Philosophie der Selbstorganisation organisiert, müssen diese gut eingepasst werden. Es können, wie unser Beispiel zeigt, ganz unerwartete Anforderungen gestellt werden.
2. Nicht nur die Leistung, auch der Vertrauensvorschuss an eine neue Organisationsform und an deren Mitarbeitende ist wichtig für eine erfolgreiche Neuorganisation.
3. Es ist wichtig, nicht nur das Feedback bei Auftraggebern einzuholen, sondern auch die in der Auftragsabwicklung beteiligten Partner systematisch zu informieren und zu befragen.

Positiv für Identifikation und Gesundheit

Nachdem die grossen Hindernisse überwunden waren, veränderte sich das Arbeitsumfeld plötzlich ganz unerwartet. Die Coronavirus-Pandemie zwang uns alle, über Monate im Homeoffice zu arbeiten. Wie das UE-Team damit umgegangen ist, darüber berichte ich in diesem Abschnitt.

Kennen sie das? Sie haben sich sehr lange auf eine Reise gefreut. Endlich hat es funktioniert und sie sind in ihrer Traumdestination angekommen. Leider aber wirft sie genau jetzt eine Magenverstimmung oder eine andere Krankheit ins Bett. Logisch, dass in diesem Moment die Ferieneuphorie verklungen ist. Und logisch, dass sie jetzt keine Lust mehr auf eine anstrengende, aber sicher lohnende Besichtigung der schönsten Plätze ihrer Traumdestination verspüren. Genau diese Erfahrung machte das Team während der Coronavirus-Pandemie. Gute Gesundheit verbessert die Motivation und die Leistungsfähigkeit im Betrieb. Die Suva kennt das nur allzu gut aus über 200 000 Betriebs- oder Freizeitunfällen jedes Jahr. Deshalb haben Gesundheit, Freude an der Arbeit und Identifikation mit der Arbeit zu Recht bei uns einen enorm hohen Stellenwert. Das ist mitunter ein Grund, weshalb die ABT UE sich intensiv mit Gesundheitsfragen auseinandergesetzt hat. Es wurde analysiert, wie sich die Selbstorganisation in Kombination mit der Coronavirus-Pandemie auf die Gesundheit auswirkt. Es wurden drei kritische Schwerpunktthemen identifiziert:

1. Mobil-flexibles Arbeiten
2. Vernetzte Zusammenarbeit
3. Umgang mit Veränderungen

Beispielhaft werden die Erfahrungen mit dem mobil-flexiblen Arbeiten in der Selbstorganisation geschildert. Seit in unserem Unternehmen vor mehr als sieben Jahren alle Kernprozesse digitalisiert wurden, ist das mobil-flexible Arbeiten in der Suva Tatsache. Betroffen sind ausnahmslos alle Prozesse. Heute kann an fast allen Orten gearbeitet werden. Zu Hause im Homeoffice, im Zug, bei Kunden usw. Dieses Arbeiten, wann und wo man will, wird als «mobil-flexibles Arbeiten» bezeichnet. Diese Möglichkeiten in Kombination mit der Selbstorganisation bieten riesige Chancen. Sie bergen aber enorme Risiken für ein Arbeiten in Balance. Die Arbeit dringt immer tiefer in das Privatleben ein. Auf dem Smartphone haben die Mitarbeitenden nebst den privaten Apps vieles, was sie jederzeit über die Arbeiten im Geschäft auf dem Laufenden hält. Seit Jahren schon zeigt das Exchange-Postfach an, wenn E-Mail-Nachrichten eingegangen sind. Seit kurzem zeigt MS-Teams jederzeit, wenn auf abonnierten Kanälen Chat-Gespräche laufen. Man kann Teamsitzungen in den Ferien mithören oder Dokumente verschiedenster Formate bearbeiten. Da braucht es eine gute Disziplin und eine schützende Firmenkultur, da sonst Erholung und private Aktivitäten sehr schnell leiden können. Es besteht permanent die Gefahr, dass mehr Zeit und Energie in die Arbeit investiert wird, als für die eigene Gesundheit tragbar ist. In der Selbstorganisation machen so tolle Möglichkeiten wie E-Mails oder MS-Teams-Funktionen die Zusammenarbeit im Team herausfordernder. In der Selbstorganisation ist kein Vorgesetzter da, der die Regeln bekannt gibt und diese laufend überprüft. Alle Teammitglieder haben ihre eigenen Erwartungen an Kolleginnen und Kollegen und arbeiten nach Regeln, die über viele Jahre angeeignet wurden. Das UE-Team hatte beim Start der Selbstorganisation die Erwartungen und Regeln zu Erreichbarkeit und Kommunikation nicht geklärt. Die Folge war, dass sehr schnell alle Agenden lückenlos mit Online-Sitzungen oder vor Ort Sitzungen gefüllt waren. Jede Minute von morgens um 07:00 Uhr bis abends 18:00 Uhr wurde besetzt. Eine erholsame Mittagspause oder der Wechsel von der Online-Sitzung an die Sitzung vor Ort waren nur dann noch möglich, wenn man diese Transfer-Zeiten in der Agenda reservierte. Bei solch gefüllten Tagesplänen verblieben einzig die frühen Morgenstunden oder die Abendstunden für Vor- und Nachbereitung der vielen Sitzungen. Zudem wurde die Vorbereitung von Sitzungen mit den neuen technologischen Möglichkeiten anspruchsvoller. Denn nur wenn die Online-Meetings sehr gut vorbereitet sind, kann mit der elektronischen Pinwand, mit Ad-hoc Umfragen und anderen Applikationen ein Meeting vergleichbar produktiv gestaltet werden wie ein persönliches Treffen. Erstaunlich war, wie schnell das UE-Team Lösungen gefunden hatte. In kurzer Zeit waren die heute noch geltenden Abmachungen getroffen. Nachdem das Team die schwierige Situation mit den lückenlosen Terminplanungen erkannt und die Erfahrungen und Auswirkungen auf den persönlichen Alltag geteilt hatte, wurden schnell Regeln gefunden. Regeln, mit denen nicht nur alle einverstanden waren, sondern von denen alle überzeugt waren.

- Zwischen den Sitzungs- und Workshop-Terminen wird eine Lücke von 5 bis 10 Minuten eingeplant. Wir achten darauf, dass eine lückenlose Aneinanderreihung von Terminen verhindert wird.
- Zeiten, die wir für Vor- und Nachbereitung oder andere Einzelarbeiten benötigen, werden im Kalender eingetragen und mit dem Stichwort «Blocker» gekennzeichnet. Jeder soll erkennen, wenn die Kolleginnen und Kollegen Zeit für Einzelarbeiten brauchen.
- Sitzungsanfragen in blockierten Zeiträumen sind trotzdem jederzeit möglich. Sie dürfen aber gerne zwischenzeitlich und mit einem Terminvorschlag abgesagt werden.
- Ausnahmslos alle Kalender können eingesehen werden. In die Kalender sind alle Abwesenheiten, Termine, inklusive An- und Abwesenheiten einzutragen. Vertrauliche Inhalte werden mit der Funktion privat geschützt.

Der Zusammenhang zwischen Unternehmenserfolg und gesunden und zufriedenen Mitarbeitenden sowie attraktiven Arbeitsbedingungen ist wissenschaftlich gut analysiert. Wissenschaftliche Artikel dazu finden sich in einer Internetrecherche in Google Scholar unter den Begriffen «Wirtschaftlichkeit Arbeitssicherheit Gesundheitsschutz». Im Folgenden wird über die Zufriedenheit der Mitarbeitenden ABT UE mit der Arbeit in der Selbstorganisation berichtet. Wie zufrieden die Mitarbeitenden mit der neuen Organisationsform sind, zeigte die Auswertung der Pilotphase. Kein Teammitglied wollte in die klassisch funktionale Expertenorganisation zurückkehren. Die Vorteile lagen für alle auf der Hand. Die Arbeiten werden in der Selbstorganisation für alle nachvollziehbar unter Berücksichtigung der persönlichen Interessen verteilt. Wenn neue Herausforderungen auftauchen, können sich alle an der Lösungssuche beteiligen. Die Arbeitspläne werden sehr flexibel nach Wichtigkeit und Dringlichkeit, nach Verfügbarkeit, nach Kompetenzen und selbstverständlich auch nach persönlichen Interessen angepasst. Wenn nötig werden die Terminkalender und Arbeitspläne innert Wochenfrist neu ausgerichtet. So werden auch Engpässe früh erkannt und können vorausschauend verhindert werden. Das funktioniert sehr gut, weil alle im Team sich mit den übernommenen Aufgaben, der gemeinsam erarbeiteten Vorgehensweise und der vereinbarten Aufgabenverteilung identifizieren. Diese starke Identifikation bewirkt, dass schwierige Situationen unmittelbar angesprochen und analysiert werden und dass umgehend gemeinsam nach Lösungen gesucht wird. Inzwischen wurden zahlreiche, auch einmalig auftretende Fragestellungen gelöst. Die selbstorganisierten Teams übernehmen hoch motiviert auch Aufgaben, wenn diese gänzlich neu sind. Das wiederum macht zufrieden. Was gibt es Schöneres, als auf einen intensiven und erfolgreichen Arbeitstag zurückzuschauen, an dem man etwas dazugelernt hat?

Gut Ding will Weile haben?

Nach nur drei Monaten hatte sich die neue Organisationsform im Team sowie bei den Auftraggebern und internen Partnern etabliert. In diesem Abschnitt erkläre ich, wie Prozess und Selbstorganisation harmonieren und wo die Selbstorganisation unsere Erwartungen noch nicht erfüllt.

Der UE-Prozess besteht im Wesentlichen aus den vier Prozessschritten: Auftragseingang, Auftragsklärung, Auftragsabwicklung und Abschluss. Jeder Auftragseingang wird im UE-Team besprochen und nach der Auftragsklärung an eine sich selbst organisierende Gruppe übergeben. Egal ob die Vorhaben grösser oder kleiner, in hoher oder tiefer Priorität umgesetzt werden, es finden zumeist drei bis fünf Personen zusammen. Diese legen Methoden, Instrumente und den Rhythmus der Zusammenarbeit fest, mit denen die Aufgabe angegangen wird. Im Weiteren entscheidet die selbstorganisierte Gruppe eigenständig. Einzig Ziel und Lieferobjekte sind fixiert. Selbstverständlich kann die Gruppe jederzeit die Kolleginnen und Kollegen um Unterstützung anfragen.

In den ersten Wochen orientierte sich das UE-Team noch sehr an Abteilungs- und Bereichsleitenden. Von Woche zu Woche aber brachten sich die Teammitglieder immer stärker in den UE-Prozess ein. Die ersten Erfolge wirkten sehr motivierend. Gemäss oft zitierter Theorie würde den erfahrenen Führungskräften das Übertragen von Verantwortung und Entscheidungskompetenzen schwerfallen. Die UE-Führungskräfte haben im Experiment eine andere Erfahrung gemacht. Die Erfolge motivierten auch sie. Was kann es für eine Führungskraft Besseres geben, als eine Organisationseinheit, die alle Arbeiten hoch motiviert mit grösster Flexibilität in Angriff nimmt? Deshalb hat auch der für die UE-interne Organisation verantwortliche Abteilungsleitende der weiteren Reise in die Selbstorganisation mit sehr gutem Gefühl zugestimmt. Der Abteilungs- und Bereichsleitung fallen jetzt noch alle Entscheidungen an den Schnittstellen zu und sie können mehr in die Personalentwicklung investieren.

Obwohl das ganze UE-Team von der neuen Organisation begeistert ist, gibt es nach wie vor Verbesserungspotential. In drei wesentlichen Punkten erfüllt die Selbstorganisation die Erwartungen noch nicht: In der Steuerung der Personalressourcen, im Wissensmanagement und im Performance Management.

1. Steuerung der Personalressourcen: In der klassischen funktionalen Organisation wurde der Personaleinsatz mit Planungshilfen gesteuert. Die etablierte Personalressourcensteuerung funktionierte in der Selbstorganisation nicht mehr. Die Mitarbeitenden passen ihre persönlichen Pläne wöchentlich an. Neue Aufträge, die im Wochentakt eintreffen, werden umgehend in das Kanban aufgenommen. Der Aufwand wäre unverhältnismässig gross, Einsatzpläne laufend und detailliert nachzuführen. Nach zwei missratenen Versuchen haben wir die Steuerung unserer Personalressourcen mittels Einsatzplans aufgegeben. Der Aufwand zum Nachführen der Einsatzpläne war im Vergleich zum Nutzen, den diese in der Selbstorganisation hatten, viel zu gross. Dieses Beispiel zeigt, wie stark die Selbstorganisation untrennbar mit Vertrauensvorschuss verbunden ist. Heute vertraut das UE-Team darauf, dass alle Teammitglieder sich in Selbstverantwortung auslasten und darauf achten, sich nicht zu überlasten. Die wesentlichste Erkenntnis: Wer Auslastungen und Arbeitslasten detailliert planen und kontrollieren will, kann nicht selbstorganisiert arbeiten.
2. Wissensmanagement: Seit Jahren feilt das Team am internen Wissenstransfer. Wichtige Erfahrungen und spezifisches Wissen sollen explizit und für alle zugänglich gemacht werden. Mit dem Suva-Wiki steht ein grossartiges kollaboratives Werkzeug zur Verfügung. Die Dokumente und die Informationen auf diesem Wiki werden von Tag zu Tag umfangreicher. Was aber trotzdem noch nicht zufriedenstellt, ist die Weitergabe der für den Erfolg der zukünftigen Arbeiten wichtigen Erkenntnisse. Es werden immer noch Lösungen getestet. Der eingeschlagene Weg scheint erfolgversprechend. Ein Lösungsansatz ist der Wissensaustausch mit Hilfe der «Debriefing Checkliste». Die Idee ist pragmatisch und wenig aufwändig. Mit vier Fragen werden nach Abschluss eines jeden UE-Auftrags die Kundenrückmeldungen systematisch analysiert und diskutiert:
   a. Was haben wir so gut gemacht, dass wir darüber reden müssen, um es nicht zu vergessen?
   b. Was haben wir gelernt?
   c. Was müssen wir künftig anders machen?
   d. Was haben wir noch nicht verstanden?

   Die wesentlichste Erkenntnis: Die Weitergabe des impliziten Wissens ist auch in der Selbstorganisation herausfordernd.
3. Performance Management: Der HR-Prozess des Performance Managements regelt für das ganze Unternehmen, wie Leistung und Kompetenzentwicklungen der Mitarbeiterinnen und Mitarbeiter beurteilt und gesteuert werden. Der Prozess gibt vor, wie zwischen Mitarbeiterinnen, Mitarbeitern und Vorgesetz-

ten individuelle Ziele vereinbart, die Zielerreichung bewertet, die Kompetenzen entwickelt und wie die Laufbahn- und Gehaltsentwicklung gesteuert wird. Der Prozess gibt zudem vor, wie zwischen Vorgesetzten und Mitarbeitenden smarte Jahresziele ausgehandelt und Ende Jahr die Leistung anhand der Zielerreichung und der persönlichen Entwicklung beurteilt wird. Beides ist in der prozessorientierten Selbstorganisation nicht einfach, weil der Vorgesetzte seine Mitarbeitenden unter Umständen das ganze Jahr über nur ab und an persönlich im Arbeitseinsatz erlebt. Sowohl für die Zielsetzung als auch für die Bewertung ist noch keine vollständig zufriedenstellende Lösung gefunden. Den Pilotversuch, gemeinsam Teamziele festzulegen und diese Ende Jahr gemeinsam zu bewerten, wurde abgebrochen. Im Performance-Prozess wird heute auf intensiveren Dialog in bilateralen Gesprächen und in Teamgesprächen gesetzt. Die wesentlichste Erkenntnis: Ein personenbezogenes Performance-Management lässt sich nur mit mehr oder schlechten Kompromissen über Teamziele verfolgen.

Zuviel des Guten?

Leider konnten wir in der neuen Organisation nicht auf Anhieb eine gute Balance zwischen maximaler Performance und langfristiger Leistungsfähigkeit finden. Wir hofften, die Regeln und die Rahmenbedingungen der Suva würden genügen, um Überforderungen im mobil-flexiblen Arbeiten zu vermeiden und eine gute Balance zu finden. Diese Hoffnung ist leider nicht in Erfüllung gegangen. Zu dieser Erkenntnis sind wir gekommen, obwohl der Messzeitraum noch zu kurz ist, um über signifikante Entwicklungen von Absenzen, Fluktuationen oder Ermüdungserscheinungen Klarheit zu haben.

Die Corona-Pandemie überraschte uns im Frühling 2020 just in einer Zeit, in der Anpassungen an der Ablauforganisation und der Aufbauorganisation anstanden. Die Kernprozesse wurden weitreichend umgestellt und das Agenturnetz und die Schadencenter neu organisiert. Solche Vorhaben werden von Verunsicherungen begleitet und bringen der Unternehmensentwicklung viel Arbeit. In dieser Zeit meisterte das UE-Team ein grosses Reorganisationsprojekt inklusive Prozessneugestaltungen und Systemanpassungen bis zu Personalfragen und neuen Aus- und Weiterbildungsangeboten. Das alles fiel zusätzlich zu einem bereits ohnehin schon prall gefüllten Auftragsportfolio an. Aber, welches engagierte und ambitionierte Teammitglied sagt schon gerne nein zu einem herausfordernden, spannenden Auftrag? Das Nicht-nein-sagen-Können führte zu einer stark erhöhten Arbeitsbelastung. Das Team war mit so viel Eifer und Elan bei der Sache, dass die langfristige Leistungsfähigkeit vergessen ging. Die ganze Aufmerksamkeit galt der schnellen und erfolgreichen Auftragserfüllung. So entging unserer

Aufmerksamkeit, dass einige im UE-Team an ihre Leistungsgrenzen stiessen. Die grosse Arbeitslast und das enorme Engagement hatte aufgeschobene Ferien und viel aufsummierte Arbeitszeit auf Gleitzeit- und Langzeitkonten zur Folge.

Rückblickend ist klar, eine Sicherstellung der langfristigen Leistungsfähigkeit hätte unbedingt in die Selbstorganisation eingebaut werden müssen. Ohne entsprechende Mechanismen gefährdet sich das Team selbst. Die positive Dynamik treibt an und es werden Arbeitslasten getragen, die langfristig nicht gesund sind. Ungesteuerte Leistungsbereitschaft und Freude an aussergewöhnlichen Leistungen, die einzig auf eine schnelle und erfolgreiche Auftragserledigung gerichtet sind, kann so zum «zu viel des Guten» werden. Ein Team kann sich, genau gleich wie einzelne Personen, überfordern. Und gleich wie bei einer einzelnen Person, muss auch ein Team die optimale Balance zwischen Leistungsspitzen und langfristiger Leistungsfähigkeit finden. Ein Team mit zwanzig Individuen in Balance zu halten, ist keine leichte Aufgabe. Die einfache Lösung für diese komplexe Problemstellung gibt es wohl nicht. Die Lösungssuche hat das UE-Team zur dauernden und ehrlichen Reflexion der Arbeitsbelastung geführt. Diese Reflexion wiederum kann aber nur gut funktionieren, wenn einander vertraut wird. In einer Selbstorganisation erfolgreich zu sein, heisst auch, in einem von gegenseitigem Vertrauen geprägten Umfeld arbeiten zu können. Die Diskussionen rund um die Vertrauenskultur haben dem Team vor Augen geführt, wie wichtig die persönlichen Beziehungen im Team für den Erfolg in der Selbstorganisation sind. Je besser man sich kennt, desto besser kann man im Team zusammenarbeiten. Es gibt weniger Missverständnisse und man ist effizienter. Aus diesen Erkenntnissen sind spannende Anlässe ausserhalb der Arbeitszeit entstanden. Das Team kocht ab und zu zusammen und hat sich schon zu Gesellschaftsspielen getroffen. Auch wenn sie nicht von allen besucht werden, wirken diese Anlässe positiv. Man kennt die Kolleginnen und Kollegen besser und die Zusammenarbeit wird entspannter und unkomplizierter.

Ziel Selbstorganisation erreicht. Und jetzt?

Der Blick zurück auf die Reise von einer klassisch funktionalen Expertenorganisation zur Selbstorganisation fällt insgesamt sehr positiv aus. Die prompte und hochwertige Auftragsabwicklung durch die ABT UE wird heute sehr geschätzt. Das Auftragsbuch ist gefüllt. Nach der Erfahrung mit der Belastungsspitze und den dadurch ausgelösten Ermüdungserscheinungen hat das UE-Team die Kontrolle über die Arbeitsbelastung zurückgewonnen. Die Zeitkonten werden abgebaut und in den gewünschten Bereich zurückgeführt. Das Team hat eine wichtige Lektion gelernt. Um in Zukunft Belastungsspitzen frühzeitig erkennen und Lösungen zum Brechen dieser Spitzen finden zu können, wird die Situation jetzt periodisch reflektiert. Die Erfahrungen an der Belastungsgrenze haben das Vertrauen in die Selbstorganisation nicht etwa zerstört. Sie haben gezeigt, dass die Selbstorganisation Gefahren birgt. Sie haben gezeigt, dass das Team in schwierigen Phasen gute Lösungen finden kann. Und sie haben vor allem gelehrt, wie ungemein wichtig es ist, auf das Arbeiten in Balance zu achten und an der Resilienz zu arbeiten.

Rückblickend ist die Zufriedenheit unserer Kunden der prägendste Erfolg der Selbstorganisation. Unsere Kunden schätzen Tempo und Qualität der Auftragserledigung. Zudem werden dem UE-Team dank der guten Ergebnisse laufend neue und spannende Aufgaben anvertraut. Ein weiterer Erfolg ist die Motivation und die Zufriedenheit des UE-Teams. Keiner möchte zurück in die alte Organisationsform. Alle schätzen den Gestaltungsraum und die unkomplizierten Formen der Zusammenarbeit (vgl. ▶ Abb. 4). Unter anderem hat eine selbstorganisierte Gruppe den für das UE-Team erfolgskritischen Prozess der Personalgewinnung vollständig autonom durchgeführt. Nicht der direkte Vorgesetzte, sondern eine interdisziplinäre Gruppe hat von der Ausschreibung über das Erst- und das Zweitgespräch bis hin zum Vertragsabschluss die Gewinnung eines neuen Teammitglieds organisiert. Im Zweitgespräch, in den Gehaltsverhandlungen und beim Anstellungsentscheid war der direkte Vorgesetzte noch entscheidend involviert. Der Gewinnungsprozess hat das Aufgabenspektrum des Teams erweitert. Die Teammitglieder schätzten interessante und herausfordernde neue Aufgaben und zahlten das Vertrauen mit sehr gewissenhafter Arbeitsweise und grossartigen Ergebnissen zurück.

Aus den Erfahrungen der ABT UE lassen sich vier Erfolgsfaktoren ableiten:

1. Der Rahmen, in welchem sich die Selbstorganisation entfalten kann, muss allen klar sein.
2. Es braucht viel Vertrauensvorschuss und eine gute Vertrauenskultur.
3. Es braucht Neugier und die Bereitschaft, neues auszuprobieren.
4. Ehrliche Reflexion ist das Fundament des Erfolgs, ohne Reflexion droht die Überforderung.

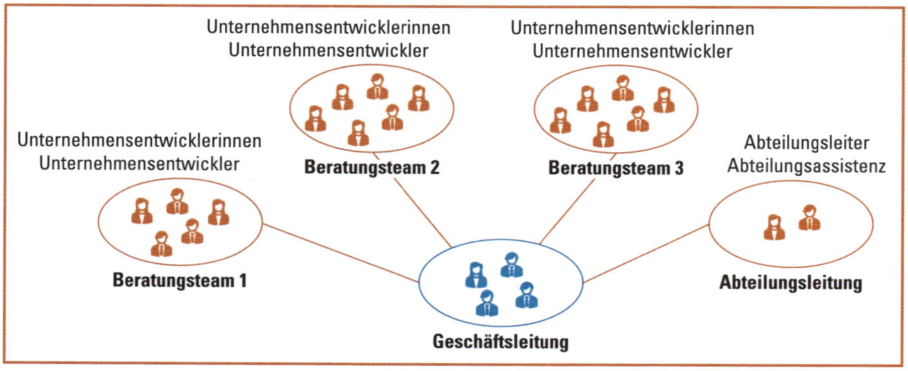

▲ Abb. 4 Unsere Struktur in der Selbstorganisation

Die Reise in die Selbstorganisation hat sich auf jeden Fall gelohnt. Auch wenn unterwegs grosse Herausforderungen gemeistert werden mussten. Ich hoffe, dieser Erfahrungsbericht hilft Interessierten, die eigene Reise gut vorzubereiten und den erwünschten Zielhafen auf direkten Weg anzulaufen, ohne allzu viele Hindernisse umschiffen zu müssen. Hat das UE-Team den direktesten Weg zum Zielhafen gefunden? Den Zielhafen mit dem Namen «langfristig höchst leistungsfähige und erfolgreiche Unternehmensentwicklung»? Das Team beantwortet die Frage überzeugt mit ja. Aber es will sich weiter verbessern und die Organisation weiterentwickeln. Ideen sind auch schon viele vorhanden. Ein Thema beispielsweise, welches gegenwärtig umtreibt, sind Team-Entscheidungen. Die Abteilungsleitung und die Bereichsleitenden treffen heute noch immer sehr viele Entscheide. Einige, weil die Governance im Unternehmen das so vorgeben. Andere Entscheide aber könnten wohl abgetreten werden. Die Methode des «Delegation Board» könnte sehr gut zur prozessorientierten Selbstorganisation passen. Es soll als nächstes pilotiert werden.

Und welche Erfahrungen konnten für das gesamte Unternehmen gewonnen werden? Ist die Selbstorganisation ein Ansatz, der auf das ganze Unternehmen übertragen werden kann? Der Autor ist überzeugt, dass eine vergleichbare Selbstorganisation auch in anderen Organisationseinheiten mit viel Wissensarbeit sehr gute Resultate erzielen könnte. Was der Autor sich jedoch nur schwer vorstellen kann ist, die ganze Suva auf eine Reise in die Selbstorganisation zu schicken. Es gilt den richtigen Mix aus organisationalen Werkzeugen für das eigene Geschäftsmodell zu finden und kontinuierlich zu verbessern.

Fazit der Herausgeber

Selbstorganisation ermöglicht eine ergebnis- und werteorientierte Zusammenarbeit, speziell in der heutigen Welt, die von Komplexität, von Unsicherheit, von rasanter Entwicklung und von hohen Anforderungen an alle geprägt ist. Selbstorganisation als zeitgemässe Organisationsgestaltung und Form der Zusammenarbeit bietet Chancen, kann Inspiration und Begeisterung wecken und Akteure in der Arbeitswelt beflügeln. Bei der Einführung und im Alltag der Selbstorganisation sind aber auch damit einhergehende Risiken zu beachten.

Wie aus der Abbildung ersichtlich, ist Selbstorganisation in einem Unternehmen in ein Gefüge zahlreicher Einflussfaktoren eingebettet. Es gilt, sich dieser Abhängigkeiten und der damit verbundenen Opportunitäten bewusst zu sein, darin Synergien zu erkennen und wenn immer möglich zu realisieren. Die facettenreiche Selbstorganisation ist das umspannende Thema dieses Buches.

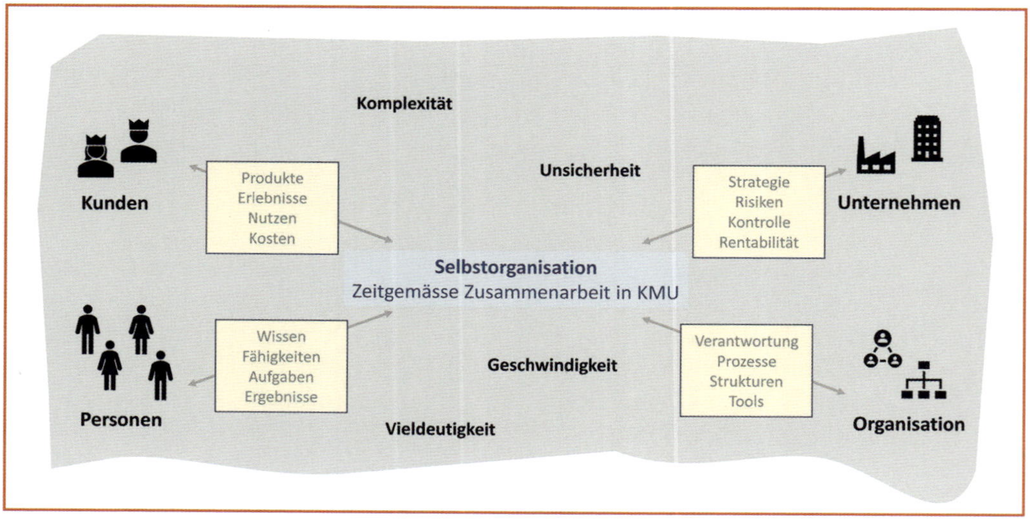

Die 18 Beiträge aus der Praxis und der Wissenschaft zeigen, wie Selbstorganisation Sinn machen kann und sich als Organisationsdesign in der modernen Geschäftswelt bewährt hat. Selbstorganisation tritt dabei verschiedenartig in Erscheinung: Prozesslandschaften im Kontext eines Unternehmens, Menschen als Individuum, Gruppen von Menschen bis zu ganzen Institutionen und einzelne Organisationseinheiten betreffend. Allen involvierten Akteurinnen und Akteuren werden Aufgaben zugeordnet oder sie wählen diese selbst aus, alle bringen Kompetenzen ein und alle haben dementsprechend (Selbst-)Verantwortung wahrzunehmen. Darüber hinaus hat sich gezeigt, dass bisher Undenkbares in der Zusammenarbeit in heutigen Arbeitswelten an Bedeutung gewinnt, ebenso wie innovative Umsetzungen bewährter Organisations- und Führungsprinzipien. Dies auch als Folge nicht zu ignorierender Veränderungen in Kombination mit Instrumenten moderner Technologien wie Roboter und Avatare sowie dem Einsatz künstlicher Intelligenz.

Die unterschiedlichen Sichtweisen und Auslegungen von Selbstorganisation im vorliegenden Buch bestätigen, dass der Ansatz Selbstorganisation im betriebswirtschaftlichen Umfeld eine Vielfalt praktikabler Herangehensweisen und umsetzbarer Lösungsmöglichkeiten bietet. In diesem Leitfaden werden praxisorientierte Empfehlungen, kontextspezifische Grundsätze und übertragbare Erkenntnisse aus verschiedenen Branchen vorgestellt. Rezepte und Normlösungen sind daraus – im Gegensatz zu althergebrachten Organisationsmodellen – nur bedingt ableitbar. Dies bedeutet, dass Bewährtes zu überdenken, Widersprüchliches abzuwägen und Nichtwissen zu akzeptieren sind. Darüber hinaus ist es notwendig, dass der Sinn des Unternehmens und der Sinn, den beteiligte Personen realisieren wollen, im Wesentlichen übereinstimmen. Diese Bedingung ist in der Praxis eher schwierig zu validieren. Die Auslegeordnung teils gegensätzlicher Sichtweisen kann exemplarisch dazu verhelfen, aus der Vielfalt der Möglichkeiten das Machbare und unternehmensspezifisch Passende zu finden oder Neues zu kreieren. Dafür eignen sich – aus Sicht der Herausgeber – wissenschaftliche und heuristische Ansätze gleichermassen. Gute Selbstorganisation wird dann wertvoll und für alle Beteiligten ersichtlich, wenn es gelingt, das Wesentlichste und Limitierendes rasch zu erfassen und Verbindendes zu einem sinnstiftenden Ganzen zusammenzufügen.

Es hat sich deutlich gezeigt, dass Selbstorganisation in keiner Weise mit Regellosigkeit, Führungslosigkeit und Laissez-faire gleichzusetzen ist. Im Gegenteil: Regeln, Vereinbarungen, Leitplanken und IT-basierte Prozesse – insbesondere für die Kommunikation und Kollaboration – sind notwendig. Ein kritischer Erfolgsfaktor bleibt zudem das persönliche Engagement aller Involvierten. Das Handeln ist als willentlich verantwortungsvolles Agieren auf gemeinsame Interessen und übergeordnete Ziele auszurichten. Eine so verstandene Kooperation braucht Mut, Vertrauen und Geduld aller Akteurinnen und Akteure. Insbesondere wenn mehrere Generationen und/oder verschiedene Disziplinen zusammenarbeiten, macht Selbstorganisation Sinn. Selbstorganisierte Zusammenarbeit bedingt oft Neuanfänge und die Bereitschaft zum Wagnis. Die Mitwirkung erleichtert das Eingehen von Risiken und die Beteiligung schärft das Bewusstsein eines Erfolges oder möglichen Scheiterns. Diese elementaren Aspekte stellen an Beteiligte und Betroffene hohe Anforderungen. Die durch diesen Leitfaden vermittelte Empfehlung an Unternehmen, welche sich noch nicht an Selbstorganisation gewagt haben, lautet folglich, diese Reise ergebnisoffen und dennoch nachvollziehbar, in einer förderlichen und zugleich fordernden Form anzugehen.

Dem Team kommt in der Selbstorganisation eine zentrale Bedeutung zu, stellt es doch die entscheidende, organisationale Konfiguration der Zusammenarbeit im Alltag dar. Auch dies geht aus den verschiedenen Beiträgen deutlich hervor. Dabei geht es um den sinnvollsten und wirtschaftlichsten Einsatz von Ressourcen, um den Zusammenhalt und die Gesundheit der Teammitglieder, um den Umgang mit der Umwelt und um Konflikt- und Krisenmanagement. Letztlich braucht es für ein menschliches und leistungsorientiertes Zusammenspiel überfachliche, funktionsübergreifende Kompetenzen wie Verlässlichkeit, Toleranz, Einsicht und bisweilen Unterstützung, Fürsorge oder gar bewusste Brüche mit der Vergangenheit. Aus dieser Sicht ist Selbstorganisation auch als ein Ausdruck von Resilienz und als mögliches Korrektiv bezüglich überholter Einschätzung von Leistungsgrenzen und von Unzulänglichkeiten im eher traditionellen Führungsverständnis zu verstehen. Aus den Beiträgen sind massgebliche Faktoren erkennbar, die für eine erfolgreiche Arbeit im Team beachtet werden müssen, so Leadership, Diversität, Zugehörigkeit und Zusammenhalt sowie Wertschätzung im Alltag.

Selbstorganisation macht als tragfähiges und anpassungsfähiges Konstrukt Sinn; dies wird durch die vorliegenden 18 Beiträge sehr deutlich. Selbstorganisation bietet Chancen für neue Formen in der Erfüllung heutiger Ansprüche der Akteurinnen und Akteure in der Arbeitswelt und ermöglicht unter anderem umfassendere Nutzungsformen dezentraler Intelligenz. Selbstorganisierte Zusammenarbeit kann bei den Beteiligten Motivation, Kreativität, Begeisterung und Gefühle der Zugehörigkeit, der Bedeutsamkeit und der Wirksamkeit hervorrufen. In Netzwerkstrukturen können im Vergleich zu traditionelleren Organisations- und Führungsansätzen Effizienz- und Effektivitätspotenziale besser, rascher und mutmasslich nachhaltiger erschlossen werden. Mittels dezentraler Entscheidungen – einem erhöhten Grad an Selbstbestimmung – lassen sich situative Anpassungen an neue interne Bedingungen und externe Veränderungen einfacher und schneller realisieren. In einer Selbstorganisation existieren immer unterschiedliche Sichtweisen zu verschiedensten Aspekten; Führungskräfte und Experten sind gefordert diese transparent zu machen und die Umsetzung entsprechend zu begleiten.

Die Stärkung der Selbstorganisation ist ein dauernder Entwicklungsprozess, dies ein weiteres Fazit. In betriebswirtschaftlichen Kontexten ist dieser Prozess geprägt von teils widersprüchlichen Interessen, divergenten Zielvorstellungen und irritierenden Formen der Mitsprache. Alle diese Faktoren wirken sich letztlich auch auf die Rentabilität aus. Solche Entwicklungen haben speziell für KMU strategische Bedeutung und beeinflussen immer wieder den operativen Betrieb. Für die Mehrheit der Beteiligten sind dies neuartige Herausforderungen, insbesondere in einer Umwelt, die geprägt ist von offenen Situationen und dauernden Veränderungen. Entscheidungsträgerinnen und Entscheidungsträger tun daher gut daran, sich vertieft mit der Thematik auseinanderzusetzen und die erforderlichen beziehungsweise erwünschten Verhaltensmuster vorzuleben.

Die Beiträge in diesem Buch zeigen ein breites Spektrum inspirierender Einblicke, erprobter Herangehensweisen und erfolgsversprechender Perspektiven auf. Diese dienen der Orientierung und Verständigung im betrieblichen Alltag.

Selbstorganisation stellt aus Sicht der Herausgeber ein wesentliches Element der Unternehmensentwicklung in KMU dar. Die perfekte Form der Zusammenarbeit wird es wohl nie geben, schon aus dem Umstand heraus, dass sich die Umwelt fundamental verändert, dass sich neuartige Akteure und digitale Welten rasant entwickeln. Die vielfältigen und überzeugenden Erkenntnisse aus den 18 Beiträgen laden ein, Passendes zu übernehmen und Inspirierendes zu reflektieren. Der Leitfaden ist damit eine Einladung, Selbstorganisation weiterzudenken.

Autorenverzeichnis

Portraits der Autorinnen und Autoren in alphabethischer Reihenfolge

Beitrag
Seite 184

Franziska Beer Sozialarbeiterin/Sozialpädagogin FH
Geschäftsleiterin der Fachstelle Kinderbetreuung Luzern, einer sozialen Organisation mit über 250 Mitarbeitenden. Angeboten werden Plätze in Pflegefamilien, ambulante Familienarbeit zuhause und begleitete Besuche.
Werdegang: Seit mehr als 30 Jahren engagiert im Kinderschutz und immer noch gerne! Studium Sozialarbeit und Sozialpädagogik in Solothurn, Weiterbildungen in Beratung nach Gestalttherapie IGG Berlin, Master Sozialmanagement ZHAW, Coaching als Führungskompetenz HSLU Wirtschaft, Ethische Reflexion FHNW, Management und Philosophie Universität Luzern, ab 2016 diverse Seminare und Fachkurse zum Thema Selbstorganisation. Viele Jahre als Berufsbeiständin tätig und seit 17 Jahren bei der Fachstelle Kinderbetreuung Luzern. Seit 8 Jahren mit Energie und Esprit an der Umsetzung des Soziokratischen Organisationsmodells: Partizipativ, auf Augenhöhe, vernetzt, wertschätzend und mit viel Sorgfalt!
Thematische Schwerpunkte: Kindesschutz, Pflegekinderwesen, kompetenzorientierte Familienarbeit, Selbstorganisation basierend auf dem Modell Soziokratie ergänzt mit Elementen aus den Modellen kollegiale Führung und Soziokratie 3.0.
Kontakt: franziska.beer@fachstellekinder.ch

Beitrag
Seite 143

Adrian Bischof Mitglied der Geschäftsleitung (CFO) und Partner der CSP AG – ein Schweizer Beratungshaus im Bereich der Transformation von Technologie, Organisation und Kultur für das Gesundheitswesen, die öffentliche Verwaltung sowie die Branchen Sicherheit und Energie.
Werdegang: Studium der Betriebswirtschaftslehre mit Vertiefung Medien- und Kommunikationsmanagement an der Universität St.Gallen (lic. oec. HSG). Nach Stationen im Private Banking und in einem IT Start-up ist er seit 2013 bei der CSP AG. Dort begleitet und berät er Institutionen aus dem Gesundheitswesen zur digitalen Transformation. Daneben absolvierte er Weiterbildungen im Bereich Projektmanagement (IPMA B) und Verhandlungsführung (CAS Certified Global Negotiator).
Kontakt: adrian.bischof@csp-ag.ch

Beitrag
Seite 225

Leo Camenzind Unternehmensentwickler, SUVA Bereichsleitung Unternehmensentwicklung, Elektroingenieur EMBA.
Über 40-jährige Erfahrung von Forschung über Entwicklung zur Organisationsentwicklung und zur Strategieberatung. Berufliche Stationen: Hard- und Softwareentwicklung bei Siemens Zug Building Technologies, Forschungsunterstützung am Institut für Integrierte Systeme an der ETH in Zürich, Verantwortlich für den Unterhalt des Militärischen Fernmeldesystems in der RUAG Schweiz AG, Leitung von Organisationsprojekten in der Stadt Luzern und unterstützt seit 18 Jahren die Geschäftsleitung der Suva in verschiedensten Fragen als interner Berater. Arbeitet schwerpunktmässig im Prozessmanagement und im strategischen Management. Faszination für Innovation und die vielen Fragen der Organisationsentwicklung.
Kontakt: leo.camenzind@suva.ch

Beitrag
Seite 114

Adrian Dätwyler Organisationscoach, Mediator; Erfinder der Denkwerkerei®
1986 Abschluss als Sekundarlehrer phil. II (Uni Zürich). Zusatzausbildungen zum Fachmann für Organisation, Transaktionsanalyse (Psychologie) und Mediation.
Von 1986 bis 2018 bei der Credit Suisse AG in verschiedenen Funktionen und Bereichen tätig: Firmenkunden, Betriebsorganisation, Persönlichkeits- und Organisationsentwicklung (Business School), Consulting mit Einsätzen in externen Beratungs-, Entwicklungs- und Forschungsprojekten.
2017 Gründung der denkwerkerei gmbh. Sein Engagement gilt der Sinnhaftigkeit, Funktionalität und Kreativität im Umgang mit Konflikten und Paradoxien: «Selbstorganisation funktioniert dank Intuition, Augenmass und Menschenverstand – rasch und rigoros. Darum sind eine gute Verständigung, Voraussicht, Verhandlungen und Vereinfachungen organisatorisch wirkungsvoller als Visionen und Vorschriften.»
Kontakt: adrian.daetwyler@denkwerkerei.ch

Beitrag
Seite 177

Andreas Enz Director bei INVICO Capital Corporation AG und FIRECREST Capital Corporation AG, beides national und international tätige Beratungsunternehmen für Treuhand-, Unternehmensberatungs- und Trustdienstleistungen. Betreuen von KMU und Grosskunden aus dem In- und Ausland mit Fokus auf Strategie-, Projektberatung, Treuhanddienstleistungen und Trustmanagement.
Davor verschiedene berufliche Stationen in einem Handelsbetrieb und später im Banken- und Kreditkartenbusiness, Experte in Organisationsmanagement mit eidg. Diplom, Fachausweis als Spezialist in Unternehmensorganisation, Leiter Community of Practice in Unternehmensentwicklung (CoP UE) beim SGO-Verein.
«Selbstorganisation braucht mitarbeiternahe Führung und ständiges Aufeinander-abstimmen von Rahmenbedingungen und offener Kommunikation».
Kontakt: enz@invico.ch

Beitrag
Seite 27

Prof. Dr. Olaf Geramanis ist Dozent an der Hochschule für Soziale Arbeit FHNW. Als Professor für angewandte Gruppendynamik und personenorientierte Beratung verantwortet er als Studienleiter den Master of Advanced Studies Change und Organisationsdynamik. Der promovierte Pädagoge ist ebenso als Coach und Trainer für Gruppendynamik in den Bereichen Teamentwicklung und Organisationsberatung tätig. Soeben erschien sein Buch «Vertrauen und Vertrautheit in Organisationen» bei Vandenhoeck & Ruprecht.
Kontakt: Olaf.geramanis@fhnw.ch

Beitrag
Seite 209

Michael Karrer als Chief Financial Officer (CFO) der Kuhn Rikon AG verantwortlich für Finanzen, Human Resources (HR), Informationstechnik (IT), Enterprise-Resource-Planning (ERP) und Liegenschaften. Jahrgang 1978, Studium in Betriebsökonomie, danach diverse Weiterbildungen.
Die beruflichen Stationen sind Kuoni Reisen AG, Kubo Tech AG (CFO), Lenzlinger Söhne AG (CFO). Er beschäftigt sich seit 2008 mit dem Betrieblichen Gesundheitsmanagement (BGM) und ist Mitglied des Wirtschaftsbeirates der Gesundheitsförderung Schweiz.
Kontakt: michael.karrer@kuhnrikon.ch

Beitrag
Seite 177

Gabriela Keller arbeitete nach ihrem Informatikstudium an der ETH Zürich als wissenschaftliche Assistentin am Institut für Informationssysteme der Hochschule, bevor sie nach neun Monaten durch eine Empfehlung eines Studienkollegen im Jahr 1994 zu Ergon Informatik wechselte.
Zu Beginn arbeitete sie als Softwareingenieurin und Projektleiterin und wechselte im Jahr 2000 als Teamleiterin in die Geschäftsleitung und übernahm später die Verantwortung für die Ressorts Personal und Marketing. Im Juli 2016 ist sie zum CEO des Unternehmens ernannt worden.
Für Gabriela steht der Mensch schon immer im Vordergrund. Sie schwärmt von den Leuten, den sprudelnden Ideen und der tollen Zusammenarbeit. Sie unterstützt flache Hierarchien, selbstorganisiertes Arbeiten und investiert beachtlich in die Weiterbildung der Mitarbeitenden.
Sie ist Mitglied im Executive Committee von digitalswitzerland und Verwaltungsrätin der Raiffeisenbank Region linker Zürichsee und lebt in Wollerau. Im Sinne eines gesellschaftlichen Engagements ist sie Mitglied im Lions Club Etzel.
Kontakt: gabriela.keller@ergon.ch

Beitrag
Seite 60

Barbara Küchler ist Geschäftsführerin der Integral Change GmbH in Steckborn TG.
Sie überzeugt ihre Kunden mit ihrem untrüglichen Gespür für den Sweetspot – dem Punkt, von dem aus Entwicklung einfach, logisch und sinnvoll gelingt. Ihre lösungsorientierten Fragen laden zum Nach-, Weiter- und Umdenken ein. Ihr unerschütterliches Vertrauen in das Potential von Menschen, Teams und Organisationen wirkt so nachhaltig ansteckend, dass das Potential nicht darum herumkommt, sich zu entfalten.
Auf dem gemeinsamen Entwicklungsweg bietet sie sehr konkret alternative Perspektiven, Sichtweisen und Lösungsideen an und bei Bedarf unterstützt sie Mitarbeitende und Führungskräfte auch ganz praktisch bei der Entwicklung von Prozessen, Organisationsmodellen, Zielsystemen und anderen Managementinstrumenten.
Kontakt: barbara.kuechler@integral-change.com

Beitrag
Seite 143

Roger Künzli Mitglied der Geschäftsleitung und Partner der CSP AG – ein Schweizer Beratungshaus im Bereich der Transformation von Technologie, Organisation und Kultur für das Gesundheitswesen, die öffentliche Verwaltung sowie die Branchen Sicherheit und Energie.
Werdegang: Die Kombination von Recht (lic. iur. HSG) und Informatik (eidg. dipl. Informatiker) war der Grundstein für die Beratungskarriere von Roger Künzli. Neue dynamische Entwicklungen in bestehende Organisations-Strukturen einzubetten, ist seine Faszination und Antrieb. Von der digitalen Transformation, über neue Organisationsformen und nun die Dynamik der künstlichen Intelligenz. Alle diese Entwicklungen in ganz unterschiedlichen Organisationen zu begleiten und die über 20-jährige Erfahrung einzubringen, hat seinen ganz eigenen Reiz.
Kontakt: roger.kuenzli@csp-ag.ch

Beitrag
Seite 94

Stefan Lenz ist Managing Partner der 360excellence AG einer Beratungs-Boutique für Banken, Versicherungen und Spitäler.
Er verfügt über mehr als 20 Jahre Erfahrung als Linien-Manager sowie als Projekt- und Programm-Manager für Projekte im Vertrieb und Operations von Banken und Versicherungen sowie im Gesundheitswesen.
Im Verlauf seiner bisherigen beruflichen Tätigkeit war er auch als Linienmanager verantwortlich für die Strategieumsetzung, das Portfolio-Management, Programm-Management und Business-Engineering und das Prozessmanagement.
Er absolvierte berufsbegleitend verschiedene Weiterbildungen und Diplomlehrgänge für das Business- und IT-Management und schloss einen Executive MBA in General Management an der Universität St. Gallen (HSG) ab.
Stefan Lenz verfügt aus seiner militärischen Laufbahn (Offizier, Kompanie- und Bataillonskommandant) auch über einsatzerprobte Führungserfahrung in ausserordentlichen und komplexen Situationen.
Von 2013 bis 2019 war er bei der Managementberatungsfirma Parexa AG tätig, ab 2016 als Executive Director und Partner. Im Dezember 2019 gründete er zusammen mit Partnern die Unternehmensberatung 360excellence AG mit Sitz in Zürich.
Kontakt: stefan.lenz@360excellence.com

Beitrag
Seite 78

Mario Peverelli ist eine erfahrene Führungsperson, Organisationsentwickler, Change Manager und Projektleiter mit einem grossen Netzwerk in Wirtschaft und Politik. Er kann zudem auf 12 Jahre Erfahrung als Exekutivpolitiker (Schulpflege und Gemeinderat) zurückgreifen.
Er ist Experte in den Bereichen Digitale Transformation, flexible Arbeitsmodelle, New (Modern) Work & Collaboration. Seine Arbeit als engagierter Zukunftsgestalter zielt darauf ab, Menschen in Organisation zum Aufblühen zu bringen, nachhaltige Mehrwerte zu schaffen und den Geschäftserfolg zu steigern. Als Basis dient ihm das gesamtheitliche Erfolgsfaktorenmodell «Mensch, Organisation, Technologie», welches sich schon mehrmals in der Praxis bewährt hat.
Nebst der langjährigen Führungs- und Praxiserfahrung verfügt er über einen Master of Advanced Studies (MAS) FH in digitaler Transformation und ein Executive MBA FH in Organisationsentwicklung und Beratung. Er ist Mitglied im Fachrat von egovpartner, Experte Partner im Verein myni Gmeind (in Zusammenarbeit mit dem Schweizerischen Gemeindeverband) und Consulting Partner bei OneGov.ch. Aktuell leitet er die digitale Transformation einer Zürcher Gemeinde und begleitet mit seinem Unternehmen think future Gemeinden und Firmen auf dem Weg in eine erfolgreiche Arbeitswelt der Zukunft.
Kontakt: mp@thinkfuture.ch

Beitrag
Seite 155

Thomas Peyer verfügt über mehr als 20 Jahre Erfahrung in strategischen und operativen Themen der Assekuranz (Die Mobiliar). Dies erlaubt ihm, frühzeitig neue Entwicklungen zu erkennen, entsprechende Massnahmen zu initiieren und umzusetzen. In der Definition von Lösungen ist es ihm wichtig, innovative Ansätze zu verfolgen – dies stets mit Blick auf die Ambitionen und die Realisierbarkeit. Die Teams, die zu Veränderungen beitragen stellt er bewusst interdisziplinär auf und richtet sie an verinnerlichten Zielbildern aus. So ist auch die Delegation von Entscheidungskompetenzen in der Umsetzung möglich. Die Mitarbeitenden schätzen seine Authentizität, die Offenheit und die individuelle Förderung.
Thomas Peyer studierte an der Universität Bern Volkswirtschafts- und Betriebswirtschaftslehre und bildete sich danach an der Universität St. Gallen (Executive Master in Business Engineering) und am IMD Lausanne in verschiedenen Lehrgängen weiter.
Als gesellschaftliches Engagement ist er Gründungsmitglied des Rotary Club Bern-Kirchenfeld.
Kontakt: thomas.peyer@mobi.ch

Beitrag
Seite 132

Rolf Ritter ist seit Januar 2020 bei Bossard Chief Strategy Officer und seit 2023 CEO für Zentral und Südeuropa und als Konzernleitungsmitglied tätig.
2014 gründete er in Miami, USA, seine eigene Beratungsfirma und begann in Tech-Startups zu investieren und verschiedene Unternehmen im Bereich M&A strategisch zu beraten. Daneben unterrichtete Rolf Ritter an der Florida International University im Rahmen eines EMBA im Bereich Informationstechnologie. Von 2009 bis 2014 führte er als CEO die BDT Media Automation GmbH, Rottweil, Deutschland, ein weltweit führendes Technologie Unternehmen im Bereich Daten-Archivierung mit Produktionsstätten in Deutschland, Mexiko, China und Singapur. Rolf Ritter ist im Jahr 2004 zu Bossard als Geschäftsführer bei Bossard Frankreich gestossen, nachdem er als Projektleiter und Berater bei Volkswagen, Accenture und SIG in Mexico, Brasilien, Deutschland und der Schweiz tätig war.
Kontakt: rolf.ritter@bossard.com

Beitrag
Seite 7

NR Andri Silberschmidt wurde 1994 geboren und ist FDP-Nationalrat, Vize-Präsident der FDP.Die Liberalen Schweiz und Gastro-Unternehmer aus Zürich.
Er ist im Zürcher Oberland aufgewachsen. Nach seiner Banklehre mit Berufsmatura bei der Zürcher Kantonalbank arbeitete er als Fondsmanager für Swisscanto. Mit einem nebenberuflichen Studium in Betriebsökonomie und einem Master in Global Finance rundete er seine Ausbildung ab. Heute ist er bei Planzer Transport AG als Sekretär des Verwaltungsrats tätig. Im Nebenamt ist er Präsident von FH SCHWEIZ, dem Dachverband der Fachhochschul-Absolventinnen und -Absolventen.
Andri Silberschmidt engagiert sich im Schweizer Parlament als Nationalrat (NR) für Unternehmertum, Digitalisierung und Bildung. In der 51. Legislatur (2019) war er der jüngste gewählte Nationalrat.
Kontakt: andri.silberschmidt@parl.ch

Beitrag
Seite 8

Dr. Markus Sulzberger ist Doktor der Betriebswirtschaft (Universität Zürich) und war über Jahrzehnte bei der UBS tätig. Die primären Aufgabengebiete waren Organisation, Leitung Controlling, COO of the Americas, New York und Ressortleitung Special Clients.
Er ist Ehrenpräsident der SGO (Schweizerische Gesellschaft für Organisation und Management) und war über zwanzig Jahre Präsident der SGO-Stiftung welche über 50 Forschungsprojekte in den Bereichen Organisation, Management und Leadership an Fachhochschulen und Universitäten im In- und Ausland unterstütze und begleitete. Die Forschungsergebnisse sind in der Schriftenreihe «uniscope» bei Springer Gabler publiziert.
Heute betätigt er sich als Mentor, ist Dozent an der TU München – Leadership und Selbstmanagement – und ist Autor von Fachbeiträgen sowie Mitherausgeber von Büchern.
Kontakt: sulzberger@bluewin.ch

Beitrag
Seite 218

Fabian Vollrath ist Jurist (Universität Zürich) und Unternehmer. Als Mitglied der Geschäftsleitung einer Agentur im Bereich Corporate Communications und Business Development entwickelte er den Bereich Gesundheit. Im Zuge dessen war Fabian an der Mitentwicklung und Leitung des Forschungsprogrammes «Corona Immunitas» beteiligt, welches die Datengrundlage für das Pandemiemanagement in der Schweiz lieferte.
Fabian zeichnet sich durch den Aufbau von Organisationen im Bereich öffentlicher Gesundheit sowie der Führung von Unternehmen an der Schnittstelle von Medizin und Technologie aus. Heute ist er als Co-Founder CEO der movos AG.
Kontakt: vollrath@movos.ch

Beitrag
Seite 40

Dr. Reto Wegmann Swiss Ibex Gmbh, Horw
Reto Wegmann studierte Informatik (BSc), Militärwissenschaften (DAS) und Internationale Beziehungen (MA), und hat in Betriebswirtschaft mit Fokus auf Führung und Personalwesen doktoriert.
Er war in verschiedenen Führungsfunktionen in der Privatwirtschaft und in einer Einsatzorganisation des VBS tätig. Als Nebentätigkeiten leitet er die Fachgruppe Sicherheit des Schweizerischen Korps für Humanitäre Hilfe und ist Mitglied der Katastrophenerkundungs- und Koordinierungsteams der Vereinten Nationen (UNDAC).
Kontakt: reto.wegmann@swissibex.ch

Beitrag
Seite 60

André Wermelinger unterstützt Menschen in Organisationen nicht nur dabei, ihre Wertschöpfungsketten zu optimieren, sondern diese Arbeit gleichzeitig als Transformationsprozess für sich selbst zu nutzen.
Sein Verständnis für Technik und die Fähigkeit zum strukturierten Lösen von komplexen Herausforderungen eignete er sich im Studium als Elektroningenieur an. Das Auge für ökonomische Zusammenhänge schärfte er im Nachdiplomstudium für Betriebswirtschaft.
Seine integralen Optimierungs- und Entwicklungsangebote werden mit Begeisterung aufgegriffen und umgesetzt. In der Folge berichten seine Kunden regelmässig von sicht-, mess- und spürbarem Fortschritt. André Wermelinger ist überzeugt, dass wirtschaftliche Leistungserbringung heute zweifelsohne verknüpft ist mit einer Übernahme von Verantwortung an Menschen, Gesellschaft und Natur.
In seiner Freizeit befasst sich André Wermelinger intensiv mit Bienen. Im Rahmen seiner Tätigkeit als Gründungspräsident und aktueller Geschäftsleiter der NGO «FreeTheBees» kombiniert er Ökologie und Unternehmertum, um seinen Horizont zu erweitern. Sein Fachwissen stellt er regelmässig an Bienenfachkongressen vor.
Kontakt: andre.wermelinger@acw-consulting.ch

Beitrag
Seite 167

Andreas Wolfensberger ist geschäftsführender Inhaber der DT Druck-Team AG in Wetzikon. Die DT Druck-Team AG entwickelt Hand in Hand mit ihren Kundinnen und Kunden wertige, durchdachte Kommunikationslösungen und Drucksachen. Qualität, Funktionalität, Nachhaltigkeit und eine enge und lange Zusammenarbeit stehen dabei im Fokus.
Bevor Andreas Wolfensberger das Unternehmen von seinem Vater übernahm, arbeitete er in diversen Unternehmungen als Polygraf und Projektleiter. Nach der Grundausbildung zum Polygrafen GBMS folgte die Weiterbildung zum typografischen Gestalter. Danach absolvierte er die Kaderschule für Druck, Medien und Kommunikation «gib» und das Nachdiplomstudium NDS Medien an der Schule für Gestaltung in Bern und Biel.
Politisch engagiert sich Andreas Wolfensberger für die FDP.Die Liberalen im Parlament in der Stadt Wetzikon.
Kontakt: andreas.wolfensberger@druckteam.ch

Beitrag
Seite 50

Prof. em. Dr. oec. Hans A. Wüthrich ist emeritierter Professor für Internationales Management an der Universität der Bundeswehr München. Er ist Buchautor, coacht und berät Führungskräfte und Führungsgremien und ist als Verwaltungs- und Stiftungsrat tätig.
Kontakt: hans-a.wuethrich@bluewin.ch

Beitrag
Seite 16

Prof. Dr. Robert J. Zaugg Verwaltungsrat und Unternehmer
Studium der Wirtschaftswissenschaften an der Universität Bern. Lehr- und Forschungstätigkeit an den Universitäten Bern, Freiburg (Schweiz), Zürich und an der University of California in Berkeley sowie an der Wissenschaftlichen Hochschule Lahr (WHL) in Deutschland. Dozent, Referent, Managementtrainer und Berater. Initiator/Inhaber mehrerer Unternehmungen. Verwaltungs- und Stiftungsrat. Veröffentlichung zahlreicher Bücher und Fachartikel. Themenschwerpunkte in Beratung und Forschung: Management, Leadership sowie Personal- und Organisationsmanagement.
Kontakt: robert.zaugg@zauggnet.ch

Beitrag
Seite 196

Thomas Ziltener ist diplomierter Umweltnaturwissenschaftler ETH. Als Gemeindeschreiber führt er die Verwaltung und ist für die politischen Prozesse der Gemeinde Rüti ZH verantwortlich – eine Funktion mit sehr breitem Themenspektrum. Vor seiner Funktion als Gemeindeschreiber war er in städtischen Verwaltungen (Stadt Zürich, Stadt St. Gallen) unter anderem für strategische Entwicklungen und deren operative Umsetzung in Projekten zuständig.
Thomas Ziltener ist aktuell Co-Präsident des VZGV, dem Verein der Zürcher Gemeinde- und Verwaltungsfachleute.
Kontakt: thomas.ziltener@rueti.ch

Dank der Herausgeber

Der Dank der Herausgeber richtet sich vor allem an die zahlreichen Autorinnen und Autoren aus der Praxis und der Wissenschaft, die bereit waren, als Expertinnen und Experten einen Beitrag für das Gelingen dieses Gemeinschaftswerkes zu leisten. Aus den geführten Dialogen sind Inspirationen und konkrete Inhalte für das Verständnis und für die Behandlung des Themas Selbstorganisation hervorgegangen: Neues wird uns nicht geschenkt, es muss erarbeitet werden.

Die Sponsoren haben das erfolgreiche Zustandekommen dieses Leitfadens erst möglich gemacht. Die Herausgeber bedanken sich bei ihnen sehr herzlich. Es sind dies:

- Gesundheitsförderung Schweiz (GFCH), Bern
- SGO-Stiftung, Glattbrugg
- UBS Group AG, Zürich
- Schweizerische Unfallversicherungsanstalt (SUVA), Luzern

Für die Herausgeber war die Zusammenarbeit mit dem Team des Versus Verlags, insbesondere mit Anne Büchi und Jean-Paul Thommen, besonders wertvoll. Sie haben das Projekt mit ihrer langjährigen Erfahrung aus dem Verlagswesen kompetent begleitet. Für ihr grosses, persönliches Engagement im Entstehungsprozess dieses Werkes gebührt ihnen ein ganz spezieller Dank.

Die Herausgeber freuen sich darauf, dass dieser Leitfaden in der Wissenschaft und der Praxis gut aufgenommen wird, dass verschiedenste Erkenntnisse aus den Beiträgen zu Gedanken anregen und die praktische Umsetzung unterstützen können.